Verwaltungsverfahrensgesetz (VwVfG) im Wertewandel

Europäische Hochschulschriften

Publications Universitaires Européennes
European University Studies

Reihe II
Rechtswissenschaft

Série II Series II
Droit
Law

Bd./Vol. 3960

PETER LANG
Frankfurt am Main · Berlin · Bern · Bruxelles · New York · Oxford · Wien

Christoph Wölki

Verwaltungsverfahrensgesetz (VwVfG) im Wertewandel

Eine interdisziplinäre Untersuchung zu zeitgemäßen Entstehungsvoraussetzungen eines Verwaltungsakts unter dem Grundgesetz

PETER LANG
Europäischer Verlag der Wissenschaften

Bibliografische Information Der Deutschen Bibliothek
Die Deutsche Bibliothek verzeichnet diese Publikation in der Deutschen Nationalbibliografie; detaillierte bibliografische Daten sind im Internet über <http://dnb.ddb.de> abrufbar.

Zugl.: Speyer, Hochsch. für Verwaltungswiss., 2003

ISSN 0531-7312
ISBN 3-631-52308-4

www.peterlang.de

Meinen Eltern

Dr. med. Paul Wölki und

Dipl. rer. pol. Gisela Wölki

und meiner Frau Anne Wölki

gewidmet

„Das Verhältnis des Bürgers zur Verwaltung formt sein Bild vom Staat.
Dieser tritt ihm in Gestalt der Verwaltung
am häufigsten und unmittelbarsten entgegen.
Deshalb kommt dem Stil des Verwaltungsverfahrens
besondere Bedeutung zu" (Hermann Hill 1987, 49f.)

Vorwort

Zu Beginn des 21. Jahrhunderts stellen Globalisierung, Technisierung und Pragmatismus bewährte Orientierungen infrage. Eingebunden ist dies in gesamtgesellschaftliche Entwicklungen: Umbau von Verwaltung und Sozialstaat, verstärkte individuelle Verantwortungslast oder Aufwertung des Ehrenamtes folgen dem Ziel, in Zeiten knapper Kassen die Selbstverantwortung des Bürgers zu stärken und zugleich Verantwortlichkeiten des Staates zurückzunehmen. Individuelle Positionen scheinen dabei immer mehr auseinanderzudriften – und müssen doch *im Verwaltungsverfahren* immer wieder erfaßt und zum Ausgleich gebracht werden.

Je mehr Steuerungsfunktionen durch bloßen Normenvollzug nachlassen, desto mehr besinnt man sich auf die Verantwortung des Bürgers – auch in seiner Verfahrensrolle. So wird das Verfahrensrecht – gerade auch der hier behandelten Sachbereiche - in der Europäischen Verfassung 2004 explizit in den Verfassungstext aufgenommen. Zugleich richtet sich der Blick auf die Entwicklung des Grundgesetzes in seiner zukunftsoffenen Dimension (vgl. nur Art. 23 I, 79 III Grundgesetz).

Verschiedene Denkströmungen und Lösungsansätze zur Bewältigung zukünftiger Herausforderungen konstruktiv zusammenzubringen ist eine immerwährende spannende Aufgabe und niemals ganz abgeschlossen (vgl. nur Larenz, Methodenlehre der Rechtswissenschaft). Vorliegend soll es hier nicht um die (anderweitig erfolgte) konkrete theoretische Auseinandersetzung mit früheren Denkansätzen gehen, sondern unter Einbeziehung allgemeiner wissenschaftstheoretischer Überlegungen (insbesondere im Kapitel E II) gezielt um die Darstellung einer sozialwissenschaftlich untermauerten, juristisch möglichen und durch das Verfassungsrecht intendierten interdisziplinären Methodik. In seiner anthropozentrischen Grundausrichtung trifft sich das Grundgesetz dabei, insbesondere in seinen sog. Grundrechtstheorien, mit der langjährigen Speyerer Werteforschung als Verbündetem, die gleichfalls ganz vom Individuum und seiner Stellung im Staat ausgeht.

Ob und wie beide Strömungen auf die zeitgenössische Gestaltung allgemeiner Verfahrensregeln einwirken können, soll Gegenstand dieser Arbeit sein, wozu in umfangreicher Zitation immer wieder der Forschungsstand dokumentiert wird. Damit möchte die Arbeit einen Diskussionsbeitrag auf dem Stand September 2001 (mit wenigen aktuellen Ergänzungen bis Anfang 2004) leisten. Die zitierten und behandelten Gesetzesbestimmungen von VwVfG und VwGO auf Stand der Reformgesetzgebung 1996 haben sich bis zum Stand September 2003 (Sartorius I) entweder gar nicht oder nur unwesentlich verändert (§§ 26,39 VwVfG Erweiterungen bei Einsatz elektronischer Hilfsmittel; § 45 II VwVfG klarstellende Begrenzung auf die letzte gerichtliche Tatsacheninstanz; Wegfall des expliziten § 87 I 2 Nr.7 VwGO), sodaß der Kern der Ausführungen nicht betroffen ist (in Fußnoten wird auf Änderungen hingewiesen).

Wegen zahlreicher wörtlicher Zitate in alter Rechtschreibform wurde zur Wahrung der Einheitlichkeit diese Schreibweise beibehalten. Die Zitierweise folgt grundsätzlich einer in Wirtschafts- und Sozialwissenschaft üblichen Form mit Ausnahme zitierter Gerichtsurteile, bei der die juristische Zitation aufgrund der besseren Auffindbarkeit beibehalten wurde.

Als Dissertation an der Deutschen Hochschule für Verwaltungswissenschaften in Speyer entstanden und mit dem Rigorosum Ende 2003 abgeschlossen, verdankt der Verfasser zahlreiche Anregungen seinen Betreuern und deren Mitarbeitern, auf Seiten der Sozialwissenschaft besonders Herrn Univ.Prof. Dr. Helmut Klages sowie seinen Mitarbeitern Dr. Thomas Gensicke und Dr. Kai Masser, auf Seiten der Rechtswissenschaft Herrn Univ.Prof. Dr. Hans Herbert von Arnim.

Die an der Speyerer Hochschule selbst entwickelten und durchgeführten repräsentativen Studien (insbesondere die Grundlagenstudie Münster 1997) lieferten ebenso reiches Datenmaterial wie die beim Deutschen Institut für Urbanistik in Berlin (Difu) aufgebaute Datenbank KOMMDEMOS für kommunale Befragungen (ausgewertet bis 01/050 z; vgl. Difu-Berichte 2/2000,25). An dieser Stelle sei die Unterstützung von Herrn Dr.-Ing. Michael Bretschneider vom Difu hervorgehoben.

Meine Offenheit für eine interdisziplinäre Problemlösungssuche verdanke ich auch den Professoren des Fachbereichs röm.-katholische Theologie der Johannes Gutenberg - Universität Mainz und den Ordensgemeinschaften der Karmeliter (O.Carm.) und Dominikaner (OP).

Für technische Hilfestellung bei Erstellung des druckfertigen Manuskripts danke ich meinem Bruder Dipl. Ing. Stephan Wölki, Berlin, Herrn Dipl. theol. Roberto Medovic, Mainz und Frau Melanie Sauer vom Peter Lang - Verlag.

Nicht zuletzt und vor allem danke ich meiner Frau Anne für die verständnisvolle, aufmunternde Begleitung bei der Erstellung dieses Werkes.

Mainz, im Frühjahr 2004

Dr. rerum publicarum Christoph Wölki
Assessor iur., Dipl. theol.

GLIEDERUNG

Hinsichtlich verwendeter Abkürzungen wird insbesondere auf das Abkürzungsverzeichnis bei Palandt, Kommentar zum Bürgerlichen Gesetzbuch (C.H.Beck-Verlag München, 63. Auflage 2004) verwiesen.

Wortlaut-Wiedergaben (z.T. nur Auszüge, vgl. zum Stand = Vorwort):
VwVfG § 35 (S.120), § 39 (S.125f.); § 40 (S.132), § 24-25 (S.138); § 26+28 (S.139); § 45 (S.144)
VwGO § 114 (S.134,145), § 87 (S.144), § 86 (S.149)

Weitere Angaben im Internet:
Dissertation: *www.dhv-speyer.de* und *www.peterlang.de*
Werteforschung Speyer: *www.dhv-speyer.de*
(Lehrstuhl Prof.Klages); (e-mail): *klages@dhv-speyer.de*
Kommunale Datenbank KOMMDEMOS: *www.difu.de*

A. EINLEITUNG

Eine Parabel soll am Beginn unserer „Expedition durch den (Paragraphen-) Dschungel" des Verwaltungsverfahrens stehen, die den Weg zum „Schatz" der optimierten interdisziplinären Verfassungsauslegung verdeutlichen soll. Ihre Vision: es lohnt, sich auf einen solchen Weg zu machen. Auch, weil dieser Weg am Ende weitere Schätze in der Zukunft nachhaltig erschließen kann. Zu gleicher Zeit machen sich mehrere Expeditionen auf den Weg durch den Dschungel, um einen Schatz zu heben. Jede ist unterschiedlich besetzt und ausgerüstet. Und: jede ist überzeugt, den besten Weg gefunden zu haben. Da ist eine Gruppe Sozialwissenschaftler, eine andere mit Juristen, Historikern und Politikern, dann kommen noch Verfassungsrechtler, Theologen, Abenteurer... – Im Vorhof der Schatzkammer treffen sie sich wieder. Keiner ist in der Lage, mit seiner Ausrüstung allein das Schatztor zu öffnen. Da besinnen sie sich: man könnte sich doch mit den verschiedenen Ausrüstungen ergänzen. Gesagt, getan – das Schatztor öffnet sich. Und es zeigt sich ein Weg, der auch in Zukunft gemeinsam Schätze heben läßt[1].

Eingangs (B) begleiten wir die Expedition der Sozialwissenschaftler. Um ihre Ausrüstung zu charakterisieren, beschreiben wir sie kurz in einigen Grundbegriffen – und grenzen hier schon gegen Mißverständnisse ab. Der Dschungelweg zeigt uns markante Pfade sozialwissenschaftlicher Werte-Beobachtung nach 1945 auf. Das Raster der Beobachtung spitzt sich immer weiter zu. Der Wertebefund wird konkreten Werte-Typen in der Bevölkerung zugeordnet. Dann deren Wertausrichtung im Hinblick auf ihre Einstellung zur Verwaltung in den Blick genommen – und schließlich zum Verwaltungsverfahren. Damit sind wir im „Vorhof" des Verwaltungsverfahrensrechts angekommen.

Nun (C) folgen wir der zweiten Expedition in ihrer historisch-politischen Bemühung bis zu Entstehung und Entfaltung des Verwaltungsverfahrensgesetzes des Bundes. Das Ziel ist hiermit aber noch längst nicht erreicht, es bleibt ein mühsamer Pfad der Umsetzung, die Jahrzehnte nach Verabschiedung bringen bis zur Gegenwart immer wieder Fortschritte, aber auch Rückschläge. Schwerpunkt dann: die Auseinandersetzung mit der Globalisierung in den Neunziger Jahren – und die unerledigten Aufgaben für die Zukunft.

Die Tücke steckt bekanntlich im Detail. Recht haben heißt noch lange nicht: Recht bekommen. Zwar ist das Ziel der Expeditionen – der erlassene Verwaltungsakt – allen Beteiligten vorgegeben. Doch der Weg dorthin ist an mancherlei Umstände geknüpft, die in Anhörung, Beteiligung oder Beratung erhellt und erwogen werden müssen. So zeigen sich bis zum „Vorhof der Schatzkammer" (D) Probleme beim rechten „Aufschluß" konkreter Gesetzesbestimmungen. Die Expeditionen ringen jeweils um eine Lösung aus ihrer Sicht: nach den Juristen allein kommen die Verfassungsexperten dazu, dann

---

[1] Auf diese Parabel werden wir insbesondere unter E II zurückkommen

die Sozialwissenschaftler. Es ist nicht leicht, man muß sich aufeinander zubewegen, um die verschiedenen „Ausrüstungen“ sinnvoll zu ergänzen (D II). Doch schließlich öffnet sich eine methodisch-inhaltliche Tür (E I,II): Die konkreten Schätze können nun (E III) in den einzelnen Verfahrensbestimmungen gehoben werden. Und daß und wie unsere Parabel weitergehen kann, eröffnet uns der Ausblick am Ende der Arbeit. Das Ganze in Kurzthesen (für eilige Wanderer) unter F: zur Vor- und Nachbereitung der Expedition.
Der Gang des Verwaltungsverfahrens ist maßgeblich von den gesetzlichen Vorgaben und von den sonstigen Anforderungen an das Verwaltungshandeln beeinflußt. Der Verwaltungsauftrag ist hiernach aus Bürger- *und* Verwaltungssicht mehrfunktional. Es geht um „Verwirklichung der Rechtmäßigkeit, der Sachrichtigkeit, der Effizienz, der Bürgerorientiertheit, der Offenheit für die Beteiligten und der Rechtzeitigkeit. Insgesamt handelt es sich um ein magisches Vieleck über zahlreichen Konflikten“[2]. Magisch deshalb, weil sich nicht alle Anforderungen zugleich maximieren lassen, wie das folgende Schaubild 1[3] zeigt.

Schaubild 1: Mehrfunktionales Verwaltungshandeln
*

Legitimität (Rechtfertigung, Sozialverträglichkeit, Nachhaltigkeit)		**Zukunftsfähigkeit** (Lern-, Innovations- und Antizipationsfähigkeit)
Politisch-demokratische Rückkopplung		**Integrität, Verantwortung**
Rechtmäßigkeit	QUALITÄT	**Kommunikationsfähigkeit, Empathie, Resonanzfähigkeit**
Wirtschaftlichkeit, Effizienz, Produktivität		**Bürgerorientierung** (Kunden-, Serviceorientierung, Bürgerintegration)
Effektivität, Zielerfüllungsgrad		**Mitarbeiterorientierung, Verwaltungskultur**

[2] Wahl 1994,117
[3] Wölki 2003,32; vgl. E II am Ende

Bis heute ergibt sich für die Verwaltung daraus ein fortwährender Anpassungsdruck an sich ändernde Verhältnisse[4]. Die Außen- und Aufgabenanforderungen der Verwaltung sind zunehmend dynamisch, komplex und veränderlich und machen ein entsprechendes Verwaltungsverfahren erforderlich[5]. Ökonomisches Denken erfaßt zunehmend das Verwaltungsverfahren, „ist in der ökonomischen Sphäre doch der größte Teil der menschlichen Handlungen angesiedelt“[6]. Das führt aber auch zu einer nüchternen Betrachtung ökonomischer Möglichkeiten des Staates. Wurde früher staatlicherseits sogar eine Bedürfnisexpansion in der Bevölkerung begünstigt, so wird dieser Trend heute ins Gegenteil verkehrt, was unvermeidbar mit Erwartungsenttäuschungen verbunden ist, welche Legitimationseinbrüchen den Weg bereiten[7]. Konnte man um 1970 dem Parlament noch eine ‚bewilligungs- und subventionsfreudige Ausgabenneigung‘ bescheinigen[8], so ist heute der Wohlfahrtsstaat nicht mehr finanzierbar, ein „Immer-Mehr an sozialen Leistungen“ nicht mehr möglich, so daß „auch die Notwendigkeit einer schlankeren Verwaltung“ besteht[9].

Es besteht die „Notwendigkeit, die Kräfte des Staates zu bündeln, neue Prioritäten zu setzen und Nachrangiges einzuschränken“[10]. Die gesellschaftliche Anspruchsentwicklung, aber auch die zunehmende „Schere zwischen abnehmenden Leistungskapazitäten und anwachsenden Leistungserwartungen... zwingt (die Verwaltung, d.Verf.), sich neuartigen, von der privaten Wirtschaft her entworfenen Qualitätsmaßstäben zu stellen und sich auf das Leitbild eines kundenorientierten Dienstleistungsunternehmens zu verpflichten“[11]. Hierbei gibt es tatsächlich Veränderungen. „Die noch vor einigen Jahren undenkbare Tatsache, daß das Leitbild des kundenorientierten Dienstleistungsunternehmens inzwischen von der überwiegenden Mehrheit der kommunalen Verwaltungen übernommen worden ist, demonstriert ... (eine) stille Revolution“[12]. „Die Reform des traditionellen Verwaltungssystems muss ... (so) als ein Prozess des kulturellen, sozialen und politischen Wandels verstanden werden“[13]. Denn es geht um Verankerung neuer ‚ethischer‘ Prinzipien: an die Stelle des herkömmlichen Staatsdiener- Ethos tritt ein bürgerorientiertes Dienstleistungs- Ethos[14]. Hierbei steht der VA an der Schnittstelle von materiellen, verfahrens-, prozeß- und vollstreckungsrechtlichen Bestimmungen. Er

---

4 Voelkner 1989,185f.; Hesse/Ellwein 1997,350; Hesse 1995 b,232; v.Arnim 1984,374
5 vgl. v.Arnim 1997 b,377; Gusy 2000,977,979; Adamaschek 1994,15; Hill 1989 a,326
6 v.Arnim 1998,27
7 Klages 1987,25
8 vgl. v.Arnim 1982,921
9 v.Arnim 1995,343
10 v.Arnim 1995,343
11 Klages 1996 b,522
12 Klages 1996 b,520
13 Bolay 2001,41
14 vgl. Klages 1996 b,533; v.Arnim 1995,344; Plamper 1998,16

unterliegt den Flexibilisierungsbedürfnissen, die „Realität in den Blick zu nehmen, ohne das Normative zur Kapitulation zu zwingen“[15]. „Die Verwaltung hat nicht nur eine Dienstleistungsfunktion gegenüber den Betreibern, sie hat auch die Schutzfunktion für Betroffene und Dritte und die Gewährleistungsfunktion für Belange der Allgemeinheit“[16]. Individuelle und allgemeine Interessen können kollidieren und müssen konkret in Ausgleich gebracht werden. „Erforderlich sind deshalb organisatorische und verfahrensmäßige Regelungen, die die Macht und die Entscheidungen so kanalisieren und lenken, daß sie möglichst zum Besten für die Gemeinschaft ausschlagen“[17]. „Diese Spielregeln werden zu einem guten Teil von der Rechtsordnung gesetzt“[18].

Das Schaubild 1 von S.16 verdeutlicht daher auch, daß die Wichtigkeit der Rechtmäßigkeit keineswegs obsolet geworden ist. Denn in ihrem Handeln gegenüber dem Bürger vollzieht die Verwaltung auch die Gesetze. Hier unterliegt sie einer besonderen Rechtmäßigkeitsbindung durch die Bindung an Verfassungsgrundsätze. Die Ordnung des sozialen Rechtsstaates durch das Grundgesetz ist für die Ausgestaltung des Verwaltungsverfahrens dabei bestimmend[19] und fordert dazu auch wert- und erkenntnisorientiertes Denken[20]. Ein als ‚interdisziplinär‘ gekennzeichneter Ansatz erfordert von vornherein, die bloß einfachgesetzliche traditionell-juristische Hermeneutik zu überschreiten[21]. Es besteht jedoch ein methodischer Vorrang, interdisziplinäre Erkenntnisse über einen juristisch-methodisch gangbaren Weg einwirken zu lassen, da die Regeln des Verfahrensganges in Rechtsform festgehalten sind.

Folgen wir nun zunächst, wie eingangs ausgeführt, dem Weg unserer ‚sozialwissenschaftlichen Expedition’.

---

[15] Henneke 1997,771

[16] Wahl 1994,117

[17] v.Arnim 1986 b,70; vgl. Klages 1987,25

[18] v.Arnim 1986 b,70

[19] Hesse 1995 b,229f.; vgl. D II ff.

[20] vgl. v.Arnim 1997 b,255; vgl. B III, D II; zu den *Folgerungen für das obige Schaubild 1 (S.16)* vgl. E II am Ende

[21] vgl. Daiber 1977,49; Näheres unter D II 3 und E I

B. SOZIALWISSENSCHAFTLICHE GRUNDLEGUNG

I. Steuerungsaspekt

Ein mehrfunktionales Verwaltungsverfahren stößt in pluralistischem Umfeld zunehmend an Grenzen. „In der juristischen Fachwissenschaft (ist dennoch) bisher kaum zur Kenntnis genommen worden, obwohl sich das Recht doch gerade mit dem Menschen und seinem Verhalten befaßt..., daß die großen anderen verhaltenssteuernden Bereiche, Religion, Ethik, Erziehung, ja sogar Politik sich viel stärker am Bild und Sosein des Menschen orientieren als das Recht“[22]. Auch die Politik will mittels (oft gesetzlicher) Zweckvorgaben *steuernd* in den gesellschaftlichen Prozeß einwirken[23]. Immer öfter erweist sich dabei heute jedoch ihr gestaltender Einfluß angesichts einer unkontrollierten Eigendynamik von ökologischen und sozialen Risiken als begrenzt[24]. „Die realistische Gesellschaftsanalyse geht davon aus, daß Komplexität und Flexibilität... weiter zunehmen werden. Die Fähigkeit des Staates... zur *direkten* Globalsteuerung... nimmt weiter ab. Steuerungsleistungen – zunächst das eigene Leben betreffend – müssen noch mehr von den Individuen und ihren Kleingruppen vollbracht werden“[25]. Dies verändert auch die gesetzlichen Rahmenbedingungen, wirkt sich auch auf die Bürger/Verwaltungs-Beziehung aus. Dabei spielt insbesondere eine Rolle, „daß Politik und Planung inmitten der unüberschaubaren Komplexität wechselnder ‚Situationen‘ und Problemlagen nach Fixpunkten suchen, an denen sie ihr Handeln – aktiv oder passiv – festmachen können, um Wirkungssicherheit und Legitimität aufbauen zu können“[26]. Gelingt dies zumindest bei der Bevölkerungsmehrheit nicht, kann die Politik die Gesellschaft in eine labile, stets zerfallsfähige Lage führen[27]. Gerade das Verwaltungsverfahren ist hier der Ort, wo Integration stattfinden kann, indem normative Vorgaben und individuelle Wertverwirklichungsabsichten aufeinander abgestimmt und verbindlich umgesetzt werden[28]. Denn das Verwaltungsverfahren ist das Mittel, das vollzugsbedürftige Verwaltungsrecht in einem Handlungsgefüge von Bürger und Verwaltung zur Verwirklichung zu bringen[29]. In der Fülle seiner Möglichkeiten versucht der Einzelne hier *seine* Werte zu verwirklichen und insoweit die im Grundgesetz genannte Entfaltung seiner Person (Artikel 2 I GG) umzusetzen[30].

---

[22] Redeker 1999,1687
[23] Wölki 1984,113,115
[24] vgl. Preglau 1995,258; Türk 1990,52; Wagner 1999,480
[25] Gensicke 1998 b,20; vgl. Türk 1990,52; Klages 2002,9ff.,15
[26] Klages 1977,292; vgl. Schmidt-Eichstaedt 1998,322ff. und Schaubild 1 S.16
[27] vgl. Klages 1977,300; v.Arnim 1999,327
[28] vgl. Klages 1977,291
[29] Schoch 1992,24
[30] Klages 1984,14; vgl. D II

II. Ansatz der Werteforschung

An diese Problemstellungen will nun die soziologische Werteforschung anknüpfen. Sie beabsichtigt[31], durch Einführung eines Wertbegriffs menschliches Handeln unter bestimmten Bedingungen erklärbarer und prognostizierbarer zu machen. Politische Steuerungsinstrumente, wie sie bei der Normumsetzung im Verwaltungsverfahren angewandt werden, können dann stärker an gegenwärtige Werte anknüpfen, werden dadurch wirksamer[32]. So kann ein oft bestehendes Spannungsverhältnis zwischen Individuum und Verwaltung zu beider Nutzen umgestaltet werden, so daß das Verwaltungsverfahren zugunsten des Bürgers *und* der Stabilitäts-, Funktions- und Entwicklungserfordernisse der Gesellschaft wirksam wird[33]. Dies etwa dadurch, daß Wertkonzepte „diejenigen Zonen menschlichen Handelns (erschließen), welche – mit längerfristiger Wirkung - ... Politik, Planung und Verwaltung determinieren“[34]. Notwendige Änderungsprozesse könnten dann so gestaltet werden, „daß die durch den Wertewandel herbeigeführte Innovationsoffenheit maximal genutzt und die mit ihm verknüpften Widerstandspotentiale maximal vermieden *bzw. in die Latenz verwiesen* werden“[35]. Aus Sicht der Werteforschung können dafür auch *gesetzliche* Normen (wie das VwVfG) fruchtbar gemacht werden; denn sie regeln soziale Systeme, z.B. der Bürger/Verwaltungs-Beziehung, die sich immer zwischen Stabilität und Wandel befinden; „die *Regeln* des Wandels können – ja müssen – selbst der Veränderung unterliegen“[36]. Die Auslegung des Gesetzes anhand geänderter Lebensverhältnisse zielt aus dieser Sicht auf eine evolutionäre Einheit von *Selbst*entwicklung und Entwickelt-*werden*[37]. Die Erforschung des Wertewandels dient dann als Instrument, den aktuellen Befund (z.B. im Vergleich mit der Entstehungsgeschichte des Gesetzes) zu beschreiben und mögliche Entwicklungen aufzuzeigen[38]. Denn ein Werte*wandel* kann sich in der Aufnahme neuer Werte, einer Verschiebung der Rangordnung innerhalb eines bestehenden Wertsystems oder durch Zerfall alter Werte vollziehen[39].

Der Wertewandel ist ein plurales Phänomen[40]. So gibt es ein ganzes Spektrum unterschiedlicher Wertedominanzen. Dieser Wertewandel schafft „nicht nur Chancen für eine evolutionsfördernde ‚Modernisierung‘ des Menschen, sondern gleichzeitig auch neue Risiken und Probleme..., (vermittelt) vielen Men-

---

31 Klages 1977,293
32 Franz/Herbert 1986,12f.; vgl. Wagner 1999,482
33 vgl. Klages 1977,295; Franz/Herbert 1986,13; Franz/Herbert 1987,49
34 Klages 1977,295
35 Klages 1996 a,55,67
36 Böhret 1997,141
37 vgl. Michael/Kotzur 1999,2871
38 vgl. Redeker/Karpenstein 2001,2825ff.
39 Winkel 1996,14; Winkel 1999,4
40 Klages 1996 a,57

schen Fremdheits- und Ohnmachtsgefühle" - und zwar „ohne Rücksicht auf den materiellen Wohlstand und die Sicherheit, die sie umgibt und die alltägliche Freiheit, die ihnen gewährt wird"[41].
Infolge der ‚Individualisierung von Lebenslagen' gibt es Rationalisierungsgewinner und -verlierer: individuelle Entfaltungsmöglichkeiten, auch durch Überschreitung der sozial-kulturellen Herkunftsmilieus, werden erweitert, Großgruppen entsprechend geschwächt, so daß auf den Einzelnen eine größere individuelle Verantwortung für die Bewältigung der Lebensrisiken entsteht[42].
Bis heute können jedoch keine gradlinigen Vorstellungen über Trendverläufe abgeleitet werden, weil die abnehmenden und die zunehmenden Werte auf unabhängigen Dimensionen variieren und so z.B. keineswegs in allen Teilgruppen der Bevölkerung zu einer automatischen Zunahme von Selbstentfaltungswerten führen[43]. Der Trend des Wertewandels verläuft *keineswegs monokausal linear*[44]. Die Situation ist „durch zwiespältige Ambivalenzen, durch die Paradoxie der Gleichzeitigkeit von Widersprüchen, geprägt"[45].
Die Berücksichtigung des Wertewandels entspricht der ihm gewidmeten zunehmenden Aufmerksamkeit, weil er "zentrale Erklärungsinstanzen für eine Vielzahl sozialer Einstellungs- und Verhaltensänderungen... in den vergangenen Jahren" bietet[46]. Er gilt heute „als zentrales Merkmal der modernen Gesellschaft"[47], als erklärende Größe mit ‚beinahe universeller Bedeutung'[48]. Denn individuelle Werte mit ihren einstellungs- und verhaltensfundierenden und –verändernden Einflußkräften spielen in fast allen Zusammenhängen eine Rolle. Dabei hat besonders die Speyerer Schule von Helmut Klages die Wertewandelsforschung so nachhaltig geprägt[49], daß ihre Erkenntnisse im folgenden weitgehend zu Grunde gelegt werden.

III. Werte-Begriffe

1. historisch

Was aber sind nun Werte im Sinne dieser Wertewandelsforschung? Dies soll zur Vermeidung anfänglicher Mißverständnisse eingangs in ‚negativer Definition' aus historischem Blickwinkel verdeutlicht werden.

---

[41] Klages 1984,15f.
[42] vgl. Preglau 1995,256; Böhnke 2000,443ff.
[43] Klages 1986 a,7f.
[44] Klages 1997,105
[45] Hepp 1996,4; vgl. Klages 1996,243
[46] Klages 1986 a,7; vgl. Böhnke 2000,443
[47] Winkel 1996,13
[48] Klages 1987,22
[49] vgl. nur Winkel 1996,14 und Noelle-Neumann/Petersen 2001,16

Zunächst ist festzuhalten, daß es sich um keine unwandelbaren ‚ewigen' Werte im Sinne der traditionellen Theologie oder Philosophie handelt. „Das Thema der Wandelbarkeit der Werte war ... über Jahrtausende hinweg nicht gefragt..., weil ein Wertwandel im heutigen Sinne als erfahrbarer Sachverhalt nicht existierte"[50].

Erst mit zunehmender Durchlässigkeit geschlossener Milieus und Gesellschaften kam ein Wandel von Werten seit dem 18./19. Jh. in den Blick – und zwar als wesentliches Element historischer Wandlungsprozesse[51]. Es verschoben sich Werte, „die unter früheren Gesellschaftsbedingungen als die eigentlich fundamentalen galten"[52]. Der Beginn ihrer *Abwertung* fällt zusammen mit der europäischen Aufklärung. Hierbei stellt sich der Wertewandel als langfristige, säkulare gesellschaftliche Veränderungstendenz dar[53]. Mit ihm „ist zugleich der Glaube an überkommene Autoritäten und Ideologien zurückgegangen"[54]. Für den Wissenschaftsansatz unserer sozialwissenschaftlichen Werteforschung ist als maßgebende Autorität *Max Weber* zu nennen.

„Hingegen manche letzten ‚Zwecke' und ‚Werte', an denen das Handeln eines Menschen erfahrungsgemäß orientiert sein kann, vermögen wir sehr oft nicht voll evident zu verstehen... Je nach Lage des Falles müssen wir dann uns begnügen, sie nur intellektuell zu deuten, oder unter Umständen, wenn auch das mißlingt, geradezu: sie als Gegebenheiten einfach hinnehmen, und aus ihren soweit als möglich intellektuell gedeuteten oder soweit möglich einfühlend annäherungsweise nacherlebten Richtpunkten den Ablauf des durch sie motivierten Handelns uns verständlich machen. Dahin gehören z.B. viele religiöse und karitative Virtuosenleistungen..."[55].

Die moderne Werteforschung verzichtet infolge dessen auf „das ‚Hehre' und ‚Höhere', auf das man seine Erwartungen gern einpegelt, wenn man an ‚Ethik' denkt", weil es nicht um eine idealistische Betrachtung von ethisch relevanten Vorgängen gehen soll[56].

„Der Wertbegriff, mit dem die moderne Werteforschung arbeitet, bezieht sich nicht auf ethische Werte, die religiös oder naturrechtlich fundiert sein können, sondern auf verhaltensrelevante Grundeinstellungen in breiten Bevölkerungsschichten. Die Wertewandelsdiskussion befaßt sich daher nicht mit metaphysischen Problemen wie dem der Universalität von Menschenrechten, sondern vor allem mit der primär soziologischen Frage, ob die sozialpsychologische Verfassung der modernen Gesellschaft trotz zunehmender Individualisierungstendenzen noch eine ausreichende Grundlage für eine dauerhafte soziale

---

[50] Klages 1988 a,18
[51] vgl. Klages 1987,10f.; Klages 1988 a,19
[52] Klages 1988 a,13
[53] Klages 1987,23
[54] v.Arnim 2000,24
[55] Max Weber 1980,2; vgl. v.Arnim/Brink 2001,26ff.
[56] Klages 1993,159

und politische Integration der Gesellschaftsmitglieder bietet oder nicht"[57]. Dabei gibt es anerkanntermaßen einen „Einfluß verschiedenartiger Determinanten auf den Wertewandel"[58]. So *mußten* die aufkommenden „modernen Staaten die vormals herrschenden religiösen Gemeinschaftsfundierungen zurückdrängen und die ihnen selbst innewohnenden rationalen Bedürfnisse in den Vordergrund rücken... Die nachfolgenden Säkularisationen hatten hierin wiederum ihre Grundlage"[59]. Der Europäische Gerichtshof für Menschenrechte stellte 1999[60] dazu fest: „Die Gedanken-, Gewissens- und Religionsfreiheit... ist einer der Grundpfeiler der demokratischen Gesellschaft... Der von einer demokratischen Gesellschaft untrennbare Pluralismus – teuer erkauft über die Jahrhunderte – hängt von ihr ab".

Die Freisetzung vielfältiger Eigengesetzlichkeiten und damit die Pluralisierung war zur Entwicklung moderner Gesellschaft unerläßlich[61]. Es läßt sich zeigen, daß der Wertewandel damit auch sozialkulturell bedingt und historisch erklärbar ist[62]. Die europäische Aufklärung brachte neue Leitwerte wie Toleranz, Geistes- und Gewissensfreiheit, „die in erster Linie aber die Legitimierung einer Emanzipation der Menschen von den überkommenen inneren und äußeren Autoritäten und die Privatisierung der individuellen Lebenszielsetzungen und –orientierungen meinten"[63]. Individualisierung bedeutete nun „Emanzipation von allen Autoritäten, Traditionen und Institutionen... durch die autonome Vernunft"[64]. Der moderne Mensch wurde 'homo optionis'.

Mit Hepp[65] läßt sich daher von einer Unumkehrbarkeit des Wertewandels sprechen. „Eine pauschale Verurteilung des Wertwandels (scheidet) schon allein deshalb aus..., weil sie einem Amoklauf gegen den Strom der Geschichte gleichkäme"[66]. Den Wandel von vornherein als Werte*verfall* zu deuten, bedeutete zudem, „daß der Wertewandel dann, wenn man ihn von solchen Problemen her anzugehen versucht, nicht angemessen verstanden, ja nicht einmal angemessen in den Blick genommen werden kann, ja daß man sich hiermit, noch viel schlimmer, den Zugang zu den Fakten gerade dort abschneidet, wo man eigentlich anfangen muß, wenn man aus den Angeboten der empirischen Forschung lernen will"[67].

Infolge dieser Entwicklung fordern moderne Gesellschaften „dem Menschen in einem Maße, das in 'traditionalen' Gesellschaften unbekannt ist, eigenstän-

---

[57] Winkel 1999,4
[58] Klages 1996 c,70
[59] Klages 1988 a,16
[60] NJW 1999,2957
[61] Klages 1984,14
[62] Klages 1984,13
[63] Klages 1988 a,16
[64] Höhn 1995,5
[65] 2001,33
[66] Klages 1988 a,78
[67] Klages 1996 c,67

dige Entscheidungen“ ab[68]. „Ein Wertwandel zuungunsten von Pflicht- und Akzeptanzwerten“ war daher unentrinnbar schon in Aufklärung und Industrialisierung angelegt[69]. Hierfür wird die Religiosität als sozialwissenschaftlicher Indikator herangezogen[70]. So war die Rückläufigkeit der Religiosität Symptom einer ‚Revolution‘ der gesellschaftlichen Einstellungen[71]. Denn an der ‚Bedeutung der Religion‘ werden Pflicht- und Akzeptanzwerte abgelesen[72]. Im Stichwort ‚*Individualisierung*‘ läßt sich der Wertewandel bündeln. Sie bewirkte die Notwendigkeit, dynamischer und flexibler zu werden, weil der „Verlust bisheriger Sicherheit gebender Bindungen“ eintrat[73]. Institutionell tradierte Sinngehalte (soziologische Grundlage obligatorischer Gruppenerwartung von situationsspezifischen Verhaltensweisen) traten zurück[74], pluralere und autonomere Lebensweisen der Menschen teilte sie zwischen verschiedenen, nicht koordinierten Großgruppen auf[75]. Der Einzelne muß ‚mehrfunktionalen Anforderungen‘ Rechnung tragen. Es geht immer weniger um ‚Gefühle von Verbundenheit‘, sondern verstärkt um Maximierung des individuell-privaten Nutzens[76]. Eine traditionslose neue Identität birgt Chancen, gerät aber in Gefahr der Überforderung des Einzelnen, weil sie institutionell nur unzureichend gestützt wird[77]. Denn[78] sie führt zu individuellen Wahlzwängen. Alle Lebensbereiche differenzieren sich immer mehr, entziehen sich umfassender Orientierung: Relativierung, Dezentralisierung, Gleichberechtigung bis zur Gleich-gültigkeit, Pluralität. Folge ist der Zwang zur Auswahl, um Identität selbst zu erwerben oder zu erhalten[79]. Moderne Gesellschaften sind komplex und dynamisch[80]. Aus Sicht soziologischer Werteforschung bringt der Modernisierungsprozeß „ganz allgemein gesehen einen Bedarf an individualistischen Werten mit sich“ (Selbstentfaltungswerte)[81]. Individualisierung gehört danach „zu den Funktionsbedingungen und -erfordernissen moderner Gesellschaften,... (als) funktionale Voraussetzung ihres Bestehens. Gefragt... ist das mobile, flexible Subjekt. Zu viele und zu enge soziale Bindungen (z.B. Familie, Kinder) sind nicht nur hinderlich für das eigene Fortkommen (Kar-

---

[68] Klages 1997,103
[69] Klages 1988 a,79
[70] Höhn 1985,166
[71] Klages 1984,46,93; Höhn 1985,166
[72] vgl. Klages 1984,46,94,96
[73] Knobloch 1996,167f.
[74] Höhn 1985,52; vgl. Max Weber 1980,11
[75] Türk 1990,54
[76] Klages 1993,60
[77] Türk 1990,97; Höhn 1985,37,165; Demmer 1995,176; Klages 1997,110; Knobloch 1996,43
[78] Beck 2001,4
[79] Türk 1990,57
[80] Klages 1997,104
[81] Klages 1997 b,11

riere), sondern auch für die ökonomische (betriebliche wie volkswirtschaftliche) Produktivität"[82]. Der Einzelne ist nun von überörtlichen sozioökonomischen Rahmenbedingungen abhängig, in denen er Korridore vorfindet, „innerhalb derer er seine individuellen Handlungsspielräume suchen und finden muß"[83]. Dies gilt insbesondere innerhalb rechtlicher Regelungen oder sozialstaatlicher Leistungen[84].
Das Wachstum des gesellschaftlichen Individualismus ist also eine Folge des Wandels und in Anbetracht der Veränderungen erforderlich[85]. Traditionelle Sozialzusammenhänge verlieren zwar an Bedeutung, Lebenslauf und Lebensstil lösen sich aus überkommenen Standards, Lebensformen, Moral- und Sinnsysteme werden plural. Dies bedingt aber „einen Zuwachs an Entscheidungsmöglichkeiten und subjektiv wählbaren Optionen auf Seiten des Individuums" und ermöglicht neue Einbindungen in Beziehungen und soziale Netze[86]. Höhn[87] und Gensicke[88] weisen aber zurecht auch darauf hin, daß der nunmehr vermehrt erforderlichen Eigenverantwortung zugleich verstärkte Bedürfnisse nach Sicherheit und Entlastung von Streß entgegentreten. So gibt es in allen Bevölkerungsgruppen Veränderungswiderstände, die wertewandels-indifferent sind, z.B. aufgrund von Ängsten und Trägheiten[89]. Daher „betont Klages die Ambivalenz des Wertewandels, die Existenz unterschiedlicher Wertdimensionen und Wertkombinationen sowie die Möglichkeit konstruktiver und destruktiver Wertsynthesen"[90]. Ohne den Rekurs auf diese Wertedynamik kann „die gegenwärtige Gesellschaft nicht angemessen verstanden werden"[91]. Insgesamt jedoch repräsentiert der Wertewandel eine Anpassung an den strukturellen Wandel und offenbart eine erstaunliche individuelle Evolutionsfähigkeit[92]. Heutzutage geht es darum, die vorhandene Individualisierung „als ein unvermeidliches Produkt der sozioökonomischen, der wissenschaftlichen und der technologischen Entwicklung und als ein wesentliches

---

[82] Höhn 1995,6
[83] Klages 1987,12f.
[84] Dazu ein Beispiel: So wurde es 1967 (z.Zt. sozialstaatlichen Gesamtsteuerungsanspruchs durch das Stabilitätsgesetz) noch von 61 % der Bundesbürger für besonders wichtig gehalten, sich in eine Ordnung einzufügen – 1994 waren es nur noch 39 % (Gensicke 1994,36)
[85] Klages 1997,109,114
[86] Höhn 1995,5
[87] 1995,5,8
[88] 1998,20
[89] Klages 1996 a,67
[90] Winkel 1996,17
[91] Klages 1988 a,9
[92] Klages 1997,104; Hepp 2001,36; „Diese (Entwicklung) sollte man mit Dankbarkeit begrüßen", zumal sie „keineswegs einen Verlust ethischer Bereitschaften und Fähigkeiten mit sich bringt" (Klages 1997,104). Sie ist somit gegen eine landläufige Individualismuskritik zu verteidigen (Klages 1997,102)

Korrelat ‚moderner' Gesellschaftsbedingungen zu akzeptieren und ihn im Interesse einer produktiven Zukunftsentwicklung nutzbar zu machen"[93].

2. sozialwissenschaftlich

Nach dieser historischen Annäherung wollen wir uns nun einer positiven Umschreibung des Wertbegriffs zuwenden.
Er gehört zu den zentralen analytischen Konzepten der Sozialwissenschaften. Werte sind danach „Orientierungsleitlinien zentralen Charakters, welche Realitätssicht, Einstellungen, Bedürfnisse und Handlungen einer Person steuern" (individuell-internalisierte Standards), die aber zugleich „in situativ partiell flexibler Art" gehandhabt werden und so „eine Mittlerfunktion zwischen Mensch und Gesellschaft" haben[94]. Als situationsübergreifende, objektunspezifische Orientierungsleitlinien zentralen Charakters organisieren und akzentuieren sie Wahrnehmung und Verhalten selektiv[95] als „innere Führungsgrößen des menschlichen Tuns und Lassens ... überall dort ..., wo nicht biologische ‚Triebe', Zwänge... den Ausschlag geben"[96]. Dabei sollen Werte „nicht nur jene psychische Lebensfitness und Anpassungsfähigkeit messen, die in der modernen Gesellschaft zum sozialen Erfolg notwendig sind, sondern zentrale Merkmale der menschlichen Persönlichkeit, die die ganze Bandbreite des Lebens betreffen..., was den Menschen wichtig ist"[97].
Werte bilden und entwickeln sich. „Die größte Erklärungskraft hinsichtlich der Entstehung und des Wandels von Werten haben... ‚Sozialisationsvorgänge'... Werte werden, mit anderen Worten, aufgrund von Vermittlungsprozessen oder aufgrund von Erfahrungen gelernt"[98]. Sie enthalten durch „Sozialisation erworbene dauerhafte Orientierungen... in bezug auf das sozial Wünschbare, denen eine verhaltenssteuernde Funktion zukommt"[99]. „Diese (Werte) brauchen ihren Trägern keineswegs voll bewußt zu werden, sondern können in soziale Gewohnheiten... eingebettet sein..., (sich) auch in ‚Idealen' und in differenzierten Systemen gesellschaftlicher Ethik niederschlagen"[100]. Der Mensch ist hierin damit auch von der Informationslage und von Vorurteilen abhängig. „Das ‚Bild', das jemand von irgend etwas hat, (wird) immer von seinen Werten beeinflußt sein. Er wird gewisse Dinge wichtig, schön, und erstrebenswert oder auch unwichtig, häßlich und abstoßend finden"[101]. Dabei

---

[93] Klages 1996,249; vgl. Höhn 1995,5
[94] Winkel 1996,14
[95] Klages 1977,295
[96] Klages 1984,9f.
[97] Gensicke 1998 a,26; so auch Gensicke 1999,31
[98] Klages 1984,13f.
[99] Winkel 1996,14
[100] Klages 1984,10
[101] Klages 1984,10

gibt es geschlossene gesamtgesellschaftliche Wertsysteme in der pluralistischen Gesellschaft nicht mehr.
Das Verhalten von Menschen wird aber in der Regel nicht schlicht von ihren Wertorientierungen abgeleitet – sie handeln spontan in Situationen, die ihnen Anpassungszwänge, aber auch Chancen zuspielen[102]. Eine Fülle von Regelungen stehen dabei oft unabhängig voneinander und manchmal widerspruchsvoll nebeneinander, ermöglichen dem *freien* Individuum zahlreiche Entscheidungen[103]. Menschliches Handeln folgt einem komplexen Abwägungsprozeß von individueller Wertstruktur und individuellen Realisierungsmöglichkeiten. Je nach Aktualisierungsanlaß gibt es ein wechselndes Aktualisierungsniveau von Wertorientierungen, was die Werte variabel einsetzbar macht[104]. Dabei „entscheidet der Grad der Übereinstimmung zwischen den individuellen ‚Dispositionen' und dem wahrnehmbaren und unmittelbar erfahrbaren Situationsgegebenheiten darüber, ob ‚Motivation' eintritt oder nicht"[105]. „Die Stärke ihrer Spannung entscheidet letztlich über die Aktivität oder Passivität..., leistet einen Motivationsbeitrag... Wenn Widerstände häufig zum Zurückstecken, zu Frustration oder Resignation führen, werden im wesentlichen innerpsychische Anpassungen vorgenommen, ohne aktiv Umweltbedingungen zu verändern. Wenn... Widerstände häufig als Herausforderung zur Auseinandersetzung begriffen werden, ... (wird) in Möglichkeitsräume... unmittelbar und aktiv vorgestoßen,... restriktive Zonen... ohne Resignation als momentan nicht änderbar akzeptiert... Eine entwicklungsfähige Gesellschaft braucht Innovationspotentiale und Durchhaltevermögen"[106]. „Die Soziologie ... sucht (hierbei) generelle Regeln des Geschehens"[107]. Sie zeigen in bedingten Prognosen und kausalen Erklärungen generelle Regeln auch des sozialen Verhaltens. Es geht um einen Wissenschaftsansatz, welcher „deutend verstehen und dadurch in seinem Ablauf und seinen Wirkungen ursächlich erklären will", also eine Kombination von Erklären und Verstehen[108]. Dabei ist soziales Verhalten als subjektiv sinnorientiertes motiviertes nur durch Einbeziehung seiner dahinterliegenden Werte erfaßbar[109]. Es geht um motivationsmäßiges Verstehen, also welcher Sinn sich mit dem Handeln verband[110]. „Die volle 'Nacherlebbarkeit' ist für die Evidenz des Verstehens wichtig, nicht aber absolute Bedingung der Sinndeutung. Verstehbare und nicht verstehbare Bestandteile eines Vorgangs sind oft untermischt und verbunden"[111]. Letztlich

[102] Klages 1999,112; vgl. Hepp 1996,4
[103] Klages 1984,11,14
[104] Klages 1984,12
[105] Klages 1997 d,459
[106] Franz/Herbert 1986,127
[107] Max Weber 1980,9
[108] Max Weber 1980,1
[109] vgl. Pannenberg 1973,84
[110] Max Weber 1980,4
[111] Max Weber 1980,2

ist Ziel das Sinnverstehen und nicht bloße empirische Datensichtung. Es gibt keine „tatsächliche Vorherrschaft des Rationalen über das Leben"[112]. Mit Weber geht es auch in dieser Arbeit zentral um die Erfassung des Sinnes[113]. Denn eine Reflexion darüber bedeutet nicht nur ein Verständnis vom Planen, Überlegen oder der Selbstbesinnung des Handelnden, sondern auch die Selbstvermittlung eines Subjekts-im-Fremdbezug[114] – und dies ist ein zutiefst interdisziplinärer, anthropologischer Wissenschaftsansatz[115].
In Bezug auf das nachfolgend zu behandelnde Verwaltungsverfahren handelt es sich um durch Rechtsvorschriften ausgerichtetes, aufeinander bezogenes Handeln von Bürger und Verwaltung – und damit im sozialwissenschaftlichen Sinne um ‚soziales Handeln'. Soziologische Erkenntnisse sind insoweit „durch Beobachtung erhärtete typische Chancen eines bei Vorliegen gewisser Tatbestände zu gewärtigenden Ablaufes von sozialem Handeln, welche aus typischen Motiven ... verständlich sind" (Erfahrungssätze)[116]. Der Ausdruck ‚soziales Handeln' ist in diesem Zusammenhang gleichbedeutend mit Interaktion und erhält erst sekundär eine moralische Qualifikation: Handeln ist um so ‚sozialer', je mehr es sich kommunikativ *am Anderen* orientiert[117]. Erst im ‚kommunikativen Handeln' kommt es zu einer gegenläufigen Verhaltensreflexion, in der das subjektive Verhalten derart auf das Handeln des Anderen bezogen wird, daß auch ihm zustimmungswürdige Verhaltenserwartungen unterstellt werden (gemeinsame Ansichten, Vorlieben und punktuelle Interessen)[118]. Dabei kann es ‚Sternstunden' geben[119]. Doch bleibt zumeist ein andauerndes Mißverhältnis zwischen den Wünschen und ihrer Erfüllung[120]. „Menschen fühlen sich subjektiv immer dann am wohlsten, wenn Ansprüche und Möglichkeiten im Gleichgewicht sind"[121]. Wer Verhaltenserwartungen nicht erfüllt, muß mit Unverständnis und Sanktion rechnen[122] – und dies kann gerade in der Bürger/Verwaltungs-Beziehung gravierende (gegenseitige) Auswirkungen haben. Daher ist auch bei Anwendung aus Erkenntnissen der Werteforschung die verbleibende gegenseitige Freiheit (bzw. der Kompetenzfreiraum der Verwaltung) zu berücksichtigen, so „daß sich nur unter bestimmten Bedingungen Einstellungen und tatsächliches Verhalten decken"[123]. Eine Verbesserung der Bürger/Verwaltungs-Beziehung muß aus der Sicht der Wer-

---

[112] Max Weber 1980,3
[113] vgl. Pannenberg 1973,83; Daiber 1977,165
[114] Höhn 1985,57
[115] vgl. D II, E I
[116] Max Weber 1980,9
[117] Höhn 1985,57
[118] Höhn 1985,58
[119] Zulehner 1983,33; siehe unten E III 4
[120] Zulehner 1983,33
[121] Opaschowski 1997,198
[122] Höhn 1985,58; vgl. E III 1
[123] Pippig 1988,58

teforschung also daran ansetzen, zur Wertverwirklichung der individuellen und normverkörperten Werte im Verwaltungsverfahren im Sinne des Gemeinwohls zu motivieren.

IV. Werte-Entwicklungen

1. 1963-1975

Bevor auf die Entwicklung der hier einschlägigen Bestimmungen des Verwaltungsverfahrensgesetzes (und der dahinter stehenden ‚Be-Wertung') eingegangen wird, soll zunächst der Blick auf die allgemeine gesellschaftliche Wertentwicklung der Zeit geworfen werden, die auf die Normgebung und die individuelle ‚Wertelandschaft' gewirkt hat und daher für die Normen (und ‚Normbetroffenen') von Bedeutung war oder ist. Dabei kann empirisch die Abfolge dreier Wertphasen[124] nachgewiesen werden.
1. Phase (1945-1963): Vorherrschen ausgeprägter Pflicht- und Akzeptanzwerte. - 2.Phase (1963-1975): Deutlicher Abbau der Pflicht- und Akzeptanzwerte bei gleichzeitiger Expansion von Selbstentfaltungswerten. - 3.Phase (1975 bis heute): Stagnieren der Wertwandlungsbewegung bei ‚Schwankung' der Wertbezüge sehr zahlreicher Menschen.
Aus diesen Phasen sollen nachfolgend einige bis heute prägende Aspekte des Wertewandels herausgestellt werden, die für die spätere Behandlung des Verwaltungsverfahrensgesetzes Bedeutung erlangen[125].

a) Subjektivierung

In der Wiederaufbauphase Deutschlands nach 1945 konnte die Bevölkerung bei Betonung von Pflicht- und Akzeptanzwerten[126] Wohlstand mit einer historisch beispiellosen Ausweitung ihres Freiheitsspielraums wiedergewinnen[127]. „Der Wohlfahrtsstaat minimierte Lebensrisiken. Das Fernsehen, die Motorisierung und die Auslandsreisen erweiterten den Horizont – auch der einfachen Leute"[128]. Fast jedermann konnte nun das Gefühl entwickeln, „nicht mehr ganz ‚unten' zu sein, sondern an der Fülle und dem Luxus des Daseins schon

---

[124] Klages 1984,21f.; vgl. Türk 1990,57f.
[125] Die jahrelange Speyerer Werteforschung hat gezeigt, daß hierbei die Unterschiede zwischen Ost und West in Deutschland vernachlässigbar gering sind (Gensicke 1999,31). „Bereits im Frühjahr 1990 (war) in den neuen Ländern keine grundsätzlich andere Situation als in den alten Ländern vorzufinden" (Gensicke 1998 a,28; vgl. Noelle-Neumann/Petersen 2001,18f.). Bis „Mitte der neunziger Jahre hatte die ostdeutsche Bevölkerung den Wertewandel weitgehend nachgeholt" (Noelle-Neumann/Petersen 2001,19)
[126] Klages 1988 a,45
[127] vgl. Klages 1988 a,51f.
[128] Gensicke 1994,36

teilhaben zu können"[129]. „Der durchschnittliche Arbeitnehmerhaushalt vermochte in den sechziger Jahren am enorm gestiegenen Konsum der neuen ‚Wohlstandsgesellschaft' in nie gekanntem Ausmaß teilzuhaben. Die Nettoeinkommen stiegen in jener Dekade um ca. 50 Prozent"[130]. Die zunehmende Sicherheit seit den 60er Jahren führte zu einer Verbürgerlichung der Industriearbeiter mit ‚Mittelschichtsbewußtsein'[131]. Vorherrschend war eine materialistische Selbstfixierung mit politischem Desinteresse; „eine auf Konsumangebote fixierte und von diesen manipulierte Jugend schien heranzuwachsen"[132]. In der ersten Hälfte der 60er war das ‚Wirtschaftswunder' so weit vorangeschritten, daß eine ‚Überlebenswertorientierung' verblaßte und von Konsumorientierung abgelöst wurde[133]. Dies sollte auch die Werteorientierung beeinflussen[134].
Seit 1963 kippte plötzlich das geistige Klima zu einem Begehren nach Bewegung, Aufbruch, Mitwirkung und Emanzipation um[135]. „Hauptsächlich ging es jedoch um die Durchsetzung von Emanzipationsansprüchen, einer umfassenden Demokratisierung"[136]. „Auf längere Sicht stiegen die Zustimmungsbereitschaft und die Demokratiezufriedenheit der Bundesbürger, und ihre aktive Beteiligung an der Gesellschaft nahm zu"[137].
Ein Individualisierungsschub artikulierte sich in Deutschland besonders deutlich und heftig[138]. Das „ganze verdammte innere Preußentum"[139] verfiel einem gezielten und gewollten Wertumsturz, und zwar in allen Bevölkerungskreisen[140]. Zunächst entwarf eine aktive Minderheit ‚Trends für die Gesamtgesellschaft': die Gruppe junger Menschen gehobenen Bildungsniveaus[141]. Sie waren in den 60ern zunächst die Wertwandlungsträger[142]. Zwar brachten ‚die Jungen' den Wertewandel in einer besonders ‚reinen' Weise zum Ausdruck, aber auch die Älteren übernahmen ihn nach und nach[143]. Es entstanden

---

[129] Klages 1993,39
[130] Schildt 2001,8
[131] Klages 1993,39
[132] Schildt 2001,7
[133] Klages 1988 a,49
[134] Schildt 2001,7; Wolfrum 2001,29
[135] Klages 1993,45; Kraushaar 2001,19; Ein besonders eindrucksvolles Beispiel für den Aufbruch in eine neue Zeit bietet das Zweite Vatikanische Konzil der römisch-katholischen Kirche 1962-1965. Vieles an Dialog- und Toleranzkultur späterer Jahre wurde hier schon vorweggenommen (vgl. dazu auch E II).
[136] Schildt 2001,13; Böhret 1997,125
[137] Wolfrum 2001,29
[138] Klages 1988 a,53; Klages 2000 c,V; Schildt 2001,7; Kraushaar 2001,14
[139] Klages 1988 a,54; vgl. v.Arnim 1993 a,68; v.Arnim 1997 b,378
[140] Klages 1987,23; Klages 1988 a,55; Kraushaar 2001,15; Noelle-Neumann/Petersen 2001,16
[141] Klages 1988 a,55
[142] Klages 1984,41f.
[143] Klages 1984,96; Schildt 2001,9

dabei aber Spannweiten der Wertdivergenz, die es vorher nicht gegeben hatte und „für die es... kaum irgendwelche bekannten Vorbilder gab“[144]. Dies muß aber bereits „als eine äußerst einschneidende Veränderung der gesellschaftlichen Wirklichkeit mit sehr weitreichenden Folgen angesehen werden“[145]. Infolge dessen wurden den Einzelnen „zunehmend individuelle Entscheidungen abgefordert..., die sie auch persönlich zu verantworten haben. Traditionen und Gewohnheiten, die bisher die Maßstäbe lieferten, ... (fielen) immer mehr aus“ – und zwar sowohl in der Arbeitswelt als auch im Privatleben[146].
Es folgte eine sinkende Bereitschaft, Pflichten zu übernehmen und Leistungen zu erbringen, wenn es keine Motivation dazu aus persönlicher Einsicht gab[147]. Der Wertewandel begründete so „ein stärkeres Demokratiebewußtsein und zugleich ein stärkeres Demokratiebedürfnis... nicht zuletzt durch die Bildungsrevolution... mündiger, selbstbewußter und reifer“ Bürger[148]. „Die Umschaffung des ‚Untertanen‘ in den selbstbewußten ‚Bürger‘... (setzte) eine Entwicklung in Gang..., die der Staat im weiteren Fortgang immer weniger ‚souverän‘ zu steuern vermochte, die vielmehr eine Eigendynamik entfaltete, die je länger desto mehr auf den Staat selbst zurückschlug und ihn zu verwandeln begann“[149]. Zu den grundlegenden Änderungen des Wertewandels gehörte es nun, sich als autonome Person mit eigenem Handlungsspielraum zu verwirklichen, und zwar in selbstbestimmtem Handeln, das *eigener Entscheidung* entspringt[150]. „Im Positiven bewirkt die Individualisierung, dass sich Menschen in spezifischen Problemlagen selbst organisieren und ihre Partizipationsbedürfnisse durchsetzen“[151]. Es bildete sich generell eine abwehrende Grundeinstellung gegenüber bloß autoritativ geltend gemachten Außenanforderungen – auch gegenüber der Institution der staatlichen Verwaltung. Vor diesem Hintergrund kann man es mit Zulehner[152] nur als ‚tödlich‘ bezeichnen, wenn sich verfestigte Lebensweisen (‚Strukturen’) in Bürokratien halten, die den Menschen verwalten und seine Freiheit gängeln. Gerade eine solche Fremdbestimmung führt zu einer (nicht durchhaltbaren) Abriegelung der Privatsphäre als vermeintlich freier und nicht mehr fremdgesteuerter Welt und einem Rückzug aus gemeinwohlorientierter Verantwortung. Zu Pflichten und Opfern war man im Gegensatz zur Wiederaufbauphase nach 1945 „nur noch unter der Bedingung bereit, daß sie die Nagelprobe der individuellen Meinungs- und Urteilsbildung bestehen“[153], nach dem Motto: „Wer etwas zum

---

[144] Klages 1988 a,60
[145] Klages 1988 a,59
[146] Gensicke 1994,38
[147] v.Arnim 1995 a,34
[148] v.Arnim 1997 b,378
[149] Klages 1988,6
[150] v.Arnim 1995 a,34
[151] Schmitz 2001,6
[152] 1983,21
[153] Klages 1988,17

Besseren wenden will, muß versuchen, den Bürger als den eigentlichen demokratischen Souverän zu überzeugen“[154]. Individualismus wurde im Wertewandel so Widerstand *gegen eine nicht dem Wertebefund entsprechende Fremdbestimmung*. Von daher kann man sagen, daß die gesellschaftlichen Umwälzungen seit den 60er Jahren die Psyche der Menschen grundlegender umgewälzt haben, als dies jemals vorher der Fall war[155].

b) De-Institutionalisierung

Dies äußerte sich auch in institutionellen Funktionsverlusten. Konsequenzen des Wertewandlungsschubs waren „hohe Anforderungen an die Bereitschaft zu denkerischer Mitverantwortung und praktischer Toleranzfähigkeit“[156]. Dabei konnte jedoch nicht mehr „auf die grundsätzliche Loyalität vermittelnder, Spannung abmildernder Institutionen“ gebaut werden[157]. Denn Institutionen sind um so wirksamer, je dauerhafter und unveränderter ihre Regelungen sind. Sie entlasten und ordnen für den einzelnen, schaffen ihm Übersicht, beschränken aber auch. Infolge des Wertewandlungsschubs schienen sie nun nur noch Freiheit und Fortschritt zu behindern. Mit zunehmender Vernetzung aller Lebensbereiche erschien die Verwaltung immer weniger ‚allgegenwärtig und allmächtig‘ zu sein[158]. Normative ‚Grenzzäune‘ fielen nun im Wertewandlungsschub weg, „die menschliches Verhalten bisher auf gesellschaftlich wünschenswerten Pfaden zurückhielten, so daß dort, wo man sich der regulativen Kraft von Tabus und ‚sozialen Selbstverständlichkeiten‘ gegenübersah, individuelle Nützlichkeitskalküle eingreifen“ konnten, die aber keine institutionelle Stützung mehr genossen[159]. Über Nacht schmolzen die alten Milieus ab, u.a. durch Herauslösen der Menschen aus ihren Herkunftsmilieus, durch neue Mobilität „und die durch die Medien geprägte Massenkultur“, so daß es zu einem ‚Individualisierungs- und Singularisierungsschub‘ kam[160]. „Die Diskrepanz zwischen den in... (die) Institutionen immer noch hineingelegten Ideen und der Wirklichkeit“ führten zu institutionell bedingten Fehlentwicklungen[161]. In dieser Zeit des Wandels verhinderten nun die etablierten Institutionen - und hier insbesondere die Verwaltung - Veränderungen[162]. Daher wurden sie „selbst zur Quelle von Problemen. (...) Ihre Errungenschaften werden... verteidigt, wie unsozial sich dies im Effekt heute auch auswirken

---

[154] v.Arnim 1997 b,181
[155] Klages 1987,22
[156] Demmer 1995,215
[157] Demmer 1995,215
[158] vgl. Demmer 1995,215
[159] Klages 1984,144
[160] Knobloch 1996,165f.
[161] v.Arnim 1997 b,178f
[162] Klages 2000 c,V, v.Arnim 1985,123; Wolfrum 2001,36

mag"[163]. Folge war eine Abwanderung von der Kooperation mit den Institutionen, wo dies möglich war. „Die Beteiligung in Vereinigungen, Organisationen und Parteien differenziert zwischen den Altersgruppen zum Teil erheblich... Insbesondere die ‚traditionelle' Mitgliedschaft in Gewerkschaften spielt für die Jüngeren nur eine bescheidene Rolle" (Leipzig 1997). Soweit die Abwanderung nicht möglich war, äußerte sich der Unmut – und dies insbesondere seit dem Wertewandlungsschub – in einer stark verminderten Bereitschaft zur Identifikation oder einer stark erhöhten Verdrossenheit mit sozialen Gebilden und Institutionen, insbesondere wenn sie eine höhere Würde gegenüber dem einzelnen *beanspruchten* (wie z.B. die Verwaltung)[164]. Die Menschen wurden „besonders empfindlich gegenüber institutionell bedingten Defiziten"[165]. Die Neigung der Bürger geht bis heute insgesamt gegen formalisierte Handlungsanweisungen. „‚Hierarchisch' geordnete Sozialzusammenhänge ... (werden) negativ erlebt"[166]. Der Wertewandel führte „weg von der Obrigkeitshörigkeit und hin zum kritisch-rationalen Hinterfragen" der Verwaltung[167]. Da Ende der 60er Jahre die Institutionalisierungsgrundlagen ins Wanken kamen, wurde auch eine von dort erwartete Normbefolgung nicht mehr selbstverständlich, ja sogar ‚rückschrittlich' oder zumindest Sache individueller Präferenz[168].

Die Lebensbereiche der Menschen pluralisierten sich in ihren Anforderungen und waren untereinander mit ihren unterschiedlichen Anpassungszwängen nur schwach koordiniert[169]. Die daraus entstehenden Sozialisations-Belastungen konnten durch nachlassende Pflicht- und Akzeptanzwerte immer weniger im Wege der Innenverarbeitung des Individuums abgebaut werden. Der Wertewandel hatte diese Fähigkeit reduziert und verstärkte Neigungen zu Rebellion, Aussteigertum und Resignation. Durch die De-Institutionalisierung gelang es nicht mehr, „Orientierungen, Empfindungen und Verhaltensweisen in ein institutionell festgelegtes und vorgegebenes Muster zu binden wie bisher"[170]. Legitimation und Funktion der Verwaltung wurden geschwächt. Dies kann mit ihrer nunmehr problemerzeugenden Struktur erklärt werden[171]. Denn die zunehmende Mehrfunktionalität im Verwaltungsverfahren *konnte* von ihr gar nicht mehr ‚wertewandelsentsprechend' bewältigt werden.

Um dies zu erläutern, müssen kurz einige soziologische Grundbegriffe erläutert werden.

---

[163] v.Arnim 1985,124
[164] Klages 1996,244; vgl. Klages 1988 a,81f.
[165] v.Arnim 2000,24
[166] Klages 1988 a,71
[167] v.Arnim 1999,327
[168] Klages 1984,31
[169] Klages 1987,24
[170] Knobloch 1996,42
[171] vgl. dazu auch D I 1, E III 1

Soziales, d.h. auf andere bezogenes Handeln kann - Max Weber folgend – verschieden ‚motiviert' sein. Traditional durch eingelebte Gewohnheit oder affektuell, insbesondere emotional: durch aktuelle Affekte und Gefühlslagen, besonders aber durch zweckrationales Handeln: „durch Erwartungen des Verhaltens... von anderen Menschen und unter Benutzung dieser Erwartungen als ‚Bedingungen' oder als ‚Mittel' für rational, als Erfolg, erstrebte und abgewogene eigne Zwecke"[172]. „Zweckrational handelt, wer sein Handeln nach Zwecken, Mitteln und Nebenfolgen orientiert und dabei sowohl die Mittel gegen die Zwecke, wie die Zwecke gegen die Nebenfolgen, wie endlich auch die verschiedenen möglichen Zwecke gegeneinander rational abwägt"[173]. Schließlich benennt Weber eine wertrationale Motivation: „Durch bewußten Glauben an den - ethischen, ästhetischen, religiösen oder wie immer sonst zu deutenden - unbedingten Eigenwert eines bestimmten Sichverhaltens rein als solchen und unabhängig vom Erfolg"[174].
Diese Motivationsformen treten empirisch jedoch selten in ‚Reinform' auf: „Sehr selten ist ... soziales Handeln, nur in der einen oder der andren Art orientiert ... (Die Orientierungsarten sind) begrifflich reine Typen, denen sich das reale Handeln mehr oder minder annähert oder aus denen es - noch häufiger - gemischt ist"[175]. Die Verwaltung folgt nun aufgrund ihrer bürokratischen Struktur nur einer ausschnitthaften Form des sozialen Handelns, dem zweckrationalen Handeln[176]. Die Pflichten-Akzeptanz richtete sich im Wertewandel demgegenüber aber zunehmend nach dem ‚subjektiven Nutzwert'[177]. ‚Zweckrational' benutzt *zu werden*, beliebig austauschbar, also in seiner Einmaligkeit verraten zu sein, erschien der neuen Selbstentfaltung hingegen tödlich und als harter Gegensatz zum Wunsch nach Namen, Einmaligkeit, Individualität, Personalität[178]. Dies konnte als ‚sozialer Tod' empfunden werden, ausgelöst durch Unachtsamkeit und subjektverachtende Verwaltungsregeln oder -strukturen, wo immer diese nicht mehr an den einmaligen Personen interessiert waren, sondern den Menschen zum Nutzobjekt reduzierten[179]. Gerade das zweckrationale Idealbild der Verwaltung mußte dadurch Probleme geradezu provozieren. Und dies war auch eine direkte Folge des Wertewandels mit seiner neuen Gewichtung der Selbstentfaltungswerte: „Für die überwiegende Zahl der Menschen (ist) die Möglichkeit, sich selbst zu verwirklichen, in einem ganz starken Maße mit dem *Ausmaß des Handlungsspielraums* ge-

---

[172] Max Weber 1980,12
[173] Max Weber 1980,13
[174] Max Weber 1980,12
[175] Max Weber 1980,13
[176] vgl. Pannenberg 1973,87
[177] v.Arnim 1995 a,34; Klages 1984,50
[178] Zulehner 1983,18f.
[179] vgl. Zulehner 1983,18f.

koppelt..., den man der eigenen Wahrnehmung zufolge ... besitzt"[180]. Es geht um Raum für selbstgewählte Optionen[181].
Vor dem Hintergrund des Wertewandels wäre zur Problemlösung eine „der Subjekthaftigkeit des Menschen Raum gebenden Institutionenethik"[182] erforderlich gewesen. Das Bürokratiemodell Max Webers als Resultat von Sozialisationsprozessen des 19. Jahrhunderts war nun eine restriktive Schranke für neue Lernprozesse geworden[183] und hätte korrigiert werden müssen[184].
Eine solche Notwendigkeit ergab sich auch unter dem Freiheits- und Demokratieaspekt: An die Stelle eines ‚Unmündigkeitsvorbehalts' des Staates gegenüber dem Bürger früherer Zeiten traten gesteigerte Autonomiebedürfnisse der Gegenwart[185]. Tendenziell wurde der Untertan früherer Zeiten „von einem gewaltig angewachsenen bürgerlichen Selbstbewußtsein" ersetzt[186]. Der Bürger fühlte sich nun in rein zweckrationalen von Menschen abstrahierenden Organisationsprinzipien um so mehr als ‚Objekt staatlichen Handelns'[187]. Freiheit und Menschenwürde erschienen „durch Verwaltungsstrukturen tendenziell eher gefährdet"[188]. Bei einseitiger Handlungsintentionalität der Verwaltung (instrumentellem Handeln) kam der Bürger lediglich als Objekt ihrer als vorrangig angenommener Handlungszwecke in den Blick[189]. Strukturen des Verwaltungsverfahrens erwiesen sich als dysfunktional, „in welchen 'geronnene' Pflicht- und Akzeptanzwerte herkömmlicher Art dominieren"[190]. Sie blockierten neu heranreifende gesellschaftliche Humanpotentiale, die dringend benötigt wurden, um den Erfordernissen der Zeit gewachsen zu sein[191].
Somit geht es auch in der Bürger/Verwaltungs-Beziehung um „die *Kunst der sozialen Integration des Persönlichen*"[192]. Der Bürger wünscht sich die Verwaltung als „ein von Menschen für Menschen Geschaffenes"[193]. Die „Organisationskritik zielt (hierbei) im wesentlichen auf die Instrumentalisierung des Individuums", auf „ein Moment von Starrheit, Kälte, Äußerlichkeit, Gewaltsamkeit"[194]. Erst in einem kommunikativen Handeln entsteht echtes perso-

---

[180] Klages 1988 a,108
[181] Klages 1988 a,109
[182] Klages 1996,250
[183] vgl. Pippig 1988,24
[184] Klages 1988 a,151; vgl. noch D I 4
[185] v.Arnim 1995 a,32,36
[186] Klages 1988,13
[187] Klages 1988 a,71,151
[188] v.Arnim/Brink 2001,224
[189] Höhn 1985,58
[190] Klages 1997,115
[191] Klages 1996,249; vgl. Pippig 1988,4f.
[192] Klages 1988 a,151
[193] Pippig 1988,5
[194] Pippig 1988,4

nenzentriertes Miteinander[195]. Die bürokratische Neigung, administrative Rechtsbeziehungen von einer persönlichen Relation zum Bürger freizuhalten, wird gerade im VwVfG deutlich, wo z.B. die Problematik der Befangenheit von Verwaltungsmitarbeitern bei Entscheidungen über objektive Merkmale (Anschein der Beeinflussung) geregelt wird[196]. Motivation und Normierung durchdringen einander aber ständig, und so bräuchte das Verwaltungshandeln neben rechtlich zuverlässigen Verhaltensmustern auch ein Wissen über mögliche Motivationen des Bürgerverhaltens, um darauf reagieren zu können und Reibungsverluste zu vermeiden, letztlich die Bürger/Verwaltungs-Beziehung zu verbessern[197]. Es „wird die Erkenntnis der Mängel immer klarer und deutlicher, nimmt das Bedürfnis der Menschen nach Mitwirkung und Selbstbestimmung immer mehr zu,... (wird die) Macht oft in den Händen weniger ‚Vorentscheider'... häufig zur Enttäuschung"[198]. Hier kann sich[199] eine ‚Krise der Institution Verwaltung' zu einer ‚Krise der Demokratie' ausweiten, weil die Institutionen nicht angemessen auf den Wertewandel reagieren (‚Pathologie'[200]).

Gegenwartsaufgabe wäre es daher, dem Wertewandel institutionelle Verwirklichungsmöglichkeiten zu schaffen[201]. Hierbei kommt die Einräumung von Mitwirkungsmöglichkeiten der Bürger dem Wertewandel in besonderer Weise entgegen[202]. „Freilich setzt eine Freisetzung der Aktivitätspotentiale eine Änderung der Institutionen voraus, die den Bürger, soweit wie möglich, vom Objekt zum Subjekt macht"[203]. „Der einzelne Mensch (erwartet) von seiner gesamten gesellschaftlichen Umwelt ... heutzutage mehr Chancen..., sich selbst mit seinem je eigenen Persönlichkeitspotential ‚einbringen' zu können und als Person ernstgenommen, angenommen, einbezogen und anerkannt zu werden... Es wird hierbei, was besonders wichtig ist, kein grundlegender Unterschied zwischen der Arbeitssphäre und den übrigen Lebensbereichen außerhalb der Arbeit mehr gemacht"[204]. So öffnet der Wertewandel die Augen für institutionelle Mängel der Verwaltung[205] - doch wie schleppend sich Strukturen änderten, wird der historische Rückblick unter C zeigen.

Der Wertewandel im Bereich der Institution berührt aber genauso essentiell die ‚andere Seite' der Bürger/Verwaltungs-Beziehung: die der Verwaltungsmitarbeiter. In „der gesamten Welt unserer Großorganisationen ... (herrscht)

[195] Höhn 1985,68
[196] König 1970,87; vgl. § 21 VwVfG
[197] König 1970,93f.
[198] v.Arnim 1995 a,35
[199] Klages 1999 a,7f.
[200] Höhn 1985,37
[201] v.Arnim 1995 a,35; Klages 1996,244; Klages 1997,112
[202] v.Arnim 1995 a,36
[203] v.Arnim 1995 a,36
[204] Klages 1988 a,108
[205] v.Arnim 1995 a,31

ungeachtet des Wertewandels immer noch eine Einforderung herkömmlicher Pflicht- und Akzeptanzbereitschaften – insbesondere auch von Autoritätsakzeptanzbereitschaften“ vor[206]. Die Selbstentfaltungsinteressen finden dabei meist wenig Berücksichtigung. So werden „die vielfach noch bestehenden überkommenen Strukturen ... von der neuen Motivlage her eher als abschrekkend wahrgenommen“[207]. Zwar liegt „beim Personal des öffentlichen Dienstes ein beträchtliches Motivationspotential“ vor[208]. Dieses wird aber durch die Systembedingungen der Verwaltung gegenwärtig noch an seiner Aktivierung gehindert[209]. Grund ist „die in unserer heutigen Gesellschaft sehr ausgeprägte *Diskrepanz zwischen ‚neuen‘ Werten und relativ unbeweglichen ‚bürokratischen‘ Strukturen*, die noch auf ‚alte‘ Werte zugeschnitten sind und denen deswegen sowohl – nach außen – eine *‚Attraktivitätslücke‘*, wie auch – nach innen – eine *‚Motivationslücke‘* zuzurechnen ist“[210].

„Die persönliche Bereitschaft, sich mit hoher Eigeninitiative und –verantwortung innerhalb der *Arbeitstätigkeit* zu engagieren, ist (jedoch) mit dem Wertewandel angewachsen“[211]. Ein „tendenziell wachsender Teil der... öffentlich Bediensteten (ist) dazu bereit..., im Beruf ‚mehr Verantwortung‘ zu übernehmen“[212]. Entsprechend motivierendes Führungsverhalten kommt besser an als ein *laissez faire*, führt zu hoher Mobilisierung von Leistung und hoher Identifikation mit der jeweiligen Institution[213]. Mitarbeiterumfragen in der Verwaltung belegen über alle Ebenen und Altersklassen hinweg zu allererst den Wunsch nach einer beruflichen Tätigkeit, „die interessant ist, die verantwortungsvoll ist, die die eigenen Fähigkeiten herausfordert, die Erfolgserlebnisse vermittelt, die ‚Spaß‘ macht und die es ermöglicht, eigene Initiativen und Ideen einzubringen“[214]. Doch sind „Arbeitsrollen, die Eigenständigkeit und Verantwortung ermöglichen,... den Führungskräften als den ‚Vorgesetzten‘ vorbehalten“[215]. Trotz erweiterter Handlungsräume bleibt in der Verwaltung ein Mangel an Freiheit, Unmittelbarkeit, Spontanietät - die Mitarbeiter bleiben oft genug ‘Werkzeuge der Organisation’, werden zu ‚bloßen Rechtsanwendungsmaschinen‘ degradiert[216]. Hinzu kommt ein „niedriges Ausmaß der Mitwirkungsmöglichkeiten für den einzelnen Mitarbeiter hinsichtlich der Zielvorgaben für seinen Arbeitsplatz“[217].

---

206 vgl. Klages 1988 a,71; Klages 1999 a,10
207 Klages 1999 a,13
208 Klages 1996 b,525
209 Klages 1996 b,526
210 Klages 1999,122; vgl. Klages 1988 a,151; Klages 1996,244
211 Klages 1997,108; vgl. Klages 1996,242
212 Klages 1988 a,107; vgl. Tabelle 33
213 Klages 1996,242; Klages 1997,108
214 Klages 1999 a,11
215 Klages 1999 a,11
216 Pippig 1988,16,20
217 Pippig 1988,20; dazu auch unten E III 3

Folge ist die Neigung zur inneren Kündigung[218]. Führungskräfte sollten daher Verantwortung delegieren, das ‚Dürfen' dem ‚Wollen' anpassen und insofern dem Wertewandel gerecht werden. Den Mitarbeitern müssen neue 'Verantwortungsrollen' angeboten werden[219], z.B. in erweiterten Spielräumen in Verfahrensfragen (Beratung, Betreuung, § 25 VwVfG) oder bei Ausübung von Ermessen (§ 40 VwVfG[220]). Bürgerämter zeigen hier eine praktikable Lösung: sie besitzen interaktive Gruppen, „in denen alle Mitglieder bei der Bewältigung der Gesamtaufgabe flexibel zusammenarbeiten, wobei im Prinzip jeder einzelne alles tun kann"[221]. Hier erlebt man das ‚Wunder' der *Motivationsentfesselung*. Anders ist dies im Sozialbereich. Hier werden 'Solidarisierungen' der Verwaltungsmitarbeiter mit dem Bürger mittels traditioneller Kontrollstrukturen gerade verhindert, statt dessen 'Vorgesetztenloyalität' in den Vordergrund gestellt[222]. Einem ‚Anspruch auf Selbstbestimmung' steht die ‚lebenslange Fremdbestimmung' im Verwaltungsbetrieb gegenüber, „wo die gesteigerte Sensibilität für individuelle Anerkennung auf ständige Erfahrungen der Mißachtung der eigenen Individualität stößt" (Erfahrungen der Ohnmacht)[223]. Hier dominiert das traditionelle altruistische Dienen „unter Verzicht auf die Befriedigung eigener Bedürfnisse" mit starren Hierarchien und festgefügten Rollen unselbständiger Weisungsempfänger[224]. Verwaltungsmitarbeiter fühlen sich in ein Rollengehäuse hineingezwängt, „in welchem man in einer ‚entmenschlichten' Weise zu einem ‚mechanischen' Handeln verurteilt wird"[225].

Die Verwaltung kann ihre Funktion für Bürger und Gesellschaft ohne Veränderungen ihrer Struktur nach dem Wertewandlungsschub nicht mehr erfüllen. Immerhin ist sie aufgrund der Verwaltungsreformbewegung seit Mitte der 90er Jahre auf dem Weg zu Änderungen. Hierbei müssen verstärkt Engagementangebote gemacht werden, die der Bürger/Verwaltungs-Beziehung zugute kommen, weil sie auf „die neue, auf Selbstentfaltung gegründete Motivgrundlage des Engagements"[226] ausgerichtet sind.

c) Soziale, ökonomische und technologische Wandlungen

Auch Veränderungen der sozialen, ökonomischen und technologischen Rahmenbedingungen riefen Wertwandlungen hervor[227]. Die Bürger „stehen heute

---

[218] Klages 1999 a,11
[219] Klages 1997,118
[220] vgl. die entsprechenden Kapitel D I 3,4 und E III 3,4
[221] Klages 1996 b,531
[222] Pippig 1988,27
[223] Knobloch 1996,170
[224] Klages 1999 a,12
[225] Klages 1988 a,72
[226] Klages 1999,123
[227] vgl. Klages 1977,301

vor einem Dilemma technologisch-ökonomischer und globalisierungsbedingter *Reformzwänge* und dem Wunsch nach Verwirklichung bestimmter *sozialer Wertvorstellungen*"[228]. Bei der Arbeitslosenquote zeigt sich bis in die 60er Jahre hinein eine nahezu ständige Abnahme, was sich bis in die 70er Jahre zu einer Quote von weniger als 1 % entwickelte[229]. Infolge des weitgehend erreichten Zieles verloren die auf materiellen Wohlstand bezogenen Werte an Bedeutung, während mit Selbstentfaltungswerten zunehmend immaterielle Gesichtspunkte der Lebensqualität in den Vordergrund traten[230].
So läßt sich der Wertewandel seit den 70er Jahren auch als Abkehr von materialistischen Zielen hin zu mehr ideellen, humanen Werten auffassen. Die Selbstverwirklichung ereignet sich in Freizeit *und* Arbeit[231]. Die ‚protestantische Arbeitsethik' genoß zwar „in Deutschland nach wie vor eine leichte Priorität" – nicht jedoch bei den jungen Menschen unter 30, die dem Lebensgenuß klaren Vorzug gaben[232]. Die Generation über 55 Jahren bevorzugte Gehorsam, Leistungsstreben und Pflichterfüllung, die Jüngeren (bis 34 Jahren) Selbständigkeit, Kontakt- und Kritikfähigkeit, Lebensfreude oder Selbstvertrauen. Damit koppelten sie sich „zunehmend vom Wertesystem der traditionellen Berufsethik ab"[233] – Lebenskompetenz wurde wichtiger als Arbeitstugend[234]. Es erfolgte ein „Wandel der Prioritäten, der materielle Einbußen leichter verschmerzbar" machte. Dies konnte durchaus mit Altruismus Hand in Hand gehen (Pflege von Familienangehörigen). „Seit den sechziger Jahren hat sich das zwischenmenschliche ‚Sozialklima' nicht etwa verschlechtert, sondern deutlich verbessert. Man erkennt dies an vielen Indikatoren. Unter anderem ist die Bereitschaft stark gestiegen, den Mitmenschen zu vertrauen. Ebenso ist das Gefühl deutlich gewachsen, sich auf andere Menschen in der Not verlassen zu können"[235]. Die Toleranz gegenüber andersartigen Menschen stieg sogar stetig[236].
Es kam zu einem sozialen *Individualisierungsprozeß*[237]. Ökonomische Wohlfahrt, politische Freiheit und der Abbau der sozialen Kontrolle steigerten die Chancen der Emanzipation des Individuums in Gesellschaft und Gemein-

---

[228] Gensicke 2000 a,9
[229] v.Arnim 1998,152,154
[230] vgl. Hradil 1992,160; Klages 1996,241; Klages 1997,105; Opaschowski 1997,195
[231] Türk 1990,55f.
[232] Gensicke 1996 b,84; Habich/Noll 2000,494: Daß der Beruf wichtiger ist als die Freizeit beantworteten in Westdeutschland 1998 mit ja 31 % (wie 1993; 1988 und 1990 waren es 27 %, 1984 30 %), die Freizeit hielten ebenfalls 31 % für wichtiger als den Beruf (1998; 1993 waren es hier 30%, 1988 und 1990 29 %, 1984 30%)
[233] Opaschowski 1997,202
[234] vgl. dazu E III 4
[235] Klages 1996,241
[236] Winkel 1996,17
[237] Gensicke 1998 a,28; Gensicke 1999,32

schaft, dienten u.a. der intellektuellen Entfaltung und der Partizipation[238]. Seit den 60er Jahren bejahte die Bevölkerung grundsätzlich die Grundlagen und das Funktionieren der parlamentarischen Demokratie[239]. Das Interesse für Politik nahm nun (zwischen Anfang der 60er Jahre und 1975) massiv um 20 % der Bevölkerung zu[240], es ergab sich eine „zunehmende Bereitschaft der Menschen zur Beteiligung am politischen Leben..., (das) steigende Interesse an unkonventionellen Formen der politischen Partizipation“[241]. So vollzog sich „eine Verschiebung der politischen Einstellungen aus dem Bereich passiver Vertrauenshaltungen in den Bereich aktiver Handlungsorientierungen“[242]. Der ‚Radius des Persönlichen‘ erweiterte sich. Es ging nun darum, „seine individuelle Persönlichkeit stärker ausleben und einbringen“ zu können[243]. Die Bereitschaft zum Engagement war danach nicht mehr mit den alten Leitbildern der Opferbereitschaft aktivierbar, sondern nur bei Orientierung an den Selbstentfaltungswerten[244]. Dies folgte der bekannten Einsicht: „Akzeptanz nimmt in modernen Gesellschaften ab, Selbstentfaltung zu“[245].
Dies bewirkte aber zugleich „eine Schwächung der Zufriedenheitsdisposition der Menschen, eine Entfesselung von Aspirationen und Erwartungen... wie auch eine mehr zuungunsten des Staates verlaufende individuelle Kosten-Nutzen-Rechnung“[246]. Denn nun wurde die Demokratie als eine Staatsform gesehen, deren *Nutzwert für den einzelnen* man (partizipativ durchaus positiv) bewertete[247]. Zugleich entwickelte sich nach und nach ein Dienstleistungs-Staatsverständnis[248]. *Optimistisch* kann man dies als Wachstum eines menschlichen, kreativen und kommunikativen Potentials ansehen.

d) Die Selbstentfaltungswerte

Bei Betrachtung der sich ausbreitenden ‚Selbstentfaltungswerte‘ gilt es, drei zusammenhängende Gruppen zu unterscheiden: individualistische, hedonistische und idealistische[249]. Die Grundmerkmale dieses Wertewandlungsschubs sollen in nachfolgendem Schaubild 2[250] verdeutlicht werden.

---

[238] Klages 1977,301
[239] Klages 1988 a,85
[240] Klages 1984,97
[241] Winkel 1996,17
[242] Klages 1984,97
[243] Klages 1996,243
[244] Klages 1997,106,111
[245] Gensicke 1996,5; vgl. B III 1
[246] Klages 1984,97
[247] Klages 1988 a,86
[248] Winkel 1996,17
[249] Klages 1993,47
[250] vgl. Klages 1988 a,57

Schaubild 2: Grundmerkmale des Wertewandlungsschubs

	Selbstzwang und –kontrolle (Pflicht und Akzeptanz-Werte) *dominant bis zum Werte-wandelsschub*	Selbstentfaltung(s-Werte) *dominant nach dem Werte-wandelsschub*
Bezug auf die Gesellschaft	*Disziplin, Gehorsam, Pflichterfüllung, Treue, Unterordnung, Fleiß, Bescheidenheit*	Gesellschaftsbezogener Idealismus: *Emanzipation (von Autoritäten), Gleichbehandlung, Gleichheit, Demokratie, Partizipation, Autonomie (des einzelnen)*
Bezug auf das individuelle Selbst	*Selbstbeherrschung, Selbstlosigkeit,Enthaltsamkeit* *Hinnahmebereitschaft, Fügsamkeit*	Hedonismus: *Genuß, Abenteuer, Spannung, Abwechslung, Ausleben emotionaler Bedürfnisse* Individualismus: *Kreativität,Spontanietät, Selbstverwirklichung, Ungebundenheit, Eigenständigkeit*

Das Schaubild 2 unterstreicht „eine inzwischen weitgehend konsensuell gewordene Deutungsformel, nach der ein Wandel von Pflicht- und Akzeptanz- zu Selbstentfaltungswerten vorliegt“[251]. Dabei kam es während des Wertewandlungsschubs zunächst „zu einem deutlichen Vorsprung der Selbstentfaltungswerte gegenüber den Pflicht- und Akzeptanzwerten“[252].
Im Kern ging es um eine ‚Gewichtsverlagerung‘: „Pflicht- und Akzeptanzwerte sind deutlich geschrumpft, während Selbstentfaltungswerte kräftig expandierten... Die eigenen Lebensinteressen (wurden) zur Leitinstanz des Denkens und Fühlens... Eine starke Individualisierung und Pluralisierung der Lebensstile“ brachte einen Entnormativierungstrend mit einer Zunahme instrumenteller Einstellungen und vermehrten Anspruchshaltungen bei verminderter Zufriedenheitsdisposition, was auch die Verwaltungsverfahren beeinträchtigte und zu größerer Empfindlichkeit und Distanz des Bürgers gegenüber Einschränkungen, Autoritäten und Normen seitens der Verwaltung führte[253]. „Pflicht- und Akzeptanzwerte bringen (nämlich) ... eine Verbindung zwischen gesellschaftlichen Anforderungen und Notwendigkeiten und dem ‚Selbstkonzept‘ der Menschen dadurch zustande, daß sie die Menschen zur persönlichen Identifizierung mit ‚Tugenden‘

[251] Klages 1996 c,66; vgl. Klages 1987,23; Schildt 2001,9; v.Arnim 1997 b,378
[252] Klages 1997 b,11
[253] Hepp 1996,4; vgl. B IV 4 c,d

zur persönlichen Identifizierung mit ‚Tugenden' veranlassen, welche gleichzeitig ‚sozialintegrative' Wirkungen haben"[254]. Dabei kann man[255] „zwischen Pflicht- und Akzeptanzwerten der Konvention (also etwa Ordnung, Fleiß, Disziplin) auf der einen und Pflicht- und Akzeptanzwerten der Hierarchie (Gehorsam und Unterordnung) unterscheiden... Die erste Art.. steht einem individualistisch orientierten Lebenskonzept nicht im Wege, da sie vom Individuum instrumentalisiert werden kann. Das ist aber für die zweite Dimension schwer vorstellbar". Diese Pflicht- und Akzeptanzwerte sind nun „in einem hohen Maße störungsanfällig und legitimierungsbedürftig... (und werden nur) durch eine Mischung von Internalisierung und sozialem Autoritätszwang gesichert"[256]. Genau hier veränderte der Wertewandel auch Grundlagen der Bürger/Verwaltungs-Beziehung. Zwar wurden Pflichten und Verantwortung nicht verweigert. Doch geriet ihre Übernahme „weit stärker in Abhängigkeit von individual-personalen Voraussetzungen... Die persönliche Motivation, selber gewonnene Einsichten und Überzeugungen, individuelle Nutzwertkalküle bzw. die autonome Entscheidungsfindung werden nun ausschlaggebend"[257].

Die neue Wertekonstellation drückte zuerst die Elterngeneration in den Erziehungszielen ihrer Kinder aus, indem man „das, was man sich für sich selbst wünschte, auf die Kinder ‚projizierte'"[258]. So nahm das Erziehungsziel 'Selbständigkeit und freier Wille' zu, das von 'Gehorsam und Unterordnung' (insbesondere zwischen 1967 und 1972) dramatisch ab[259]. Dies belegt die längste und dichteste Langzeitdokumentation des Wertewandels ‚Erziehungsziele in Deutschland' 1951-2000 (durch mögliche Mehrfachnennungen nicht exakt 100%)[260].

An der Tabelle 1 (S.43) erkennbar wird „ein tief einschneidender Wandel in den Erziehungswerten der Bevölkerung... etwa seit der Mitte der 60er Jahre"[261]. „Als im Rückgang befindliche *gesellschaftsbezogene* Pflicht- und Akzeptanzwerte führt Klages die Werte Disziplin, Gehorsam, Leistung, Ordnung, Pflichterfüllung, Treue, Unterordnung, Fleiß und Bescheidenheit auf..., als im Rückgang befindliche *persönlichkeitsbezogene*... Selbstbeherrschung, Pünktlichkeit, Anpassungsbereitschaft, Fügsamkeit und Enthaltsamkeit"[262]. „Überall dort, wo Pflicht- und Akzeptanzwerte vorherrschen", gibt es eine

---

[254] Klages 1984,26
[255] vgl. Gensicke 1998 a,28 Fn.10
[256] Klages 1984,30
[257] Hepp 1996,4
[258] Klages 1984,17,93
[259] Klages 1993,45,47; Klages 1997,103
[260] Klages 1996 c,65f.; 1998er-Zahlen nach Klages 2002,30; 2000er-Zahlen nach Noelle-Neumann/Petersen 2001,19,21 und Gensicke 2000 b,22 ff.
[261] Klages 1996 c,66
[262] Winkel 1996,17f.

Tabelle 1: Erziehungsziele in Deutschland

Jahr	Gehorsam und Unterordnung	Ordnungsliebe und Fleiß	Selbständigkeit und freier Wille
1951	28	25	41
1954	28	28	43
1957	25	32	48
1964	25	31	45
1967	25	37	48
1969	19	45	45
1972	14	37	45
1974	17	44	53
1976	10	41	51
1978	12	46	48
1979	11	44	44
1981	8	38	52
1983	9	38	49
1986	6	39	54
1987	9	43	56
1989	8	35	67
1991	9	36	63
1995	9	33	65
1998	13	45	60
2000	13	45	76

deutlich ausgeprägte Neigung, „positive Einstellungen zum Staat und seinen Organen zu besitzen, während Selbstentfaltungswerte eher zu... negativen Einstellungen disponieren“[263]. Das Ethos der Einordnung in eine Gemeinschaft wird in dieser Wertegruppe zum Maßstab der persönlichen Selbstbeurteilung[264]. „Es verbindet sich mit den Pflicht- und Akzeptanzwerten also tendenziell

- eine deutliche, verhältnismäßig hoch liegende Zufriedenheitsdisposition,
- eine allgemeine Aspirationsdämpfung,
- eine verhältnismäßig günstige Bewertung von Umweltangeboten und –leistungen,
- eine zugunsten... (des Gemeinwohls) verlaufende Gewichtsverteilung bei den individuellen Kosten-Nutzenabwägungen“[265]. „Ein Bürger wird in der Regel um so mehr Sympathie für den Staat als solchen empfinden, je stärker bei ihm die Pflicht- und Akzeptanzwerte entwickelt sind“[266]. Genau die um-

---

[263] Klages 1984,53
[264] Klages 1984,27
[265] Klages 1984,51
[266] Klages 1993,68

gekehrte Relation finden wir dahingegen bei den politischen Verhaltensbereitschaften vor: Wo Pflicht- und Akzeptanzwerte vorherrschen, besteht eine Neigung zu ‚Passivität' – das sind die ‚Ruhigen im Lande'[267]. Diese ‚Ruhigen' mit einem unpolitischen generellen Staatsvertrauen können andrerseits mit ihrer Abstinenz von allen Formen politischer Aktivität Fortschritte im Staat auch *gefährden*. Bei ihnen nämlich kann bei Enttäuschungen mangels Aktivität und entsprechender Selbst(verwirklichungs-)Erfahrung gerade das Staatsvertrauen kurzfristig *irreparabel* in Verdrossenheit umschlagen: „Entweder vertraut man unpolitisch, oder man tut dies nicht"[268]. Wenn nun die Pflicht- und Akzeptanzwerte generell nachlassen, hat dies entsprechende deutliche Konsequenzen auch in der Bürger/Verwaltungs-Beziehung. „Der Wertewandel senkt die grundsätzliche Bereitschaft der Menschen, in den Staat ... Vertrauen zu investieren"[269].
Völlig anders wurde dies nun durch das Anwachsen von Selbstentfaltungswerten[270]. „Als im Vordringen begriffene *gesellschaftsbezogene* Selbstentfaltungswerte *idealistischer Prägung* weist Klages die Werte Emanzipation von Autoritäten, Gleichbehandlung, Gleichheit, Demokratie, Partizipation und Autonomie... aus, ... als auf dem Vormarsch befindliche *persönlichkeitsbezogene* Selbstentfaltungswerte *hedonistischer Prägung* werden von ihm die Werte Genuß, Abenteuer, Spannung, Abwechslung und Ausleben emotionaler Bedürfnisse genannt..., als im Vordringen begriffene *persönlichkeitsbezogene* Selbstentfaltungswerte *individualistischer Prägung* führt Klages Werte wie Kreativität, Spontaneität, Selbstverwirklichung, Ungebundenheit und Eigenständigkeit auf"[271]. Hervorgehobene Persönlichkeitswerte sind Kreativität, Unabhängigkeit oder Selbständigkeit. „Aufgrund der Orientierung an der eigenen Person wird hier gegenüber autoritativ geltend gemachten Außenanforderungen eine abwehrende Grundeinstellung bestehen"[272]. Im Kern der Realitätserfahrung liegt eine *Polarität* zwischen Selbst und den Außenanforderungen der Mitwelt. Darum geht es um die Verwirklichung von Partizipationsvorstellungen, soweit dies der Verwirklichung der Selbstwerte die besten Möglichkeiten bietet[273]. Eine Leistungsbereitschaft neuen Typs wird von individueller Tätigkeitsmotivation in Gang gesetzt. Zunehmend breiten sich so mit den Selbstentfaltungswerten die ‚Unruhigen / Kritischen' aus, wodurch sich „auch eine Hinwendung zu einem Aktivismus vollzieht, der offenbar auf das hoffnungsfrohe Erwartungsbild des aktiven, im übrigen aber gesetzes- und institutionentreuen Staatsbürgers nicht festlegbar ist, der vielmehr unbe-

---

[267] Klages 1984,53
[268] Klages 1984,56
[269] Klages 1993,70
[270] Klages 1984,27
[271] Winkel 1996,18; Hervorhebungen = d.Verf.
[272] Klages 1984,27
[273] Klages 1984,28; vgl. v.Arnim 1997 b,378

quemen Widerstand... einschließt"[274]. Vertrauen bildet sich *nur* zu den Institutionen, zu denen man eine innere Beziehung entwickeln kann. Somit „verbindet sich mit den Selbstentfaltungswerten

- eine gedämpfte Zufriedenheitsdisposition,
- eine Aspirationsinflationierung,
- eine gedämpfte Bewertung von Umweltangeboten und –leistungen,
- eine eher zuungunsten der Umwelt verlaufende Gewichtsverteilung bei den individuellen Kosten-Nutzen-Abwägungen"[275].

Es zeigte sich hiernach, dass sich Pflicht- und Akzeptanz- sowie Selbstentfaltungswerte durchaus unabhängig voneinander entwickeln konnten[276] – da es um getrennte Wertdimensionen geht[277].

Dabei handelt es sich jeweils um einen *Umbau der Wertesphäre* in Reaktion auf veränderte Lebensbedingungen und -anforderungen[278].

Dies bedeutet, „daß ein Bedeutungsverlust von Pflicht- und Akzeptanzwerten nicht notwendigerweise zur Aufwertung von Selbstentfaltungswerten führen muß, sondern auch in umfassenden ‚Wertverlusten' und mit ihnen verbundenen Identitätseinbußen enden kann"[279]. „Neben der Werte-Substitution (oder dem Wertaustausch) ... (gibt es) auch Möglichkeiten eines Wertverlusts (beide Werte-Gruppen gehen zurück) oder eines Wertgewinns (beide Werte-Gruppen wachsen an)"[280] – wie etwa die Jahre 1974, 1987 und 2000 mit gleichzeitig ansteigenden Werten bei Gehorsam *und* Selbständigkeit in obiger Tabelle zeigen.

Andrerseits sind auch Wertgewinne möglich[281]. So hat der sozialwissenschaftliche Parameter 'Ordnungsliebe und Fleiß' in den letzten Jahrzehnten durchgehend die Werte der 50er-Jahre sogar noch übertroffen[282] - was in der öffentlichen Meinung weitgehend unbeachtet bleibt.

e) Ende des Wertewandlungsschubes

Aufgrund eindeutiger Trendabbrüche kann man das Jahr 1975 als das Ende des Wertewandlungsschubs ansetzen: die sozialwissenschaftlichen Besonderheiten der Werteausprägung bestimmter Jahrgangsgruppen gingen tendenziell verloren, es entwickelte sich seit 1977 eine geschlossenere Werterelation[283]. Ab 1979 sind die Jahrgangsgruppen „zu einem ununterscheidbaren Konglo-

---

[274] Klages 1984,53,55
[275] Klages 1984,51
[276] Klages 1984,23
[277] Klages 1987,23
[278] Klages 1997,105
[279] Klages 1987,23
[280] Klages 1984,24
[281] Klages 1987,23
[282] siehe Tabelle 1, S.43
[283] Klages 1984,20,123f.,131; vgl. Wolfrum 2001,32

merat geworden“[284]. Der Wertewandel ist als ‚Prozeß‘ nicht mehr existent. Der Grund liegt darin, daß Ursachen, die ihn vorher vorangetrieben oder begünstigt hatten, verschwanden oder sich abflachten[285]. Seit den 70er Jahren kam es zwar zu einer enormen Bildungsexpansion[286]. „So sind heute in der jüngeren Generation die Gruppen mit höherem Bildungsstatus wesentlich größer als in der älteren“[287]. Doch blieb die verhältnismäßige Benachteiligung von Unterschicht-Angehörigen bestehen, da *alle Schichten* verstärkt die Bildungsmöglichkeiten nutzten[288]. Einen ähnlichen Effekt gab es bei der Einkommensungleichheit zwischen den Bevölkerungsschichten: sie hat sich seit dem 2.Weltkrieg nur wenig verändert. 1988 verfügten die ‚reichsten‘ 20% aller Haushalte über 42,5% (1960: 43,9%) allen Einkommens, die ‚ärmsten‘ 20 % aber nach wie vor nur über 8% (1960: 6 %)[289].
In einer ‚Trendwende‘ klingt nach 1975 die Studentenbewegung endgültig ab „und wird im grau werdenden Alltag zumindest zeitweilig fast vergessen... In dieser Stimmung kommen bis zu einem gewissen Grade Pflicht- und Akzeptanzwerte wieder zur Geltung“, ist das Meinungsklima unter wachsendem Leistungsdruck disziplinierend geworden, breitet sich ‚neues Duckmäusertum‘ aus[290]. „Die Verbindung von Selbstentfaltung und öffentlichem Engagement ist keine automatische Tendenz bei jüngeren Menschen“ mehr[291]. Die Bildungsrevolution mit ihren Emanzipations- und Selbstentfaltungsmöglichkeiten und einer ungebrochenen Prosperität (Arbeitslosenquote von 1 %) stößt an ihre Grenzen (z.B. im Numerus Clausus bei Studienzulassungen), der Konkurrenzkampf wird härter[292]. Seit 1975 steigt das Arbeitslosenniveau auf über 4 % bis 8,9 % 1985, dann bis 1995 auf 9,2 %. Die Wachstumsraten haben im langfristigen Trend deutlich abgenommen: 1950-60 noch 7,9 % im Jahrzehntdurchschnitt, 1961-70 = 4,6 %, 1971-80 = 2,8 %, 1981-90 = 2,3 %, 1991-1995 = 2,2 %[293]. Verbreitete Grundstimmung wird ein Motivationsmangel hinsichtlich beruflicher Karriere[294]. Die Arbeit wird mangels ausreichender Selbstverwirklichungsmöglichkeiten immer unwichtiger, die Einstellung zu ihr instrumenteller[295]. Der erste Ölpreisschock 1973/74 löst einen Umschwung mit Wachstumseinbruch aus, der mit steigender Arbeitslosigkeit

[284] Klages 1984,132
[285] Klages 1984,123
[286] vgl. v.Arnim 2000,24
[287] Hradil 1992,152
[288] Hradil 1992,153; vgl. Datenreport 1999,76ff.
[289] Hradil 1992,153
[290] Klages 1984,128
[291] Herbert 1991,127
[292] Klages 1984,127; vgl. Datenreport 1999,96
[293] v.Arnim 1998,155
[294] Klages 1984,149
[295] Klages 1984,150

einher geht[296]. Ein ‚Fortschrittsglaube' wie in den 50er- und 60er-Jahren existierte nun nicht mehr[297].

2. Seit 1975

a) Bleibende Nachwirkungen der Vorphase

Die zeitgeschichtlichen Ereignisse seit den 60er Jahren zeigen viele unumkehrbare Folgeerscheinungen, „mit denen wir heute... leben müssen, ob uns dies gefällt oder nicht"[298]. Der damals ausgelöste Wertewandlungsschub hat sich „auf die sozialen Grundeinstellungen und Verhaltensbereitschaften der Bevölkerung einschneidend verändernd ausgewirkt" und wirkt sich immer noch aus[299]. So hat er veränderte Verhältnisse geschaffen, die wir auch in Zukunft in Rechnung zu stellen haben[300].
Seit der zweiten Hälfte der 70er Jahre können deutliche und kurzfristige Schwankungen im Verhältnis von Pflicht- und Akzeptanzwerten zu den Selbstentfaltungswerten auftreten[301]. „Der Wertwandlungsschub ... (verlief) nicht mehr mit derselben Eindeutigkeit zugunsten der Selbstentfaltungswerte"[302]. Heute „geht dem ‚Lebenszyklus in unserer Gesellschaft' die Eindeutigkeit allgemeinverbindlicher Stilisierungen und Programmierungen ab"[303]. Gemischte Wertkonstellationen herrschen vor, die sich den jeweiligen gesellschaftlichen Gegebenheiten und Rahmenbedingungen anpassen. „Es gehört zu den entscheidenden Leistungen der ... Wertforschung, von älteren Vorstellungen einer langfristigen Stabilität und relativen Unabänderlichkeit der Werte weg- und zu Einsichten in eine hochgradige Variabilität von Werten hingeführt zu haben"[304]. Verstärkt durch Bildungs- und Medienexpansion wurde das Spannungsfeld der Pflicht- und Akzeptanz- bzw. Selbstentfaltungswerte „in den achtziger und den neunziger Jahren mit einer Zweidrittelmehrheit zugunsten der Liberalität entschieden"[305]. Konsens war das Idealbild „des frei und eigenständig entscheidenden Individuums" – gerade bei Jugendlichen[306].
Nach wie vor werden besonders die Selbstentfaltungswerte gerade in der Jugend propagiert – und verhältnismäßig beschränkt erfüllt. Doch herrscht die Neigung vor, sich bei Erreichen einer bestimmten Lebensschwelle als

296 Klages 1984,127; Kraushaar 2001,27
297 Klages 1984,149; Kraushaar 2001,27; Wolfrum 2001,32: ‚Kulturpessimismus'
298 Klages 1988 a,78
299 Klages 1999 a,4; vgl. Klages 1984,21,132; Klages 1988 a,59,78
300 Klages 1984,21
301 Klages 1988 a,61; Noelle-Neumann/Petersen 2001,18
302 Klages 1988 a,114
303 Klages 1984,44
304 Klages 1984,146
305 Gensicke 1996,11; vgl. Wolfrum 2001,29
306 Gensicke 1996,11

‚unvermeidbarem Imperativ der sozialen Vernunft' anzupassen[307]. Es geht also nicht mehr um Utopien der sozialen Veränderung[308], sondern ein altersspezifisch gemeintes ‚Anderssein'[309]. Denn Selbstentfaltungswerte sind ja keinesfalls ‚Jugendwerte', sondern – sogar auf Verfassungsebene – allgemeinverbindliche Grundrechte[310].
In der heutigen Bevölkerungsmajorität sind sowohl Pflicht- und Akzeptanzwerte als auch Selbstentfaltungswerte vorhanden[311]. Eine unentschiedene Mischlage und Konkurrenz beider Wertgruppen hat sich zu einer labilen Dauersituation etabliert[312]. So „verharren die Werte bis heute immer noch in einer Art von *unentschiedener Schwebelage*"[313]. Dabei gibt es eine Stagnation ‚postmoderner Instabilität', die nach wie vor einer Auflösung harrt[314]: so gibt es „ein weitverbreitetes Hin-und-her-gerissen-Sein zwischen diesen beiden Wertebereichen"[315]. Das „fordert neue soziale Kompetenzen, aber auch Reflexionsprozesse der Selbstverantwortung und der Selbstverständigung"[316]. Gerade Jugendlichen wird in einem ‚situationsadäquaten Selbstmanagement' „ein hohes Maß an selbstgesteuerter Flexibilität und Mobilität in der persönlichen Orientierung und Lebensplanung" abverlangt[317]. Werte wie Eigenständigkeit, Eigenverantwortung und Unabhängigkeit stehen dabei in enger Verbindung mit Werten wie ‚Gesetz und Ordnung respektieren' und ‚nach Sicherheit streben'[318].
Die Menschen reagieren *unberechenbarer* als früher, verhalten sich nicht mehr prinzipienkonform, sondern entsprechend den Druckkräften der Situation[319]. Diese psychische Mobilität schafft Flexibilitätsgewinn, aber auch große Probleme. Unbewußt passen sich die Menschen „bis ins Innere hinein der jeweils vorherrschenden, durch die Massenmedien aufgegriffenen, verstärkten... Stimmung an"[320]. Diese Anpassung entlastet angesichts der Ambivalenz der Wertorientierung, wirkt sich aber auch auf das Instrumentarium soziologischer Erfaßbarkeit nach Schichtung und Schichten aus. "In der geläufigen Schichtungsforschung addiert man die individuellen Statuswerte für die Einzeldimensionen Bildung, Einkommen und (Berufs-) Prestige und erhält so

---

307 Klages 1984,148
308 Habermas 1985,141,143
309 Klages 1984,148
310 Klages 1984,44; vgl. D II
311 Klages 1984,90
312 Klages 1988 a,61
313 Klages 1988 a,115
314 Türk 1990,58
315 Klages 1988 a,116
316 Pankoke 2001,2
317 Hepp 2001,34
318 Klages 2001 b,8
319 Klages 1984,134
320 Klages 1988 a,62; vgl. Demmer 1995,176

einen Wert für den Gesamtstatus eines Menschen. ('Sage mir, wieviel Bildung, Einkommen und welchen Beruf du hast, und ich sage dir, welchen gesellschaftlichen Status du hast')"[321]. Die sehr bekanntgewordene Ergebnisdarstellung der ‚Zwiebel' besagte danach aus[322]: Oberschicht: 2%; obere Mitte: 5%; mittlere Mitte: 14%; untere Mitte: 29%; unterste Mitte/oberes Unten: 29%; Unten: 17%; Sozial Verachtete: 4%. Doch erfährt diese ‚klassische Sichtweise' durch die Pluralisierung eine Relativierung. Sie ergreift Milieus und Lebensstile unter Abnahme typischerweise zusammentreffender gemeinsamer Grundwerte, Grundeinstellungen und Verhaltensmuster, welche die Umwelt in bestimmter Weise wahrnehmen und nutzen. Statt dessen nehmen die Menschen ihre gesellschaftliche Standortbestimmung immer mehr nach der Zugehörigkeit zu „subjektiven" Gruppierungen vor. „'Was' Mitglieder postindustrieller Gesellschaften 'sind', ist für sie nicht mehr nur eine Frage von Beruf und Status, sondern auch ihrer Grundeinstellung und Lebensweise... Die Milieu- und Lebensstilzugehörigkeit wird damit zur ‚Ursache' alltagspraktischen Verhaltens, von der Kindererziehung über die politische Beteiligung bis hin zur Lebensplanung"[323]. Neben der Berufshierarchie als ‚hartem Kern' spielen außerökonomische Ursachen eine zu wichtige Rolle.
Eine Erklärung für diese Entwicklung liegt in der „Aufwertung des Prinzips der *Innovation* gegenüber dem Prinzip der *Tradition*. Modernisierung ist permanente Innovation... (Dazu) mußten die Schranken fallen, die Innovation behinderten"[324]. Der Vorrang des Individuellen hat eine Änderung des Koordinatensystems zur Folge, daß man nicht mehr so leicht aufgrund verordneter sozialer Tugenden handelt, sondern aufgrund individueller Einsichten und Entscheidungen. „Die bisher über den einzelnen stehenden ethischen Prinzipien werden einer individuellen Prüfung unterzogen... Es geht immer weniger darum, irgendeinem vorausgesetzten ethischen Prinzip zu folgen"[325]. „Wo die alten, kollektiven Sicherheiten nicht mehr existieren, benötigt man einen flexiblen Wertehaushalt"[326]. Diese Rahmenbedingungen verstärken das Bedürfnis, Subjekt zu sein, und betonen dabei insbesondere Autonomie, Authentizität, Partizipation, Spontanietät, Kommunikation und Akzeptanz[327]. „Die im Trend des Wertewandels liegende Betonung und Aktualisierung der eigenen Person nimmt weiter zu, ... Eigenverantwortung und Flexibilität... (sind) nunmehr verstärkt gefordert"[328]. Doch bedeutet dies nicht ein „Absterben gemeinschaftsbezogener Bereitschaften". Doch liegt nun die Sinnbasis des

[321] Hradil 1992,156
[322] vgl. Klages 1993,40; alles ca.-Angaben
[323] Hradil 1992,161f.
[324] Gensicke 1996,3
[325] Gensicke 1994,39
[326] Hepp 2001,34
[327] Klages 1999 a,5f.
[328] Gensicke 2000 a,4f.

‚Wertvollen' schwerpunktmäßig im überschaubaren Nahbereich der Individuen[329]. Dies führte zu einer Individualisierung der Wertausrichtungen[330]. Die Werte verlieren ‚das Entschiedene' (Subjektivierung), werden dadurch aber leichter miteinander vereinbar. Wert-Widersprüche und –Gegensätze, vorher gesellschaftliche Gruppenkonflikte, werden nun persönlichkeitsintern ausgetragen, d.h., „daß die Majorität zunehmend mit ‚gemischten' Werten existiert"[331]. „Die bestehenden inneren (Wert-) Spannungen werden ... (z.B.) durch eine Neigung zur Ausbildung temporär wechselnder (also schwankender) Wertorientierungen in Anpassung an die jeweils vorherrschenden situativen Einflußkräfte vermindert" (Entlastungsmechanismen)[332].
So gibt es Auswechselungen von Wertprioritäten, „daß Werte zeitweilig in die ‚Latenz' geraten können, daß sie zu einem späteren Zeitpunkt aber wieder ‚aufzutauchen' vermögen" – in veränderter Form[333]. „Das Ältere kehrt dann... in der Form einer neuen ‚Mode' oder ‚Bewegung' wieder..., (verändert) mit eigenen Ansichten"[334]. Auch das Wertesystem vor den 68ern war von ‚Ausklammerungen' geprägt, die eines Tages wieder ans Tageslicht drängen sollten[335]. So gewannen in den 70er und 80er Jahren Werte mit emanzipativ-idealistischem Gesellschaftsbezug an Bedeutung[336], was „durch eine zunehmende Abwendung von den großen gesellschaftlichen und politischen Institutionen gekennzeichnet" war[337]. Bestimmte Werte mußten sich zur Verwirklichung nun ‚anders organisieren' und tauchten so z.B. nicht mehr in der Ausdrucksform einer formalen Mitgliedschaft in einer Organisation auf, sondern erleben seit den 90er Jahren eine Renaissance im Bürgerengagement bei der zeitlichen, projektbezogenen, freiwilligen Investition von Zeit mit Beziehung zu Öffentlichkeit und Gemeinwohl[338]. Dieses bürgerschaftliche Engagement erfaßt beinahe 40 % der erwachsenen Bevölkerung[339]. Dabei geht es um verschiedene Formen der Ausübung von Selbstentfaltungswerten wie Ehrenamt, Selbsthilfe und politisches Engagement[340]. Gerade das politische Interesse ist hierdurch wieder stark angestiegen[341]. Doch ist „gerade hohes persönliches Engagement... immer wieder bedroht vom Absturz ins ‚burning out' der

---

329 Gensicke 1996,15
330 Gensicke 1994,38
331 Klages 1984,132, Zitat S.138
332 Klages 1988 a,116
333 Klages 1984,138
334 Klages 1984,139
335 Klages 1988 a,48; vgl. Noelle-Neumann/Petersen 2001,19ff.
336 Herbert 1991,5; Klages 1988,16f.; Gensicke 2000 a,4,213
337 Herbert 1991,119
338 Gensicke 1999 a,78; Gensicke 2000 a,213; Roth 2001,5; Noelle-Neumann/Petersen 2001,18
339 Gensicke 2000 a,6
340 Gensicke 1999 a,82; Näheres bei E III 4
341 vgl. Klages 1999 a,6

Frustration, wenn es nicht gelingt, das persönliche Engagement zu verbinden mit organisatorischen, mit kommunikativen Fähigkeiten der Motivation und Mobilisierung, vor allem aber mit kritischen Kompetenzen der Selbstbeobachtung und Selbstbesinnung... gerade dann, wenn Bürgerinnen und Bürger... in komplexe Aufgaben und Verantwortungen hineinwachsen"[342].
Eine andere ‚Entlastungsstrategie' ist die strikte Sphärentrennung[343]. Durch sie können verschiedenartige Wertregister gezogen werden, was ein individuelles Leben ‚sowohl-als-auch' ermöglicht. Sphärentrennungen unterscheiden zwischen grundsätzlichem Denken und alltäglichem Handeln oder „zwischen dem grundsätzlichen ‚Meinen' und dem alltäglich-konkreten ‚Erfahren'"[344]. Der Einzelne entlastet sich im Strom der Informationen durch ein zweigeteiltes Realitätsbild[345]. Es ist aufgeteilt in den ‚Makrobereich der Gesamtgesellschaft' und den ‚Mikrobereich der persönlichen Alltagserfahrung'. „Das Interesse konzentriert und beschränkt sich... auf diejenigen Dinge, die einen – als Privatperson – unmittelbar oder mittelbar ‚betreffen' und insofern auch ‚angehen'"[346]. Ermöglicht wird „eine Abschiebung wahrgenommener Turbulenzen in die ‚Peripherie' der eigenen Existenz" – wobei man „in der Tat über zweierlei Erfahrungen der Wirklichkeit verfügt, die kaum auf einen Nenner zu bringen sind – über die Welt der Medien und über die Welt der Alltagserfahrung nämlich"[347]. So werden Belastungen und Bedrohungen aus der Makrowelt daran gehindert, unmittelbar in die Mikrowelt der Privatsphäre durchzuschlagen. „Ist eine solche Sphärentrennung gelungen, dann nimmt man den Informationsstrom aus der Makrowelt zwar noch in sich auf, ohne von ihm jedoch notwendigerweise persönlich ‚betroffen' zu sein"[348]. Ein eigener Bewertungsfilter klassifiziert die Fakten als mehr oder weniger bedeutsam. Alle Meinungsumfragen belegen dementsprechend in den vertrauten Lebensbereichen positivere, optimistischere Bewertungen als in weiter entfernteren Lebensbereichen. Negative Begleiterscheinung ist es freilich, daß solche ‚gefilterten' makroweltlichen Informationen in Verbindung mit der Dramatisierungstendenz der Massenmedien ungehindert auf das Wirklichkeitsbild der Makrowelt durchschlagen[349]. Insbesondere das grundsätzliche Meinungsbild über die Verwaltung ist für negative Informationen empfänglich[350].

---

[342] Pankoke 2001,2; Näheres bei E III 4
[343] Klages 1984,134f.
[344] Klages 1984,136
[345] Klages 1987,27
[346] Klages 1988,15
[347] Klages 1984,136
[348] Klages 1987,28
[349] vgl. dazu die Vorschläge unter E III 4
[350] vgl. Klages 1984,136; Klages 1987,28; vgl. B IV 4 c

b) Neue Einzelaspekte

Im Siegeszug von Internet und Computer werden „die Menschen in Deutschland durch die neuen Informationstechnologien immer ‚gläserner', berechenbarer und manipulierbarer" so daß dem Schutz und der ‚Selbstverteidigung' der Individualsphäre steigende Bedeutung zukommt[351].
Entscheidender ist aber – zunehmend unter dem Einfluß der Globalisierung – das Wegbrechen allgemein gesicherter Lebensgrundlage. Bis in die 80er Jahre orientierten sich die Menschen in ihren Entscheidungen an (traditionellen) Normalbiographien: der einmal in jungen Jahren erlernte Beruf wurde bis zur Rente ausgeübt[352]. Ein solches Lebensleitbild als ‚Medium des Selbstverständlichen' gibt es heute nicht mehr[353]. „Bildungszeiten verteilen sich in Zukunft über das ganze Leben"[354]. Die flexible und globale Wissensgesellschaft ermöglicht *immer weniger standardisierte erwerbsgeprägte Lebenskarrieren*[355]. Dennoch geht die Verwaltung[356] häufig noch vom früheren aus und stellt an die Bürger entsprechende ‚moralische' Anforderungen[357].
Mit Rückzug des Staates nimmt auch die soziale Eigenverantwortung der Bürger zu; das zwingt geradezu zum Umdenken, zu Sparsamkeit, Eigenvorsorge und Selbständigkeit in der eigenen Lebensführung[358]. „Mobilität und Märkte ganz allgemein haben individualisierende Konsequenzen. Flexibilisierung der Erwerbsarbeit bedeutet Individualisierung von Risiken und Lebenszusammenhängen"[359].
Seit Mitte der 80er Jahre wurde sich die Bevölkerung zudem des Endes der Periode hohen Wirtschaftswachstums und eines ausgeprägten Einbruchs in die Bevölkerungspyramide immer stärker bewußt. „Die Lage macht es unerläßlich, den Gürtel enger zu schnallen"[360]. Tabuisiert wurde jedoch zunächst die nötige Anpassung der Altersversorgung, obwohl ‚bei immer mehr Alten' das Rentenniveau zur Aufrechterhaltung des ‚Generationenvertrags' (schon damals) hätte abgesenkt werden müssen[361]. Daß ein Schuldenabbau der öffentlichen Hand erforderlich ist, erkennen viele Bürger mittlerweile an – und sind bereit, entsprechende Leistungseinschränkungen des Staates mitzutragen (Kiel 2000: ja = 43,3 %; nein = 41,6 %; egal = 10,2 %). Es wurde infolge zunehmenden globalen Wettbewerbs und Umbaus des Sozialstaates – gerade

---

[351] vgl. Schnorr/Wissing 2001,279; BT-DrS 14/5555; Näheres bei D II und E III 4
[352] Klages 1988 a,98
[353] Gensicke 2000 a,16; Klages 1988 a,99; Klages 2002,9ff.,15
[354] vgl. Gensicke 2000 a,17; Opaschowski 1997,201
[355] Gensicke 2000 a,3; Gensicke 1999 a,73
[356] und neuerdings auch wieder die Politik, vgl. Rentenpläne der Herzog-Kommission 2003
[357] vgl. D I 1
[358] Opaschowski 1997,201
[359] Beck 2001,3
[360] v.Arnim 1985,123; vgl. Gensicke 2000 a,2
[361] v.Arnim 1985,124

auch nach der ‚Wirtschaftsstandort-Diskussion' Mitte der 90er Jahre – auf die nachwachsende Generation ein sich ausbreitender zunehmender Leistungsdruck spürbar[362]. Er erzwang Anpassungen, wodurch sich instrumentelle Verhaltensneigungen beträchtlich ausbreiteten. So entwickelten sich Mitte der 90er Jahre insgesamt wieder Rahmenbedingungen, welche an sich ein Übergewicht von Pflicht- und Akzeptanzwerten forderten[363]. Hierauf reagiert die Bevölkerung aber sehr differenziert[364].

In einigen Bevölkerungsgruppen kommt es zur Reaktivierung von Pflicht- und Akzeptanzwerten in der Arbeitswelt[365]. Klages[366] spricht sogar von einer ‚kleinen Renaissance' der Leistungsorientierung. Für Noelle-Neumann/Petersen[367] zeigt sich daran auch, daß „eine positive Einstellung zur Arbeit und zum Lebensgenuss keine Widersprüche sein müssen". Diese Entwicklung ist meines Erachtens Resultat der unter B IV 3 gleich behandelten sich ausbreitenden Werte-Synthese in der Bevölkerung. So lag 1998 der Anteil der Erwerbspersonen an der Gesamtbevölkerung im früheren Bundesgebiet mit 48,1 % sogar höher als 1950 (46,2%)[368]. „Zu traditionellen Arbeitstugenden wie Fleiß, Pflichterfüllung und Leistungsstreben gesellen sich (dann) zunehmend Werte wie Selbständigkeit und Selbstvertrauen, Kontaktfähigkeit und Lebensfreude"[369]. Leitbild von Tugenden ist aber fast durchgehend nicht mehr eine Einfügungs-, sondern eine Selbstdisziplin. „Dabei ist die Bereitschaft zur Verantwortungsübernahme stark ausgeprägt"[370].

Bei anderen kommt es zur Kultivierung von individuellen Freiheitszonen (Selbstentfaltung) in der Freizeit. Lebenserfüllung wird im arbeitsfreien Teil des Lebens gefunden. Andere integrieren beide Sphären[371].

Insgesamt aber gibt es in der Bevölkerung „eine tendenziell anwachsende Bereitschaft zur *Akzeptanz von Grenzen...* und zur verstärkten Übernahme von Eigenverantwortung" als Übergang von der Versorgungs- zur 'Verantwortungsgesellschaft'[372]. Die Debatte um künftige Gesellschaftsregeln wird seit den 90er Jahren durch parteienübergreifende Forderungen nach Verfassungspatriotismus, Gemeinsinn und Solidarität begleitet, die auch für den Prozeß der ‚Verwaltungsmodernisierung' fruchtbar gemacht werden[373]. Hintergrund

---

362 Opaschowski 1997,201; v.Arnim 2000,25; Gensicke 2000 a,1ff.,17

363 Noelle-Neumann/Petersen 2001,19

364 vgl. Gensicke 2000 a,3

365 Klages 1984,134f.; Klages 1988 a,62; vgl. Pankoke 2001,2; Beck 2001,5

366 2001 b,10 Fn.9; Klages, AZ Mainz v.6.3.2004, S.2: Mittel der Selbstverwirklichung

367 2001,21

368 vgl. Datenreport 1999,87

369 Opaschowski 1997,201

370 Gensicke 1994,39

371 Opaschowski 1997,201

372 Klages 1997,117

373 Michael/Kotzur 1999,2871; Hepp 1996,3; Jung 2000,440ff.; Lamprecht 2001,2947; hierzu näher C IV

ist – neben dem Wiedervereinigungsprozeß - „eine tiefgreifende Sinn- und Orientierungskrise, die... alle westlichen Demokratien“ nach 1989 erfaßt hat und den Fortgang des Wertewandels dokumentiert[374]. Gefordert wird hierbei die Erneuerung der verfassungsrechtlichen Grundlagen der Politik insgesamt, und zwar durch Prämierung *längerfristiger Perspektiven* der Politik und die Realisierung allgemeiner Interessen, die sich verbandlich nicht wirksam organisieren lassen[375]. Um eine solche Diskussion in *pluraler Gegebenheit* zu ermöglichen, *mußte* aber zunächst die Toleranz gegenüber ‚andersartigen’ Menschen und sog. Randgruppen stetig ansteigen – auch dies förderte der Wertewandel[376].
Andrerseits gibt es Ansätze zu einer *neuen Sozialkultur*, in der ein großes Potential für soziale Phantasie und Engagement liegt und sich neue Formen der Solidarität abzeichnen (z.B. in Familie, Selbst- und Nachbarschaftshilfe)[377]. „Die Gemeinwohlorientierung muß also nicht sterben“[378]. Dementsprechend erfuhr „das Erziehungsziel Selbständigkeit die größte Bedeutungszunahme zwischen 1989 und 1996... (von 76 Prozent auf 84 Prozent)“[379]. Zunehmend sind auch individuelle Werte wie Kontaktfähigkeit, Nachsicht/Rücksicht, Selbstbeherrschung, Leistungsstreben und Bescheidenheit. Das neue ‚Miteinander‘ beinhaltet auch für den Kontakt zur Verwaltung im Verwaltungsverfahren interessante Perspektiven.
Die aktuellen Tendenzen im Wertebereich sind durch andere Inhalte gekennzeichnet als während des Wertewandlungsschubs der 60er und 70er Jahre[380]. Der ganze Wertewandels-Prozeß ist nach wie vor „eine Veränderungsbewegung, die Offenheiten, Unbestimmtheiten und Risiken mit sich bringt, welche sich u.a. in der Entstehung höchst unterschiedlicher sozialer Einstellungs- und Verhaltensprofile niederschlagen“[381]. So nutzen die neuen Ansätze zu solidarischer Eigenverantwortung bestimmte Bevölkerungsgruppen (z.B. Jüngere, Gebildete, Ober- und Mittelschichtler) eher als andere. „Besonders hohe Ablehnungsquoten erzielen die über 65jährigen (56 % West, 57 % Ost), Menschen ohne Berufsabschluß (54 % West, 65 % Ost) und Menschen, die sich in die Unterschicht einstufen (59 % West, 63 % Ost)“[382]. So denken viele Menschen aus unteren Sozialschichten, es gehe bei Übernahme von Eigen- und Mitverantwortung um Tätigkeiten für Menschen mit viel Zeit und Geld, „die nicht recht wissen, was sie mit ihrem Leben anfangen sollen und die aus dieser Ausgangslage heraus auch für kostspielige ‚Laienspiele‘ zu haben

---

[374] Hepp 1996,4; Gensicke 2000 a,1
[375] v.Arnim 1986 b,69; Klages 2003,1ff.
[376] Klages 1999 a,6; Klages 1997,107
[377] Klages 1997,101
[378] Opaschowski 1997,197
[379] Opaschowski 1997,202
[380] Noelle-Neumann/Petersen 2001,20; vgl. schon Herbert 1991,127
[381] Klages 1987,23
[382] Gensicke 1999 a,84

sind“[383]. Solche Einstellungen bei gleichzeitigem Fehlen selbstentfaltungsbezogener Aktivitäten, verbunden mit höheren Unzufriedenheitsdispositionen, sind bei Unterschicht-Angehörigen auch aus anderen Untersuchungen, z.B. zur Verwaltungseinstellung, bekannt[384]. „Besonders *Arbeiter* benoten die *Verwaltung schlechter...* Hier dürften *arbeiterspezifische Ressentiments* gegenüber den ‚Bürokraten‘ eine Rolle spielen“[385]. Dann aber spielen bestimmte sozialgruppenspezifische Meinungstraditionen (Vorurteile) eine vorherrschende Rolle. Dies kann über den „Zirkel: Negative Einstellung - Furcht - Kontaktvermeidung - Bestätigung der negativen Einstellung“ eine objektiv mögliche Verbesserung der Bürger/Verwaltungs-Beziehung erschweren[386].

3. Werte-Synthese

Individuelle Entlastung von gesamtgesellschaftlichen Werteschwankungen könnte neben den aufgezeigten Möglichkeiten von Entlastung und Sphärentrennung aber auch eine ‚Synthese‘ von Pflicht- und Akzeptanzwerten bzw. Selbstentfaltungswerten bringen[387]. Eine solche Möglichkeit knüpfte am empirisch vorliegenden Befund an, daß es stets viele Menschen gab, „welche beide Werte-Gruppen in hohen oder auch in niedrigen Ausprägungen besaßen. Daneben traten die verschiedenartigsten Mischungsverhältnisse in Erscheinung“[388]. Niemand verfolgt nur Pflicht- und Akzeptanz- oder Selbstentfaltungswerte[389]. Es erzeugt daher ein realistischeres Bild der Gesellschaft, nicht ein ‚Entweder-Oder‘, sondern ein ‚Sowohl-Als auch‘ vorhandener Wertdispositionen aufzuzeigen[390]. „Ein entscheidender Punkt dürfte hierbei sein, daß insgesamt gesehen die Zahl der Menschen mit gemischten Werten erkennbar zugenommen hat“ - schon Ende der 80er Jahre war „die Zahl derer, die sich als Träger reiner Pflicht- und Akzeptanz- oder Selbstentfaltungswerte ansprechen lassen, auf bestenfalls ca. ein Viertel aller Erwachsenen zusammengeschrumpft“[391]. Es gibt heute wieder „Tendenzen zu einer einheitlichen, d.h. alle gesellschaftlichen Teilgruppen übergreifenden und möglicherweise konsensuellen Zusammenfügung von Werten“ (konsensuelle Wertezonen)[392]. So besitzt „die Bevölkerung der Bundesrepublik ... unter den gegenwärtigen Bedingungen ohne jeden Zweifel eine ausgeprägte *Disposition für die Werte-*

---

383 Klages 1999,118
384 Pippig 1988,151
385 Viernheim 1995,12; kursiv = d.Verf.
386 Mayntz 1978,244
387 Klages 1988 a,116f.; vgl. Gensicke 1996,13
388 Klages 1984,23
389 Klages 1996 c,75
390 Franz/Herbert 1986,11
391 Klages 1988 a,162
392 Klages 1988 a,162

synthese" (starkes Möglichkeitspotential)[393]. Die Verhaltens- und Werteentwicklung bleibt zwar nicht *gezielt steuerbar,* aber es gibt *Einwirkungsmöglichkeiten*, z.B. in der Förderung dieser Werte-Synthese[394]. Es ginge dabei um eine „Vereinigung der spezifischen Vorteile und Positivseiten beider Wertebereiche bei gleichzeitiger Ausklammerung oder Neutralisierung ihrer jeweiligen Problemseiten". Dies böte eine „höchst aussichtsreiche Ausgangslage für eine zukunftsträchtige Entwicklung"[395].
Hierzu wurde von Helmut Klages eine Werte-Synthese-Theorie entwickelt, die sich „zunehmend zum Paradigma der deutschen und europäischen Wertewandelsforschung" entwickelt hat[396]. Ausgehend vom *Subjekt* will sie *qualitative Kriterien zur Deutung empirisch vorfindbarer Entwicklungen* geben, die den Bezug des Einzelnen zum gesellschaftlichen Umfeld analysieren, mit dem Ziel, zukünftig „Potentiale ‚innovativer' gesellschaftlicher Wachstumschancen zu erschließen"[397]. Damit diese Potentiale *wirksam werden* können, müssen alle Werte-Gruppen gleichermaßen einbezogen werden, um die *'Sowohl-als-auch'-Befähigungen* zu verstärken[398]. Die Theorie baut dabei auf *Motivation*, nämlich *Werteverstärkung (Stimulanz)*. „Die Steuerung der betreffenden Einstellungen durch Werte folgt... einer sehr einfachen Formel: durch Wertorientierungen werden Sensibilitäten für bestimmte Themen hervorgerufen. Je umfassender die Wertspektren sind, desto einschränkungs- und lückenloser sind die Aufmerksamkeitsbereiche"[399]. Durch ein angestrebtes konstruktives Miteinander von Pflicht- bzw. Akzeptanzwerten und von Selbstentfaltungswerten wird für den Einzelnen der psychische Innendruck von Wertschwankungen aus dem Umfeld umgeleitet, indem beide Werte-Gruppen *nicht mehr* als unvereinbare *Gegenkräfte* auftreten, *sondern* sich einander sinnvoll *ergänzen,* woraus sich idealiter im produktiven Mit- und Gegeneinander Gleichgewichtslagen ergeben. „Der optimale Weg der Problemlösung (läge hier) ganz offenbar nicht in einem Werteverzicht nach irgendeiner Seite hin, sondern vielmehr in einer Werteverstärkung nach allen Seiten hin"; wenn nämlich beide Werte-Gruppen hohe Stärkegrade erreichen, können sie „eine intensive gegenseitige Beziehung und Verschränkung ein(gehen), die ein synthetisches Profil enthüllt"[400]. Zielpunkt: „Ein *optimales* Wertemuster muß seinen Träger dazu befähigen, in wechselnden Situationen ohne Umstellungsnöte und Identitätskrisen unterschiedlichen oder gar gegensätzlichen Anforderungen zu entsprechen, oder solche gegensätzlichen Anforderungen innerhalb ein und der-

---

393 vgl. Klages 1996 c,77; Klages 1988 a,167
394 Winkel 1996,20; vgl. hierzu noch B I und E III 1 am Ende
395 Klages 1988 a,117
396 so Winkel 1999,4
397 Klages 1984,164; vgl. D II 3, E I
398 Klages 1984,165; vgl. auch Klages 1996 a,57
399 Klages 1988 a,127f.
400 Klages 1988 a,132

selben Situation ohne Streßüberflutungen ‚auszubalancieren'"[401]. Anpassungsflexibel werden syntheseartige Verknüpfungen herstellbar, die „in eine allen Herausforderungen gewachsene Identitätsstruktur stabiler Art" münden. Die Förderung einer solchen ‚sowohl-als-auch-Befähigung' bestätigt sich „aufgrund von Plausibilitätsüberlegungen und Alltagsbeobachtungen"[402]. Danach muß erfolgversprechende Selbstentfaltung realistisch und situationsbezogen sein. Sie muß berücksichtigen, daß sie sich in vorgegebenen Strukturen vollzieht und eigene Interessen nur im Kompromiß und (sozialem) Ausgleich mit anderen verfolgt werden können. Enttäuschungserfahrungen können durch Fähigkeiten zur Rollendistanz leichter ertragen werden, bieten sogar Anlaß zu Korrekturhandlungen. Dazu bedarf es der Fähigkeit zum ‚Systemvertrauen' (Identifikation mit Gemeinschaftszielen) und zugleich der kontrollierenden kritischen Distanz dazu[403]. So werden wirkungsvolle Konfliktstrategien entwickelt, bei denen der Einzelne auch ‚unbequem' sein und sich als ‚mündiger Staatsbürger' ein skeptisches Urteil bewahren darf. Dafür ist Selbstkontrolle im ‚Markt der Optionen' notwendig, um situationsgerecht zu reagieren[404].

Pflicht- und Akzeptanzwerte müssen danach zu den Selbstentfaltungswerten keinen Gegensatz darstellen. „Das Bedürfnis des Individuums, sich persönlich zu entfalten, kann mit der Akzeptanz von sachlichen und sozialen Regeln und Normen und dem zeitweisen Aufschub von Bedürfnisbefriedigung durchaus kompatibel sein, ja es kann sogar zu einer wechselseitigen Befruchtung beider Persönlichkeitskomponenten kommen. - Bei genauerer Analyse erweist sich diese Kombination sogar als das ideale Muster der produktiven Persönlichkeit, wenn man berücksichtigt, daß Menschen immer in sozialen Verbänden mit sozialen Strukturen und Normen leben und zweckgerichtete menschliche Tätigkeit ohnehin die Einhaltung von Regeln fordert..., Selbstentfaltung (also) einen sachlichen und sozialen Ordnungsrahmen... (benötigt,) um produktiv zu werden"[405]. Pflicht- und Akzeptanzwerte können dann z.B. Chancen vermitteln, sich verschiedensten Situationen so ‚zu stellen', daß eine verbesserte Selbstentfaltung möglich wird[406]. Durch die ‚Kraft der Selbstkontrolle' gewinnt der Einzelne in Anpassung an äußere Möglichkeiten und Grenzen die Fähigkeit, Verantwortung besser wahrzunehmen[407] und erfolgreich mit den Realitäten umzugehen, d.h., „wo sein Streben auf Widerstände stößt, nicht frustriert (zu) sein und seine Werte aufzugeben"[408], gegebene Chancen besser auszunützen und in einem realistischen Wechselspiel mit der Wirklichkeit ihr

---

[401] Klages 1996 c,76; vgl. Klages 2002,45
[402] Klages 1996 c,79
[403] Klages 1996 c,76f.
[404] Klages 1984,171f.
[405] Gensicke 1999,33f.
[406] Klages 1984,170f.
[407] Klages 1984,175
[408] Klages 1984,171

die guten Seiten abzugewinnen und das Beste aus ihr herauszuholen. Ein solcher ‚instrumenteller' Individualismus läßt sich mit den verschiedensten Zielen – auch gemeinwohlorientierter Art – verbinden.
Doch „lassen sich bei Teilen der Menschen, die diesen Umlenkungsprozeß nicht zu leisten vermögen, akute Resignationserscheinungen mit generellen Wertverlustfolgen feststellen. – Bei anderen finden sich Rebellionsneigungen, die sich mit der Suche nach alternativen Nischen verbinden können. – Wieder andere pendeln in konservative Grundhaltungen zurück.- Eine allerletzte Gruppe findet allerdings eine Problemlösung, der man das Prädikat einer überraschenden Produktivität zuerkennen wird, da sie darin besteht, die neuen Selbstentfaltungswerte mit den von der Arbeitsumwelt immer noch geforderten Pflicht- und Akzeptanzwerten zu vereinigen und gewissermaßen zu einer Synthese zu bringen, ... da man alle Werte in sich hat. Man kann dann... aktiver Realist sein, d.h. den institutionellen Anforderungen ungezwungen nachkommen und doch dem Selbstentfaltungsprogramm treu bleiben“[409]. Dabei böte gerade die Bürger/Verwaltungs-Beziehung Möglichkeiten dazu, für die Potentiale der Selbstentfaltungswerte geöffnet und an menschliche Wertverwirklichungsbedürfnisse angepaßt zu werden. In der Verwaltung spricht man hier von Bürgernähe und Beteiligung oder Vergrößerung personaler Autonomiechancen[410]. Eine Autonomieerweiterung liegt vor, „je beweglicher und flexibler das Individuum seine Bedürfnisse reorganisieren und neu strukturieren kann“[411]. Die im VwVfG angelegten Verfahrensspielräume könnten hier genutzt werden[412]. Verwaltungsverdrossenheit - aus Sicht der Werteforschung „Ausdruck einer mißlungenen Begegnung zwischen den gewandelten Werten und Wertverwirklichungsbedürfnissen auf der einen Seite und den Wertverwirklichungsangeboten der Arbeitswelt auf der anderen Seite“[413] - wäre dann abbaubar. Gelingt eine verstärkte Werte-Synthese im Verwaltungsverfahren hingegen nicht, ist mit Verlusten an produktiven Wertepotentialen bei Bürger *und* Verwaltungsmitarbeiter zu rechnen.
Solch Werte-Synthese findet günstige Entfaltungsvoraussetzungen überall dort, wo sich lokale Öffentlichkeit bilden kann, auch in Großstädten (was ein entsprechendes Eingehen der Verwaltung darauf voraussetzt)[414]. Dies erfordert allerdings Initiierung entsprechender Prozesse. Um einen solchen Prozeß anzustoßen, müssen Normen, Anreize und Überzeugungen „auf die Bedürfnisse spezifischer Adressatengruppen zugeschnitten werden“ (*Zielgruppenorientierung*)[415]. Denn „als Orientierungsrahmen für individuelles Handeln dient dem einzelnen eine Strategie der Maximierung ... (seiner) Wertverwirk-

[409] Klages 1988 a,111
[410] vgl. Klages 1984,169
[411] Pippig 1988,24
[412] Näheres unter E III 4
[413] Klages 1988 a,107
[414] Klages 1988 a,135
[415] Franz/Herbert 1987,40f.; vgl. B IV 4 d und E III 1 am Ende

lichung und Bedürfnisbefriedigung". Da die Menschen hierbei aber höchst unterschiedlich sind, zeigt sich, daß zur wirksamen Entfaltung der Werte-Synthese noch ein wesentlicher Baustein fehlt: die differenzierte Betrachtung der Menschen nach ihren grundsätzlichen Werte-Einstellungen[416], gebündelt in idealen Werte-Typen.

4. Werte-Typen

a) Allgemeine Orientierungen

Im folgenden sollen zunächst die einzelnen Werte-Typen allgemein und dann in einem zweiten Schritt in ihrer konkreten Einstellung zu Bürger/Verwaltungs-Beziehung und Verwaltungsverfahren dargestellt werden. Eine weitere Konkretisierung wird unter D und E im Rahmen der Behandlung konkreter Gesetzesbestimmungen des Verwaltungsverfahrensgesetzes vorgenommen.

Was unterscheidet zunächst die Werte-Typen? Individuelle Werte steuern (wie oben bereits ausgeführt) die Sicht der Realität, Bedürfnisse und Handeln in situativ flexibler Weise. „Werte können demnach... als individuelle Orientierungsleitlinien mit Spielräumen für situationsgerechtes Agieren und Reagieren betrachtet werden"[417]. „Die empirisch vorgefundenen Werttypen sind Typen sozialer Persönlichkeiten, bei denen das Verhältnis zwischen Individuum und Gesellschaft psychisch in unterschiedlicher Weise abgebildet ... (ist). Daraus (ergibt sich)... eine unterschiedliche Gewichtung von privaten und gesellschaftlichen Belangen"[418]. Die von der Speyerer Schule gewählten Namen der Wertetypen „sollen auf ihre jeweils charakteristischen Formen der Lebensbewältigung *assoziativ* hinweisen"[419], was ‚zentrale Charakteristika' beleuchtet. „Alle angegebenen Merkmale sind als Abweichung vom Bevölkerungsdurchschnitt zu verstehen"[420].

Um die soziodemographischen Merkmale der Werte-Typen aufzuzeigen, wurden als sozialstrukturelle Merkmale berücksichtigt[421]: Geschlecht, Familienstand, Schulbildung, soziale Schicht, Alter, Beruf des Haushaltsvorstands, Beruf des Befragten, Beschäftigte im öffentlichen Dienst, Status der eigenen Berufstätigkeit, monatliches Haushaltseinkommen, Haushaltsgröße, Gemeindegröße, Wohnsituation, religiöse Orientierung.

Die Werte-Typen „sollen anhand der Art und Weise, wie sie selbst ihre Lebensziele *gewichten*, verschiedene Verhältnisse von Individuum und Gesellschaft widerspiegeln und damit innerhalb des *Wertewandels* ... in modernen

---

416 Klages 1977,295
417 Franz/Herbert 1987,40
418 Franz/Herbert 1987,42; zu den einzelnen Wertetypen auch Klages 2002,42ff.
419 Franz/Herbert 1986,9
420 Franz/Herbert 1987,42
421 Herbert 1991,41

Gesellschaften unterschiedliche Positionen einnehmen"[422]. So geht es um lebensbereichsübergreifende Werte[423]. „Alle diese Teilgruppen repräsentieren nach unserer Überzeugung ‚Typen' von Wertkonstellationen, mit denen in der Bevölkerung durchgängig zu rechnen ist, denen eine eigenständige Bedeutung zukommt und die in ihrer Koexistenz vermutlich dauerhaft die Wertzusammensetzung der Gesellschaft ‚pluralistisch' abbilden"[424]. Dabei geht es um typische Charakteristika, um makro-sozialpsychologisch „besser zum Verständnis der Wechselwirkungen zwischen Individuum und Gesellschaft" beizutragen[425]. Hieraus wurde eine Speyerer Typenbildung vorgenommen, die „Instrument der Analyse und Prognose sozialer Einstellungen und Verhaltensweisen" sein soll[426].

Über 1/3 des Werte-Typs der *Konventionalisten* sind ältere Menschen über 60 Jahre (fast doppelt so hoher Altersanteil als bei den anderen)[427]. Oft sind sie in kleinen bis mittleren Orten oder auf dem Lande aufgewachsen. Sie verfügen typischerweise über ein geringeres (Aus-) Bildungs- und Berufsniveau: über ¾ haben nur Hauptschulabschluß (6 % Abitur)[428]. Soziologisch gesehen entstammen sie oft dem Arbeitermilieu, einfachen/mittleren Beamtenhaushalten oder der Unterschicht mit den tiefsten Einkommensmittelwerten aller Werte-Typen[429]. Die Konventionalisten haben überdurchschnittliche Anteile an Katholiken und kaum Befragte ohne Konfessionszugehörigkeit[430]. „An Gott zu glauben halten Konventionalisten für weitaus am wichtigsten" und gehen zu 2/3 regelmäßig in die Kirche[431].

Konventionalisten lassen sich durch Pflicht-, Akzeptanz- und Sicherheitswerte (traditionelles Wertsystem) charakterisieren[432]. Sie sind damit weitgehend privat- und status-quo-orientiert[433]. „Konventionalisten gewichten... die gesellschaftlichen Konventionen ... (und ihre Befolgung, d.Verf.)... deutlich höher als ihre individuelle Selbstentfaltung"[434]. Infolge dessen haben sie aber „eine hohe Zufriedenheitsdisposition bei einem eher passiven und angepaßten, sich selbst in den Hintergrund stellenden Bild ... (ihrer) selbst"[435]. Beruflich vertreten sie eine *Leistungsethik* als Arbeitnehmer (mit geringer außer-

---

[422] Klages/Gensicke 1999,63
[423] Franz/Herbert 1986,10
[424] Klages 1986 a,8
[425] Franz/Herbert 1986,10
[426] Klages 1986 a,8
[427] dazu Franz/Herbert 1987,41f.; Herbert 1991,45f.; vgl. Pippig 1988,144f.
[428] Herbert 1991,46,54,56
[429] Herbert 1991,46
[430] Herbert 1991,57,115,122
[431] Herbert 1991,117
[432] Franz/Herbert 1987,41
[433] Franz/Herbert 1987,46
[434] Klages/Gensicke 1999,64
[435] Herbert 1991,122

häuslicher Freizeitorientierung). Damit erstreben sie zwar höheren Lebensstandard, ergeben sich dann aber aufgrund ausgeprägter Akzeptanzwerte aus Überzeugung in das jeweils sich ergebende Schicksal[436]. Damit korrespondiert ein geringes *politisches* Engagement. In diesem Bereich können sie „gesellschaftliche Mißstände hinnehmen, ohne das Gefühl zu haben, etwas daran ändern zu müssen“[437]. Andrerseits sind sie in religiösen Vereinigungen gut repräsentiert und engagiert[438].
Infolge zunehmender Verstädterung und nachlassender exklusiver Dominanz von Pflicht- und Akzeptanzwerten in Verbindung mit dem Ausfall stützender Institutionen wie der Verwaltung (Rückzug des Staates) hat ihre Gruppe „durch das Schrumpfen dieser Verhältnisse abgenommen und wird vermutlich weiterhin an Bedeutung verlieren“[439], ohne sie jedoch regional und in lokalen Milieus ganz einzubüßen.
Angehörige des Werte-Typs der *hedonistischen Materialisten* (kurz: Hedomats) sind jung und haben das geringste Durchschnittsalter aller Werte-Typen (über 60% unter 40-jährige, Anteil unter 20-jähriger fast doppelt so hoch wie bei den anderen Werte-Typen)[440]. Sie sind typischerweise in städtischem industriell - urbanem Umfeld aufgewachsen[441]. Unterrepräsentiert sind Hausfrauen und Rentner sowie Angehörige des öffentlichen Dienstes, überrepräsentiert ledige Männer, berufstätig oder arbeitslos, Auszubildende, Hauptschüler – nicht aber Studenten[442]. Denn Hedomats haben ein unterdurchschnittliches Bildungsniveau und entstammen dem Arbeitermilieu oder der Unterschicht bzw. unteren Mittelschicht[443]. Damit entsprechen sie *schichtspezifisch* dem Konventionalisten und können quasi als sein ‚urbanes Gegenstück‘[444] gesehen werden. Konfessionelle Bindungen sind gering[445], aber auch die Neigung, sich politischen (2,8 %) oder kirchlichen Organisationen anzuschließen[446].
„In größeren Teilen der *Jugend* nimmt die Werte- und Persönlichkeitsentwicklung schon seit längerem eine egozentrische Färbung an“[447]. Der Zusammenbruch des Staatssozialismus 1989, das expandierende Privatfernsehen mit seinem ‚Trommelfeuer der Konsumwerte‘ und die Politikverdrossen-

---

436 Franz/Herbert 1987,42f.; Herbert 1991,122
437 Franz/Herbert 1987,48
438 vgl. Herbert 1991,57,115,122
439 vgl. Herbert 1991,56
440 Herbert 1991,50,124
441 Herbert 1991,52,55,124
442 vgl. Winkel 1996,19; Gensicke 1996,14; Herbert 1991,51f.,124
443 Winkel 1996,19; Herbert 1991,53,124
444 vgl. Herbert 1991,124
445 Herbert 1991,58; Herbert 1991,118f.: 60 % gehen nie in die Kirche, 81 % fühlen sich keiner Kirche verbunden; zur Bedeutung der Religiosität als soziolog.Parameter B III 1
446 Herbert 1991,61,115
447 Gensicke 2000 a,4

heit führten seit Ende der 80er Jahre zur Herausbildung dieses Werte-Typs, bei dem sich die persönlichkeitsbezogenen Selbstentfaltungswerte materialistischer und hedonistischer Prägung unter Reduzierung oder Verlust konventioneller Beschränkungen[448] in den Vordergrund geschoben haben[449]. „Jugendlichkeit und das Fehlen kirchlicher Sozialisation sind für die Ausprägung hedonistisch-materialistischer Wertorientierungen ebenfalls besonders erklärungskräftig“[450]. In einem postmodern beliebigen und fragmentierten Bewußtsein wird „der Geltungsanspruch jeglicher gesellschaftspolitischer Konzepte und Entwürfe in Frage gestellt“[451]. Statt dessen betonen Hedomats die Verwirklichung der eigenen Person[452]. Auf dem Hintergrund erfahrbaren gesamtgesellschaftlichen materiellen Wohlstandes und erweiterter Spielräume für individualistische Werte sollen hier eigene hedonistische Bedürfnisse in neoprivatistischem Rückzug auf das individuelle Wohlergehen ausgelebt werden[453]. Dabei schätzen Hedomats mit 72 % den Spaß bei der Arbeit höher ein als einen sicheren Arbeitsplatz (48 %), sind also „lieber zeitweilig arbeitslos ... als dauerhaft freudlos“[454]. Dies schlägt typischerweise in ein auffälliges Bedürfnis nach sehr viel Freizeit um, in der sie anspruchslose Aktivitäten mit geringem Engagement pflegen; im Beruf haben sie das geringste Motivationsniveau, sehen ihn als bloße Möglichkeiten zum Geldverdienen ohne Interesse an Karriere[455]. Da die Neigung fehlt, sich auch im Beruf verwirklichen zu wollen, liegt hier „wenig innovatives Leistungspotential“; sie sind „nur schwerlich zur Leistungserbringung zu motivieren“[456].
Werte sind bei ihnen „nur noch Teil einer Anpassungsstrategie an die äußeren (materiellen oder genießerischen) Möglichkeiten“[457]. Sie haben ihre Lebensperspektive der Leistung ohne besonderen Einsatz und dem konsumfreudigen Lebensgenuß gewidmet[458]. Aufgrund ihrer starken Orientierung am Lebensgenuß zeigen Hedomats „bei Aussicht auf materielle Gratifikation eine hohe Anpassungsbereitschaft“[459], die in Situationen des persönlichen Vorteils in einen ‚Ellenbogen-Individualismus‘ umschlagen kann[460]. Dabei sind Hedomats jedoch ohne klares Lebensziel[461]. Sie zeigen „eine partielle Ich-

[448] Herbert 1991,121,127: wie Akzeptanzdimension und konventionelle Leistungsethik
[449] vgl. Herbert 1991,50,126; Winkel 1996,18f.; Gensicke 1996,14
[450] Gensicke 2000 a,4
[451] Herbert 1991,126
[452] Klages/Gensicke 1999,63
[453] vgl. Knobloch 1996,172; Herbert 1991,126
[454] vgl. Opaschowski 1997,21
[455] Herbert 1991,126f.
[456] Herbert 1991,127
[457] Gensicke 1996,15
[458] Winkel 1996,19f.
[459] vgl. Winkel 1996,19; Gensicke 1996,16
[460] Gensicke 1998,29
[461] Herbert 1991,124

Schwäche als Merkmal des ‚neuen Narzismus'". Dadurch erleben sie öfter „eine tiefe Kränkung ihres Selbstbewußtseins... und neigen (dann) ... zur Gewaltbereitschaft"[462]. Hedomats stehen dabei offen zu ihrem ‚natürlichen' Egoismus und akzeptieren damit auch Gewalt als Mittel der Problemlösung. „Damit entwickeln Hedomats eine Neigung, den Wertekonsens der Bevölkerung überhaupt in Frage zu stellen"[463]. Da Hedomats aus Sicht der anderen Werte-Typen vorwiegend negative und destruktive Eigenschaften aufweisen, werden sie (auch in den Institutionen) ‚geschnitten' und zu ‚Modernisierungsverlierern', so daß Desintegration als Negativfolge der Individualisierung eintreten kann[464]. Folge davon ist typischerweise eine Abkopplung vom gesellschaftlichen Wohlstand. Gerade schwindender Wohlstand ist aber für Hedomats problematisch, da sie sich an den Wohlstand gewöhnt haben und sich über ihn definieren. Es droht die Langeweile, Abstumpfung und Verlust an Lebensfreude und Sinn. Armut bedeutet für sie soziale Isolation[465]. Um dies zu verhindern, leben Hedomats dann über ihre Verhältnisse. Eine private Verschuldung in Verbindung mit Arbeitslosigkeit führt „zu einem wachsenden Wohlstandsgefälle mit sozialem Zündstoff"[466]. Die Verbindung von jugendlichem Alter und Herkunft aus den unteren Einkommensschichten macht sich dabei beim ‚Hedomat' besonders ungünstig bemerkbar: so ist „jeder Fünfte zwischen 15 und 20 Jahren in Westdeutschland und jeder Siebte in den neuen Bundesländern... mittlerweile verschuldet"[467].

Die Ausbreitung der Hedomats kann „bereits als eine erste mentale Anpassung an die verstärkte Amerikanisierung der Bundesrepublik gedeutet werden"[468]. Ihre Indifferenz („Da kannst du eh nichts machen!") ist dann die Reaktion auf eine undurchschaubare Dynamik der gesellschaftlichen Funktionsabläufe, z.B. aus der Globalisierung: „Zu viele Stützen und haltgebende Normvorgaben sind beliebig geworden"[469]. „Hedomats sind... privat die am wenigsten integrierte und sozial problematischste Gruppe"[470]. Das steigert die Spannungen innerhalb der Gesellschaft[471] und vermindert ihr ‚soziales Kapital' als „die Fähigkeit einer Gesellschaft, den sozialen Zusammenhalt (von Institutionen und Menschen) zu bewirken"[472]. „In seiner ungebremsten Ausprägung entwickelt dieser ‚Wertepfad' ... für die gegenwärtige Sozialordnung

---

[462] Herbert 1991,125; vgl. Knobloch 1996,171
[463] Gensicke 1996,14f.
[464] Winkel 1996,19; vgl. Knobloch 1996,172
[465] vgl. Opaschowski 1997,21
[466] Opaschowski 1997,22
[467] Reisdorf 2001,6
[468] Gensicke 1996,16
[469] Knobloch 1996,172
[470] Gensicke 1994,46
[471] vgl. Opaschowski 1997,21; Winkel 1996,19
[472] Mutz 2001,17

auch destruktive Züge, vor allem wenn kurzfristiges Streben nach hoher materieller Gratifikation und Glücksspielmentalität bestimmend werden"[473].
Der Werte-Typ des *perspektivenlos Resignierten* ist sozio-demografisch nicht so eindeutig zu fassen. Angehörige dieses Typs können ganz jung, im mittleren Alter oder älter sein[474]. Sie haben[475] einen erhöhten Anteil an Frauen, besonders Verwitwete und Geschiedene und zeichneten sich bis Anfang der 90er Jahre durch niedriges Bildungsniveau mit niedriger Berufsgruppe bei tiefem Einkommen aus[476]. Kennzeichnend hierfür waren Volksschüler ohne Lehre, Hauptschüler, einfache Arbeiter, Arbeitslose, Rentner, Hausfrauen[477]. Eine daraus folgende ursprüngliche Schichteinstufung[478] ist inzwischen als zu eng erkannt worden[479]: Denn mittlerweile können Resignierte von einfachen Arbeitern ebenso abstammen wie von Angehörigen der oberen Mittelschicht. Das liegt daran, daß die *Resignation zunehmend verschiedene Ursachen* hat: neben Wertverlusten aufgrund „ablesbarer, negativer Lebensereignisse" können Wertverluste auch auftreten durch ungünstige Lebensstartbedingungen, ‚Modernisierungsverluste', soziale Abstiegsprozesse oder dauerhafte berufliche Negativerfahrungen[480]. So befindet sich bei diesem Werte-Typ die *höchste Berufstätigkeitsquote* aller Werte-Typen[481]. Auch zeigt heute ein Teil der Jugendlichen aufgrund der globalen pluralistischen Entwicklung deutliche Resignationserscheinungen[482]. Dies führt zu „einer Verhärtung der mentalen Landschaft... mit einschneidenden Veränderungen der bisher relativ entspannten sozialen Lage" mit Gewinnern und Verlierern[483]. So sprang z.B. bei den 18-25 jährigen der Anteil der Resignierten von Frühjahr 1993 auf Herbst 1994 von 13 % auf 28 % (bei gleichzeitigem Absinken der Realisten von 37 % auf 28 %)[484].
Bei Resignierten sind alle konstitutiven Wertedimensionen unterdurchschnittlich[485]. Sie sind „passiv, mit einem schwachen Selbstbewußtsein ausgestattet, kontaktarm und mißtrauisch gegenüber (ihrer) ... mitmenschlichen Umwelt und in einer diffusen Weise unzufrieden..., Opfer einer mißlungenen Sozialisation aufgrund eines allzu starken Divergierens von unangepaßten Wertori-

---

473 Gensicke 2000 a,4
474 Franz/Herbert 1987,42
475 Herbert 1991,48f.; vgl. Pippig 1988,145
476 Herbert 1991,49,57; Franz/Herbert 1987,42; vgl. Pippig 1988,145
477 Herbert 1991,49; Franz/Herbert 1987,42; vgl. Pippig 1988,145f.
478 vgl. Herbert 1991,123: untere Mittelschicht
479 vgl. bereits Herbert 1991,49,57
480 Herbert 1991,49,57,124
481 Gensicke 1998,29
482 vgl. Klages 1997 b,11; Gensicke 1996,16
483 Gensicke 1996,16
484 vgl. Klages 1997 b,11; Gensicke 1996,16
485 Herbert 1991,50,123; Franz/Herbert 1987,42

entierungen und gesellschaftlichen Angeboten der Wertverwirklichung"[486]. Sie offenbaren einen Mangel an Selbstbewußtsein und Ich-Stärke, sind aber auch eher aus Bequemlichkeit angepaßt bei diffuser Unzufriedenheit mit den Lebensumständen[487]. Ein Hoffnungsschimmer ist hier ihr Engagement in religiösen Organisationen, wo sie überdurchschnittlich vertreten sind[488]. Sie haben eine enge Kirchenbindung und die wenigsten Personen (unter 10 %), die nie in die Kirche gehen. Dies zeigt eine Hinwendung zu Institutionen, „deren Aufgabe es ist, Trost zu spenden und Sinn zu vermitteln"[489].

Der Wertetyp des *nonkonformen Idealisten* ist im Schnitt über 5 Jahre jünger (Anteil unter 40 Jahren = fast 60 %) als der Durchschnitt der anderen Werte-Typen (außer Hedomats)[490]. Männer und junge Leute (unter 30 Jahre) sind überrepräsentiert, auch Ledige, Studenten, Angehörige von gehobenem und höherem Dienst; deutlich unterrepräsentiert ist der Anteil an Berufen mit niedrigem Prestige wie ungelernte Arbeiter[491]. Meist stammen sie aus großstädtischem Umfeld und leben auch dort[492]. Sie besitzen das weitaus höchste formale Bildungsniveau (Abitur, Studium oder noch in Ausbildung) und entstammen typischerweise der Mittelschicht und Oberen Mittelschicht (nichtmanuelle Tätigkeiten)[493]: „Die Väter der Idealisten ... (sind häufiger) gehobene und höhere Beamte und Freiberufler"[494]. Wie beim ‚Resignierten' sind aber auch hier partielle Annäherungen an die ‚normale' Sozialstruktur zu beobachten[495].

Idealisten weisen eine geringe Berufs- und ausgeprägte Freizeitorientierung auf. Hier sind sie deutlich zum Engagement bereit[496]. Hinsichtlich der Kirche ist dieses ambivalent. Einesteils sind sie „weniger im katholischen Milieu verhaftet und ... (haben) in stärkstem Maße formale konfessionelle Bindungen abgestreift", was einen „Zusammenhang zwischen Selbstentfaltungs- und Engagementwerten und Konfessionslosigkeit" zeigt[497]. Andrerseits sind sie gerade in kirchlichen und wohltätigen Organisationen aktiv engagiert, weisen dort gar die höchsten Anteile der Engagierten auf[498].

---

[486] Klages 1988 a,124
[487] Herbert 1991,123f.
[488] Herbert 1991,115,120,124
[489] Herbert 1991,124
[490] Franz/Herbert 1987,42; Herbert 1991,42,122
[491] Franz/Herbert 1987,42; Herbert 1991,42f.; vgl. Pippig 1988,146
[492] Herbert 1991,43,55f.
[493] Franz/Herbert 1987,42; Herbert 1991,42f.,56,122; vgl. Pippig 1988,146
[494] Herbert 1991,57; vgl. Pippig 1988,146
[495] Herbert 1991,123
[496] Herbert 1991,61
[497] Herbert 1991,58,115
[498] Herbert 1991,59,115,123

Die Idealisten haben „das idealistisch-individualistische Wertemuster des Paradigmawechsels der siebziger Jahre besonders stark verinnerlicht“[499] und „lassen sich durch Selbstentfaltungs- und Engagementwerte charakterisieren“[500]. Sie nehmen sich „viel Zeit, über ihre Wünsche und Interessen nachzudenken und sind bestrebt, ihr Tun und Lassen danach auszurichten“[501]. Idealisten geht es um Selbstdurchsetzungsfähigkeit (verringert sich bei Familiengründung und Erwerbsarbeits-Aufnahme), Eigeninitiative und Hedonismus. Ihre Lebensstandardbedürfnisse wachsen, „wenn gesellschaftliche Integrationsmomente durch Übernahme von Verantwortung greifen“[502]. Zugleich[503] gibt es bei ihnen häufiger ein Auseinanderklaffen von Denken und Tun. Das liegt daran, daß „die Realität allzu oft hinter ihren stets hochgespannten... Erwartungen zurückbleibt. Sie sind insbesondere höchst empfindlich gegenüber faktischen oder auch nur subjektiv empfundenen oder vermuteten Autonomieeinschränkungen, und sie neigen zu Frustrationserlebnissen, die sich leicht mit Gefühlen der Ohnmacht und mit pessimistischen Zukunftserwartungen... in einer oft als feindlich eingeschätzten Umwelt“ verbinden[504]. Es kommt zur Frustration, wenn Realität und Wünsche nicht deckungsgleich sind und zur ‚inneren Unruhe‘ durch den selbstgewählten Druck, ständig „in Einklang mit sich selbst zu leben und nicht lediglich auf Außeneinwirkungen zu reagieren“[505].
So können sie beschrieben werden als „eher widersprüchliche Persönlichkeit(en) mit narzistischem Einschlag ... (und) der Bereitschaft zu unkonventionellem... Verhalten“[506]. „Die Erkennung von Problemen führt hier ... zum Gefühl des Bedrohtseins durch ... gesellschaftlich-politische Mächte... Praxis bedeutet dann in erster Linie die politische Praxis des Protests und nur in einem viel geringeren Maße die Praxis energiesparender persönlicher Verhaltensweisen“[507]. Doch ist auch hier eine – im Vergleich zu Zeiten des Wertewandlungsschubs - höhere Bereitschaft festzustellen, sich auch *konventioneller politischer Formen* zu bedienen[508]. Dabei zeigen sie durchaus eine Bereitschaft zu grundlegenden Lebensänderungen. „Hierin liegt ein psychisches Flexibilitätspotential begründet, ohne das eine moderne und dynamische Gesellschaft weit weniger funktions- und entwicklungsfähig ist“[509].

---

499 Gensicke 1998,25
500 Franz/Herbert 1987,42
501 Franz/Herbert 1987,42f.
502 Franz/Herbert 1987,42f.
503 Franz/Herbert 1987,48
504 Klages 1988 a,125
505 Franz/Herbert 1987,42f.
506 Herbert 1991,123
507 Klages 1988 a,129
508 Herbert 1991,123; Herbert 1991,59: besonders in politischen Parteien
509 Franz/Herbert 1987,42f.

Sozio-demographisch ist der Werte-Typ der *aktiven Realisten*, der in der Bevölkerung am stärksten verbreitet ist, ein vielfach kaum vom Bevölkerungsdurchschnitt abweichender Typus[510]. Aktive Realisten sind typischerweise mittlerer Altersgruppe. Überrepräsentiert sind Männer, Verheiratete mit Kindern, voll Berufstätige, Selbständige, Angehörige von mittlerem und gehobenem Dienst und Führungskräfte aus Wirtschaft und Verwaltung[511]. Als Mittelstädter stammen sie überwiegend aus Haushalten von Angestellten/Beamten, Freiberuflern und Selbständigen[512]. Ihre Bildung besteht typischerweise in mittleren Bildungs- (Realschule) und Berufsabschlüssen, wobei sie aber wegen der hohen Berufstätigkeitsrate über die höchsten Durchschnittseinkommen verfügen (die z.B. bei den Idealisten durch den hohen Studentenanteil ‚gedrückt' werden)[513]. Der ermöglichte höhere Lebensstandard wird mit zunehmendem Alter zurückgenommen[514]. Realisten finden sich in allen Bevölkerungsschichten bis zur unteren Mittelschicht[515], besonders aber in der mittleren und oberen Mittelschicht[516]. Ihr Engagement richtet sich auf Gesellschafts- und Arbeitswelt[517].
Der Realist steht für eine Werte-Synthese, bei der die Wertpole gleichermaßen stark ausgeprägt sind[518]. „Die Wertesynthese ermöglicht eine individualisierende Umdeutung von Pflicht- und Akzeptanzwerten, die diese zu Tugenden im Rahmen einer eigenaktiven Lebensführung in Verantwortungszusammenhängen umfunktioniert"[519]. Ihr Lebenskonzept ist aktives, reflektiertes Handeln nach Werten, nicht bloßes Reagieren auf Außeneinwirkungen[520].
Sie bewegen sich dabei jenseits *aller Extreme*, weil sie die Akzeptanz von Konventionen und sozialer Standards als Voraussetzung ihres individuellen Lebenserfolgs betrachten[521]. Dazu gehören aktive Lebensbewältigung, Selbstdurchsetzungsfähigkeit, Eigeninitiative und Hedonismus sowie die Fähigkeit, äußere Zwänge zunächst hinnehmen zu können (mit Frustrationstoleranz bei Bedürfnisversagung)[522]. Darin sind sie „frustrationsrobuste und motivierbare Arbeitnehmer mit moderner Leistungsorientierung, die ein durchgängig posi-

---

[510] Herbert 1991,47
[511] Franz/Herbert 1987,42; Klages 1988 a,134; Herbert 1991,47,123; Gensicke 1994,42; Winkel 1996,18; vgl. Pippig 1988,144
[512] Klages 1988 a,134; Herbert 1991,55
[513] Winkel 1996,18; vgl. Pippig 1988,144; Klages 1988 a,134; Herbert 1991,47f.,123
[514] Franz/Herbert 1987,42f.
[515] Gensicke 1996,15
[516] Herbert 1991,48; Franz/Herbert 1987,42; Winkel 1996,18
[517] So waren nach Herbert 1991,60 über 21 % Gewerkschaftsmitglieder (Gesamtbevölkerung: 15 %), 10,5 % Parteimitglieder (Gesamtbevölkerung: 7,3 %)
[518] Winkel 1996,18
[519] Gensicke 1996,15
[520] Franz/Herbert 1987,42f.
[521] Klages/Gensicke 1999,64
[522] Franz/Herbert 1987,42f.

tives Bild von ihrer eigenen Persönlichkeit haben"[523]. In ihrer Berufsausübung zeigen sie Leistung und Eigeninitiative mit Interesse an eigenen Gestaltungsräumen bis hin zur Bereitschaft zu Lebensänderungen[524]. Dies bewirkt eine hohe Leistungs- und Karriereorientierung, die auch eine Änderung der bisherigen sozialstaatlichen Ausrichtung befürwortet. Konsequent wären sie bereit, sich einer stärkeren ‚sozialen Auslese' mit längeren Arbeitszeiten und Lebensstandardabsenkungen zu stellen[525]. Dabei geht die Werte-Synthese der Realisten aber „mit noch höherer Wertschätzung der ohnehin hoch ausgeprägten konsensuellen Wertebasis der Bevölkerung" einher, wobei sie dies auch in überproportionaler Übernahme von Verantwortungspositionen demonstrieren[526]. Denn sie sind ebenso disziplin- und einfügungsfähig wie auch zu einem kritischen Engagement, Eigeninitiative und Verantwortung bereit und in der Lage[527]. Ihr ‚konservativer' Wertpol macht sie zu Rationalisten und integriert sie sozial. Sie bejahen den Bewahrungs- und Ordnungsaspekt, wollen jedoch auch auf mögliche Veränderungen Einfluß nehmen[528]. Doch besitzen sie *daneben* auch Selbstentfaltungs- und Engagementwerte. Ein ‚hedonistischer' Pol läßt sie nach attraktiven Funktionen und Tätigkeiten streben, die mit Erfolgserlebnissen, Einfluß und Prestige verbunden sind. Ein idealistischer Pol drückt sich im Interesse am Gemeinwohl und an Reformen aus, die sich auf das Machbare (erzielbare Fortschritte) richten[529]. Da in der Bevölkerung heute eine starke Neigung zum *Kompromiß* besteht, ist der Realist hier der geeignetste Typus, der gleichzeitig individualistisch und kooperativ ist. Sein Persönlichkeitsprofil ist für die Bewältigung der schwierigen Lebensumstände einer individualisierten Gesellschaft günstig – er setzt sich Ziele, vertraut auf eigene Kraft und steht damit auch ‚Durststrecken' durch[530]. Sozialintegrative Charakteristika sind betont. Der aktive Realist mit seiner Werte-Synthese scheint sich am ehesten auf die vielfältigen Anforderungen gegenwärtiger Gesellschaft einzustellen[531]. Nach Klages stellt er eine „Annäherung an den oft vergeblich gesuchten, ideal verfaßten Menschen der Moderne" dar[532]. Die Bedingungen bestmöglicher Werte-Entfaltung sind nämlich nur da erfüllt, „wo in einem Wertemuster alle drei aufgefundenen Dimensionen (Pflicht und Akzeptanz; hedonistisch-materialistische Selbstentfaltung; idea-

---

[523] Herbert 1991,123
[524] Winkel 1996,19; Franz/Herbert 1987,42f.
[525] Gensicke 1996,15f.
[526] Gensicke 1996,15
[527] Klages 1988 a,124,129
[528] Winkel 1996,19; Gensicke 1994,42; Herbert 1991,89
[529] Winkel 1996,19; Gensicke 1994,42; Franz/Herbert 1987,42
[530] Gensicke 1994,42
[531] Franz/Herbert 1986,12; Herbert 1991,123; Klages 2001 b,10
[532] Winkel 1996,19

listische Selbstentfaltung) hoch ausgeprägt sind“[533]. Alle anderen Werte-Typen weisen diese ideale Werte-Struktur nicht auf.
Wenn die Werte-Synthese der Realisten aber die beste individuelle Lebensbewältigung und den besten Zusammenhalt der Gesellschaft erwarten läßt, dann muß daraus folgen, daß ein solches Wertmuster durch entsprechende Rahmenbedingungen auch zu fördern ist. Eine Werte-Synthese fördern heißt hierbei, „über eine Stärkung der immanenten Kräfte der gesellschaftlichen Evolution“ nachzudenken[534]. Damit könnten Realisten „einen erheblichen Beitrag zu einer humanen Weiterentwicklung der Gesellschaft leisten“, weil sie in der Lage sind, ihre „individuellen Bedürfnisse und Systemerfordernisse in einer aktiven Weise zum eigenen und zum gesellschaftlichen Nutzen in eine tragfähige Synthese zu bringen“[535]. Eine positive Prognose ist hier angezeigt. Der „Anstieg der Gruppengröße verweist auf die Möglichkeit der Schaffung eines breiten, pluralen Wertmusters durch integrierende Faktoren“[536].

b) Gefüge untereinander

In Speyer hat man aus der Datenlage die 5 oben charakterisierten Werte-Typen entwickelt: Konventionalisten, (perspektivenlos) Resignierte, (aktive) Realisten, Hedomats und (nonkonforme) Idealisten, die sich in Einstellungen und Verhaltensbereitschaften fundamental voneinander unterscheiden[537]. So haben etwa Konventionalist und Idealist „Scheuklappen für diejenigen Realitätsbereiche... , die von den jeweiligen Wertspektren nicht erreicht werden“[538]. Diese übergreifenden Grundorientierungen in den Werten zeigen Verhaltensdispositionen, die sich „immer gegenüber den Restriktionen der jeweiligen Situation“ durchsetzen müssen[539].
Schaubild 3 zeigt diese grundsätzliche Werteorientierung der Wertetypen – und die anschließende Tabelle 2 illustriert dies anhand eines konkreten Beispiel der Verwaltungspraxis bei demoskopischer Erhebung (beides S.70).
Eine Betrachtung der historisch-chronologischen Entwicklung nach 1945 (in den alten Bundesländern) zeigt die Veränderungen in den Gewichtungen der Werte-Typen zueinander. Hier erkennt man: Geburtsjahrgänge zeigten zunächst bestimmende Werte-Typen[540]. Es dominierten bei den Älteren die

[533] Klages 1996 c,79
[534] Klages 1996 c,81
[535] Franz/Herbert 1986,12
[536] Herbert 1991,123
[537] Klages 1996 a,58
[538] Klages 1988 a,125
[539] Franz/Herbert 1986,9,12; vgl. B III 2
[540] Gensicke 1994,39

Schaubild 3: Konstruktionsschema von Werte-Typen[541]

	Konventionalismus	Hedonismus & Materialismus	Selbstentfaltung & Engagement
Ordnungsliebende Konventionalisten	**hoch**	niedrig	niedrig
Perspektivenlos Resignierte	niedrig	niedrig	niedrig
Aktive Realisten	**hoch**	**hoch**	**hoch**
Hedonistische Materialisten	niedrig	**hoch**	niedrig
Nonkonforme Idealisten	niedrig	niedrig	**hoch**

Tabelle 2 (Beispiel zum Schaubild 3): Grobzuordnung der Werte-Typen nach bestimmenden Wichtigkeiten (vom Verfasser entwickelt nach *Viernheim 1995*, Tab.93, Angaben in %, 5er-Skala, d.h. bei ‚wichtig/unwichtig' konnten je 2 Stufungen vorgenommen werden).

Wert	**Werte-Typ**	**wichtig**	**teils-teils**	**unwichtig**
Gesetz und Ordnung	Konventionalist	84,4	14,8	0,8
Lebensstandard halten	Resignierter	48,0	49,3	2,8
Sich politisch engagieren	Realist	20,4	57,5	22,1
Leben genießen	Hedomat	60,2	37,3	2,5
Eigenverantwortlich leben	Idealist	86,9	12,8	0,3

Konventionalisten[542], bei den Nachkriegsgeborenen die Realisten und Idealisten. Diese Dominanz der Geburtsjahrgänge wurde im Zuge des Wertewandels von zeitweiligen ‚Modeströmungen' ersetzt. Bei den Jungen (heute 18-30 jährigen) beobachtete man zunächst eine Konkurrenz zwischen Realisten und Idealisten[543], dann in den 80ern die Welle der ‚Konsumjugendlichen' (Hedomats)[544]. Sie könnten in gewisser Weise Nachfolger der Konventionalisten sein[545]. Bei beiden lassen sich nämlich Gemeinsamkeiten in bestimmten konservativen Positionen finden und ein eher unterdurchschnittlicher Bildungs- und Sozialstatus. Die Jugend hat sich aber „nach

541 Klages/Gensicke 1999,63; Klages 1996 c,78; Gensicke 2000 b,34

542 Klages 1988 a,161

543 Gensicke 1996,14

544 Gensicke 1994,39; Opaschowski 1997,196

545 Herbert 1991,47,127

einem heftigen ‚Flirt' mit dem hedonistischen Materialismus und einer erdrutschartigen Abwendung vom nonkonformen Idealismus, insbesondere zwischen den Meßzeitpunkten 1990 und 1993... nun eindeutig in Richtung aktiver Realismus" entwickelt"[546]. „Aktive Realisten erlebten fortgesetzte Zuwächse und stellen sich gegen Ende der neunziger Jahre mit vergrößerter Deutlichkeit als die stärkste Teilgruppe dar... Als ‚nachhaltig' erwies sich letzten Endes einzig das Wachstum der Gruppe der aktiven Realisten"[547].

Tabelle 3: Werte-Typen nach Geburtsjahr (in ca.-Angaben, ohne ‚Resignierte', nach Gensicke 1994,41 - graphisch verändert)

Geburtsjahrgang	Konventionalist	Realist	Hedomat	Idealist
Vor 1924	35 %	28 %	8 %	6 %
1925-34	28%	32 %	13 %	12 %
1935-44	20 %	36 %	13 %	16 %
1945-54	13 %	42 %	14 %	21 %
1955-64	13 %	33 %	19 %	24 %
1965 und später	8 %	26 %	28 %	25 %

Menschen können im Verlauf ihres Lebens in verschiedene Wertphasen gelangen, ohne daß sie auf vorangegangene aufbauen müßten[548].
Junge neigen eher zu Extremen und ‚landen' dann bei Werte-Typen wie ‚Idealist' oder ‚Hedomat', die quasi als Einstiegstypen fungieren und sich später z.B. zu Realisten entwickeln können[549]. Denn nach wie vor werden Selbstentfaltungswerte gerade in der Jugend propagiert – und verhältnismäßig beschränkt erfüllt[550]. Es geht um ein altersspezifisch gemeintes ‚Anderssein', eine jugendliche Experimentierphase[551]. Es herrscht die Neigung vor, sich bei Erreichen einer bestimmten Lebensschwelle als ‚unvermeidbarem Imperativ der sozialen Vernunft' anzupassen. Dies erfolgt mit Eintritt der Zwänge von Berufsleben oder Familiengründung, die Pragmatismus erforderlich machen[552]. Hier müssen Selbstentfaltungschancen und Konformitätsdruck ausgeglichen werden. Dieses Kombinations-Idealmuster wird aber in bestimmten Lebensphasen (Jugend, Alter), aus Gründen der Ideologie oder mißglückter Sozialisation „immer wieder verfehlt oder gar nicht ange-

546 Gensicke 1998,25f.
547 Klages 2001 b,11f.
548 Klages 1984,43: „Man kann sich natürlich auch Lebensläufe denken, in denen solche ‚Umbrüche' nicht stattfinden"; Hepp 2001,35f.
549 Gensicke 1994,42; Klages 2001 b,13
550 Klages 1984,148
551 Gensicke 1996 b,84; s.o. B IV 4 a
552 Klages 1984,148; Franz/Herbert 1987,46; Gensicke 1994,42; Gensicke 1996 b,84

strebt"[553]. Insgesamt bleibt die gesamte Verteilung innerhalb der Werte-Typen ‚ziemlich stabil'[554].

Tabelle 4: Werte-Typen in Westdeutschland 1987/88 bis 1999 (Angaben in %)[555]

	Alle	Konven-tionalisten	Resig-nierte	Realisten	Hedomats	Idealisten
Alle Be-fragten						
1987/88	100	25	14	30	14	17
1990	100	20	14	32	15	19
1993	100	17	15	33	18	17
1997	100	18	16	36	14	16
1999	100	17	16	33	15	19
18- bis 30-Jahre						
1987/88	100	14	13	30	18	25
1990	100	9	13	29	23	26
1993	100	10	10	34	31	15
1997	100	7	15	38	22	18
1999	100	9	10	36	27	18

Die Werte-Synthese hat im Typus des aktiven Realisten „mit etwa einem Drittel stets die stärksten Anteile in der Bevölkerung"[556]. Bis 1997 expandierte ihre Zahl sogar zu einem Anteil von 36 Prozent.

Damit kann man vom Ergebnis her feststellen, daß sich die im Realisten verkörperte Werte-Synthese als Leitlinie des Wertewandels herauskristallisiert hat[557]. Hieraus ergeben sich Chancen und Herausforderungen, die anhand nachfolgender Fragestellungen konkretisiert in den Blick genommen werden sollen.

Im nächsten Abschnitt sollen daher die bisherigen Ausführungen mit Blick auf die Bürger/Verwaltungs-Beziehung generell und dann auf das Verwaltungsverfahren speziell zugeschnitten werden.

---

553 Klages/Gensicke 1999,34
554 Gensicke 1996,13
555 nach Gensicke 1998,25; Werte 1999 = Gensicke 2000,55 und Klages 2001 b,11 sowie auch Klages 2002,46 (18-30); bezüglich der neuen Bundesländer vgl. Fn. 125
556 Gensicke 1996,13; Gensicke 1998,25
557 Klages 2001 b,12; Hepp 2001,37f.

c) Generelle Grundhaltungen zur Verwaltung

In dieser Arbeit werden qualitative empirische Erhebungen – wie sie auch der Wertetypen-Lehre zu Grunde liegen[558] – mit quantitativer (traditionell demoskopischer) Situationserhebung verbunden. Zu letzterer sind vorab noch einige methodische Anmerkungen vorzunehmen.

Für Untersuchungen der Bürger/Verwaltungs-Beziehung eignet sich besonders die Kommunalverwaltung, weil sich dort hauptsächlich die unmittelbare Interaktion von Bürger und Verwaltung vollzieht[559]. Die Ergebnisse zu als ‚wichtig' eingestuften Interessen verdienen hier besondere Aufmerksamkeit und Gewichtung, weil sie den mehr lokalen Bezug der ‚Zufriedenheit' in der kommunalen Befragung überschreiten[560]. Besonders geeignet sind empirische Analysen zur Erfassung der Interaktion zwischen Behörden und Publikum auch dann, wenn man die Beziehung zwischen beiden zum Gegenstand der Betrachtung macht[561]. Daher sind auch Mitarbeiterbefragungen und korrespondierende Erhebungen in die Auswertung dieser Arbeit mit einbezogen worden. Um die verschiedenen Befragungen mit ihrer teilweise unterschiedlichen Skalierung vergleichbar zu machen, wurden die Ergebnisse auf die drei Sparten ‚ja / teils-teils / nein' komprimiert und in der Spalte ‚Bemerkungen' auf eine eventuell differenziertere Skalierung (meist 5er-Skala = zwei Abstufungen für Zustimmung oder Ablehnung) hingewiesen.

Neuere empirische Untersuchungen ermitteln zudem den Stand der Beziehung in der Bürger/Verwaltungs-Beziehung methodisch auch anhand einer Differenzbetrachtung der Antworten zu ‚Wichtigkeit' und ‚Zufriedenheit' des gleichen Fragegegenstandes und gewinnen anhand eines Signifikanztests[562] Aussagen aufgrund der Erheblichkeit der Differenz. Hinsichtlich der ‚Wichtigkeit' ist dabei als Untergrenze die einfache Mehrheit (= über 50 %) und als Obergrenze die ab 80 % teilweiser oder vollständiger Zustimmung anzunehmende demoskopische Sättigungsgrenze[563] zu berücksichtigen, so daß Erheblichkeit im Schwankungsbereich 50 – 80 % und somit einem rechnerischen Mittelwert von 65 % (ca. 2/3) anzunehmen ist. Hinsichtlich der ‚Zufriedenheit' ist der demoskopische Erfahrungssatz zu berücksichtigen, daß im kommunalen Bereich Zustimmungswerte von 25 – 50 % als erheblich gelten[564] und auch von der Rechtsprechung in Fällen direkter Demokratie anerkannt sind[565], sodaß sich ein rechnerischer Mittelwert von 33 % (ca. 1/3) ergibt.

---

[558] s.o. B IV 3; vgl. auch E II
[559] vgl. Pippig 1988,57
[560] zu weiteren allgemeinen Kriterien vgl. noch E II
[561] Mayntz 1978,233
[562] vgl. Münster 1997 I,17; Passau 1995,19
[563] Klages 1993,55; vgl. v.Arnim 2002,586
[564] v.Arnim 2000,238
[565] v.Arnim 2000,242f.,276

Die demoskopische Erheblichkeitsschwelle der Differenz ist daher bei kommunalen Befragungen rechnerisch bei Abweichungen um 1/3 (ca. 33 %) zwischen ‚Wichtigkeit' und ‚Zufriedenheit' anzunehmen; doch müssen stets auch andere qualitative Faktoren (z.B. formale Voraussetzungen für den Ort und die Art und Weise der Befragung, Praktikabilität und Wirksamkeit)[566] nach sozialwissenschaftlichen Kriterien mitberücksichtigt und gewichtet werden.
„Wie ‚gut' man ist, kann sich somit bei Qualitätsbeurteilungen, die vom Bürger ausgehen, technisch ausgedrückt letztlich immer nur in der Reihenfolge der Differenzen zwischen Ansprüchen und Zufriedenheiten der eigenen Bürger entscheiden"[567]. Hier „erkennt man fast durchgehend erhebliche *Abstände* zwischen Wichtigkeitszuschreibung und erlebter Wirklichkeit. Es wird daraus zunächst einmal deutlich, wie groß der *Erwartungsdruck* seitens des Bürgers ist..., (werden) allgemeine Probleme im Verhältnis zwischen Staat und Bürgern sichtbar"[568].
Unabhängig von der Erhebungsart läßt sich empirisch nachweisen, daß es „eine positive, negative oder ambivalente generelle Haltung" gegenüber der Verwaltung gibt, „die die Einschätzungen und Bewertungen der Kunden (= Bürger, d.Verf.) zu ganz unterschiedlichen Fragestellungen in eine bestimmte Richtung beeinflußt"[569]. Diese Grundeinstellungen „wirken sich in nahezu allen Fragestellungen" aus[570]. Dabei „wird deutlich, daß es innerhalb der Kundengruppen mehr oder weniger stark ausgeprägte Grundeinstellungen... gibt, die die Zufriedenheit der Kunden in bestimmtem Ausmaß prädeterminieren"[571]. Das sind die Werte-Typen. „Es kann also geschlossen werden, daß die Bewertung der Zufriedenheit... allgemein stark davon beeinflußt ist, welcher Kundengruppe ein Kunde angehört"[572]. „Angenehmes Verhalten (der Verwaltungsmitarbeiter) konstatieren die ..., die eine positive Gesamteinstellung gegenüber der Verwaltung haben, umgekehrt sind die verwaltungskritischen Bürger auch kritischer gegenüber dem Verhalten der Mitarbeiter"[573].
In der Bürger/Verwaltungs-Beziehung steht für alle Werte-Typen die „Bürgernähe im alltäglichen Umgang... an der *Spitze der Wichtigkeiten*"[574]. „Vier von zehn Kunden äußern Schwellenangst..., weshalb sie notwendige Behördenbesuche ungern erledigen"[575]. Daher werden neu eingerichtete kommunale Bürgerbüros „unabhängig von Alter, Geschlecht und Wohnort ... gleicherma-

566 vgl. Münster 1997 I,16ff.; v.Arnim 2000,245f.
567 Passau 1995,21
568 Passau 1995,19; Hervorhebung = d.Verf.
569 Münster 1997 I,6
570 Münster 1997 I,31
571 Münster 1997 II,227
572 Münster 1997 II,226
573 Pippig 1988,151
574 Passau 1995,18, Hervorhebung = d.Verf.; so auch Anhalt-Zerbst 1997
575 Kassel 1997

ßen gut beurteilt"[576]. Die Bürger der Gegenwart wollen als Subjekte „nicht ‚abgefertigt' werden, vielmehr soll ihnen vermittelt werden, daß sich jemand umfassend um die jeweiligen Belange kümmert"[577]. Dies ergibt auch folgende Tabelle zur kommunikativen Bürgerorientierung.

Tabelle 5: ‚Kommunikative Verwaltung': Ist ihrer Meinung nach die Verwaltung kommunikativ? (Angaben in %, 5er-Skala, so daß bei ‚ja' und ‚nein' je 2 Stufungen möglich waren).

Quelle	ja	teils-teils	nein	Verfahrensart
Münster 1997 II,312	35,8	35,6	17,9	Allgemein VerwaltungsVf.
Münster 1997 III/4,38	41,9	33,3	17,1	Genehmigungs-verfahren

Es ergeben sich Werte zwischen 70-75 % zumindest teilweiser Zustimmung. „Es läßt sich hieraus schließen, daß die Qualität der Mitarbeiter für die Kunden eine besondere Bedeutung hat", wobei es in Deutschland „für die Kunden sozusagen ‚selbstverständlich' wichtig ist, daß die Mitarbeiter ‚fachlich kompetent', ... usw. sind, daß dies aber keine weitere Bedeutung für ihre sonstige Einstellung" zur *Verwaltung als Behörde und deren Verfahrenshandlungen* hat[578]. „Die Mängel der Stadtverwaltung: Am häufigsten wird die Freundlichkeit vermißt - ... Häufigster Mangel... ist der unfreundliche Umgang mit den Kunden, die eher als eine Art ‚Störfall' betrachtet werden" – dann erst folgen ‚bürokratische Probleme'[579].
Auf die Frage, ob eine Verwaltungsreform daher notwendig ist, antworten selbst Verwaltungsmitarbeiter ganz überwiegend mit ‚ja'[580] – und widerlegen damit eine behauptete Reformunwilligkeit. „Gesetzliche Rahmenbedingungen (werden) in zunehmendem Maße als ernste Hindernisse des Reformprozesses gesehen", der seit den 90er Jahren die Verwaltungen erfaßt hat[581]. Die zweite Umfrage des Deutschen Städtetags zur Verwaltungsmodernisierung erbrachte dabei als Hauptziel (bei möglichen Mehrfachnennungen) zu 97 % die *Umgestaltung der Verwaltungen zu Dienstleistungsunternehmen,* danach zu 78 % die Erweiterung finanzieller Handlungsspielräume (Haushaltskonsolidierung als dominierender *Auslöser* von Reformprozessen), zu (immerhin) 69 % die *Bürgerorientierung* und zu 35 % die Erhöhung der Mitarbeitermotivation[582]. Für das Verwaltungsverfahren ergeben sich daraus bestimmte Faktoren.

[576] Bergisch Gladbach 1999
[577] Emmendingen 1997
[578] Münster 1997 II,137
[579] Pforzheim 1996
[580] Konstanz 1999: 67 % bei 18 % nein; 90,3 % Berlin-Schöneberg 1996
[581] Grömig/Thielen 1996,596
[582] Grömig/Thielen 1996,597

„Zwischen der *allgemeinen* Zufriedenheit *der Kunden* und der Zufriedenheit der Kunden mit *bestimmten* Merkmalen zeigen sich z.T. starke Zusammenhänge, insbesondere für die Merkmale: - pragmatische Lösungen; - Würdigung des Anliegens des Kunden; - Beratung und Betreuung; - Bearbeitungsdauer; ... – Verständlichkeit der Dokumente“[583]. Besonders wichtig ist *den Verwaltungsmitarbeitern* die erweiterte Möglichkeit, eigene Ideen und Fachkenntnisse in die Alltagspraxis einbringen zu können[584], aber auch die Übertragung zusätzlicher Verantwortung als Mittel der Arbeitszufriedenheit[585]. In Vorschlägen, die Bürgerzufriedenheit zu erhöhen, nennen die Verwaltungsmitarbeiter zu 41 % eine bessere Verwaltungsorganisation und zu 56 % eine bessere Vorinformation des Bürgers durch Öffentlichkeitsarbeit[586].

Schaubild 4: Vergleich der Reformwünsche von Bürger und Verwaltung für die Bürger/Verwaltungs-Beziehung (vergröberte Tendenzaussage)

Reformwunsch	Bürger	Verwaltung
Problemlösungsorientierung	+	+
Bürger- bzw. Kundenorientierung	+	+
Verfahrensvereinfachung	+	+
Servicequalität	+	+
Wahrnehmung eigener Rechte	+	
Mitarbeitermotivation		+
Erweiterung finanzieller Handlungsspielräume		+

d) Spezielle Grundhaltungen zum Verwaltungsverfahren

(1) Gemeinsame Spezifika

Für das Verwaltungsverfahren bzw. die Ausführung der sie regelnden gesetzlichen Bestimmungen im VwVfG können daraus Folgerungen gezogen werden. Denn bei der Zufriedenheit mit dem Verfahrensablauf – seiner ‚Qualität‘ – erzielt die Wertschätzung des Bürgers als Kunde einer dienstleistenden Verwaltung die höchsten Zustimmungswerte[587]. „Ein starker Zusammenhang zeigt sich... insbesondere mit – dem Aufzeigen von Handlungsmöglichkeiten; der Zweckmäßigkeit von Entscheidungen und – der Klärung offener Fra-

---

[583] Münster 1997 I,75f., kursiv = d.Verf.; vgl. E III 1,4
[584] Konstanz 1999: 96 %
[585] zu 49 %, Konstanz 1999
[586] Konstanz 1999, vgl. dazu auch C IV 2 b (2), E III 3
[587] Münster 1997 I,75f.; vgl. E III 1

gen“[588]. Diese Kriterien sind auf die präferierten Selbstentfaltungswerte des ‚neuen wertegewandelten Subjekts‘ bezogen. „Die Zufriedenheitswerte... (korrespondieren) in ihrer Reihenfolge nahezu der Reihenfolge nach der Wichtigkeit“[589]. Allerdings zeigen hier die empirischen Differenzprofile, „daß Werte der Zufriedenheit im allgemeinen doch erheblich unter denen der Wichtigkeit liegen“[590] – was in dieser Arbeit zu den einzelnen Bestimmungen des VwVfG auszuführen sein wird.
Doch seien einige allgemeine Tendenzen zu Stand und Entwicklung der Bürger/Verwaltungs-Beziehung vorausgeschickt.

1) Die ‚Altersschere‘
„Ein eher hoheitliches Denken, wie es bei älteren Menschen zum Teil noch vorliegen mag, ist ... (heutzutage) weniger stark ausgeprägt“[591]. Jüngere (besonders ‚Hedomats‘) stehen „öffentlichen Einrichtungen generell kritischer gegenüber und haben eine höhere Erwartungs- oder sogar Anspruchshaltung, als ‚Kunden‘ zuvorkommend bedient zu werden“[592]. „Deutlich weniger als früher erklären heute, die Verwaltung sei ‚fortschrittlich‘ und ‚korrekt‘“[593]. „Dies ist von besonderer Bedeutung, da die jüngeren Bürgerinnen und Bürger für die Stadtverwaltung die Kunden der Zukunft sind“[594].
„Je jünger die Befragten sind, desto kritischer fallen die Bewertungen aus“[595]. Dies gilt vor allem für die unter 25jährigen. „Mit steigendem Alter ändert sich auch die Sicht der Dinge – die Wertungen werden deutlich positiver“[596]. „Junge Menschen sind mit fast allen Lebensbedingungen *unzufriedener* als der Durchschnitt, ältere Menschen dagegen fast überall *zufriedener*. Das erklärt sich aus einer... immer wieder beobachteten... generellen Zufriedenheitsneigung älterer Menschen und umgekehrt Unzufriedenheitsneigung jüngerer Menschen“[597]. So „läßt sich ein Trend erkennen, nachdem sich die Bürger mit zunehmendem Alter immer seltener unfreundlich behandelt fühlen“[598]. „Die Zufriedenheit... nimmt – so läßt sich verallgemeinernd sagen – mit dem Alter zu“[599]. Davon profitiert auch die Bürger/Verwaltungs-Beziehung: „Mit zunehmendem Alter der ... Bürger erscheint die Stadtverwaltung in positiverem

---

588 Münster 1997 I,86
589 Münster 1997 I,81
590 Münster 1997 I,76
591 Essen 1998
592 Essen 1998
593 Hagen 1995
594 Essen 1998
595 Hannover 1997; ähnlich Wuppertal 1996; Hagen 1995; Pforzheim 1996
596 Herne 1995; ähnlich Leipzig 1995
597 Viernheim 1995,8; Hervorhebung = d.Verf.
598 Anhalt-Zerbst 1997
599 Essen 1998

Licht"[600]. Bei Bürgern über 65 Jahren ist die Gruppe der Zufriedenen am größten[601] – in Zahlen[602] mehr als 50 % der über 65jährigen, aber nur 20 % der unter 35jährigen (bei 30% expliziter Unzufriedenheit).

2) Die Geschlechterfrage
Hier „sind die Unterschiede zwischen den Antwortentscheidungen der Frauen und der Männer generell gesehen ausgesprochen minimal, so daß Abweichungen von den realen Männer- und Frauenanteilen kaum irgendwelche informatorisch bedeutsamen Folgen haben"[603].

3) Das Ausbildungsniveau
Höhergebildete, wie sie sich insbesondere beim Werte-Typ des ‚Idealisten' finden, beurteilen die Verwaltungsarbeit kritischer als der Durchschnitt[604]. Bei allen Höhergebildeten sind einseitige autoritative Überzeugungsversuche wenig wirksam[605]. „Je höher die Schulbildung, desto kritischer das Urteil über die Stadtverwaltung"[606]. Dies ist „deshalb besonders beachtenswert, weil das Bildungsniveau in den letzten Jahrzehnten deutlich angestiegen ist"[607].

4) Auswirkungen konkreter Verwaltungskontakte
Studien bis in die 80er Jahre gehen meist davon aus, daß die Beurteilung der Verwaltung nach konkreten Bürgerkontakten *besser* wird[608]. Dies scheint sich in den 90er-Jahren *ins Gegenteil verkehrt* zu haben. So beschreibt die Studie Essen (1998) die Stimmung so: „Auffällig ist..., daß diejenigen, die noch aktuell... einen Kontakt zur Stadtverwaltung hatten, die Arbeit... ganz allgemein – am schlechtesten beurteilen. Je länger der Kontakt zurückliegt, um so besser wird die Beurteilung". Oder – in gleicher Bürgerbefragung – umgekehrt ausgedrückt: „Der unmittelbare Kontakt zur Stadtverwaltung, insbesondere wenn er erst kurze Zeit zurückliegt, führt aber zu einer deutlichen schlechteren Bewertung... Befragte, die angeben, noch nie Kontakt... gehabt zu haben,... benoten... am besten". Auch verschlechtert sich – so Krefeld (1997) – „mit zunehmender Häufigkeit des Kontakts... aus der Sicht der Bürger das Ansehen der Verwaltung".
Für beide Positionen ist aber „entscheidend für die Einschätzung... die (letzte) Erfahrung mit der Verwaltung"[609]. Die Lösung liegt hier in einer *differenzier-*

---

600 Essen 1998
601 Anhalt-Zerbst 1997; ähnlich Essen 1998
602 nach Krefeld 1997
603 Passau 1995,2,17
604 Essen 1998; Hannover 1997; Krefeld 1997
605 Franz/Herbert 1987,53
606 Herne 1995
607 Essen 1998
608 vgl. dazu Frankfurt am Main 1995
609 Wuppertal 1996

ten Betrachtung, für die zunächst allgemein festgestellt werden kann[610]: Die Eigenerfahrungen beim Verwaltungsbesuch beeinflussen zwar den Grad der Zufriedenheit, „ohne daß man aber von einer überwiegenden Abhängigkeit" sprechen kann: vielmehr werden sie durch andere Erfahrungsquellen wie Freunde oder die Medien ergänzt. Hinzu kommt eine *inhaltliche Differenzierung*, die im folgenden entfaltet werden soll: die *ämterspezifische Zufriedenheit*.

5) Sacherfolg des Bürgers und ämterspezifische Auswirkungen
„Drei Einschätzungen hängen voneinander ab: Wer Erfolg hatte, bewertet Bearbeitungszeit und Kosten (von Verwaltungsverfahren) auch deutlich günstiger als diejenigen, die nicht erfolgreich waren"[611]. „Die Kunden sind wesentlich zufriedener, wenn sie ihr Anliegen in ihrem Sinne erledigen konnten (81,0 %), als wenn sie das Anliegen ihres Besuches nicht in ihrem Sinn (58,8 %) bzw. noch nicht (50,8 %) erledigen konnten"[612].
Dies aber hängt auch von *ämterspezifischen Merkmalen* ab. „Dabei erhalten diejenigen Ämter und Dienststellen - erwartungsgemäß - ungünstigere Bewertungen, die komplizierte Sachgänge zu bewältigen haben (z.B. Bauordnungsamt) oder aber zwangsläufig häufiger negative Bescheide erteilen müssen (z.B. Amt für Wohnungswesen). Günstiger beurteilt werden solche Dienststellen, in denen häufiger Routinevorgänge erledigt werden, die kaum Kundenverärgerung hervorrufen können (z.B. Einwohnermeldestelle)"[613].
„Das Bürger- und Einwohneramt... (ist) Aushängeschild einer bürgernahen / -freundlichen Verwaltung... Es besteht ein deutlicher Zusammenhang zwischen dem Zufriedenheitsgrad... und der positiven Bewertung des Amtes"[614]. Daß es viele Behördengänge erspart, bestätigen 82 %[615]. Dagegen haben es Dienststellen wie Ausländerbehörde oder Sozialamt besonders schwer[616]. Die Unzufriedenheit ist hier a priori besonders hoch, weil „gerade beim Sozialamt die Kluft zwischen den Wünschen und Vorstellungen der Kunden und den Möglichkeiten... naturgemäß sehr groß ist"[617]. „Hier ist die negative Bewertung... am stärksten ausgeprägt... – Bezieher von Sozialhilfe fühlen sich hier offensichtlich in hohem Maße schlecht behandelt"[618]. Fazit[619]: „Ämter, die zwangsläufig häufiger negative Bescheide erteilen müssen, wie das Sozialamt..., erhalten weniger günstige Wertungen" der Zufriedenheit mit dem

610 mit Passau 1995,23
611 Wuppertal 1996
612 Bergisch Gladbach 1997
613 Leipzig 1995
614 Herne 1995; ähnlich Bergisch Gladbach 1999
615 Hagen 2000
616 Kassel 1997
617 Brühl 1995
618 Herne 1995; so auch Hagen 1995
619 mit Herne 1995

Verwaltungshandeln durch den Bürger. In Zeiten der sozialstaatlichen Hochkonjunktur konnten die Bedürfnisse der Bürger natürlich häufiger bedient werden – heute, in Zeiten ‚knapper Kassen', ist das nicht mehr der Fall. Und dann zeigt sich: „Je verhaltensnäher man Wertorientierungen erfragt, desto mehr" ergeben sich Mischlagen[620].

6) Typische Adressatenkreise
Der Bürger kommt immer nur mit bestimmten Behörden zu eng begrenzten Zwecken in Kontakt[621]. Die Adressatenkreise überschneiden sich oder zeigen charakteristische Kombinationen. Jeder zweite Kunde des Sozialamtes bezieht auch Wohngeld. Änderungen hängen von wirtschaftlich-sozialer Lage und Lebenszyklus ab[622]. Der Bürger erlebt Verwaltung nicht als Einheit - und sie ihn auch nicht. Denn behördenseits werden ja auch Informationen verschiedener Behörden nicht systematisch zu einem ‚Rundumbild' zusammengesetzt. Oft zeigt sich, daß die Verwaltung „das Opfer des sozialpsychologischen Phänomens der sogenannten ‚Angstlücke' ist, die sich in allen modernen Gesellschaften... zwischen die konkrete Alltagserfahrung und die medienvermittelte Wahrnehmung komplexer Sachverhalte einschiebt". Sachverhalte, „die nicht mehr der persönlichen Alltagserfahrung zugänglich sind", unterliegen der „Realitätskonstruktion der Massenmedien"[623]. Je stärker Verwaltungsleistungen als Beitrag zur individuellen Bedürfnisbefriedigung betrachtet werden, desto positiver wirken sie sich auf das allgemeine Verwaltungsbild aus[624]. Zudem unterscheiden sich die gesellschaftlichen Urteile stark nach den Funktionsbereichen (Finanz- oder Sozialamt), wobei entscheidend die Einschätzung des gesellschaftlichen und (aktuellen oder potentiellen) persönlichen Nutzens ist – also subjektive Faktoren[625].
So kann[626] die Aufgabenstellung der konkreten Verwaltungsstelle bestimmte Bürgergruppen besonders an sich ziehen, z.B. die Wohngeldstelle überwiegend Arbeitslose, Arbeiter, Hausfrauen und Rentner. Diese sind aber in bestimmten Werte-Typen häufiger vertreten als in anderen (umgekehrt finden sich z.B. in der Bauordnungsbehörde überwiegend die ‚kompetenten' Bürger – hier sind[627] die Bürger auch zufriedener mit der Verwaltung).

---

[620] Gensicke 1996 b,81
[621] Mayntz 1978,234; so haben zwar 89% der Bürger Kontakt zum Finanzamt und noch 53% mit der Kfz-Zulassungsstelle, aber z.B. nur 10% mit der Wohngeldstelle und 3% mit dem Sozialamt (Mayntz 1978,234)
[622] Mayntz 1978,234f.
[623] Klages 1996 b,519
[624] Franz/Herbert 1987 a,171
[625] Klages 1996 b,519; Zwei extrem gegensätzliche Behördentypen sind dabei z.B. Wohngeldstelle und Bauordnungsbehörde, vgl. Pippig 1988,139
[626] vgl. Pippig 1988,197
[627] so Pippig 1988,150

7) Verhalten der Verwaltungsmitarbeiter

Schließlich kommt auch „dem Verhalten des (Verwaltungs-) Personals für die Gesamt-Zufriedenheit der Bürger große Bedeutung“ zu[628]. Dieses ist durchaus wertetypen-spezifisch. Bürger werden auch danach beurteilt, ob sie ‚ihre Rolle‘ richtig spielen. „Der ‘gute’ Klient gibt bereitwillig und ehrlich Auskunft,... sieht ein... und akzeptiert... ohne Widerspruch“[629]. „Man sieht sie nicht nur lieber, sondern man bemüht sich u.U. auch mehr um sie, da sie dem Sachbearbeiter die Möglichkeit bieten, einen Fall problemlos und erfolgreich zu lösen und damit seine eigene Rolle gut zu spielen“[630]. Dabei fällt es der sozialen Unterschicht oft schwerer, ihre Rolle gut zu spielen, besonders auch Verwaltungs-Klienten aus Entwicklungsländern, die für das von ihnen erwartete Rollenverhalten kaum Verständnis haben. So kann eine ungewollte Tendenz zur Benachteiligung bestimmter Gruppen entstehen[631]. *Allgemein* läßt sich festhalten, daß Typen mit pragmatischer, technokratischer und identifizierter Grundhaltung wie der Realist als angenehm bewertet und entsprechend ‘bedient’ werden[632]. Auch wird Hilfsbereitschaft von den Verwaltungsmitarbeitern kompensatorisch besonders dann eingesetzt, wenn der Bürger einen hilflosen und unsicheren Eindruck macht, aber auch, wenn er angepaßt und wohlwollend auftritt. Verwaltungskritikern gegenüber wird eine kompensatorische Hilfsbereitschaft nicht ohne weiteres realisiert[633]. Besonders unbeliebt sind systemkritische Idealisten oder entfremdete Hedomats[634]. Der Idealist ist sogar „klar der am wenigsten beliebte in der öffentlichen Verwaltung“[635]. Doch das soziale Gewicht der Verwaltungsaufgabe (aus *Bürgersicht*) *determiniert nicht* die publikumsbezogenen Einstellungen der Mitarbeiter dazu: „Jedenfalls unterscheiden sich Sozialamtsbedienstete nicht sehr von den Kollegen im Einwohneramt“[636].

(2) Typeneigene Spezifika

Für das Verwaltungsverfahren aufschlußreich sind vorab einige Grundaussagen zur Selbsteinschätzung der Verfahrenskompetenz der Werte-Typen[637]. Hierzu liefert Herbert[638] einige bis heute gültige Trendaussagen, die voran-

---

[628] Pippig 1988,198
[629] Mayntz 1978,242
[630] Mayntz 1978,243
[631] vgl. Pippig 1988,151
[632] vgl. Pippig 1988,173
[633] Pippig 1988,198
[634] vgl. Pippig 1988,173
[635] vgl. Pippig 1988,197
[636] Pippig 1988,84
[637] zur tatsächlichen Lage vgl. E III 1,4
[638] 1991,88; nähere Erläuterung bei Herbert 1991,87 ff.; vgl. Klages 2002,149ff.

gestellt werden sollen (die Wertigkeit von Zustimmung oder Ablehnung ergibt sich in Schaubild 5 aus der Anzahl der + oder – Zeichen).

Schaubild 5: Selbsteinschätzung von Verfahrenskompetenz

	Konventionalisten	Idealisten	Hedomats	Realisten	Resignierte
Politik zu kompliziert	+++	----			++
Nicht mit Verwaltung anlegen	++	---	(+)		++
Bürger kann sich gegen Verwaltung wehren	-	+	-	+	-

Hinsichtlich der Selbsteinschätzung zur ‚Konfliktbereitschaft' gegenüber der Verwaltung stellt Herbert die folgende Tabelle 6 auf[639].

Tabelle 6: Konfliktbereitschaft gegenüber der Verwaltung

Anteil der – an	Konventionalisten	Idealisten	Hedomats	Realisten	Resignierte
Allen	22,7 %	20,1 %	13,0 %	32,2 %	12,0 %
Konflikt-bereiten	18,6 %	29,1 %	10,5 %	33,9 %	7,9 %
Konflikt-scheuen	26,0 %	14,8 %	16,3 %	26,0 %	16,8 %

Als Werte-Typ mit ausgeprägten Pflicht- und Akzeptanzwerten haben Konventionalisten erhebliches Vertrauen in die Verwaltung und *eine positive Grundeinstellung ihr gegenüber insgesamt*[640]. Von ihrer Wertestruktur her halten sie das Verwaltungsverfahren aber a priori für viel zu kompliziert und nehmen eine passive Haltung an[641]. Als ‚hilflose Untertanen' mit ängstlicher Grundhaltung rechnen sie von vornherein mit vielen Schwierigkeiten im Umgang mit Behörden im allgemeinen, mit amtlichen Schreiben, Anträgen, Formularen im besonderen[642]. Sie überantworten der Verwaltung nach Möglich-

639 Herbert 1991,91
640 vgl. Herbert 1991,94; Pippig 1988,144
641 vgl. Herbert 1991,88
642 vgl. Pippig 1988,144

keit das Verwaltungsverfahren, sehen mit der Verwaltung daher „wenig Konfliktmöglichkeiten und würden sich auch dann nicht wehren, wenn sie sich selbst im Recht glauben“[643].
Bei den Hedomats gibt es eine ausgesprochene Entfremdung gegenüber der Verwaltung[644]. Sie artikulieren ihr gegenüber eine hohe emotionale Ablehnung, betonen negative Erfahrungen mit Behörden, sind mißtrauisch und kritisieren Ineffektivität und mangelnde Transparenz und Unverständlichkeit[645]. Dabei können sie im Umgang mit Anträgen, Formularen etc. Schwierigkeiten haben. Dem Verwaltungsverfahren stehen sie in ihrem Selbstbild entsprechend ihrer Wertstruktur indifferent oder mit geringem Interesse (an Kooperation) gegenüber[646]. *Wenn* sie aktiv werden, nehmen sie auf anderweitig beteiligte Interessen (Dritte, Allgemeinheit) keine Rücksicht und betreiben einseitig mit allen Mitteln ihren Ergebnisvorteil in einer spielerischen, egoistischen Daseinsbewältigung. Ein latentes Unzufriedenheits- und Unruhepotential kann hier bei Widerständen gegen ihre Interessen leicht in Verdrossenheit umschlagen.
Resignierte bekunden beim Verwaltungsverfahren typischerweise höchste Zufriedenheit[647]. Als unsichere Frustrierte üben sie aufgrund ihres negativen Selbstbildes keine sachliche Kritik an der öffentlichen Verwaltung und zeigen ihr gegenüber keine Konfliktbereitschaft[648]. Sie neigen zu fatalistischer „Artikulation von Zufriedenheit mit geringer Kritik bei schlechter persönlicher Lage, aber mit... hohem Ungerechtigkeitsempfinden,... hier wohl zu denken in Richtung irrationaler ‘Schuldzuweisung’ (‘Schicksal’)“[649]. So sehen sie trotz vordergründiger Zufriedenheit vergleichsweise wenig Gerechtigkeit im Verwaltungsverfahren: die Verwaltung schränke ihre Freiheit ein und mache Fehler, die aber von den Vorgesetzten gedeckt würden (latentes Mißtrauen)[650].
Dieser Aspekt ‚vermuteter fehlender Gerechtigkeit‘ findet sich interessanterweise auch auf der ‚anderen Seite‘: Resignierte arbeiten oft *in der Verwaltung*. So haben resignativ „in den kommunalen Verwaltungen Deutschlands... 20 % der Beschäftigten innerlich gekündigt“, weil Faktoren, die ihnen bei ihrer Arbeit wichtig wären, strukturell nicht erfüllt sind[651] (dazu Tab. 7, S.84).
„Der Anteil der mit der Selbständigkeit, Abwechslung und den Arbeitsinhalten zufriedenen Mitarbeiter/innen liegt zwischen 63 % und 70 %. Auch der Einsatz der eigenen Fähigkeiten, der vorhandene Entscheidungsspielraum...

---

643 Herbert 1991,89
644 vgl. Herbert 1991,114
645 vgl. Pippig 1988,145
646 vgl. hier und zu folgendem Winkel 1996,20
647 vgl. Pippig 1988,146f.
648 vgl. Pippig 1988,145; Herbert 1991,90
649 Pippig 1988,146
650 vgl. Pippig 1988,145f.
651 Klages 1999 a,7

Tabelle 7: Faktoren der Verwaltungsarbeit - Was ist Verwaltungsmitarbeitern wichtig bei ihrer Arbeit? (nach Wuppertal 1996 a; Angaben in %).

Zufriedenheitsfaktor	Sehr wichtig	Wichtig	Weniger wichtig
Spaß	78	20	2
Erfolg	77	21	2
Selbstbestimmung	67	30	3

wird noch von ca. der Hälfte der Befragten positiv beurteilt ... 64 % der Personen, die ein befristetes Arbeitsverhältnis haben, sind mit der Arbeit zufrieden... Bei Personen mit einem unbefristeten Arbeitsverhältnis sind dies nur 47 %... – Arbeitszufriedenheit... muß als ein ganzes Bündel unterschiedlicher Faktoren angesehen werden“[652].
Als Werte-Typ mit einer a priorisch negativen Grundeinstellung gegenüber der öffentlichen Verwaltung äußert der Idealist auch im Verwaltungsverfahren als kompetenter Systemkritiker starke Ablehnung und bewahrt eine kritisch-distanzierte Haltung[653]. Bei negativ bewerteten Erfahrungen im Umgang mit der Verwaltung wird die Schuld eindeutig den Bediensteten bzw. der Bürokratie zugewiesen. Unzufriedenheiten im Verfahrensgang werden intellektuell bewältigt[654]. Trotz stärkster Antipathien haben Idealisten gleichwohl das stärkste Interesse am Verfahrensablauf und die höchste Bereitschaft zum Mitgestalten des Verwaltungsverfahrens. In einer ambivalenten Haltung sind sie konstruktiv *und* kritisch auf die Verwaltung bezogen[655].
Als kompetente Pragmatiker gehen Realisten mit der Verwaltung aufgrund beruflicher und intellektueller Kompetenz erfolgreich und emotionslos um und haben ihr gegenüber kein Mißtrauen (z.B. wegen Bestechlichkeit, Vetternwirtschaft etc.), zumal sie oft aufgrund von Berufsfeldvorteilen einen guten Zugang zu Behörden haben[656]. Sie möchten das Verwaltungsverfahren aktiv mitgestalten und können dabei ihre Erwartungen verhältnismäßig rational kontrollieren. Sie sind für Sachzwangargumente zugänglich, „sofern diese nur glaubwürdig genug begründet sind“[657]. Bei einer hohen positiven Gesamteinstellung zur öffentlichen Verwaltung üben sie Kritik bei Unbeweglichkeit, Ineffektivität und Prinzipienreiterei[658]. Statt dessen nehmen sie praktische Problemlösungen tatkräftig in Angriff und entwickeln „eine viel

[652] Lünen 1996
[653] vgl. Pippig 1988,145
[654] vgl. Pippig 1988,146
[655] Herbert 1991,119
[656] vgl. Pippig 1988,144
[657] Klages 1988 a,130
[658] vgl. Pippig 1988,144

geringere Bindungsfurcht als andere“[659]: „Man kann bei ihnen auch eine weitgehende Bereitschaft zur Akzeptanz von Rechtsnormen finden, die auf einer verhältnismäßig stark entwickelten Fähigkeit aufbaut, den Plausibilitätscharakter von Regelungen auf eine pragmatische Weise zu erspüren“[660]. Sie sind ebenso disziplinfähig wie kritisch, respektieren das Gesetz, sind aber zugleich zur Verteidigung ihrer Interessen und Verfahrensrechte gegenüber der Verwaltung bereit[661]. Dabei sind sie in allen Sachbereichen „offen gegenüber den Anforderungen kompetenter Autoritäten, von denen (sie)... allerdings eine kooperative Haltung“ verlangen[662]. Denn sonst glauben sie nicht an den Einfluß des Bürgers auf das Verwaltungsverfahren[663].
Diese allgemeinen Trendaussagen zu Selbsteinschätzungen sollen im folgenden auch danach befragt werden, ob es nicht Ansatzpunkte gibt, sie in problemlösender Weise für das Verwaltungsverfahren gerade auch im Hinblick auf die Werte-Synthese[664] zu optimieren. Wir werden später darauf zurückkommen[665].

---

[659] Klages 1988 a,131
[660] Klages 1988 a,130f.
[661] Klages 1988 a,124; Winkel 1996,19
[662] Winkel 1996,19
[663] vgl. Pippig 1988,144
[664] B IV 3
[665] vgl. E III 1 am Ende, E III 4 am Ende

C. HISTORISCH-POLITISCHE GRUNDLEGUNG

I. Vorgeschichte bis 1970

Von der Mehrfunktionalität des Verwaltungsverfahrens war bereits die Rede[666]. In Verwaltungsverfahren laufen aber oft auch Zielkonflikte unterschiedlicher Politikkonzepte der modernen Gesellschaft zusammen, können sich daher typische Wellenbewegungen der Politik auswirken[667]. Rechtsanwendung muß daher „in Wechselbeziehung zu gesamtpolitischen Entscheidungen gesehen werden“[668]. Denn das Verfahrensrecht enthält auch eine politische Verhältnisbestimmung zwischen staatlicher Entscheidungshoheit und individueller Freiheit[669].
Gerade für neuere Gesetze erscheint daher ihre Auslegung (auch bezogen auf Gesetzesänderungen) anhand der Entstehungsgeschichte *(Gesetzesmaterialien)* zur Ermittlung von Sinn und Zweck der genannten Verhältnisbestimmung von weitaus größter Bedeutung[670]. Sie soll entsprechend auch im folgenden herangezogen werden[671].
Seit 1656 sind Bestrebungen nachweisbar[672], der Verwaltung für ihr Handeln gegenüber dem Bürger allgemeine verbindliche Regeln zu geben. Im 19.Jh. forderte *Lorenz v. Stein* eine gesetzliche Kodifikation. Erste Ansätze dazu finden sich in einem preußischen Gesetz von 1883 - doch erst in den 1920er Jahren begann die Rechtslehre damit, ein allgemeines Verfahrensgesetz konkret zu formulieren – ohne daß es jedoch aufgrund der politischen Umstände je zu einer entsprechenden Gesetzgebung kam (während Österreich bereits seit 1925 über ein allgemeines VwVfG verfügte; nur in Thüringen wurde 1926 ein Landesverfahrensgesetz geschaffen)[673]. Die Verwaltung im NS-Staat mit ihrer straff geführten Einheitsverwaltung brachte vielmehr im Gegenteil auf allen Ebenen staatlichen Handelns unklar gehaltene hoheitliche Befugnisse, die zu Lasten des Bürgers eingesetzt wurden[674]. „Der 'Führerbefehl' als damals uneingeschränkt akzeptierte Rechtsquelle, das 'gesunde Volksempfinden' als maßgebender Interpretationsmaßstab, das 'Volksinteresse', dem sich der einzelne bis zur Rechtlosigkeit unterzuordnen hatte, ließen eine rechtsstaatliche Bindung der Verwaltung, ein rechtsstaatliches Verwaltungsverfahren, nicht

---

666 A, B IV 1
667 Martini 1994,289; Wahl 1994,118
668 Wölki 1984,114
669 Martini 1994,289
670 Sendler 1997 a,472; Redeker/Karpenstein 2001,2825,2829;
671 Mittel hierzu sind insbesondere Amtliche Begründungen, Äußerungen im Parlament, Beratungsprotokolle von Ausschüssen nebst vorbereitenden Gutachten und Stellungnahmen sowie Ausschußempfehlungen, vgl. Redeker/Karpenstein 2001,2826
672 vgl. BT-DrS VI/1173,26f.; BT-DrS 7/910,31f.
673 Stelkens 1998 EL,41
674 Stelkens 1998 EL,42f.

zu. Folgerichtig wurde die bestehende (verwaltungs-) gerichtliche Kontrolle ... (ab) 1936 abgebaut“[675]. ‚Gehorsam‘ galt (wieder) als erste Bürgerpflicht[676]. Nach 1945 erforderte die allgemeine Lage zunächst ein pragmatisches Vorgehen der Verwaltungen. Doch wurde allmählich wieder der Ruf nach der Kodifikation allgemeiner Verfahrensgrundsätze für die neue rechtsstaatliche Verwaltung lauter. 1957 setzten die Innenminister der Länder und der Bundesinnenminister jeweils Sachverständigenkommissionen zur Festlegung von Grundkonzeptionen des Verwaltungsverfahrens ein[677] (die insbesondere ein 1958 *verabschiedetes* Berliner Verwaltungsverfahrensgesetz berücksichtigten)[678]. Die Kommission des Bundesinnenministeriums legte 1960 einen Bericht vor, der den alsbaldigen Erlaß eines *Verwaltungsverfahrensgesetzes* empfahl. Dies unterstützte auch der 43. Deutsche Juristentag 1960[679].
Doch im Gegensatz zur Verwaltungs*gerichts*ordnung (VwGO), die bereits am 21.1.1960 im Bundesgesetzblatt verkündet wurde[680], sollte es bis zu einem Verwaltungs*verfahrens*gesetz noch 16 Jahre dauern. Grund war u.a. die erforderlich gewordene, aber umstrittene Einbeziehung von Materien des materiellen allgemeinen Verwaltungsrechts[681]. *Für* das Gesetz sprachen Argumente wie Rechtssicherheit, Rechtseinheit und Verwaltungsvereinfachung, *dagegen* zunächst die Frage genügender Klärung dogmatischer Grundlagen, der Föderalismus in Deutschland (Verwaltungshoheit der Länder) und die befürchtete Einschränkung der Elastizität des Verwaltungshandelns[682].
Die ursprüngliche Kritik spiegelt sich noch in Kopps Ausführungen von 1976 wieder[683], wenn er schreibt, das Verwaltungsverfahren habe zwar den Zweck, „durch gewisse Förmlichkeiten die sachliche Richtigkeit und Gesetzmäßigkeit der Entscheidung und die Gleichmäßigkeit der Rechtsanwendung... auch im Interesse des demokratischen Prozesses der Willensbildung und der Kontrolle des Verwaltungshandelns... transparent zu machen“, andrerseits verbiete sich jedoch die Formstrenge des Prozesses als Behinderung wirksamer und rascher Aufgabenerfüllung, da die Verwaltung „meist unter dem Druck vielfältiger Aufgaben und der Notwendigkeit rascher Entscheidungen steht... Anders als (das Gericht, d.Verf.) im gerichtlichen Verfahren, das primär der Verwirklichung des Rechtsschutzes des einzelnen dient, hat die Verwaltung überwiegend Gestaltungs- und Ordnungsaufgaben, die sie im Interesse der Allge-

---

[675] Stelkens 1998 EL,43
[676] Lamprecht 2001,2945f.
[677] Stelkens 1998 EL,54
[678] hierzu und zur geschichtlichen Entwicklung BT-DrS VI/1173,23f.; Maurer 1976,486; Ule 1976,421f.; Meyer/Borgs 1976 Komm.,33
[679] Stelkens 1998 EL,55
[680] BGBl. I,17
[681] Stelkens 1998 EL,55
[682] Maurer 1976,485; diese frühe grundsätzliche Kritik wird heute nicht mehr vertreten, dazu Stelkens 1998 EL,46; Hill 1987,6
[683] AV,XXXIX

meinheit... zu erfüllen hat“. Ein neues Bundes-VwVfG dürfe daher diese allgemeinen Interessen in der “Verwaltungstätigkeit nicht unangemessen komplizieren und behindern“, müßte sich auf die Vorgabe eines *Mindestmaßes* beschränken[684]. Zielkonflikte zwischen der Gewährung individueller rechtsstaatlicher Verfahrensgarantien und der Funktionsfähigkeit der Verwaltung konnten nach damaliger Ansicht des Bundestags-Innenausschusses[685] *überhaupt nur* unter Verzicht auf Verfahrensformvorschriften gelöst werden, die *in Anbetracht einer möglichen gerichtlichen Kontrolle* das Zurückbleiben der Verfahrensgarantien hinter denen des verwaltungsgerichtlichen Verfahrens als *vertretbar* erschienen ließen.

In den 60er Jahren mehrten sich die Stimmen für eine Kodifikation[686]. So stellte der Bundestag 1970 als Konsens fest: „Der Erlaß eines guten und praktikablen Verfahrensgesetzes ist für die Verwaltung jeden Staates von eminent politischem Interesse, da die Arbeitsweise seiner Behörden von maßgeblicher Bedeutung für die Verwirklichung der staatlichen Aufgaben ist“[687]. Die konkreten Vorarbeiten für ein VwVfG begannen mit der Einsetzung eines Bund-Länder-Ausschusses 1960, der 1964 der Öffentlichkeit sein Ergebnis vorlegte. Zu den grundsätzlichen Erwägungen des Musterentwurfs 1963 gehörte nun die eigenständige Bedeutung des Verwaltungsverfahrensrechts neben dem Gerichtsverfahren[688].

Der Musterentwurf hatte auch Materien des materiellen Verwaltungsrechts mit einbezogen, die so eng mit verfahrensrechtlichen Fragen zusammenhingen, daß eine gemeinsame Regelung sinnvoll erschien, insbesondere die Verwaltungsaktlehre mit Begriff, Inhalt, Form, Begründung, Nebenbestimmungen, Fehlerberichtigung und Bestandskraft[689]. Dem Musterentwurf 1963 (EVwVerfG 1963) folgte ein Referentenentwurf des Bundesinnenministers 1965 mit Überarbeitung nach Stellungnahme der Bundesländer (‚Münchener Fassung‘ 1966). 1970 kam es zu einer ersten Bundestagsvorlage (EVerwVerfG 1970). Das vorzeitige Ende der Legislaturperiode verhinderte ihre abschließende Beratung[690].

II. Entwurf 1973 und Realisierung 1976

Die bereits getätigten Beratungsergebnisse des Entwurfs 1970 blieben zunächst wichtige Grundlage des Entwurfs 1973, einer weiteren Überarbeitung (EVwVfG 1973). Wie das traditionelle Verwaltungsverfahrensrecht blieb der Entwurf vornehmlich am Individualverfahren der Bürger/Verwaltungs-

---

684 Kopp 1976 AV,XL
685 BT-DrS 7/4494,3; vgl. dazu D II 2
686 Maurer 1976,486; Ule 1976,425
687 BT-DrS VI/1173,24
688 Stelkens 1998 EL,55
689 Stelkens 1998 EL,57
690 Maurer 1976,486; Stelkens 1998 EL,58, 60f.

Beziehung orientiert[691]. Doch erfolgte Anfang der 70er Jahre eine einzigartige Erweiterung, die weit über die Vorgehensweise bisheriger innerministerieller Arbeitsgruppen hinausging. „Selten ist der Entwurf eines Gesetzes so gründlich von Wissenschaft und Praxis erörtert worden"[692]. So wurden Erkenntnisse aus Verwaltungspraxis, Rechtsprechung und Lehre berücksichtigt[693], wobei namentlich *kritische Einwände aus Wissenschaft und Rechtsprechung* berücksichtigt wurden, die den weiteren Ausbau der Stellung des Bürgers gefordert hatten. Hatte das bisherige Wertesystem zunächst noch in den Vorentwürfen einen starken Halt gefunden und sich so als „gegen einen anwachsenden Neuerungsdruck verhältnismäßig resistent" erwiesen, so wirkte sich nun der Wertewandel „in Verbindung mit einem zunehmenden Gefühl der Entfremdung von den offiziellen Systemwerten und –normen" im Gesetzgebungsverfahren aus[694]. Dies führte zu ‚wesentlichen Verbesserungen'[695] bzw. ‚entscheidenden Ergänzungen'[696] der Bürgerstellung im Verwaltungsverfahren, namentlich bei der Umgestaltung des rechtlichen Gehörs (Anhörungsbeteiligung des Bürgers im Verwaltungsverfahren), das von einer Ermessensvorschrift der Verwaltung zu einer grundsätzlichen Anspruchsnorm des Bürgers mit Ausnahmekatalog umgestaltet wurde. Auch kam erstmals im Entwurf 1973 eine Normbindung zur *Ausübung des Verwaltungsermessens* (heute: § 40 VwVfG) hinzu. Darüber hinaus wurden die Begründungspflicht für Verwaltungsakte und die Beratungspflicht der Verwaltung gegenüber dem Bürger verdeutlicht[697].

Mit seiner Normierung der Bürgerrechte im Verwaltungsverfahren galt das VwVfG nach dem Entwurf von 1973 (der Gesetz werden sollte) angesichts des Wertewandels in der Gesellschaft als Beispiel zeitgemäßer Gesetzgebung[698]. „Die Verfahrensrechte garantieren, daß der Bürger nicht bloßes Objekt des Verwaltungsverfahrens ist, sondern als Subjekt auf den Entscheidungsprozeß einwirken kann; sie entsprechen damit modernen rechtsstaatlich-demokratischen Vorstellungen"[699]. „Der verwaltungsunterworfene Bürger wurde zum Beteiligten eines rechtsstaatlich geordneten Verfahrens"[700]. Für Ule[701] war dies ein ‚Markstein in der Entwicklung', für Meyer/Borgs[702] „eine der bedeutendsten Kodifikationen der letzten Jahre".

---

691 Maurer 1976,489
692 Ule 1976,421
693 vgl. Stelkens 1998 EL,60ff.; Kopp 1976 AV,XXIX f.
694 vgl. Klages 1977,302
695 Maurer 1976,486
696 Ule 1976,426
697 Stelkens 1998 EL,57; zu den ‚entscheidenden Ergänzungen' vgl. auch BT-DrS 7/910,30
698 Maurer 1976,485
699 Maurer 1976,496; ähnlich Meyer/Borgs 1976 Vorwort,V
700 Hill 1987,12
701 1976,421
702 1976 Vorwort,V

Das Verfahren sollte grundsätzlich bürgerbezogen sein[703]. Ein *Grundsatz der Nichtförmlichkeit* sollte dazu insbesondere *im Interesse des Bürgers* ein möglichst einfaches und wirksames Handeln der Verwaltung gewährleisten. Diese Grundentscheidung für den Regelfall (heute § 10 VwVfG) war gesetzgeberisches Abwägungsergebnis von Praktikabilität, Effizienz und Funktionsfähigkeit der Verwaltung *sowie* von Verfahrensgarantien der Bürger. Im Spannungsverhältnis zum Rechtsstaat sollte weder freischöpferischer Verwaltungsinitiative noch justizförmig gesicherter Bürgerposition a priori ein Vorrang eingeräumt werden. Es ging um einen Mittelweg zwischen übermäßiger Perfektion und einer ‚Flucht in verfahrensrechtliche Generalklauseln'[704]. „Der Grundsatz der Nichtförmlichkeit des Verwaltungsverfahrens ist bewußt an die Spitze der Verfahrensgrundsätze gestellt worden... (Er soll) auch für die künftige Gesetzgebung richtungsweisend sein... damit die Forderung nach einer einfachen und wirksamen Verwaltung... mit maßstabbildender Wirkung" erfüllbar bleiben kann[705]. Diese Absicht war schon in der amtlichen Begründung von 1970 deutlich enthalten, wenn es etwa hieß, für den Bürger sei ein übersichtliches und verständliches Verfahrensrecht von besonderer Bedeutung, weil „er besser in die Lage versetzt wird, seine rechtliche Situa-tion zu bestimmen" und Schwierigkeiten aufgrund unterschiedlicher Verfahrensregelungen vermieden werden, „die dem Bürger nicht einleuchten"[706].
Insgesamt brachte die letzte Überarbeitung von 1970 auf 1973 einen qualitativen Reformsprung „zur weiteren rechtsstaatlichen Ausgestaltung des Verwaltungsverfahrens, zum verstärkten Schutz der Beteiligten und ihrer Interessen am Verfahren sowie zu einer noch größeren Voraussehbarkeit behördlicher Entscheidungen"[707]. „Das VwVfG stellte vor allem eine rechtsstaatliche Errungenschaft dar"[708]. Das Gesetz sollte allgemeine Interessen in der Bürger/Verwaltungs-Beziehung mit *maßstabgebender Wirkung auch für eine Rechtsfortbildung und Rechtsvereinheitlichung* schaffen. Der Gesetzgeber betrachtete es vor allem auch als *Konkretisierung von Verfassungsrecht*, welche im Grundgesetz allgemein festgelegte Standards nun praktikabel umsetzen sollte[709]. Rechts-, Sozialstaats- und Demokratiegebot sowie Grundrechte „gebieten, daß der Gesetzgeber die wesentlichen staatlichen Entscheidungen trifft. Dazu gehören auch die grundlegenden Regelungen des Verwaltungsverfahrens. Insofern enthält das Grundgesetz auch ein Gebot zur gesetzlichen Ordnung des Verwaltungsverfahrens, dem der Gesetzgeber mit dem VwVfG

---

[703] vgl. Maurer 1976,487
[704] vgl. Hill 1987,26
[705] BT-DrS VI/1173,35; BT-DrS 7/910,42
[706] BT-DrS VI/1173,24
[707] BT-DrS 7/910,30; vgl. Maurer 1976,486; Ule 1976,426
[708] Hill 1987,12; vgl. Kopp 1971,54ff.
[709] vgl. BT-DrS 7/910,29; Stelkens 1998 EL,46; Hill 1987,11; konsequenterweise sollen daher Rechte wie in §§ 28-30,39 VwVfG auf *europäischer* Ebene explizit Verfassungsbestimmungen werden, vgl. Parlament vom 3.11.2003,10

entsprach"[710]. Trotz der Kodifizierung sollte jedoch die Anwendbarkeit der allgemeinen Verfassungsgrundsätze im Verwaltungsverfahren – z.B. bei Auslegungen - *nicht* ausgeschlossen sein[711]. Als problematisch wurde ein solcher unmittelbarer Rückgriff auf die Verfassung später nur in den Fällen angesehen, in denen direkte gesetzliche Entscheidungen durch Rückgriffe z.B. auf Grundrechte oder Verhältnismäßigkeitsgrundsatz ausgehebelt wurden[712]. Schließlich wurde 1976 erstmalig in der deutschen Rechtsgeschichte ein *Bundes*verwaltungsverfahrensgesetz verabschiedet[713], das am 1.1.1977 in Kraft trat.

III. Entwicklung des Gesetzes bis Ende der 80er Jahre

Das VwVfG galt nun als „Grundgesetz der zweiten Gewalt"[714]. Die gegen die Kodifikation vorgebrachten Bedenken konnten bald als erledigt betrachtet werden. „Vielmehr ist deutlicher geworden, daß die Kodifikation ein Gebot der Zeit war, dessen Erfüllung nicht mehr aufgeschoben werden konnte"[715]. Einschätzungen des Verwaltungsverfahrensgesetzes nach 10 Jahren waren grundsätzlich positiv: „Das Verwaltungsverfahrensgesetz ist eines der erfolgreichsten Gesetze und geradezu zu einem Exportschlager geworden"[716]. Der Wertewandel in der Gesellschaft führte - trotz Abklingen der Partizipationswelle seit Mitte der 70er Jahre - im Laufe der 80er Jahre allmählich im Verwaltungsverfahren zu Öffnungen für eine ‚Beteiligten-Kooperation' unter Ausnutzung von Möglichkeiten des geltenden Rechts oder Erschließung neuer Freiräume unter Einbeziehung des Verfassungsrechts[717]. Die erwartete Vereinfachung und Effektivitätssteigerung der Verwaltungsarbeit trat ebenso ein wie die erleichterte Norminterpretation durch allgemeine gesetzliche Fixierung - und damit eine Stärkung der Rechtsstellung der Bürger durch mehr Rechtssicherheit[718]. Die gesetzliche Ordnung des Verfahrens im VwVfG wirkte erzieherisch, disziplinierend und kontrollierend, ohne jedoch ein im Einzelnen bestimmtes Verfahren vorzugeben[719]. Der Verzicht auf die für das gerichtliche Verfahren charakteristischen Förmlichkeiten bewährte sich. Er „sichert die notwendige Flexibilität des Verwaltungshandelns, ohne rechts-

---

[710] Hill 1987,11 f.; vgl. Bonk 1986,485,488
[711] Stelkens 1998 EL,46; vgl. D II 2 am Ende
[712] Hill 1987,54
[713] vom 25.5.1976, BGBl. I,1253
[714] Schoch 1992,37
[715] Hill 1987,5f.
[716] Wahl 1994,84
[717] Kunig/Rublack 1990,1
[718] Hill 1987,5
[719] Hill 1987,24ff.

staatliche Gewährleistungen aufzugeben“[720] und ermöglichte rasche Klärungen im Interesse des Bürgers.
Das Gesetz wurde von Gesetzgeber, Wissenschaft und Praxis gut angenommen und war – entsprechend der gesetzgeberischen Intention und der Entwicklung der Gesellschaft - Ausgangspunkt weiterführender Überlegungen. Es bot Maßstab und Plattform flexibler Anpassungen an Wandlungen in der Bürger/Verwaltungs-Beziehung und brachte ins Bewußtsein, daß dieses *dauerhafte Aufgabe* war[721].
*Höchst*richterliche Entscheidungen zum VwVfG gab es erst seit 1982[722]. Dabei verlagerte sich die Blickrichtung vom Verwaltungshandeln allein auf die Beziehung der Verwaltung zum Bürger und die Gestaltung seiner subjektiven Rechte im Außenverhältnis[723].
Doch gab es auch Rückschritte durch Entscheidungen von Instanzgerichten. „Die sicherlich größten Schwächen weist die Judikatur zu den Verfahrensrechten der Beteiligten auf... (So) werden subjektive Verfahrensrechte der Beteiligten eng ausgelegt, Ausnahmevorschriften zugunsten der Verwaltung oftmals extensiv gehandhabt und die Heilungsmöglichkeiten mehr als großzügig zur Anwendung gebracht“[724]. Der Bürger war zwar anerkanntes Subjekt im Verfahren, aber „immer noch Adressat, nicht Partner des Verwaltungshandelns“[725]. Die *Verwaltungsgerichte* berücksichtigten bisweilen so sehr die Interessen der Verwaltung, daß ihre gerichtliche Kontrollfunktion für den Bürger teilweise fraglich erschien[726]. Der stets zu vollziehende *Ausgleich* zwischen den Interessen des Gemeinwesens und denen des Individuums als wichtigste Funktion des Verwaltungsverfahrens konnte dadurch infrage gestellt sein – und das Schrifttum warnte[727]. Eine faktische Tendenz zum Abbau von Verfahrensrechten wurde von der Rechtslehre insbesondere unter Hinweis auf die Einstrahlung des Verfassungsrechts abgelehnt[728]. Es kam daher nicht von ungefähr, daß Ende der 80er Jahre einer ‚schleichenden Entwertung‘ des Verwaltungsverfahrens gerade durch die *Verfassungs*gerichtsbarkeit ein Riegel vorgeschoben wurde[729]. Aufgrund der Rechtsprechung des Bundesverfassungsgerichts zur ‚Grundrechtsrelevanz des Verfahrensrechts‘

---

[720] Hill 1987,26
[721] Hill 1987,59. So wurden etwa zur Stärkung des Anhörungsrechts im VwVfG (§ 28) Übernahmen weitergehender Regelungen von Abgabenordnung und Sozialgesetzbuch X diskutiert (Hill 1987,7f.; Schoch 1992,49). Zur *Nachhaltigkeit* vgl. E II am Ende
[722] Hill 1987,1
[723] Hill 1987,52
[724] Schoch 1992,42
[725] Hill 1987,12
[726] vgl. Schoch 1992,51; dazu auch E III 4 (nachträgliche Fehlerheilung)
[727] Wahl 1994,86; Schoch 1992,24-26; vgl. BT-DrS 7/910,29
[728] vgl. Stelkens 1998 EL,47; Wahl 1994,87 Fn.12 – zu den Ursachen und Abhilfeperspektiven vgl. die Ausführungen unter D I
[729] Hill 1987,14; Schoch 1992,26,51; dazu D II 2

wurden einfachgesetzliche Beteiligungs-, Mitwirkungs- und Anhörungsrechte aufgewertet. Diese „Aufwertung des Verwaltungsverfahrens(rechts) in den ... (80er) Jahren stellt eine der markantesten Entwicklungen im öffentlichen Recht überhaupt dar“[730]. „Eine besondere und wahrscheinlich gar nicht zu überschätzende Rolle dürfte ... auch der sogenannte Wertewandel weg von den Pflicht- und Akzeptanzwerten und hin zu den Selbstentfaltungswerten spielen“[731]. Statt überkommener Autorität zählten seit den 70er Jahren zunehmend kritische Prüfung und individuelle Einsicht. „Der Wertewandel begründet ein stärkeres Demokratiebewußtsein und Demokratiebedürfnis. Der Bürger ist... nicht zuletzt durch die Bildungsrevolution... mündiger geworden“ - er möchte mitwirken[732].
Diese Entwicklung ging einher mit komplexer werdenden Aufgabenstellungen der Verwaltung. Aufgrund der Wandlung der Verwaltungsaufgaben und der zunehmenden Interessenpluralisierung mußte das Verfahrensrecht immer flexibler reagieren, insbesondere bei Informationsbeschaffung und Beratung[733]. Der Kooperationsgedanke erschien zur Problembewältigung hierbei zukunftsweisend. Wurde seitens der Verwaltung der Kooperationsgedanke nicht verfolgt, kam es durchaus zu ‚Umgehungsstrategien‘ in der Bürger/Verwaltungs-Beziehung. Eine ‚Flucht aus den förmlichen Verfahren‘ zeigte dann ein Defizit an akzeptanzbildenden und kooperativen Strukturen[734]. Ende der 80er Jahre wurde deutlich, daß für die Anwendung des Verwaltungsverfahrensgesetzes auf nicht-förmliche Standard- und Normalverfahren „praktisch nur noch die repressiven Maßnahmen der eingreifenden Verwaltung“ übrigblieben[735]. Die Rollen sind *dann* aber deutlich: der einzelne ist Kontrahent der Behörde, die ihm gegenüber belastend tätig wird. Kooperation ist unter diesen Gegebenheiten nur erschwert möglich.

IV. Entwicklungen in den 90er Jahren

1. 1990-1993

Das VwVfG sollte nach der gesetzgeberischen Intention seiner ‚Schöpfer‘ mit der gesellschaftlichen Entwicklung Schritt halten[736]. Hieraus ergaben sich Anfang der 90er Jahre insbesondere durch die deutsche Wiedervereinigung und die europäische Integration neue Herausforderungen.
Schon der Grundsatz der Nichtförmlichkeit (§ 10 VwVfG) hatte ein zügiges Verfahren vorgeben wollen. Trotz dieser intendierten zügigen Durchführung

---

730 Schoch 1984,401
731 v.Arnim 1995,349
732 Klages 1984,44; Klages 1993,55
733 Hill 1987,55ff.
734 Bülow 1996,254; vgl. Schmitz 1998,377
735 Wahl 1994,95
736 Stelkens 1998 EL,52

des Verwaltungsverfahrens sollten aber die *Verfahrensrechte* des Bürgers nicht zu kurz kommen[737]. Damit wollte der Gesetzgeber „vor allem auch einen Beitrag zur weiteren rechtsstaatlichen Ausgestaltung des Verwaltungsverfahrens, zum verstärkten Schutz der Beteiligten und ihrer Interessen am Verfahren sowie zu einer noch größeren Voraussehbarkeit behördlicher Entscheidungen leisten“[738]. In neueren, spezielle Verwaltungsverfahren betreffenden Beschleunigungsnovellen Anfang der 90er wurden nun überall Fristen verkürzt und Verfahrensbeteiligungen und Rechtsschutzmöglichkeiten eingeengt[739]. Auslösender Faktor dieser Entwicklung war dabei die deutsche Wiedervereinigung[740]. Der soziale Bundesstaat forderte möglichst bald die Herstellung einheitlicher Lebensverhältnisse[741]. Für die Steuerung dieses Prozesses sollte das Verfahrensrecht einen besonderen Rang einnehmen[742]. Seit 1990 war dazu ein gesetzgeberischer Aktionismus mit einer Vielzahl nicht aufeinander abgestimmter Verfahrensregeln mit dem Ziel zu beobachten, Beschleunigungsmodelle gerade in den neuen Bundesländern durchzusetzen[743]. Aus späterer Sicht galt der Aufbauprozeß in Ostdeutschland trotz seiner historischen Einmaligkeit als Beleg für Kritik und Zweifel an der Tauglichkeit des deutschen Verfahrensrechts für das rasche Ingangsetzen von Investitionen überhaupt[744]. Doch hiergegen erhob sich Widerspruch.

Schon 1994 kritisierte der von der Bundesregierung eingesetzte Rat von Sachverständigen für Umweltfragen (RSU) die Abschwächung von verfahrensmäßigen Beteiligungsrechten der Bürger ohne rechtfertigende empirische Studien[745]. Der neuen Politik der Bundesregierung fehle das bis dahin propagierte Leitbild der „Verknüpfung wirtschaftlicher, sozialer und ökologischer Aspekte als zentraler Handlungsansatz“. Statt dessen sei nun die ‚Beschleunigung an sich‘ alleiniges zentrales Handlungsmotiv politischer Zielsetzungen geworden[746]. „Primärer Verfahrenszweck ist eine rechtlich einwandfreie, korrekt abgewogene und fachlich optimale Sachentscheidung. Die Sachentscheidung wird nicht nur durch die Verfahrensgestaltung geprägt, sondern vor allem auch durch den Prüfungsaufwand, der wiederum von den materiellrechtlichen Vorgaben abhängt... Eine echte Verfahrensvereinfachung muß... beim

---

[737] vgl. Maurer 1976,487f.
[738] so Amtliche Begründung 1973 BT-DrS 7/910,30
[739] Wahl 1994,118; Steinberg 1996,6,10
[740] Robra 2001,637; Ronellenfitsch 1994,181; vgl. v.Arnim 1997,759; v.Arnim 2000,177
[741] vgl. dazu v.Arnim 1998,287
[742] vgl. Blümel/Pitschas 1994,15
[743] Stelkens 1998 EL,47f.,53; vgl. Ramsauer 1997,3 mit Übersichten der entsprechenden Bundesgesetze bis 1993, namentlich dem Verkehrswegeplanungsbeschleunigungsgesetz vom 16.12.1991, BGBl. I, 2174 und dem Planungsvereinfachungsgesetz vom 17.12.1993, BGBl. I, 2123
[744] Hoffmann 1995,237
[745] vgl. BT-DrS 13/4108,68
[746] BT-DrS 13/4108,68

Prüfungsaufwand und bei der Kontrollintensität ansetzen"[747]. Die eigentlichen Ursachen für die zu lang empfundenen Verfahrensdauern würden aber gerade nicht angegangen: die überkomplizierten materiellen Regelungen[748]: „Die bisher durchweg (zu) lange Dauer von Genehmigungsverfahren in vielen Bereichen ist keine zwangsläufige Folge eines hochtechnisierten Rechtsstaates oder/und von EU-Recht, sondern zumindest teilweise (auch) hausgemacht und Ergebnis eines mißverstandenen - speziell deutschen (!?) - Perfektionsdrangs"[749]. So galten bis in die 80er Jahre aufwendige Verwaltungsverfahren als Kosten des Rechtsstaates, herrschte Mißtrauen gegenüber Effizienzforderungen vor[750]. Diskussionsstand *Anfang* der 90er Jahre war *zunächst* noch, „daß das Verfahrensrecht nicht nur dazu dient, besonders eilbedürftige Anlagengenehmigungen zu ermöglichen, sondern nach wie vor... zu einem ganz erheblichen Teil Verwaltungsaufgaben wie seit alters her zu erfüllen (hat und auch)... durch Genehmigungsverfahren repressive Maßnahmen wie Gebote und Verbote in rechtsstaatlicher Weise durchgesetzt werden müssen"[751]. Doch wurde *dann* der Akzent betont, „daß die Verfahrenszwecke auch dem Effizienz- und Beschleunigungspostulat unterliegen"[752]. Hierzu aber gab es warnende Stimmen: „Die Schnelligkeit der Verfahren ist jedoch kein Selbstzweck. Die Entscheidungen müssen auch sachlich richtig sein"[753]. Denn sie dienten auch der Verwirklichung geschützter individueller Belange. „Schließlich hat das Verfahrensrecht die Funktion gesellschaftlicher Befriedung zu erfüllen"[754]. Verfahrensbeschleunigung sollte sich daher auch unter dem Druck der Wiedervereinigung in den Kontext der anderen (in A aufgeführten) mehrfunktionalen Verfahrenszwecke einbetten, weil bloße Beschleunigung, isoliert betrachtet, die Gefahr heraufbeschwor, sich ausgesprochen *gegen den Bürger* in Gerichtsschutz und Verfahrensbeteiligung zu wenden[755].

Der sich politisch verschärfenden Beschleunigungsdebatte gingen auch ‚hausgemachte Probleme der Politik' voraus[756]. So hatte sich der Gesetzgeber schon in den 70er und 80er Jahren vergeblich um Rechtsvereinheitlichung im Verfahrensrecht, zumindest im Rahmen der Bundesgesetze, bemüht[757]. Zwar hatte der Bundestag am 15.1.76 die (empfehlende) Entschließung gefaßt, hier eine Vereinheitlichung binnen acht Jahren zu verwirklichen[758], doch kam dies

[747] Ronellenfitsch 1994,211; vgl. Bohne 1994,56
[748] vgl. Steinberg 1996,6,11; Wahl 1994,118; Antwerpes 1996 II,12
[749] Bonk 1996 III,205
[750] Ronellenfitsch 1994,209
[751] vgl. Stelkens 1998 EL,50
[752] Ronellenfitsch 1994,209
[753] Ronellenfitsch 1994,180
[754] Ronellenfitsch 1994,180; vgl. Bohne 1994,41
[755] Wahl 1994,115; Steinberg 1996 A,126; Lotz 1996 A,33; vgl. BT-DrS 13/4108,70f.
[756] vgl. Bonk 1996 III,205
[757] Stelkens 1986,541
[758] BT-DrS 7/4494,13

infolge von Ressortegoismen[759] kaum voran, mußte *nun* gar eine ‚Renaissance des Sonderrechts' konstatiert werden[760], weil immer wieder Spezialgesetze unter *Beschleunigungs*gesichtspunkten einen *Abbau von Verfahrensrechten* betrieben, die durch das Verwaltungsverfahrensgesetz gerade geschaffen worden waren[761]. Sachstand war *Mitte* der 90er Jahre nun: „Letztendlich hat sich der Gesetzgeber... immer für die bereichsspezifischen oder sondergesetzlichen Lösungen entschieden"[762]. Und: „Sondergesetzliche Regelungen haben dazu geführt, daß (es) gegenwärtig für mehr als die Hälfte aller Verfahren ... nicht mehr ohne Modifikation" geht[763]. Verwaltungsverfahren verzögerten sich entgegen der (sonder-) gesetzgeberischen Intention durch „das Nebeneinander einer Vielzahl kaum noch überschaubarer Rechtsvorschriften und Verwaltungsverfahrenstypen"[764]. Als Folge der *fachgesetzlichen* Verfahrensänderungen kam es insgesamt kaum zu realen Verfahrensbeschleunigungen, vielmehr nicht selten zu einer Verlagerung von Auseinandersetzungen in gerichtliche Verfahren und somit insgesamt zu Verfahrens*verlängerungen*[765].
Die gesetzlichen Neuregelungen der frühen 90er-Jahre bewirkten zudem eine deutliche Einbuße an akzeptanzfördernden Verfahrenswirkungen, was in der Fachöffentlichkeit auf heftige Kritik stieß: Allzu pauschal würden nun die Anfang der 70er Jahre ‚erkämpften' Beteiligungspositionen im Verfahren beschnitten[766]. „Natürlich kann - und gelegentlich muß - ein Vorhaben auch gegen den Widerstand Betroffener durchgeführt werden, doch muß der Staat mit seinem 'Kapital' an Legitimation äußerst sparsam umgehen, will er nicht seine Fundamente unterminieren"[767]. Es entfiel nun ein Mittel zur Akzeptanzbeschaffung im Verfahren, was Projekthindernisse provozierte und die Verwaltungsverfahren weiter verzögerte. Da Akzeptanz nur noch eingeschränkt im Verfahren realisiert werden konnte, *mußten* sich die Entscheidungen in Gerichtsprozesse verlagern. Bürgerbeteiligung als Chance zu vermitteln, die Akzeptanz gerade für schwierige Vorhaben zu erhöhen *ohne* das Verwaltungsverfahren wesentlich zu verlängern, konnte gleichzeitig als Faktum gerade für die *neuen Bundesländer* am Beispiel Mecklenburgs illustriert werden, wo die BImSchG-Verfahren für Neugenehmigungen bis Ende 1994 selbst mit Öffentlichkeitsbeteiligung noch unter 5 Monaten dauerten[768]. Gerade im Hinblick auf die neuen Bundesländer forderte die Rechtslehre zur Implementie-

---

[759] so Stelkens 1986,542 Fn.20
[760] Wahl 1994,101
[761] Hill 1987,45; Stelkens 1998 EL,70f.
[762] Bülow 1996,241
[763] Lotz 1996 I,81f.
[764] Bonk 1996 III,203f.
[765] Stelkens 1998 EL,71
[766] vgl. Tettinger 1997,6; Steinberg 1996,6,11
[767] Steinberg 1996,12
[768] ohne: 4,21 Monate; vgl. Wulfhorst 1997,169

rung des Rechtsstaates als ‚Lehre aus den vergangenen 40 Jahren der DDR' eine offene und *faire Einbeziehung der Bürger*[769].
Doch gingen die Ziele des ‚neuen Kurses' in eine ganz andere Richtung. „Gründe für die bereichsspezifischen Regelungen können in der leichteren politischen Durchsetzbarkeit gesehen werden"[770]. Es mußte der Eindruck entstehen, „daß anstelle einer politisch nicht durchsetzbaren Deregulierung materiellen Rechts die *Durchsetzbarkeit* der materiellen subjektiv öffentlichen Rechte erschwert werden soll. Anstelle der dringend erforderlichen Vereinfachung des materiellen Rechts wurde dieses weitflächig zu kompliziert und anwendungsfeindlich"[771] – und damit bürgerschädigend, bestenfalls wirkungslos. „Was aber nicht mehr begriffen werden kann, *ist* nicht mehr"[772]. Der Abbau vielfach entbehrlicher Spezialregelungen scheiterte an den Bundesressorts, die „bei drei Vierteln (!) der anpassungsfähigen Gesetzesvorschriften und sieben Achteln (!) der Vorschriften in Rechtsverordnungen des Bundes Einwände gegen eine Vereinheitlichung und Deregulierung vorgebracht haben"[773]. Zudem wirkten private Interessengruppen ein. „Das Interesse an Einfachheit und Verständlichkeit ist so allgemein, daß es die Möglichkeit schlagkräftiger verbandlicher Organisation sprengt und deshalb gegen die vielen Partikularverbände ... kaum eine Chance zu besitzen scheint"[774]. Anstelle des Verwaltungs*verfahrens* wären also viel eher Vielfalt und Unübersichtlichkeit der *materiellrechtlichen* Regelungen mit ihren Disharmonien zu kritisieren gewesen - und damit der Gesetzgeber selbst[775].
Die schon in den 70er Jahren geäußerte Befürchtung einer regionalen und sachgebietlichen Zersplitterung des Verwaltungsverfahrensrechts verstärkte sich unter dem politischen Druck regionaler wirtschaftlicher Standortsicherung seit Beginn der 90er Jahre[776]. Verstärkt wurde dies durch den Konjunktureinbruch 1993[777] und die sich bemerkbar machenden Auswirkungen der Europäisierung bzw. technisch-wirtschaftlichen Globalisierung. „Die westdeutsche Wirtschaft (war) nach wie vor eine der produktivsten der Welt", aber: „Der gesamtdeutsche Wirtschaftsstandort ... (sah) sich seit der Rezession 1993 mit einem verschärften Globalisierungsdruck konfrontiert..., stieg die Arbeitslosenquote von 1991 bis 1997 von sechs auf zehn Prozent"[778]. 1993 war es zunächst zum Entwurf eines Standortsicherungsgesetzes der Bundes-

---

[769] so Wulfhorst 1997,169
[770] Bülow 1996,242
[771] Stelkens 1998 EL,50f.; vgl. Wagner 1999,480; v.Arnim 1995,344 Fn.59: bei „Beachtung aller vorhandenen Gesetze (wäre)... das Rechtsleben quasi an sich selbst erstickt"
[772] v.Arnim 1995,344
[773] Bonk 1996 III,204
[774] v.Arnim 1995,344
[775] Bohne 1994,41
[776] Stelkens 1998 EL,46f.
[777] Gensicke 1998 a,19; Gensicke 2000 a,14; vgl. v.Arnim 1998,268f.
[778] Gensicke 1998 a,19

länder gekommen, der im Frühjahr 1994 als Gesetzesantrag des Landes Baden-Württemberg in den Bundesrat eingebracht worden war[779]. Im April 1994 erstellte die Bundesregierung dann einen Bericht über gesetzliche Deregulierungsmaßnahmen insgesamt. Er ließ den Schluß zu, daß keine weiteren Gesetzesinitiativen zur Verfahrensbeschleunigung beabsichtigt waren[780]. Doch der Schein sollte trügen.

2. 1994-1996

a) Argumentationslinien im gesetzgeberischen Vorfeld

Mitte der 90er Jahre wandelte sich der Staat zum ‚Verhandlungsstaat'. Intervention wurde nun als schädlich angesehen, der Staat galt „nur als gleichwertiger Akteur neben allen anderen... Hoheitliche Funktionen wurden zunehmend als ‚Rest-Tätigkeiten' verstanden"[781]. Hierzu gehörte die beginnende, von allen politischen Kräften getragene Verwaltungsreform zur Umgestaltung der Exekutive nach betriebs- und volkswirtschaftlichen Maßstäben unter dem Schlagwort einer *schlanken Verwaltung*[782]. Auch durch Gesetzesänderungen sollte eine „effiziente Verwaltung mit wirtschaftsfreundlicher Einstellung" sichtbar gemacht werden, die als aktiver Partner Eigeninitiativen der Bürger in Gang brachte[783]. In den Verwaltungsverfahren sollte die Beziehung von ‚Verwaltungskunden' zu den Behörden partnerschaftlich - kooperativ und dienstleistungsorientiert gestaltet sein. Ein neues Denken und Verhalten sollte „eher an marktwirtschaftlichem Management als an herkömmlicher gesetzesvollziehender öffentlicher Verwaltung orientiert" sein[784]. ‚Flexiblen Angeboten' an Investoren sollten dazu ‚flexiblere Handlungsermächtigungen' der Verwaltung entsprechen. Im Sinne eines marktorientierten Denkens sollte der Staat künftig auch „eine Angebotspalette unterschiedlich rascher und unterschiedlich strukturierter" Verwaltungsverfahren anbieten können[785]. „Im Mittelpunkt steht das Unterfangen, das deutsche Planungs- und Genehmigungsverfahren vom Ansatz her anders und neuartig zu ordnen. Künftig soll der Ansatzpunkt ... das Interesse und dabei der jeweilige *Zeitbedarf der Investoren* sein"[786].
Zeitgleich führte jedoch „eine unglaubliche ökonomische und politische Dynamik" der Globalisierung zur Notwendigkeit verstärkter bürgerlicher Eigenverantwortung und damit zur Aufwertung freiheitlich-partizipativer Aspek-

779 BR-DrS 422/94; vgl. Ramsauer 1997,3
780 Moormann 1996,408
781 Böhret 1997,126f.
782 Stelkens 1998 EL,49
783 Hoffmann 1995,238
784 Schlichter 1995,175
785 Schlichter 1995,175
786 Hoffmann 1995,238; vgl. bereits Bullinger 1993,497f.; kursiv = d.Verf.

te[787], in deren Folge es in den 90er Jahren zu einer Reformwelle im kommunalen Bereich kam[788]. So stieg auch die Wahlbeteiligung an den Bundestagswahlen von 77,8 % 1990 auf 79 % 1994 bis zu 82,2 % 1998[789]. Zu direktdemokratischen Möglichkeiten kam es auf Länder- und Kommunalebene[790] – und diese wurden (wenn auch nicht immer erfolgreich) genutzt[791]. Heute[792] läßt sich diesbezüglich bereits von einem nachhaltigen Trend sprechen.
Der zugleich eingeleitete *Übergang* von der Industrie- *zur Dienstleistungsgesellschaft* mit ihrer *allgemeinen* Ökonomisierung traf zusammen mit einer aus den *USA* kommenden allgemeinen ökonomischen Sicht des Rechts, welche die Rechtspolitik nach ökonomischen Effizienzkriterien ausrichtet[793]. Dies schürte aber auch Ängste, der Grundrechtsschutz könne ‚Vermarktungsinteressen' untergeordnet werden: „Daher wohnt der Kommerzialisierung eine unsoziale Tendenz inne"[794]. Der weltwirtschaftliche Änderungsprozeß der Globalisierung bewirke immer konsequenter greifende Liberalisierungsmechanismen: „Das Kapital sucht den besten Wirt"[795]. „Zur im globalen Wettbewerb zwingend notwendigen Erhöhung der Attraktivität des Wirtschafts- und Wissenschaftsstandorts Deutschland bedarf es derzeit nachdrücklicher Rechtsänderungen zugunsten bislang zu kurz gekommener gesamtwirtschaftlicher ... Belange... (d.h.) Hinterfragung gegenwärtiger Anforderungsplafonds... Auch materielle Gewichtungen müssen sich zugunsten verstärkter investitionsfördernder Erwägungen verschieben..."[796]. Kernanliegen war es danach u.a., „in das Genehmigungsrecht eine ökonomische Betrachtung einzubringen"[797], indem die Genehmigung als ‚wertvoller Produktionsfaktor', das Verfahren als ‚nachfragegerecht' betrachtet wird. Trotz verschiedener Untersuchungen ließ sich allerdings nicht klären, ob Verwaltungsverfahren in Deutschland wirklich investitionshemmender und langsamer verliefen als im vergleichbaren Ausland[798]. Nur eine *ältere Studie* der 80er Jahre belegte pauschal eine regionale Verlängerung (Tabelle 8, S.100)[799].

---

[787] Hilz 1999,28; vgl. B IV 1,2
[788] v.Arnim 1997,759; v.Arnim 2000 a,10; Roth 2001,5
[789] Datenreport 1999,160
[790] zu Entwicklung und Einzelheiten v.Arnim 2000,173ff.,176f. mit Tabellenwerk S.304ff.
[791] Lamprecht 2001,2947: Bürger als ‚Verfassungspatrioten'; Jung 2000,440ff. mit entsprechendem empirischen Tabellenwerk
[792] Roth 2001,5
[793] Stelkens 1998 EL,47; vgl. Wölki 1985,530 ff.
[794] Weichert 2001,1469
[795] Küffmann 1997,543
[796] Tettinger 1997,1; vgl. auch a.a.O. S.8
[797] Moormann 1996,409
[798] Schlichter 1995,174
[799] Schlichter 1996 I,97

Tabelle 8: Verfahrensdauern 1980-88[800]

Jahr	*Kleinere Verfahren (bis 6 Monate)*	*Größere Verfahren (über 12 Monate)*
1980	*63 %*	*9 %*
1988	*52 %*	*17 %*

Wesentliche Änderungen des *allgemeinen* Verwaltungsverfahrensrechts wurden seit 1994 angestrebt[801]. Nun sollte die Verfahrensdauer „über partielle Korrekturen an einzelnen Gesetzen hinaus...weiter verkürzt werden“[802]. Am 24.2.1994 setzte die Bundesregierung eine Expertengruppe, die sog. Schlichter-Kommission (benannt nach ihrem Vorsitzenden, dem ehem. Präsidenten des Bundesverwaltungsgerichts, Otto Schlichter) ein. Sie legte am 9.12.1994 (also schon nach knapp 10 Monaten) einen über 200 Seiten umfassenden Bericht mit rund 100 konkreten Vorschlägen vor. Je 8 Vorschläge betrafen VwVfG und VwGO, 25 Leitvorschläge betrafen die Beschleunigung von Genehmigungsverfahren allgemein durch Integration insbesondere wirtschaftspolitisch orientierter Regelungssätze[803]. Diese Vorschläge sahen tiefgreifende Änderungen in Gesetzen vor, die für Investitionen als maßgeblich angesehen wurden. Die Verwaltungsverfahren sollten gemäß den ‚durchgreifenden strukturellen Wandlungen der Weltwirtschaft‘ optimiert werden, um Standortentscheidungen zugunsten Deutschlands zu erleichtern[804]. Unternehmerisches Entscheidungskriterium sei hierbei auch eine ‚in angemessener Zeit‘ erlangte Genehmigung[805]. Eine Koalitionsvereinbarung von CDU/CSU und FDP vom November 1994[806] hatte etwa einen Monat zuvor bereits ‚Zielwerte‘ festgelegt: „Rechtsmittel sollen beschränkt werden. Die Verwaltung soll auch noch während der gerichtlichen Auseinandersetzungen Mängel beheben und Begründungen ergänzen können“. Zur Lösung der geltend gemachten Probleme wurde ein wirtschafts-liberaler Ansatz propagiert. Der Umbau des Gemeinwesens zu einer mobilen Industriegesellschaft schien liberalem Denken nur mit Hilfe leistungsfähiger Verwaltungsverfahren möglich, die effektiv, rasch und kostengünstig verlaufen sollten[807]. Die Bedeutung privater Investitionen müsse erheblich stärker als bisher gewichtet werden. Nur die privatwirtschaftliche Initiative sei Garant für Wohlstand und Sicherung von Arbeitsplätzen.

---

[800] Statistik für NRW in BImSchG-Verfahren nach Schlichter 1996 I,97

[801] zur Entwicklung vgl. Sachverständigenrat 1997/1,173ff. sowie Scholz, Sachverständigenrat 1997/2,13ff.

[802] BT-DrS 13/3995,7

[803] Moormann 1996,408

[804] vgl. Schlichter 1995,173f.

[805] Schlichter 1995,174

[806] zitiert bei Schmieszek 1996,1152; vgl. ZRP 1995,33

[807] Ronellenfitsch 1994,208 Fn.149

Das bedürfe einer investitionsfreundlichen, innovativ orientierten freiheitlichen Verfahrensordnung[808].
Politisch wurde die Reform seit 1994 durch eine gemeinsame *These* der *Verkehrs*minister von Bund und Ländern[809] vorangetrieben: „Im internationalen Wettbewerb um Investitionen ist die Dauer von Genehmigungsverfahren ein wesentlicher Faktor“[810]. Die Argumentation lief betriebswirtschaftlich auf folgende Argumentationsstruktur hinaus[811]: zu einer ‚ungeschminkten Lageanalyse‘ gehöre die Feststellung, daß Deutschland im internationalen Vergleich ganz erheblich an Attraktivität eingebüßt habe. Dies müsse nun schleunigst geändert werden. Auf Basis der politischen Koalitionsvereinbarung vom November 1994 und gemäß der Schlichter-Vorschläge entwickelte die sog. Ludewig-Kommission (Vertreter der Koalitionsfraktionen CDU/CSU und FDP im Bundestag) Empfehlungen, die in drei Gesetzesentwürfe, vorgelegt am 19.1.1996, mündeten[812]. Die hier vorgeschlagenen Neuregelungen verstanden „sich offenbar vor dem Hintergrund einer 'Meistbegünstigungsklausel' zugunsten der Verfahrensbeschleunigung“[813].
Die Umsetzung der Schlichter-Vorschläge erschien selbst volkswirtschaftlichen Befürwortern aufgrund des äußeren Drucks bei ihrem Zustandekommen nicht ausreichend durchdacht, so daß intendierte Beschleunigungseffekte durch Auslegungszweifel oft wieder zunichte gemacht würden[814]. Das zeigte sich z.B. daran, daß selbst die Schlichter-Kommission eine seit einem Jahr aufgehobene Vorschrift diskutierte[815]. „Die Reaktion von Vertretern aus Wissenschaft, Verwaltung, zum Teil aber auch aus Wirtschaftsverbänden war überwiegend skeptisch“[816]. Doch führte „der Druck aus Politik und Wirtschaft zu umfassenden Vorschlägen“. Die Kommission mußte gemäß politischer Vorgabe „in einem äußerst gedrängten Zeitraum“ Beschleunigungsvorschläge für Investitionen erarbeiten[817]. „Der Wirtschaftsstandort Deutschland verlangt zügige und überschaubare Planungs- und Genehmigungsverfahren... Die Bundesregierung mißt dem Gesetzesvorhaben erhebliche Bedeutung... zu. (Es soll)... ein Signal gesetzt werden, daß die Wandlung der Verwaltung hin zu

---

808 Tettinger 1997,5
809 Steinberg 1996,6
810 Schmitz/Wessendorf 1996,955; a.A. dezidiert Blümel 1996 A,23
811 hier nach Tettinger 1997,1
812 Moormann 1996,408f.
813 Stüer 1997,327. Daß dies der Wirtschaft z.T. immer noch nicht weit genug ging, belegte eine Äußerung in der Bundestagsanhörung vom 8.5.96: Es bestehe immer noch ein Bedarf der Industrie, Verwaltungsverfahren zu vereinfachen und zu beschleunigen (Kitzinger 1996 A,31)
814 vgl. Tettinger 1997,6
815 Steinberg 1996,12; Bohne 1994,57: politischer Aktionismus
816 BT-DrS 13/4108,69
817 Hoffmann 1995,237

einer modernen, bürgernahen Dienstleistungsverwaltung dokumentiert"[818]. Dabei wurden weder belastbare empirische Daten noch wissenschaftliche Untersuchungen verwendet, die geeignet gewesen wären, die Verfahrensdauer als so zentrales Problem zu interpretieren[819]. Gleichwohl sollte es selbst nach Einschätzung der Befürworter zu den einschneidendsten Änderungen des Verwaltungsverfahrensgesetzes seit 1976 „mit nennenswerter praktischer Bedeutung" kommen[820]. Schlichter selbst hielt trotz aller Kritik die Reformvorschläge bis zuletzt unverändert für vernünftig und geboten[821].

Das Schwergewicht der Reform wurde auf *allgemein* geltende Verfahrensprinzipien gelegt[822]. Diese sollten geändert werden, ohne - so der Anspruch – Bürgerrechte oder materielle Standards zu beschränken – und zugleich die Verfahren schneller, ‚nachfragegerechter' und ‚kooperativer' ausgestaltet werden[823]. Der zeitliche Vorlauf für *große Infrastrukturmaßnahmen* betrage mehrere Jahre, bei ihrer Genehmigung werde die Frist von 1 Jahr regelmäßig deutlich überschritten. Das führe zu der im In- und Ausland weit verbreiteten *Meinung,* Verfahren seien zu langwierig, so daß bundesdeutsche Investoren ihre Investitionen ins Ausland verlegten bzw. Ausländer nicht in Deutschland investierten[824]. So habe es[825] 1990-95 Zuflüsse aus dem Ausland nach Deutschland in Höhe von nur 15,5 Mrd. $ gegeben, aber gleichzeitig Abflüsse ins Ausland von 132,8 Mrd. $. „Das ist der eigentliche Grund dafür, das negative Image durch eine Beschleunigung von Verfahren zu ändern. Abgesehen davon sichert nur die schnell erteilte Genehmigung den rechtzeitigen Marktzugang,... weil sonst der verspätete Marktzugang nur durch Preisnachlässe erreicht werden kann, was angesichts der bundesdeutschen Lohn- und Lohnnebenkosten wirtschaftlich nicht zu verantworten ist..."[826]. Letztlich kam es aber „nicht darauf an, ob... (die Verfahren) tatsächlich hinter denen in den anderen Konkurrenzländern zurückbleiben"[827]. Denn unbestritten bestehe jedenfalls der *Eindruck*, die deutsche Verwaltung arbeite zu zeitraubend (‚Image')[828]. „Die deutschen Planungs- und Genehmigungsverfahren stehen weltweit in dem Ruf, besonders sorgfältig und objektiv zu sein, aber für die Prüfverfahren auch entsprechend Zeit zu verbrauchen"[829]. „Es ist (aber) unrichtig zu glauben, daß eine lange Verfahrensdauer eine bessere Entscheidung

---

[818] BT-DrS 13/3995,16
[819] vgl. BT-DrS 13/4108,69
[820] Schmitz/Wessendorf 1996,956
[821] Schlichter 1996 I,96,99
[822] Hoffmann 1995,237
[823] Schlichter 1995,174; vgl. auch Schlichter 1996 I,112
[824] Schlichter 1996 I,97
[825] so Tettinger 1997,1
[826] Schlichter 1996 I,97f.
[827] Hoffmann 1995,238; so auch Moormann 1996,409
[828] Hoffmann 1995,238; Schlichter 1995,174
[829] Schlichter 1995,174

(in ökonomischer oder ökologischer Hinsicht) zur Folge hat"[830]. Speziell im VwVfG sollten daher ‚signalhaft' erhöhte Beratungs- und Betreuungspflichten sowie ein ‚Zügigkeitsprinzip' verankert werden, jedoch nur für Verwaltungsverfahren mit investitionskräftigen Unternehmern, nicht für die mit den Bürgern allgemein[831]. Im Gegenteil erwog man *hier* den erleichterten Ausschluß der Berücksichtigung von Einwendungen bei nicht fristgerechter Äußerung (Präklusion) oder den Ausschluß der aufschiebenden Wirkung von Drittwidersprüchen bei Investitionsvorhaben und eine Reduzierung der Verwaltungs- und Gerichtsinstanzen[832]. Dies stellte einen *Politikwechsel* dar. Noch 1992 hatte man solche Einschränkungen von Verfahrensrechten aus Beschleunigungsgründen als „Rückschritt in ein autoritäres Verwaltungsdenken" gesehen, das in Bürgerbeteiligungen lediglich einen lästigen Störfaktor sehe[833].

Zur Begründung wurden nun Negativerfahrungen aus fehlgeschlagener Bürgerpartizipation, besonders in ‚großen' Verwaltungsverfahren, angeführt. Im Mittelpunkt der Auseinandersetzung stand die Dauer behördlicher *Genehmigungs*verfahren als Gradmesser für *jedwedes* Verwaltungsverfahren[834]. Die öffentliche Diskussion wurde dabei weitgehend von Extrembeispielen bestimmt, die in politisierten Großprojekten auftraten und an denen sich gesamtgesellschaftliche Grundsatzdebatten entzündeten[835]. „Die Öffentlichkeitsbeteiligung war gedacht als Betroffenenbeteiligung und daher sowohl Ausdruck des demokratietheoretischen wie grundrechtstheoretischen Konzepts... Das partizipatorische Konzept hat jedoch... partiell auch zu unvorhergesehenen Verzerrungen geführt,... (als) Einfallstor einer Fundamentalopposition...; (damit) wird ein Verwaltungsverfahren von innen her aufgesprengt und um seine Zielrichtung gebracht... Für Antragsteller... wird das Verfahren zu einer nicht mehr kalkulierbaren Größe... Gesetzgebung und Rechtsprechung sind vor diesem Hintergrund zu nachhaltigen Änderungen veranlaßt"[836]. Allzu leicht könnten im Verwaltungsverfahren ökonomische Erwägungen „gegenüber zeitgeistinspirierten, publikumswirksameren ökologischen ins Hintertreffen geraten"[837]. „Das ... auf Optimierung bürgerschaftlicher Partizipation und mehrfach abgesicherter Integration aller auch nur entfernt relevanter Individualinteressen und Gemeinwohlaspekte angelegte und dadurch überkomplizierte bundesdeutsche Verwaltungsrecht, insonderheit das opulente Verwaltungsverfahrensrecht, ist augenscheinlich in einer Hinsicht

---

[830] Schlichter 1996 I,106

[831] Hoffmann 1995,238

[832] Schlichter 1995,178

[833] vgl. BT-DrS 12/2608 vom 18.5.1992,1

[834] vgl. Bohne 1994,41

[835] Wulfhorst 1997,164; Schlichter 1995,174; Ziekow 1998,14: maßgebend war eine Zahl von ‚zeitlichen Ausreißern' in solchen Verfahren

[836] Martini 1994,290

[837] Tettinger 1997,7

völlig untauglich: rasche Entscheidungen zu ermöglichen“[838]. Herzustellen sei daher Öffentlichkeits*beteiligung*, die nicht in Verfahrens*herrschaft* der Öffentlichkeit umschlage[839]. Hinzu kam von interessierter Seite eine Wertekritik am VwVfG, die seiner allgemeinen Akzeptanz und Billigung in Literatur und Rechtsprechung - wie ausgeführt - diametral entgegenstand. Das Verwaltungsverfahrensrecht sei zu einer Kreativität und Elastizität der Verwaltung ‚behindernden Ritterrüstung‘ mutiert, „auf den Zustand einer neureichen, manieriert-feinnervigen, ich-betonten, vollkaskoorientierten und nicht selten geradezu streitsüchtigen Gesellschaft zugeschnitten..., gewissermaßen ein de-luxe-Produkt“[840]. So entstand der Eindruck: „Offensichtlich ist die Bundesregierung der Auffassung, daß querulatorische Klagen von Bürgern den Standort Deutschland gefährden. Dies fußt allerdings... auf Vermutungen und nicht auf Tatsachen“[841]. Denn es war klar (und wurde von Verwaltungspraktikern auch bestätigt), daß es sich bei überlangen um besondere Verwaltungsverfahren handelte, deren besondere tatsächliche Hintergründe man bei der Beurteilung der Verfahrensdauern berücksichtigen mußte[842]. Positive Erfahrungen mit Bürgerpartizipation im Verwaltungsverfahren wurden hingegen ignoriert. Die Wirtschaftsverbände hielten aber die Verwaltungsverfahren *generell* für zu lang, und die christlich-liberale Bundesregierung schloß sich dieser Einschätzung an[843]. „Durch die Änderungen soll Klagen aus der Wirtschaft über eine zu lange Dauer von Genehmigungsverfahren in Deutschland Rechnung getragen werden. Einschätzungen der tatsächlichen Dauer... sind ebenso unterschiedlich wie die vermuteten Gründe hierfür... Unabhängig von dem tatsächlichen Befund solle durch das Gesetz auch ein Signal gesetzt werden zu Gunsten eines besseren Investitionsklimas“[844].

b) Zur Reformgesetzgebung 1996

(1) Verlauf der Gesetzgebung

Allen bereits im gesetzgeberischen Vorfeld geäußerten Bedenken zum Trotz folgte der Gesetzgeber weitgehend den Schlichter-Empfehlungen[845] und setzte sie 1996 in mehreren Reformschritten um. Dabei ging es um tiefgreifende Änderungen[846]. Die „Gesetzentwürfe treffen eine eindeutige Wertentschei-

---

[838] Tettinger 1997,5
[839] Martini 1994,292
[840] Tettinger 1997,5
[841] Gebers 1996 A,27
[842] Antwerpes 1996 II,17
[843] vgl. aber bereits einschränkend Wulfhorst 1997,164; Bohne 1994,41
[844] Schmitz/Wessendorf 1996,956
[845] Busch 1997,2
[846] Verstegen 1996 A,45

dung"[847]. Den Interessen von Investoren wurde zukünftig Vorrang vor den Rechten der Bürger eingeräumt: „Im internationalen Wettbewerb um Investitionen *ist* die Dauer von Genehmigungsverfahren ein wesentlicher Faktor... Eine substantielle *Beschleunigung* der Genehmigungsverfahren *wird die Attraktivität* des Standorts Deutschland für Investitionen... *erhöhen* können... Mit den... vorgeschlagenen Regelungen soll die Dauer von Genehmigungsverfahren in Deutschland weiter verkürzt werden"[848]. Bei den Lösungen sah man dabei *an erster Stelle* die „Beschränkung der Folgen von Verstößen gegen Verfahrens- oder Formvorschriften" vor, ferner umfassende Beratungspflichten für wirtschaftlich relevante Genehmigungsverfahren sowie einen erleichterten Ausschluß von Einwendungen (Präklusionsregelungen) im Anhörungsverfahren.
Die Eile des Gesetzgebers wurde dabei auch dadurch deutlich, daß bereits Teile der materiellen Verfahrensreform mit „Gesetz zur Änderung verwaltungsverfahrensrechtlicher Vorschriften" am *2. Mai* 1996[849] in 1.Lesung verabschiedet wurden, obwohl die große Expertenanhörung zur Verfahrensrechtsreform insgesamt erst 6 Tage später, am *8. Mai* 1996, vor mehreren Bundestagsausschüssen stattfand. Diese war aber *argumentativ zentral.*
Diese Bundestags-Expertenanhörung befaßte sich dann mit weiteren großen, die Bürger/Verwaltungs-Beziehung gestaltenden Verfahrensreformen des Jahres: dem „Gesetz zur Beschleunigung von Genehmigungsverfahren" (GenBeschlG) vom 12. September 1996[850], dem „Gesetz zur Beschleunigung und Vereinfachung immissionsschutzrechtlicher Genehmigungsverfahren" vom 9. Oktober 1996[851] und dem „Sechsten Gesetz zur Änderung der Verwaltungsgerichtsordnung und anderer Gesetze" (6.VwGOÄndG) vom 1. November 1996[852]. All diese Reformgesetze standen unter der zentralen Prämisse, die auch schon die Schlichter-Kommission begleitet hatte: der Sicherung des Wirtschaftsstandortes Deutschland[853]. Dabei sollen im folgenden hier nur Äußerungen zur Gesamtkonzeption aller Reformgesetze wiedergegeben werden, da Details bei den ausgewählten Einzelregelungen des VwVfG behandelt werden.

(2) Insbesondere: Die Expertenanhörung vom 8.5.1996

Beschleunigung auf dem Hintergrund internationaler Wettbewerbsfähigkeit war ein Hauptargument der geplanten Verfahrensänderungen. Schnellere

[847] Gebers 1996 A,26
[848] BT-DrS 13/3995 vom 6.3.1996,1; kursiv = d.Verf.
[849] BGBl. I,656-658
[850] BGBl. I,1354-1357
[851] BGBl. I,1498-1502
[852] BGBl. I,1626-1630
[853] vgl. Stelkens 1998 EL,64

Verwaltungsverfahren sollten andere Standortnachteile Deutschlands wie hohe Lohn- bzw. Lohnnebenkosten kompensieren[854] (dazu Schaubild 6).

Schaubild 6: Lohn- und Lohnnebenkosten 1996
(auf $-Basis pro Stunde)[855]

Deutschland	25 $
Japan	17 $
USA	16 $
Großbritannien	13 $

Der hierbei geltend gemachte Reformbedarf wurde zwar von Teilen der Wirtschaft unterstützt[856]. Doch bereits die Grundthese der Erheblichkeit des ‚Beschleunigungs-Kriteriums' wurde durch die Anhörung erschüttert. Konkrete Befragungen deutscher Unternehmen deuteten schon in den Gesetzgebungsberatungen darauf hin, daß die *Dauer* von Genehmigungsverfahren nicht das entscheidende Kriterium für Investitionen war[857]. „Im Gegensatz zu häufig wiederholten Behauptungen läßt sich anhand empirischer Untersuchungen, an denen ich in den letzten Jahren mitgewirkt habe, feststellen, daß die Dauer von Genehmigungsverfahren keinen vorrangigen Standortfaktor... darstellt. Das sind andere, etwa Steuern und Arbeitskosten... Investitionsentscheidungen im weltweiten Maßstab... werden nach ganz anderen Gesichtspunkten vorgenommen als nach der Gestaltung des deutschen Genehmigungsrechts"[858]. Ein von Schlichter empfohlener teilweiser *Verzicht auf Bestandsschutz* mit Akzeptanz von Auflagenvorbehalten zwecks Verfahrensbeschleunigung hätte daher die Sache nicht einfacher gemacht, sondern den Verfahrensaufwand nur ins Auflageverfahren verlagert[859]. Die dadurch eintretende längere Rechtsunsicherheit hätte aber etwaige Beschleunigungseffekte aufgezehrt[860]. Schlichter[861] behauptete dennoch: „Die Frage..., welche Erkenntnisse es darüber gibt, ob Investoren mehr an Planungssicherheit oder mehr an einer kürzeren Dauer der Genehmigungsverfahren interessiert sind, wird sich kaum einheitlich beantworten lassen", obwohl bereits der von der Bundesregierung selbst bestellte Rat von Sachverständigen für Umweltfragen (RSU) in seinem 1994er-Gutachten einen empirisch feststellbaren Vorrang der Rechtssicherheit bestätigt hatte[862]. Auch die letztlich bleibende Behauptung eines Image-

[854] Hoffmann 1995,238
[855] nach Tettinger 1997,1
[856] vgl. Hoffmann 1995,238; Schlichter 1995,174
[857] Wulfhorst 1997,164
[858] Steinberg 1996 A,40
[859] Koch 1996,221
[860] vgl. Wulfhorst 1997,167; Steinberg 1996,12; Tettinger 1997,6; Koch 1996,215
[861] 1996 I,98
[862] dazu Münster 1997 I,9 und Tabellen 12 und 13

Gewinns ließ sich nicht halten. Vielmehr belegten Untersuchungen von 1991 zum Mittelstand und von 1995 zu Großunternehmen (Steinberg u.a.), daß die Verfahrensdauer keinen entscheidenden Einfluß auf Investitionen hatte, unter 20 Kriterien nur den 17. Rang einnahm[863]. Dies bestätigten sogar die Industrievertreter[864] in der Anhörung am 8.5.1996: die Dauer der Verwaltungsverfahren sei nur *einer* von vielen Faktoren bei der Standortdiskussion, aber sicher nicht der wesentlichste[865]. Danach war die Dauer von Genehmigungsverfahren für die Standortentscheidung mittelständischer, aber auch großer, international tätiger Unternehmen nahezu irrelevant[866]. Selbst ein Industrievertreter räumte ein: „Vielen Unternehmen kommt es im Grunde nicht darauf an, wie lange ein Genehmigungsverfahren dauert oder nicht"[867]. Hieraus ergäben sich „keine nennenswerten Standortnachteile"[868].
Für die Lageanalyse wurden vom Gesetzgeber zudem die unterschiedlichsten Zahlen, oft bruchstückhaft, vorgelegt. Alle Fachveröffentlichungen zur Verfahrensdauer entbehrten Mitte der 90er Jahre aber - wie Bohne[869] en detail nachwies - einer repräsentativen systematisch-empirischen Datengrundlage, die sozialwissenschaftlichen Methodenanforderungen genügt hätte. So konnte Bohne[870] schon 1994, am Beginn der Debatte zur Änderung des Verwaltungsverfahrensgesetzes, aus ‚Beschleunigungsgründen', feststellen: „Angesichts der unzulänglichen Datenlage dürfte nur die Erkenntnis gesichert sein, daß... die Einrichtung einer bundesweiten und aussagekräftigen amtlichen Statistik... dringende Voraussetzung für künftige Reformmaßnahmen darstellt". Vorhandene Daten hatten von daher nur eine begrenzte Aussagekraft und stellten keine belastbaren verallgemeinerungsfähigen Aussagen dar[871]. Wissenschaftliche Empirie wurde durch interessegeleitete Befragung ersetzt. „Was die Dauer der Genehmigungsverfahren betrifft, ist zunächst darauf hinzuweisen, daß Statistiken, die bei den jeweiligen Genehmigungsbehörden geführt werden, nicht allgemein zugänglich sind. Eine *Befragung* von 360 namhaften Unternehmen zur Bewertung der Dauer von Genehmigungsverfahren hat jedoch ergeben, daß die Bundesrepublik unter 5 europäischen Staaten und den USA die Schlußposition einnimmt" (1994)[872]. Selbst in gesetzgeberisch entscheidungserheblichen Fachkommissionen war der Kenntnisstand beteiligter Ökonomen über die Dauer von Genehmigungsverfahren falsifizierbar[873]. Wie zu

---

[863] vgl. BT-DrS 13/4108 vom 14.3.96,69
[864] Kitzinger 1996 A,32; Römer 1996 A,37
[865] vgl. bereits BT-DrS 13/4108,70
[866] Moormann 1996,409
[867] Kitzinger 1996 A,32
[868] Schmitz 1998,383
[869] 1994,46f.; zu den erforderlichen sozialwissenschaftlichen Kriterien E II
[870] 1994,55
[871] Bohne 1994,53
[872] Schlichter 1996 I,97; kursiv = d.Verf.
[873] Koch 1996,219

erwarten, wurde die Verfahrensdauer „von der Verwaltung günstiger als von der Wirtschaft dargestellt". Nach den *Verwaltungsangaben* bestanden im *internationalen Vergleich* „keine dramatischen Zeitunterschiede zwischen der Dauer der verschiedenen... Zulassungsverfahren"[874]. Doch auch die nun vorgelegten Angaben aus der *Wirtschaft* belegten nicht „die von Industrievertretern häufig aufgestellte Behauptung, Genehmigungsverfahren dauerten in der Bundesrepublik Deutschland wesentlich länger als in anderen EG-Staaten. Bei Zeitvergleichen wird regelmäßig versäumt, einen Vergleichsmaßstab zu entwickeln"[875].

Auch zu den nationalen Verfahrensdauern wurde detailliert Stellung genommen. „Die *Dauer* der Genehmigungsverfahren hängt allgemein vom Projekttyp, der Genehmigungsart (förmliches oder vereinfachtes Verfahren), der Notwendigkeit einer Öffentlichkeitsbeteiligung und der Erforderlichkeit einer Umweltverträglichkeitsprüfung" (UVP) ab, ferner vom „Umfang der beizubringenden Antragsunterlagen... (und der) Ausstattung von Behörden und Antragsteller"[876]. Hier aber hatte sich bereits die tatsächliche Verfahrensdauer in den 90er Jahren drastisch reduziert, vor allem durch eine geänderte *Verwaltungspraxis* und die verstärkte Mitarbeit von Unternehmen im Verwaltungsverfahren als Akzeptanzmanagement[877]. Die Gesetzesänderungen verfehlten also den behaupteten Zweck und wurden damit unnötig. „Verfahrensverzögerungen sind überwiegend auf unvollständige Antragsunterlagen... und häufig auch auf Koordinationsmängel zurückzuführen. Gelegentlich ... durch die Verweigerung des gemeindlichen Einvernehmens oder durch eine kritisch eingestellte Nachbarschaft... oder unakzeptable fachbehördliche Forderung" und Umplanungen während des laufenden Verfahrens[878]. In Hessen wurden z.B. über 50 % der Anträge hinsichtlich des Fehlens oder der Unvollständigkeit der Unterlagen beanstandet, die Dauer für Nachbesserungen betrug 8 Monate, das eigentliche Verfahren dauerte dann noch 7 Monate[879]. Feststellbar war, daß sich bei vermehrter Einräumung von Beteiligungs- und Verfahrensrechten die Qualität der Antragsunterlagen verbessert hatte[880]. Von 1990-1995 war z.B. in NRW durch *Verfahrensmanagement aufgrund bestehenden Rechts* die Zahl aller binnen 6 Monaten erledigten Genehmigungsverfahren von 44% auf 64 % gestiegen[881]. Insgesamt ergab sich für investitionsrelevante Verwaltungsverfahren folgendes Bild (Tabelle 9, S.109)[882].

---

[874] Bohne 1994,52
[875] Bohne 1994,51
[876] Antwerpes 1996 II,6
[877] vgl. Steinberg 1996 A,67f.: Befragung 1993
[878] Antwerpes 1996 II,6
[879] so Sander 1996 A,48
[880] Antwerpes 1996 II,8,16
[881] Antwerpes 1996 II,32f.
[882] Angaben nach Antwerpes 1996 II,6-8

Tabelle 9: Verfahrensdauern 1995

Verfahrensart	Jahr	Dauer* insgesamt	Extremfälle	mit Öffentlichkeit	ohne Öffentlichkeit	mit UVP
BImSch Gesetz	1995	6,9	4 % (länger als 24)	9,5 (11% d.Verf.)	6,6	ca. 2-3 %
WHG u.a.	1995	weniger als 6	Planfestst. mit UVP (mind.24)			dauert allein schon 12
AbfG	1995	1-12 (Änderungsgenehmig.)	Neuzulassungen (über 24)			
VerkehrsR	1995	12-24 (Planfestst)				

*in Monaten

„Das sind alles andere als dramatische Genehmigungszeiten... Dennoch geistert immer wieder die Behauptung durch die Lande, Genehmigungsverfahren würden in Deutschland zu lange dauern und ein Investitionshemmnis bedeuten“[883]. Dieser Verwaltungsaussage stimmte am 8.5.1996 denn auch die Wirtschaft zu[884]: „Die Genehmigungsdauer für Investitionen... von drei bis sechs Monaten ist vollkommen in Ordnung... Wir denken an Ausreißer... Deshalb ist die Diskussion mit Durchschnittswerten hier nicht die richtige“. Auch die Industrie selbst nannte nun ganz andere Zahlen[885], so daß z.B. für BImSchG-Verfahren bei Bayer bereits eine kontinuierliche Verringerung durchschnittlicher Verfahrensdauern von 19,3 Monate 1991 über 16,6 Monate 1992, 11,1 Monate 1993 bis hin zu 10 Monaten 1994 aufgrund eines neuen (untergesetzlichen) Verfahrensmanagements bei den Behörden feststellbar war[886]. Schlichter[887] räumte ein, daß schon die bisherigen Beschleunigungsgesetze der 90er Jahre deutlich beschleunigend gewirkt hätten; „sie haben darüber hinaus auch ein Umdenken in der Verwaltung und auch allgemein in der Bevölkerung bewirkt“[888]. Danach hätten die Gesetzesänderungen aber unterbleiben müssen.

Auch der internationale Trend hatte sich seit den 80er-Jahren umgekehrt: Während sich in Deutschland die Verfahren verkürzten, wurden sie in Frank-

---

[883] Antwerpes 1996 A,19
[884] Kitzinger 1996 A,82; so auch Eckert 1996 I,50f.; Ziekow 1998,14
[885] so Kitzinger 1996 A,31
[886] noch deutlicher Römer 1996 A,67 von BASF
[887] 1996 I,109; so auch Römer 1996 A,37
[888] Schlichter 1996 I,109

reich und England unter Einfluß des EU-Rechts länger. Die Dauer unterschied sich im westeuropäischen Vergleichsmaßstab kaum (Tabelle 10)[889].

Tabelle 10: Internationale Verfahrensdauern
(Gesamtdauer von Verwaltungs-(Genehmigungs-)verfahren im Durchschnitt der 90er Jahre)

Gebiet	Quelle	Neuinvestitionen	Veränderungs-investitionen[1]
Europa insgesamt	RSU[2]	22 Monate	20 Monate
	Steinberg[3]	24 Monate	21 Monate
Deutschland	RSU[2]	26 Monate	21 Monate
	Steinberg[3]	28 Monate	23 Monate

[1]95 % der Verfahren; [2]Rat von Sachverständigen für Umweltfragen der Bundesregierung, BT-DrS 13/4108,70; [3]Steinberg 1996 A,68

So konnte bis 1996 *kein einziger* konkreter Fall im europäischen Vergleich genannt werden, in dem wegen erwarteter zu langer Verwaltungsverfahren eine Investition ins Ausland abgewandert wäre[890]. Unbelegt blieb die auf das Globalisierungsargument bezogene Behauptung, Genehmigungsverfahren dauerten in Deutschland *wesentlich länger* als in anderen EU-Staaten[891]. Zwar waren die Verfahren in Deutschland international *etwas* länger, doch vermittelten sie dafür einen international nicht erreichten und von Wirtschaft wie Bürgern gerade begrüßten Bestandsschutz der Verwaltungsentscheidung[892]. Die Betonung einer Überlänge wurde vielmehr selbst als eine Imagegefährdung durch die Politik angesehen[893]. Das volkswirtschaftliche Argument bei Schlichter war also hinfällig und rechtfertigte nicht das gesetzgeberische Vorhaben, zumal Entscheidungsträger aus anderen europäischen Ländern den Standort Deutschland immer noch an erster Stelle sahen[894].
Aber auch die These einer Standortgefährdung durch gesetzlich gewährte Bürgerpartizipation in Verwaltungsverfahren geriet in Zweifel. Denn es fehlten weitgehend fundierte Untersuchungen über die *Ursachen* von Verfahrensverzögerungen[895]. So führte z.B. der mittelständische Unternehmerverband an, daß 75% *dort befragter* Unternehmer unangemessen lange Genehmigungsverfahren in den letzten 5 Jahren beklagten, die den enormen Zeitdruck

[889] Steinberg 1996 A,40
[890] Römer 1996 A,67; vgl. Ziekow 1998,13
[891] Bohne 1994,51
[892] Wulfhorst 1997,165; vgl. Tabellen 12 und 13
[893] vgl. BT-DrS 13/4108,69f.
[894] vgl. BT-DrS 13/4108,69f.
[895] Steinberg 1996,6,10

bei der Umsetzung von Innovationen nicht ausreichend berücksichtigten[896]. Schuld habe eine zu komplizierte Bürokratie mit häufigen Kompetenzstreitigkeiten zwischen den Behörden sowie eine schleppende Bearbeitung – mit Verfahrensrechten der Bürger wurde hier also *gerade nicht* argumentiert. Im übrigen wurden Erfolge durch vermehrte Bürgerbeteiligung genannt[897]. Es erschien als bloßes Vorurteil, das „sich trotz fehlender Fakten in der politischen Diskussion hartnäckig“ hält, „daß die Öffentlichkeitsbeteiligung ein wesentlicher Verzögerungsfaktor“ sei. 80 % 1991 repräsentativ befragter Unternehmen sähen das aber selbst nicht so[898]. *Verfahren mit Öffentlichkeitsbeteiligung* nähmen zwar regelmäßig mehr Zeit in Anspruch, erhöhten aber auch die Akzeptanz und damit eine *schnellere Zweckerreichung*[899]. Zugleich komme dies dem Schutz der Bürger zugute. So verbesserten Anlagenbetreiber oft erst aus Anlaß von Öffentlichkeitsbeteiligung Vorsorgewerte, d.h. „es wird dadurch auch etwas erreicht“[900]. Hinzu kam, daß in weiten Bereichen „der Antragsteller ... einen Rechtsanspruch auf Genehmigung (hat). Das reduziert ganz beträchtlich die Chancen, was überhaupt durch Öffentlichkeitsbeteiligung erreicht werden kann“[901]. „Der vielfach überanstrengte Begriff der 'Partizipation' bedeutet Teilhabe am Entscheidungs*verfahren*, nicht Teilhabe an der *Entscheidung*“[902]. Statt dessen wurde in rechtsstaatlich bedenklicher Weise öffentlich damit argumentiert, jede Verfahrensvereinfachung mit besserer Berücksichtigung der Unternehmerbedürfnisse schaffe bei diesen auch mehr Rechtsakzeptanz sowie Gesetzestreue (sic!) und sei ‚gelebte Mittelstandspolitik‘. Zugleich gab es bundesweit keine Untersuchung über die Hauptgründe, die bei Antragstellern und Behörden zu Verzögerungen des Verfahrens führten. Oft waren ‚Zeitsprünge‘ in den Verwaltungsakten nicht nachzuvollziehen[903]. In der Schlichter-Kommission bestand jedoch die festgefügte Ansicht, eine Ursachenforschung könne unterbleiben, da eine Verfahrensbeschleunigung *jedenfalls der Wirtschaft* nütze[904].

„Vor allem jedoch fehlte jedwede Fundierung der These, die gesetzliche Ausgestaltung (der Verwaltungsverfahren)... sei für etwaige Verzögerungen verantwortlich“[905].

---

896 Mainz 1996 A,49
897 Antwerpes 1996 II,8,16
898 Bohne 1994,57
899 Sellner 1996 A,73; Antwerpes 1996 II,11
900 Sellner 1996 A,73
901 Zschiesche 1996 A,76
902 Ipsen 1990,196
903 Hoffmann 1995,238; Schlichter 1996 I,108
904 Hoffmann 1995,238; dementsprechend wurden *politische Bewertungen* vorgetragen, wie z.B. aus dem Bericht der Bundeskommission zur Rechts- und Verwaltungsvereinfachung von 1990 (dazu Bohne 1994,47)
905 Steinberg 1996,6

Es gab aber noch weitere Bedenken gegen eine bevorzugte Sonderbehandlung der Wirtschaft im Verwaltungsverfahren. Ein solch reiner Dienstleistungsansatz zugunsten der Wirtschaft erschien den Experten in der Anhörung am 8.5.1996 im Hinblick auf die Mehrfunktionalität der Verwaltungsverfahren (s.o. A) fragwürdig. Denn eine nur auf bestimmte Verwaltungskunden zugeschnittene Beschleunigung trüge die Gefahr in sich, spezifische Gesetzes- und Verfahrenszwecke für das Gesamt der Bürger/Verwaltungs-Beziehung *nicht ausreichend* zu berücksichtigen. Verwaltungen hätten aber auch „Schutzpflichten aufgrund Verfassungsrechts wahrzunehmen“[906]. Lübbe-Wolff formulierte, „daß ich mit dieser Dienstleistungsphilosophie auf Kriegsfuß stehe. Der Staat ist ja keine Frittenbude, wo man sich aussuchen kann, ob man die Pommes mit oder ohne Majo haben will, weil da in erster Linie eine individuelle Nachfrage zu bedienen ist. Im Genehmigungsverfahren hat er in erster Linie seine Funktion als Garant für bestimmte Allgemeinwohlinteressen wahrzunehmen...“[907]. Tatsächlich wurde den Gesetzesvorhaben eine Verkürzung der Schutzrechte Dritter und der Allgemeinheit attestiert[908]. Trotz des Vorzeichens ‚der Kunde ist König‘ Verfahrensrechte Dritter drastisch einzuschränken, provoziere aber *Akzeptanzprobleme*[909]. Diesen sei nicht durch Abbau von Beteiligungsrechten beizukommen; vielmehr müßte eine *erweiterte* Verfahrensbeteiligung mit *effektiverem* Rechtsschutz eingeräumt werden[910]. Aber genau das Gegenteil werde nun angestrebt.
Das alles hätte Korrektiv für „allzu schneidige Beschleunigungsbestrebungen“[911] sein müssen. Bohne forderte daher 1994[912]: „Bei dieser Sachlage sollte man der verbreiteten These von der Gefährdung des Wirtschaftsstandortes... durch angeblich bürokratische Zulassungsverfahren... skeptisch gegenüberstehen“.
Zur Verfahrensbeschleunigung schlugen Experten und Literatur ein Bündel von möglichen effizienten Vorgehensweisen vor, die ohne Gesetzesänderung und Einschränkung von Verfahrensrechten möglich waren, z.B. eine verbesserte Standardisierung der vorzulegenden Antragsunterlagen[913], die Erstellung einer Anleitung für beizubringende Genehmigungsunterlagen und die strikte Einhaltung der Monatsfrist für Stellungnahmen[914], bürgerfreundliche verständliche Formulare und IT-Einsatz, Bürgerberatung und Auslegung unklarer Formulare zu Lasten der Behörde[915]. Als Einwirkungsmöglichkeiten zur Ver-

---

[906] Baumann 1996 A,51; vgl. bereits BT-DrS 13/4108,71
[907] 1996 A,69
[908] vgl. bereits BT-DrS 13/4108,70
[909] Baumann 1996 A,52
[910] Antwerpes 1996 II,8; vgl. BT-DrS 13/4108,70
[911] Wulfhorst 1997,165
[912] S.59
[913] Lübbe-Wolff 1996 II,81
[914] Gebers 1996 A,85
[915] Schmitz 1998,380,383

fahrensbeschleunigung wurden im übrigen z.B. Möglichkeiten frühen Kontaktes mit der Verwaltung, Absprachen über die Sachverhaltsermittlung, Akteneinsicht und Anhörung genannt[916].
Der Gesetzgeber ging jedoch auf alle Alternativvorschläge nicht ein.

3. Weitere Entwicklung

Die mündlichen und schriftlichen Stellungnahmen der Sachverständigen vom 8.5.1996 zu den Gesetzesänderungen im Verfahrensrecht waren „mit Ausnahme der Vertreter aus der Industrie und der Mitglieder der vorherigen Expertenkommission durchweg kritisch. Der Entwurf... (ist aber) nach der Anhörung nicht mehr verändert worden“[917]. Unter Außerachtlassung aller geäußerten Bedenken zog die Bundesregierung ihre Gesetzesvorhaben durch[918]. Auch nach der Anhörung vom 8.5.96 sprachen sich die Koalitionsfraktionen dafür aus, den Gesetzesentwurf im wesentlichen unverändert anzunehmen. Die FDP wies zwar darauf hin, daß durch Neuregelungen im VwVfG „möglicherweise der Druck von den Behörden genommen werde, ein fehlerfreies Verwaltungsverfahren durchzuführen. Gleichwohl könne nicht davon ausgegangen werden, daß (sie dies)... mißbrauchen würden... Der Druck auf die Behörden, verfahrensfehlerfrei zu arbeiten, sei deshalb nach wie vor über die Kostenentscheidung gegeben“[919].
In der wichtigen Empfehlung des Bundestags-Innenausschusses[920] hieß es nach wie vor: „Im internationalen Wettbewerb um Investitionen *ist* die Dauer von Genehmigungsverfahren ein *wesentlicher Standortfaktor*. Die *im Vergleich* mit anderen Industrieländern *überlangen* Planungszeiträume... müssen deutlich verkürzt werden. Hierbei dürfen jedoch rechtlich gebotene Leistungen zugunsten Dritter oder der Allgemeinheit *nicht* beeinträchtigt werden“.
Der Bundestags-Rechtsausschuß befürwortete zwar aufgrund der von den Sachverständigen am 8.5.96 vorgebrachten Kritik wichtige Änderungen aufgrund *deutlich gewordener gravierender Mängel*. Die geplanten Änderungen begünstigten „die Verwaltungsbehörde einseitig. Der klagende Bürger, ohnehin schon in der schwächeren Position, wird in seinen Rechten noch stärker beschränkt“[921]. Seine Anträge lehnte die christlich-liberale Koalition aber wie folgt ab: „An der grundsätzlichen Beschränkung... sei aus Gründen der Verfahrensbeschleunigung grundsätzlich festzuhalten... (Beanstandete) Heilungsvorschriften *seien* entsprechend den in den öffentlichen Anhörungen ange-

---

916 Schmitz 1998,385. Zwar wurde die flexiblere Alternative einer Regelung durch Allgemeine Verwaltungsvorschrift erwogen; „aus Gründen der Signalwirkung“ erschien aber eine gesetzliche Regelung „vorzugswürdig“ (BT-DrS 13/3995,2)

917 Schmitz/Wessendorf 1996,957

918 vgl. Busch 1996,2; Redeker 1996,522; Moormann 1996,409

919 BT-DrS 13/5085,5; was jedoch nicht zutraf, vgl. D I 4

920 BT-DrS 13/5085,1; Kursiva, auch im folgenden, durch Verf.

921 BT-DrS 13/5098 vom 26.6.96,19f.

führten Kritikpunkten geändert worden"[922]. Dies war aber *nicht* der Fall. Die Situation erschien der Bundesregierung durch wirtschaftliche Zwänge determiniert[923]. Auf Empfehlung des Innenausschusses nahm der Bundestag nach kontroverser Debatte das Gesetz unverändert an[924]. Ein Bundesrats(gegen)entwurf[925] wurde für gegenstandslos erklärt[926]. Am 19.7.1996 stimmte auch der Bundesrat dem Gesetz zu[927]. Es erfolgte nun eine Umkehrung der gesetzgeberischen Intention der 70er Jahre, die man als *,Paradigmenwechsel'* bezeichnen kann: statt die ,vereinigungsbedingten Sondergesetze' dem ,rechtsstaatlichen Niveau' des allgemeinen Verwaltungsverfahrens anzupassen, wurde nun genau dieses Niveau des Verwaltungsverfahrensgesetzes abgesenkt – aus ,Beschleunigungsgesichtspunkten'. Die Idee der Verfahrensrechte als Bürgerbeteiligung und Grundrechtsschutz im Verwaltungsverfahren wurde nun ganz allgemein zugunsten einer erhofften Beschleunigung des Investitionstempos in vielen Bereichen *aufgegeben*. Es dominierte wieder der ältere deutsche Standpunkt von der vorrangigen Effektivität des Verwaltungshandelns[928].

Zugleich mit der Wirtschaftsförderung trat nunmehr endgültig die Forderung eines deutlich zurückgeschnittenen Sozialsystems auf die politische Bühne, um die wirklichen oder vermeintlichen Schwächen des Standorts Deutschland zu verringern[929].

„Der Staatsanteil, der 1960 noch ein Drittel des Sozialprodukts betrug, ist inzwischen auf etwa die Hälfte angewachsen, und die Abgabenbelastung (ist)... so hoch, daß seit einigen Jahren eine sehr ernst zu nehmende Diskussion um die Gefährdung des Wirtschaftsstandorts Deutschland geführt wird"[930]. Zur Entlastung des Staatsanteils, der in den 70er Jahren auf fast 50 % angestiegen war und 1989 gut 45 % betrug, sollten öffentliche Dienstleistungen privatisiert werden; doch stieg der Staatsanteil infolge der Wiedervereinigung bald sogar über die 50 %-Marke (1993)[931].

---

[922] BT-DrS 13/5098,21

[923] vgl. Schmieszek 1996,1153; zu vermeintlich globalen Zwängen: Stiglitz 2002,255,264,280

[924] BT-Plenarprotokoll 13/116,10345 ff.; erst nach Vermittlungsverfahren kamen hingegen wegen der Bedenken der Experten und des Rechtsausschusses das 6. Gesetz zur Änderung der Verwaltungsgerichtsordnung (VwGOÄndG) und das Gesetz zur Immissionsschutz-Genehmigungsbeschleunigung zustande, vgl. BT-DrS 13/3093 u. 4069; Ausschußbericht BT-DrS 13/5098 und BT-DrS 13/3996; Ausschußbericht BT-DrS 13/5100 mit Vermittlungsvorschlägen BT-DrS 13/5642 u. 5643

[925] BT-DrS 13/5085,7

[926] Plenarprotokoll 13/116,10380

[927] BR-DrS 496/96; BR-Plenarprotokoll 700,390f.

[928] vgl. Koch 1996,216f. und C I

[929] Gensicke 1996 b,77f.

[930] v.Arnim 1995,342

[931] v.Arnim 1998,287. Das Sozial-Budget der Sozialleistungen in Deutschland erhöhte sich

Mitte der 90er Jahre setzte sich die Auffassung durch, bestimmte Verwaltungsaufgaben seien zurückzustellen und die knappen Verwaltungsressourcen auf das Wichtigste zu konzentrieren. „Der Globalisierungsdruck auf den Standort Deutschland zielt in Richtung einer Reduzierung der (Sozial-) Staatstätigkeit und einer Flexibilisierung bzw. Deregulierung“[932]. Eine Veränderung des Verfahrensrechts sollte dazu einen wichtigen Beitrag leisten[933]. Diese Entwicklung führte in der Gesellschaft aber zu einer der Verfahrensgesetzgebung 1996 entgegengesetzten Entwicklung: statt eines Abbaus von Bürgerrechten trat die Suche nach zusätzlichen Formen politischer Partizipation[934]. „Der Wahlsieg der Sozialdemokratie im Oktober 1998 kann als ein Wunsch nach Verteidigung der Grundfesten des deutschen Systems der sozialen Marktwirtschaft gegen die Reformversuche der alten Regierung interpretiert werden“[935]. Denn es zeichnete sich – gerade auf kommunaler Ebene[936] – in der Werteentwicklung eine Stärkung partizipativer Elemente ab, führte die Globalisierung zu einem ‚Subsidiaritätsdruck‘ auf Übernahme von mehr Eigenverantwortung durch den Bürger. Im Frühsommer 1997 – also kurz nach den durchgeführten Änderungen im Verwaltungsverfahrensrecht - war die Gesamtbevölkerung – ganz im Gegensatz zu den erfolgten Gesetzesänderungen - besonders unzufrieden „mit den Möglichkeiten, sich politisch zu beteiligen“[937]. Die Wichtigkeit, politischen Einfluß haben zu wollen, stieg in der Bevölkerung kontinuierlich: im Westen von 46 % 1988 über 50 % 1993 auf 55 % 1998, im Osten von 49 % 1990 über 38 % 1993 auf 50% 1998[938]. Bei vielen Menschen bestand und besteht der Wunsch nach einem Engagement, das die eigenen Kräfte und Möglichkeiten nicht überschreitet, es aber erlaubt, erworbene Erfahrungen und Kompetenzen einzubringen und so Mitgestaltungs- und Mitsprachemöglichkeiten wahrzunehmen[939]. „Seit dem Regierungswechsel 1998 orientiert(e) sich die Bundesregierung (entsprechend dem Wertebefund, d.Verf.) am Leitbild des ‚aktivierenden‘ und ‚ermöglichenden‘ Staates. Dieser fördert die Entfaltung des bürgerschaftlichen Engagements und schafft beteiligungsfreundliche Rahmenbedingungen“[940]. Dementsprechend wurde in der Koalitionsvereinbarung von SPD und Bündnis 90/Grüne

---

zwischen 1995 und 1998 zwar von 1181,3 Mrd. DM auf 1272,1 Mrd. DM, doch blieb damit – im Gegensatz zu früheren Jahren – eine Quote von 33,5 % an der Wirtschaftsleistung gleich (Parlament vom 25.5./1.6.2001,12)

932 Gensicke 1998 a,21

933 vgl. Bohne 1994,63f.

934 Gensicke 2000 a,9; Böhret 1997,126f.

935 Gensicke 2000 a,15; vgl. Stiglitz 2002,284; enttäuschend daher der Politikwechsel, so Hickel 2001,27ff.

936 dazu v.Arnim 1997,749f.,759

937 Gensicke 1998 a,21f.; Gensicke 1999,25; vgl. Jung 2000,440ff.

938 Böhnke 2000,444

939 Klages 1999,123f.

940 Kortmann 2001,4

vom 20.10.1998[941] eine *Ausweitung* bürgerlicher Beteiligungsrechte vereinbart. So sollte es (I 4) um „die Modernisierung des Staates, u.a. mit dem Ziel des Abbaus überflüssiger Bürokratie unter Erreichung von Transparenz und Bürgernähe“ gehen, um (V 2) „weniger Bürokratie, dafür mehr Leistung, mehr Effizienz und mehr Wettbewerb. Wir setzen auf demokratische Selbstbestimmung und Autonomie statt auf staatliche Bevormundung“. (IX:) „Die Bürgerrechte werden ausgebaut, die politischen Beteiligungsrechte erweitert“ (ähnlich IX 13). Zielvorgabe war (IX 11:) „Wir wollen einen effizienten und bürgerfreundlichen Staat. Deshalb werden wir Bürokratie abbauen und den Staat zum Partner der Bürgerinnen und Bürger machen. Leitbild ist der aktivierende Staat“. Dieser „ermöglichende, aktivierende Staat ist bereit, den Bürgern/ -innen mehr Entscheidungskompetenz zu übertragen. Er unterstützt Formen der bürgernahen Verwaltung und die Öffnung... für das Engagement der Bürger/ -innen... sowie (für) kooperative Arbeitsstrukturen mit den Bürger/ innen“[942]. An die Stelle einer ‚Fürsorglichkeit‘ der Verwaltung trat nun eine Anreiz- und Sanktionsstruktur, die eigenverantwortliche Aktivität des Bürgers im Verfahren belohnte und sorglose Passivität bestrafte[943]. Was jedoch fehlte – obwohl Regelungen der Vorgängerregierung durchaus zurückgenommen wurden - , war die Absicht einer Rücknahme der Verfahrensrechtsänderungen – obwohl dies in der Intention der Koalitionsvereinbarung gelegen hätte. So bleiben Rechtsprechung und Lehre bis heute zur Problembewältigung aufgerufen. Handlungsspielräume der Verwaltung sollten hierzu verstärkt genutzt werden[944].

Die ‚Beschleunigung‘ als maßgeblicher Rechtsveränderungsgrund nahm nach dem Regierungswechsel 1998 wieder den Rang ein, den Experten ihr von Anfang an zugestanden hatten – sie trat zurück.

Statt dessen bestätigten empirische Studien nach wie vor die Charakteristika des deutschen Verfahrensrechts, die dieses im In- und Ausland so attraktiv machen: die Rechtssicherheit aufgrund akzeptierter Regelung. So wird nur eine deutsche Anlagengenehmigung grundsätzlich unbefristet erteilt und dem Unternehmen für seine strategische Planung durch die eintretende Bestands- bzw. Rechtskraft ein hohes Maß an Investitionssicherheit geboten[945]. Und ge-

---

[941] ZRP 1998,485ff.; nachfolgend wird nach den Ordnungsnummern der Koalitionsvereinbarung zitiert

[942] Kortmann 2001,4

[943] vgl. Gensicke 1998,20

[944] vgl. Böhret 1997,132; Hickel 2001,27ff.- Die Weiterentwicklung des VwVfG bezog sich im folgenden auf die neuen *technischen* Möglichkeiten des Verwaltungshandelns (dazu Henneke 2003,504 ff.); im hier behandelten Zusammenhang interessanter die Entwicklung des *europäischen* Verfassungsrechts: hier sind u.a. die in dieser Arbeit behandelten Verfahrensrechte als Grundrechte der EU-Verfassung vorgesehen (Parlament vom 3.11.2003,10); zu hier unbeachtlichen Änderungen in VwVfG/VwGO: Vorwort

[945] Küffmann 1997,543; vgl. BT-DrS 13/4108,70

rade hier belegen die Umfragen, daß dieser Sicherheit offenkundig ein Vorrang gegenüber der Verfahrensbeschleunigung zukommt.

Tabelle 11: Bearbeitungszeit
„Sind sie mit der Bearbeitungszeit in ihren Verwaltungsverfahren *unzufrieden*, so daß aus Ihrer Sicht ein Beschleunigungsbedarf besteht?" (Angaben in %; bei 5er-Skala waren bei ‚ja' und ‚nein' jeweils 2 Zustimmungsstufen möglich)

Quelle	ja	teils-teils	nein	Bemerkungen
Hagen 1995	9	5	86	5er-Skala
Kiel 2000	17,2		62,7	5er-Skala
Pforzheim 1996	25,5	23	23,8	5er-Skala
Herne 1995	25,9	23,4	50,7	5er-Skala
Frankfurt 2000	26		49	5er-Skala
Essen 1998	27		73	Verwaltung insgesamt
Essen 1998	23		77	Persönliche Verfahrenserledigung
Essen 1998	45		55	Telefonische Verfahrenserledigung
Essen 1998	50		50	Schriftliche Verfahrenserledigung
Stuttgart 1995	29	38	32	5er-Skala
Bad Kreuznach 1997	30,4		50,8	5er-Skala
Krefeld 1997	32,3			
Leipzig 1995	36	32	29	5er-Skala

Die Bestandskraft (Tabelle 12, S.118) rangiert in der Wichtigkeit für die Bürger (nach der Rechtskraft) auf Rang 2 und damit „deutlich vor gestalterischen bzw. handlungsorientierten Leistungen... Hier zeigt sich in erster Linie ein ‚*Sicherheitsbedürfnis*' von Seiten der Kunden... (Es) wird vor allem die Erwartung nach Absicherung geäußert und weniger gestaltende Leistungen erwartet"[946]. Dementsprechend folgt dann die Bewertung: „Besonders zufrieden äußern sich die Kunden in diesem Bereich mit den sie absichernden Leistungen... Alle anderen Leistungen weisen eine deutlich geringere Zufriedenheit auf"[947].

---

[946] Münster 1997 I,80
[947] Münster 1997 II,229

Tabelle 12: Bestandskraft des VA
Ist ihnen die Bestandskraft des VA wichtig? (Angaben in %; bei 5er-Skala je 2 Stufungen bei ‚ja' und ‚nein', bei 7er-Skala zusätzlich 3er-Stufung bei ‚teils-teils').

Quelle	ja	teils-teils	nein	Bemerkungen
Münster 1997 II,150 – wichtig	51,3	31,1	8,6	7er-Skala, allgemein Verwaltungsverfahren
Münster 1997 II, 228 – zufrieden	47,7	29,4	5,6	5er-Skala, allgemein Verwaltungsverfahren
Münster 1997 III/4,20 – wichtig	59	24,7	10,3	7er-Skala, Genehmigungsverfahren
Münster 1997 III/4,28 – zufrieden	51,3	31,6	2,6	5er-Skala, Genehmigungsverfahren

Tabelle 13: Rechtskraft
Wie stehen sie zur gerichtlichen Unanfechtbarkeit eines VA (Rechtssicherheit)? (Angaben in %; bei 5er-Skala je 2 Stufungen bei ‚ja' und ‚nein', bei 7er-Skala zusätzlich 3er-Stufung bei ‚teils-teils').

Quelle	ja	teils-teils	nein	Bemerkungen
Wuppertal 1996 a – wichtig	88		12	5er-Skala, allgemein Verwaltungsverfahren
Münster 1997 II,150 – wichtig	56,4	25,5	8,4	7er-Skala, allgemein Verwaltungsverfahren
Münster 1997 II,228 – zufrieden	49	26,3	5,2	5er-Skala, allgemein Verwaltungsverfahren
Münster 1997 III/4,20 – wichtig	58,9	23,9	11,1	7er-Skala, GenehmiggsVf
Münster 1997 III/4,28 – zufrieden	55,5	27,4	4,3	5er-Skala, Genehmigungsverfahren

Die Gewährung von Rechtssicherheit (Tabelle 13) wird als wichtigste Leistung angesehen, welche die Verwaltung ihren Kunden anbietet[948]. „Die Leistung ‚Rechtssicherheit' wird z.B. um so häufiger als wichtig eingestuft, je mehr die Kunden der Meinung sind, Verfahren seien durch rechtliche Rah-

---

[948] Münster 1997 I,9,80; Münster 1997 II,151

menbedingungen und Vorgaben übergeordneter Behörden festgelegt"[949]. Dieses Sicherheits- und Absicherungsbedürfnis wird durch die komplexen rechtlich-administrativen Rahmenbedingungen verursacht, die im Verwaltungsakt zu allseits verbindlicher Festlegung kommen. Bei antragsentsprechendem VA-Erlaß wird hier größte Kundenzufriedenheit geäußert[950]. „Besonders zufrieden äußern sich die Kunden in diesem Bereich mit den sie absichernden Leistungen (wie) ‚Gewährung von Rechtssicherheit'... Alle anderen Leistungen weisen eine deutlich geringere Zufriedenheit auf. D.h., die Leistungen mit aktiv gestaltendem Charakter, wie ‚Aufzeigen von Handlungsmöglichkeiten', werden nur mit einer geringen Zufriedenheit bewertet"[951]. Das Verwaltungsverfahrensrecht hat sich damit aber seit 1976 bewährt.

Als Gesamtschau über die Auswirkungen der Reformgesetze von 1996 auf die Bürger bleibt der Tenor, daß diese für ihn auch vor dem Hintergrund der Werteentwicklung recht belastend waren[952]. „Weder Effizienz noch Beschleunigung sind Werte an sich, auch der schlanke Staat muß unter dem Grundgesetz rechtsstaatliche Sicherheit, soziale Gerechtigkeit und ökologische Lebensfähigkeit wahren"[953]. Aus Anlaß der Beschleunigung allgemeine Standards rechtsstaatlicher Verwaltungsverfahren zu Lasten des Bürgers zu verändern, zerstörte nach Ansicht der Experten[954] 30 Jahre Verfahrenskultur und bedeutete einen Rückschritt in die Zeit *vor Inkrafttreten* des Bundes-Verwaltungsverfahrensgesetzes.

Dieser allgemeinen These nachspürend, sollen im folgenden nun ausgewählte einzelne Gesetzesbestimmungen des Verwaltungsverfahrensgesetzes vor dem aufgezeigten soziologisch-politischen Hintergrund im Hinblick auf die juristischen Implikationen näher untersucht werden.

---

[949] Münster 1997 I,81, ähnlich Münster 1997 II,151

[950] Münster 1997 I,10,81; vgl. dazu auch B IV 4 d (1) 5.

[951] Münster 1997 II,229

[952] Gebers 1996 A,123

[953] Blümel, zitiert bei Hill 1996,198

[954] Bonk 1996 III,203; Steinberg 1996 A,125; vgl. Sellner 1996 A,39; Ziekow 1998,14

D. JURISTISCHE GRUNDLEGUNG

I. Problematik ausgewählter Vorschriften

1. Der Verwaltungsakt – VA (§ 35 VwVfG)

Es soll nun untersucht werden, welche Problemstellungen sich in konkreten Einzelregelungen des Verwaltungsverfahrensgesetzes[955] angesichts der aufgezeigten Zusammenhänge aus juristischer Sicht ergeben. In einem ersten Schritt soll dabei aus methodischen Gründen auf verfassungsrechtliche Aspekte verzichtet werden[956].

Der Verwaltungsakt wird vom Recht so definiert:

§ 35 Begriff des Verwaltungsaktes. [1]Verwaltungsakt ist jede Verfügung, Entscheidung oder andere hoheitliche Maßnahme, die eine Behörde zur Regelung eines Einzelfalles auf dem Gebiet des öffentlichen Rechts trifft und die auf unmittelbare Rechtswirkung nach außen gerichtet ist. ...

Schon eine der grundlegenden Bestimmungen des Verwaltungsverfahrensgesetzes, die materielle Regelung des Verwaltungsakt-Begriffs (VA) im § 35 VwVfG, wird als Grund für ein problematisches, spannungsreiches Verhältnis zwischen dem Bürger und der Verwaltung gesehen. Aus diesem VA-Begriff bereits leiten Stimmen in der Literatur eine verfehlte Weichenstellung zu Lasten des Bürgers ab.
Zur Begründung wird die Gesetzesformulierung herangezogen. Sie betont im VA ein hoheitliches Moment, welches der Verwaltung auf dem Gebiet des öffentlichen Rechts mit Rechtswirkung nach außen eine einseitige Befehlsbefugnis gegenüber dem Bürger einräumt, also eine a priorische Positionsbestimmung vornimmt, die Widerspruch hervorrufen muß[957]. Denn es wird einseitig ein Gehorsam der Bürger eingefordert. Ein gelingendes Sozialsystem entsteht und entwickelt sich aber in der wechselseitigen Aufnahme der Intentionen des einen Interaktionspartners in die des jeweils anderen[958]. Die bloße Orientierung an Pflicht- und Akzeptanzwerten ist unter den Bedingungen heutiger Gesellschaft für die Bürger/Verwaltungs-Beziehung nicht mehr prägend. Doch nur zögernd machte die Verwaltung bis in die 80er Jahre von kooperativen Verfahrensformen Gebrauch, obwohl das angesichts der Mehrfunktionalität „(Interessenabstimmung und -ausgleich, Flexibilität, zügige Beilegung von Meinungsverschiedenheiten, Befriedungs- und Akzeptanzwirkung) geeignet

---

[955] VwVfG v. 25.5.1976, BGBl. I,1253, hier idF. v. 12.9.1996 (BGBl.I,1354); zu Änderungen bis zur Bkm. vom 23.1.2003 (BGBl.I,102) mit Stand bis Sept. 2003 vgl. Vorwort

[956] dazu dann ab D II

[957] vgl. Hill 1989 a,321

[958] vgl. Höhn 1985,57

(erschien), den zunehmenden kooperativen und koordinativen Bedürfnissen von Verwaltung und Bürger Rechnung zu tragen"[959]. Eine Berücksichtigung des zeitgenössischen Wertebefundes wird zudem dadurch erschwert, daß § 35 einseitige Vollstreckungstitel und Sanktionsmöglichkeit gegenüber dem Bürger ermöglicht[960]. Dabei begründet die Inanspruchnahme besonderer Befugnisse rechtliche Überlegenheit, Übermacht und Vorrang der Verwaltung zu Lasten des Bürgers[961]. Dies umso mehr, als die funktionale Nützlichkeit des VA für *einseitige Regelungen* alle Verwaltungsbereiche durchzieht. So stellte Hill 1987[962] fest: „Neuerdings scheint sich gewissermaßen eine Renaissance des Verwaltungsaktes anzubahnen. Seine funktionale Bedeutung gerade auch für die Leistungsverwaltung wird zunehmend betont". So wird der VA auch zum Instrument technisch-funktionaler Überlegenheit von Herrschaftsausübung und hilft, sie dauerhaft zu institutionalisieren[963].
Zugleich stellt sich der VA in eine lange Tradition von Überordnung der Verwaltung über einen souveränitätsbeschränkten Bürger. Der Verwaltungsakt war das typische Handlungsinstrument des obrigkeitlichen Staates[964]. Auch der ‚liberale' Bürger des 19.Jahrhunderts blieb Untertan, der seine neugewonnenen Freiheiten nur im Rahmen einer staatlichen Überwachung ausüben konnte[965]. Der Verwaltung war im Polizeistaat des 19. Jahrhunderts (als alleinigem Träger von Herrschaftsgewalt) die Wahrung von Sicherheit und Ordnung als höchste und wesentlichste Aufgabe des Staates aufgegeben. Das „orientiert sich an Kategorien, die auf die Eingriffsverwaltung im traditionellen Sinn abstellen und auch eine subordinationsrechtliche Vorstellung der Tätigkeit der Verwaltung zugrunde legen"[966]. Auch die gegenwärtige Verwaltungsrechtsdogmatik hat sich an diesem Polizei- und Ordnungsrecht und *dessen Handlungsinstrument, dem VA*, entwickelt[967]. Daher spiegelt sich für Martens[968] bis heute „in der gängigen Auslegung der Legaldefinition des Verwaltungsakts die (historische) Sichtweise" wider. Manche Autoren sehen im VA ein ‚Relikt obrigkeitsstaatlicher Denktraditionen'[969]. Denn auch von der heutigen Rechtsprechung werden bei Prüfung der VA-Eigenschaft einer Verwaltungsmaßnahme die *historische Rechtsprechung* und die Verwaltungsrechts*lehre* (mit der Begründung einer Unterordnung des Bürgers) herangezogen[970].

959 Hill 1987,32; s.o. A
960 vgl. Mayntz 1978,237; Schmidt-Aßmann 1989,535; Hill 1989 a,322
961 Martens 1986,105
962 S.31
963 vgl. Gurlit 1989,31
964 Hill 1989 a,321
965 Forsthoff 1961,134; Bahrdt 1971,128
966 Heberlein 1981,57
967 Bülow 1996,244
968 1986,106
969 vgl. Schmidt-Aßmann 1989,538
970 Martens 1986,105,110

Die Abgrenzung der Bürger/Verwaltungs-Beziehung erfolgt nämlich danach, ob eine ‚Position hoheitlicher Überordnung' vorliegt (‚Subordinationstheorie')[971]. Dies illustriert einen dogmatischen Hintergrund des Verwaltungsaktes, der historisch mitschwingt: die vorgegebene ‚höhere' Verwaltungsautorität. Eine solche, der sich alle zu unterwerfen hatten, entsprach ursprünglich dem positiv-optimistischen Menschenbild des allzeit vernünftigen und gerechten *Herrschers*; die Beherrschten wurden negativ-pessimistisch gesehen (‚homo homini lupus est'), so daß man sie voreinander zu schützen hatte[972]. „Im Laufe der Zeit wechselte lediglich die Begründung für diese Hoheitsrechte des Staates. Nicht mehr die Person des Herrschers, sondern Zweck und Funktion des Staates... waren entscheidend"[973]. Auch die Idee der Volkssouveränität änderte an diesem Verständnis wenig[974]. Der Bürger blieb der Verwaltung gegenüber abhängiger Untertan. Selbst bei Leistungsansprüchen des Bürgers orientiert sich die Verwaltung oft an obrigkeitsstaatlichem Denken – im Sinne einer ‚gnädigen Gewährung'[975]. Die Stellung des Bürgers bestimmt sich dann „allein nach den ... Entscheidungen der Behörde"[976]. Dies aber muß zu Problemen und einer Verschlechterung in der Bürger/Verwaltungs-Beziehung führen. „Die Bewältigung der Probleme der Leistungsverwaltung wurde trotz der unterschiedlichen Handlungsformen, die in der Praxis Anwendung fanden, mit dem zum Verwaltungsakt entwickelten System angegangen", was als einseitig gedeutet wird[977].

Aus der Historie des Verwaltungsaktes wird also auch heute noch abgeleitet, daß der Bürger in seiner Beziehung zur Verwaltung nach wie vor als Untertan angesehen wird - was von vornherein eine ‚partnerschaftliche' Entwicklung der Bürger/Verwaltungs-Beziehung verhindert[978]. „Ein guter Untertan zu sein, blieb bis in unser Jahrhundert ein Werteanspruch"[979]. So belegen empirische Erfahrungen bis heute ein Ausspielen ‚höherer' Amtsautorität, am häufigsten bei Angehörigen des gehobenen Dienstes[980]. Begünstigt wird dies durch die jeweilige, programmierte relative Machtposition aufgrund der Verwaltungsaufgabe und einer daraus resultierenden Abhängigkeitsbeziehung des Bürgers[981]. Auch im Dienstleistungsbereich bestehen solche Abhängigkeitsbeziehungen. Die Behörden entwickeln standardisierte Handlungsstrategien für bestimmte Situationen, meist durch Kombination von Druck und Gegenlei-

---

[971] vgl. z.B. BVerwG NVwZ 1994,584
[972] v.Arnim 1984,21f.
[973] Hill 1989 a,321
[974] vgl. Martens 1986,111
[975] vgl. Hill 1989 a,321
[976] Martens 1986,112
[977] Bülow 1996,245
[978] vgl. Henneke 1997,769
[979] Klages 1997 b,11
[980] Pippig 1988,92
[981] Mayntz 1978,241

stung[982]. Das verstärkt Abhängigkeitsbeziehungen zur Verwaltung gerade bei Werte-Typen wie Resignierten oder Hedomats. Was an sich gesetzlicher Anspruch des Bürgers ist, wird der Arbeitslose oder Sozialhilfeempfänger „nicht selten als ohnmächtiges Angewiesensein erleben“, die Verfahren können „als manipulativ und herabwürdigend empfunden werden“: man wird ausgefragt, überprüft, herumgeschickt[983]. Hinzu kommt, daß Leistungsverwaltung nicht selten der sozialen Kontrolle dient. Der Bürger kommt so immer weniger als Subjekt in den Verfahrensblick. Im Gegenteil. „Der Gedanke einer Zuordnung subjektiver Rechte an den einzelnen (erscheint) als überflüssig und störend“[984]. Noch zu Beginn des 20. Jahrhunderts heißt es, die Verwaltung stehe „im Dienst der zu beglückenden Beherrschten“[985]. Der Verwaltungsakt solle dem Untertan im Einzelfall bestimmen, „was für ihn rechtens sein soll“[986]. So setzt die Verwaltung konkrete Verpflichtungen des Bürgers auf Dauer verbindlich fest. „Für das Merkmal hoheitlich bietet es sich dann an, dieses im Sinne von einseitig zu verstehen“[987]. Es wird dabei nicht nur ein Dienst geleistet, sondern versucht, *Verhalten zu steuern* (z.B. Arbeitsamt = Arbeitswilligkeit), besonders deutlich bei der Sozialverwaltung: es geht um Herstellung der Überzeugung, daß es im eigenen Interesse des Bürgers läge, sein Verhalten zu ändern[988]. Entsprechend finden sich in der Praxis der Bürger/Verwaltungs-Beziehung immer wieder Versuche, den Bürger aufgabenbezogen mit moralischen, nicht gesetzlich bestimmten Ansprüchen zu kategorisieren. Obwohl z.B. die ‚Normalbiographien‘ immer seltener werden[989], richtet sich Verwaltungshandeln oft genug danach aus: „Auf Rente sollte eigentlich nur ein Arbeitnehmer Anspruch haben, der sein Leben lang gearbeitet, seine Beiträge immer gezahlt und seine Unterlagen sorgfältig behandelt hat... Sozialamtsklienten dürften ähnlich danach kategorisiert werden, ob sie unverschuldet in Not geraten sind oder durch eigene Verantwortungslosigkeit oder Faulheit, während der Arbeitslose im Arbeitsamt vermutlich in die Kategorie der Arbeitswilligen oder der Arbeitsscheuen eingeordnet wird“[990]. Es geht um das Bild des ‚ordentlichen Bürgers‘, welcher der Verwaltung möglichst wenig Arbeit macht. „Derartige Etikettierungen knüpfen zwangsläufig an wenigen, äußerlich sichtbaren Merkmalen an. Sobald die Etikettierung vorgenommen ist, wird der Klient entsprechend behandelt, ob sie nun objektiv zutrifft oder nicht“[991]. Die Polizei etwa muß einen von ihr vermuteten Geset-

[982] Mayntz 1978,238
[983] Mayntz 1978,235
[984] Martens 1986,111
[985] Hill 1989 a,321
[986] Otto Mayer, zitiert nach Hill 1989 a,321; Heberlein 1981,55; vgl. Lamprecht 2001,2946
[987] Heberlein 1981,43
[988] Mayntz 1978,236
[989] vgl. B IV 2 b
[990] Mayntz 1978,241
[991] Mayntz 1978,241f.

zesverstoß aus irgendwelchen Indikatoren schließen, ehe sie Anlaß zum Eingreifen hat. So entwickelt sie Kriterien einer Etikettierung. „Benachteiligt werden so z.B. Personen mit geringen Rechtskenntnissen und mit geringer eigener Beschwerdemacht; weiter Personen, die in Arbeitervierteln wohnen, sich häufig auf Straßen und öffentlichen Plätzen aufhalten und nach Kleidung und Verhalten der sozialen Unterschicht oder irgendwelchen Randgruppen anzugehören scheinen. Wo diese Merkmale vorliegen, wird von der Polizei ein gesetzeswidriges Verhalten zunächst häufiger vermutet, daraufhin geprüft und so zwangsläufig auch öfter gefunden“, so daß es zu einer politisch unerwünschten und rechtlich unzulässigen Selektivität des Verwaltungshandelns kommt[992].

All dies kann nicht nur mit ‚menschlicher Schwäche‘ begründet werden, sondern eben auch mit Strukturfehlern im System der Bürger/Verwaltungs-Beziehung selbst, die dem Handeln im VA von vornherein gar keine Chance geben, geeignetes Handlungsinstrument im kooperativen Staat der Gegenwart zu sein. Denn der VA-Erlaß ist eingebettet in das klassische Bürokratiemodell, welches seinerseits den Bürger als Subjekt ‚ausblendet‘[993]. Hierbei sind Max Webers Gedanken für die Bürger/Verwaltungs-Beziehung in vielerlei Hinsicht maßgebend geworden. Moderne Verwaltungslehre und -praxis sind geprägt von Webers System[994]. In der bürokratischen Verwaltung sah er den reinen Typus *zweckrationalen Handelns* verkörpert[995]. Sein Modell läßt sich im Bild der Maschine zusammenfügen: „keinen eigenen 'Willen' zu haben, sondern programmgemäß zu arbeiten, also: berechenbar (zu) sein“[996]. „Die bureaukratische Herrschaft bedeutet ...die Herrschaft der formalistischen Unpersönlichkeit... ohne Haß und Leidenschaft, daher ohne ‚Liebe‘ und ‚Enthusiasmus‘“[997]. Notwendige Folge ist die Entpersönlichung bei der Betrachtung der Beziehungen zu den Bürgern – die zu seiner Zeit noch die Untertanen einer Obrigkeit waren und dem VA Gehorsam schuldeten. Die ‚bureaukratische Herrschaft‘ erfolgt so unter dem Druck schlichter Pflichtbegriffe[998]. Es ging dabei um die Kontrolle und Lenkung der *nicht mit Eigenwert und Eigenrechten* ausgestatteten, sondern zu *Gehorsam* verpflichteten „beschränkten *Untertanen*“[999]. Mit Zurücktreten der Pflicht- und Akzeptanzwerte werden die Probleme in der Gegenwart immer sichtbarer.

Kooperation scheint durch die bestehende gesetzliche Definition des § 35 VwVfG von vornherein erschwert zu sein. Denn § 35 als Ausdruck des klassischen Verwaltungsrechts betrachtet das Gesetz nach wie vor in erster Linie

---

992 Mayntz 1978,241f.
993 vgl. dazu B IV 1 b
994 Gurlit 1989,31
995 vgl. Gurlit 1989,32
996 Gurlit 1989,31
997 Max Weber 1980,129
998 Gurlit 1989,31
999 Max Weber 1980,129f.

als Beurteilungsnorm für die Verwaltung. „Im Zentrum der Betrachtung steht das sog. *Verwaltungshandeln,* das... als der *Erlaß von Verwaltungsentscheidungen*“ verstanden wird; „schon die Bezeichnung des Verwaltungsrechts als das ‘Recht der Verwaltung’ indiziert diese Denkrichtung. Eine Erweiterung dieser nicht nur ungenauen Firmierung durch Einbeziehung des Bürgers wird offenbar gar nicht erwogen“[1000]. Eine Weiterentwicklung der bisherigen Dogmatik scheint nicht möglich, denn „die an den Verwaltungsaufgaben orientierte Sichtweise (vermag) den Bürger nur unvollkommen einzubeziehen“, da er immer nur als ‚zusätzliches Moment‘ erscheint[1001]. Am Beispiel des Verwaltungsaktes schlechthin kann dann eine überholte, da obrigkeitsstaatliche Ausrichtung aufgezeigt werden, da nicht vom Bürger her gedacht wird, sondern vom Handeln der Verwaltung her[1002]. Eine verfehlte Subordinationsstellung des Bürgers stellt so ohne Berücksichtigung des Entstehungsprozesses die Verwaltungsentscheidung allein in den Mittelpunkt ihres Interesses[1003]. Dies ist vom Standpunkt der einfachen Gesetzesauslegung nach Wortlaut, historischer Rechtsprechung und Verwaltungslehre eine denkbare und in der Literatur vorgenommene Auslegung. Sie beeinträchtigt die Bürger/Verwaltungs-Beziehung aber grundsätzlich und von vornherein negativ.

2. Die Begründung des Verwaltungsaktes (§ 39 VwVfG)

Der Gesetzestext lautet:

§ 39 Begründung des Verwaltungsaktes. (1) [1]Ein schriftlicher oder schriftlich bestätigter Verwaltungsakt ist schriftlich zu begründen. [2]In der Begründung sind die wesentlichen tatsächlichen und rechtlichen Gründe mitzuteilen, welche die Behörde zu ihrer Entscheidung bewogen haben. [3]Die Begründung von Ermessensentscheidungen soll auch die Gesichtspunkte erkennen lassen, von denen die Behörde bei der Ausübung ihres Ermessens ausgegangen ist.
(2) Einer Begründung bedarf es nicht,
1. soweit die Behörde einem Antrag entspricht oder einer Erklärung folgt und der Verwaltungsakt nicht in Rechte eines anderen eingreift;
2. soweit demjenigen, für den der Verwaltungsakt bestimmt ist oder der von ihm betroffen wird, die Auffassung der Behörde über die Sach- und Rechtslage bereits bekannt oder auch ohne schriftliche Begründung für ihn ohne weiteres erkennbar ist;
3. wenn die Behörde gleichartige Verwaltungsakte in größerer Zahl oder Verwaltungsakte mit Hilfe automatischer Einrichtungen erläßt und die Begründung nach den Umständen des Einzelfalles nicht geboten ist;

[1000] Martens 1986,116
[1001] Martens 1986,121
[1002] vgl. Schmidt-Aßmann 1989,536
[1003] vgl. Schmidt-Aßmann 1989,538

4. wenn sich dies aus einer Rechtsvorschrift ergibt;
5.wenn eine Allgemeinverfügung öffentlich bekanntgegeben wird.

§ 39 geht von einem allgemeinen Begründungszwang *belastender und begünstigender* Verwaltungsakte einschließlich ihrer Nebenbestimmungen aus[1004]. Die in § 39 VwVfG gemeinte Begründung ist aber nicht selbst VA i.S.d. § 35 (= eigene Regelung), sondern soll die Erklärung sein, warum der verfügende Teil so und nicht anders erlassen wurde[1005]. Dies erscheint problematisch, weil sich Art, Inhalt und Umfang des Verwaltungsaktes oft erst durch die Begründung ergeben bzw. den ‚Tenorbefehl' gegen mißbräuchliche Anwendung verdeutlichen, also durchaus regelnde Wirkung entfalten[1006]. Zudem ermöglicht die Begründung in vielen Fällen erst die Realisierung der Verwaltungsziele, weil sie die Grundlagen der Akzeptanz und damit der effektiven Aufgabenerledigung schafft. Wenn die Begründung statt dessen vom Gesetz so untergeordnet behandelt wird, besteht die Gefahr ihrer Entwertung durch Unachtsamkeit oder Vernachlässigung seitens der Verwaltung, wie bloße Verweise auf Paragraphenketten oder abstrakte vorgefertigte Textblöcke in der Praxis immer wieder zeigen[1007].
Die Begründung in § 39 VwVfG soll außerdem nur[1008] den verfahrensmäßigen ‚formellen' Aspekt einer *Begründung überhaupt* erfassen, die dem VA beigegeben ist und ihn verständlich macht. Hieran knüpfen sich Anforderungen bzw. Problemlagen der Bürger/Verwaltungs-Beziehung. So ist insbesondere eine inhaltlich verständliche, dem Empfänger entsprechende, bürgerfreundliche Sprache unverzichtbar[1009]. Eine Belastung der Bürger/Verwaltungs-Beziehung stellt es in diesem Sachzusammenhang dar, daß Begründungs*erläuterungen* nur für schriftliche oder schriftlich bestätigte Verwaltungsakte vorgeschrieben sind – soll der Bürger mündliche Verwaltungsakte begründungslos als Untertan ‚schlucken'? § 39 I VwVfG würde jedenfalls umgangen, wenn die Verwaltung dem Betroffenen, um sich ihrer Begründungspflicht zu entziehen, vor der Entscheidung mündlich oder fernmündlich ihre Gründe mitteilt, weil dadurch die Möglichkeit sachgerechter Verteidigung eingeschränkt würde. Unerträglich wird für den Bürger die Situation, wenn er fachgesetzlich seinen Antrag fremdsprachig stellen kann, die Verwaltung dann aber unter formalem Hinweis auf § 23 VwVfG nur in Deutsch antwortet[1010]. *Selbst* in diesen Fällen oder gar *bei bewußtem Vorgehen der Verwaltung* in obigem Sinne steht eine verfahrensmäßige Wiederein-

---

[1004] BT-DrS 7/910,60; Stelkens 1998 a,1000,1003
[1005] Stelkens 1998 a,997
[1006] vgl. BVerwG NJW 2001,2986
[1007] vgl. nachfolgende Ausführungen und E III 2
[1008] vgl. Schoch 1984,402f.,409
[1009] Stelkens 1998 a,999f.
[1010] Fall nach Stelkens 1998 a,1021

setzung nach Fristversäumung *lediglich im Ermessen* der jeweiligen Verwaltung[1011]. Dies schadet der Bürger/Verwaltungs-Beziehung.
Um den VA rechtlich verständlich zu machen, darf im Regelfall auch die Gesetzesangabe seiner Ermächtigung nicht fehlen, da sonst die von der Verwaltung geltend gemachte Kompetenz unklar bleibt[1012]. Das allein reicht aber häufig nicht aus. „Die bloße Wiederholung des Gesetzestextes ist für die meisten Bürger unverständlich; er muß erläutert werden“[1013]. Daneben sind bürgerbezogen in vielen Fällen auch Angaben zu allgemein erreichbaren Fundstellen der verwendeten Rechtsgrundlagen (nicht: verwaltungsinterne Rechtssammlungen) unverzichtbar, insbesondere wenn es sich um schwer zugängliche Rechtsvorschriften und ‚Paragraphenketten' handelt. Dabei sind „die Gründe für die Normenfülle und die Überregulierung ... vielschichtig und vielgestaltig... - (Normen) stehen vielfach auch in unmittelbarer Wechselwirkung zueinander“[1014]. „Die Regelungen sind inzwischen so kompliziert geworden und ändern sich in so schneller Folge, daß selbst die professionelle Verwaltung oft ganze Gesetzesbereiche kalkuliert außer Anwendung läßt, um überhaupt noch entscheiden zu können. Für den Bürger hat die Unverständlichkeit ... entdemokratisierende Wirkung“[1015]. Hier besteht ein Zusammenhang mit einer belastenden Verwaltungspraxis, Rechtsbehelfsbelehrungen dem VA grundsätzlich nicht beizufügen[1016]. In all diesen Fällen wird ein[1017] ‚Ausspielen von Amtsautorität' ermöglicht.
Die Betonung des ‚formellen' Begründungsaspektes in § 39 VwVfG hat aber noch andere negative Konsequenzen für den Bürger. „Trotz inhaltlich falscher Begründung kann die Entscheidung materiell rechtmäßig sein... So kann sich im gerichtlichen Verfahren aus anderen Umständen als der Begründung ergeben, daß die Behörde zutreffend abgewogen hat“[1018]. Denn ob der *Inhalt* der gegebenen Begründung *materiell* zutreffend ist, soll wegen des Charakters eines ‚formellen Aspektes' eine Frage der materiellen Rechtmäßigkeit nach dem jeweils einschlägigen Fachrecht bleiben und keine Auswirkung auf die gegebene Begründung im Rahmen des § 39 VwVfG haben[1019]. Die Verwirrspiele für den Bürger bzw. die Mißbrauchsmöglichkeiten für die Verwaltung werden immer größer, wenn man sich die Konsequenzen vor Augen führt, daß also trotz formell ordnungsgemäßer Begründung diese sachlich unrichtig sein, umgekehrt eine materiell zutreffende Begründung den formellen Erfordernissen des § 39 VwVfG nicht genügen kann. Ein Verstoß gegen § 39

[1011] Stelkens 1998 a,1021
[1012] Stelkens 1998 a,1003
[1013] Kallerhoff 1998 a,582
[1014] Wagner 1999,481
[1015] v.Arnim 1997 b,282f.
[1016] vgl. Stelkens 1998 a,1021
[1017] bei D I 1 erläutertes
[1018] Stelkens 1998 a,1002
[1019] vgl. Stelkens 1998 a,997; Schoch 1984,402f.

VwVfG liegt nur vor, wenn eine Begründung ganz fehlt oder unzureichend und unvollständig ist[1020]. Doch selbst das führt aufgrund von Heilungsmöglichkeiten nicht notwendigerweise zur gerichtlichen Aufhebung des VA[1021]. Die Begründungspflicht des § 39 VwVfG kann also für den Bürger völlig ins Leere laufen[1022].

Allerdings ist es dann erstaunlich, daß § 39 I 2 die ‚formelle Begründungspflicht' inhaltlich spezifiziert – und zwar genau hinsichtlich von Erwägungen, welche die Verwaltung bei Beurteilung der materiellen Rechtslage zu berücksichtigen hat. Aus Bürgersicht geht es bei der Begründung um die verständliche Nachvollziehbarkeit und gegebenenfalls Akzeptanz bzw. Ablehnung des Verwaltungsaktes. Die Beurteilung der Rechtmäßigkeit durch den Bürger kann aber ohne Kenntnis der Verwaltungsgründe weder vom ihm, Dritten, der Behörde selbst (Wiederaufgreifensfälle), einer Widerspruchsbehörde oder vom Verwaltungsgericht vorgenommen werden.

Dies offenbart einen Konflikt innerhalb des § 39, der schon aus der Entstehungszeit des Gesetzes stammt: denn Absatz 1 Satz 2 kam erst auf Drängen der Literatur im *Entwurf 1973* hinzu, der insbesondere die materiellen Aspekte der Begründung verstärken wollte[1023]. Widerstand dagegen begründeten insbesondere die von Verwaltungsseite vorgebrachten Bedenken, ein zu weitgehender Begründungszwang werde die Aufgabenerledigung zu stark belasten[1024]. § 39 VwVfG sollte danach Fragen der materiellen Begründetheit des VA möglichst ausklammern – doch beziehen sich die ‚formellen' Begründungsangaben ja gerade darauf und müssen daher aufgezeigt werden. Allerdings entspricht dann der umfänglichen materiellrechtlichen Verpflichtung der Verwaltung die Begründungspflicht in § 39 VwVfG nicht. Denn hier sind nicht etwa *alle* geprüften Sachverhaltsteile und Erwägungsgründe mitzuteilen, sondern nur noch diese, welche die Verwaltung nach ihrer alleinigen Beurteilung für berücksichtigenswert hält[1025]. Die Nichtberücksichtigung genannter Fakten oder Rechtsüberzeugungen, gerade wenn sie vom Bürger kommen, führt aber in Verbindung mit der Verwaltungsstellung, den maßgeblichen Maßstab ‚setzen' zu können, leicht zu einer problematischen Nachteilssituation für den Bürger, der sich nicht ernst genommen und den VA nicht mehr als ‚verständlich' empfinden muß. Akzeptanz bleibt dann aus. Zumal gerade dort, wo Ermessen und unbestimmte Rechtsbegriffe eine Rolle spielen, für den Bürger Gefahren lauern, denen nur durch umfangreiche, transparente Begründung seitens der Verwaltung begegnet werden kann[1026]. Gesteigert werden

[1020] Schoch 1984,405f.
[1021] vgl. Stelkens 1998 a,1010
[1022] Schoch 1984,407
[1023] vgl. Schoch 1984,404; Stelkens 1998 a,992
[1024] vgl. BT-DrS VI/1173,47f.
[1025] Dechsling 1985,715; Stelkens 1998 a,1002; vgl. BSG NJW 2000,3591; BT-DrS 7/910,60
[1026] Dechsling 1985,714; vgl. BSG NJW 2000,3591

diese Gefahren, wenn *auch nach Verwaltungsansicht* zwar mehrere Gesichtspunkte rechtsrelevant sind, sie sich aber hiervon einen ‚heraussuchen' kann. Denn tragen mehrere Ermessensgründe unabhängig voneinander die Entscheidung, soll für den Begründungszweck die Angabe *eines* Grundes genügen[1027]. Dies bedeutet eine Abwertung des Verwaltungsverfahrens und der Stellung des Bürgers darin. Ein Eindruck von Verwaltungswillkür kann dann zur Belastung der Bürger/Verwaltungs-Beziehung führen.
Auch das Argument einer notwendigen Entlastung der Verwaltung zur Erhaltung ihrer Effizienz erscheint fragwürdig. Denn es kann berechtigten Verwaltungsanliegen durchaus auf andere Weise, beim Umfang der zu gebenden Begründung, entsprochen werden[1028], da die in Absatz 1 Satz 2 genannten wesentlichen tatsächlichen und rechtlichen Gründe bereits je nach Rechtsgebiet sehr verschieden sein können. In die materielle Prüfung der Rechtmäßigkeit nach dem Fachrecht gehören „die Feststellung des Sachverhalts, die Heranziehung der einschlägigen Norm(en), deren Auslegung und die Subsumtion unter das Gesetz"[1029]. Zu begründen sind die unbestimmten Rechtsbegriffe auch bei Bewertungen z.B. politischer, wirtschaftlicher oder pädagogischer Art[1030]. Dabei können Verwaltungsakte in rechtlicher und tatsächlicher Hinsicht später vollständig, auch hinsichtlich unbestimmter Rechtsbegriffe, nachgeprüft werden – und das muß bei der Begründung zu Gunsten des Bürgers stärker berücksichtigt werden[1031].
Zum festgestellten Sachverhalt gehört ferner die behördliche Beweiswürdigung. Bei Abwägungen müßte in den gegebenen Begründungen erkennbar sein, daß und wie Abwägungen erfolgt sind und welche Gewichtung einzelne Belange einschließlich der Einwendungen Dritter erfahren haben[1032]. „Je freier (jedoch) der Handlungs- und Gestaltungsspielraum, um so eingehender müssen die Ermessensgründe dargelegt werden"[1033]. Genannte und streitig erörterte Umstände müssen also berücksichtigt werden, auch wenn sie die Verwaltung nach ihrer Rechtsmeinung für ‚unerheblich' hält. Hierzu könnte – bei entsprechend problemreduzierender Anwendung auch des § 39 VwVfG - das Verwaltungsverfahren Möglichkeiten des Gesprächs über alle Fragen vor einer Entscheidung einschließlich der Stellungnahme der Bürger ermöglichen und so die eigenständige Rechtswahrungsfunktion von Verwaltungsverfahren fruchtbar machen.
Erweiternd muß die Versagung eines geltend gemachten Bürger-Anspruchs begründet werden[1034]. Denn „einer Begründung der 'Abwägung des Für und

[1027] vgl. BVerwG NJW 1988,783
[1028] vgl. BT-DrS VI/1173,48; BVerwG BRS 36 (1980) 216; Stelkens 1998 a,1001
[1029] Schoch 1984,403
[1030] Stelkens 1998 a,1004
[1031] Gerhardt 1997 a,19; vgl. BVerfG NJW 1991,2006
[1032] Stelkens 1998 a,1001ff.
[1033] Stelkens 1998 a,1006
[1034] BT-DrS VI/1173,48

Wider' kann es voraussetzungsgemäß nicht bedürfen, soweit es nach dem jeweils einschlägigen materiellen Recht einer solchen Abwägung nicht bedarf"[1035]. Das durchzusetzende materielle Recht müßte auch zu *Gunsten* des Bürgers bereits spezialgesetzlich auf die Verfahrensgestaltung einwirken und weitergehende Begründungsansprüche geben[1036]. Dann müßten die tragenden Erwägungen *in besonderer Weise* mitgeteilt werden[1037].
Zu Lasten des Bürgers wirkt ferner, daß nur bei vollständig fehlender Begründung im Ermessensbereich stets von einem Ermessensfehler als Unterlassen einer gesetzlich gebotenen Abwägung auszugehen ist[1038]. Denn „abstrakt ist ... bei Ermessensentscheidungen, abgesehen von der Reduzierung des Entscheidungsspielraums der Behörde auf Null, immer eine andere Entscheidung denkbar"[1039]. Bei schriftlichen Verwaltungsakten müßte daher das Absehen von einer Anhörung im Verfahren begründet werden: „Fehlt eine Begründung, trägt die Behörde die materielle Beweislast dafür, daß sie ihr Ermessen zu Recht ausgeübt hat" [1040]. Der Bürger soll auf diese Weise die Möglichkeit erhalten, auf den Entscheidungsgang *einzuwirken*. „Auch wenn dem einzelnen ein Anspruch auf ein bestimmtes Abwägungsergebnis nicht zusteht,... hat er doch ein subj. öff. Recht darauf, daß seine Bedenken und Anregungen *berücksichtigt* und ... abgewogen werden"[1041]. So ist gemäß § 39 I 2 niederzulegen, welchen Sachverhalt die Verwaltung festgestellt und wie sie ihn gewürdigt hat. Das verdeutlicht den *Zusammenhang von Begründung* der Entscheidung *und Anhörung* im Entscheidungsverfahren[1042]: der Begründungszwang erscheint als Konsequenz der Anhörungspflicht, weil erst hierdurch behördliche Sachverhaltsermittlung und -bewertung transparent gemacht werden.
Doch kommt es auch hier zu einer Abwertung des Verwaltungsverfahrens und der Stellung des Bürgers darin, weil es in § 39 nur um die Begründung der Entscheidung, nicht der Erkenntnisse des Verfahrensweges dorthin geht. Denn im Verfahren gewonnene Erkenntnisse, z.B. gemäß § 28 VwVfG, sind in der Begründung der Entscheidung lediglich zu ‚berücksichtigen'. Dies kann zu einer völligen Aushöhlung des Geschehens im Verwaltungsverfahren führen, indem Gesichtspunkte, die vielleicht Gegenstand umfangreicher Erörterung und Beweiserhebung waren, überhaupt nicht mehr auftauchen – weil die Verwaltung noch ein ‚anderes As im Ärmel' hatte oder sich der Gesichtspunkt zu ihren Ungunsten entwickelt hatte. Dann aber darf der Bürger sich zurecht nicht als ernstgenommen, als Objekt der Verwaltung, fühlen – zumal

[1035] BVerwG BRS 36 (1980) 217
[1036] Schmitz 1998,379,381
[1037] vgl. Schoch 1984,402; Hösch 1997,603
[1038] Schoch 1984,405; vgl. BVerwGE 85,163,165; Gerhardt 1997,10 a
[1039] VG Köln NJW 1981,780
[1040] Ehlers 1996,620; vgl. BVerwG DVBl.1983,997,1000
[1041] OVG Hamburg VerwRspr 29 (1978) Nr.153, 825; kursiv = d.Verf.
[1042] Kallerhoff 1998,548; Stelkens 1998 a,993; Näheres bei D I 4, E III 4

der *Anlaß* der VA-Regelung genau der Umstand gewesen sein kann, der dann später in der Begründung überhaupt nicht mehr erscheint[1043].
Zu *Lasten* des Bürgers gehen auch die Ausnahmevorschriften des § 39 II, die mit ihren Ausnahmekatalogen den geäußerten Verwaltungsbedenken explizit Rechnung tragen wollten. Eine übermäßige Aufgabenbelastung durch Begründungsverpflichtungen sollte durch Einräumung behördlichen Ermessens vermieden werden[1044]. § 39 II VwVfG stellt nämlich von der Begründungspflicht des § 39 I frei. So kann gemäß § 39 II Nr.1 bei begünstigenden Verwaltungsakten die Begründung bei antragsgemäßer Entscheidung entfallen. Eine Begründungspflicht zugunsten des begünstigten Antragstellers zur Stärkung seiner Rechtsposition gibt es nicht; auf die Eigenkontrolle der Verwaltung wird verzichtet[1045]. Problematisch ist dies nicht nur, weil begünstigende und belastende Teile – gerade bei Einbeziehung von Nebenbestimmungen – häufig miteinander verwoben sind, sondern auch, weil staatliche Begünstigungen ohne Begründung in der Öffentlichkeit leicht einem Unrechtmäßigkeitsverdacht ausgesetzt sein können. Der Bürger wird so daran gehindert, seinen Part zu leisten, um „größere Überschaubarkeit der Geldströme und Finanzkontrolle"[1046] zu ermöglichen.
Verzichtbar ist eine Begründung gemäß § 39 II Nr.2, wenn dem Betroffenen die gesamte Sach- und Rechtslage einschließlich der diesbezüglichen Behördenbeurteilung bekannt oder ohne weiteres erkennbar ist, weil dann die betroffenenschützenden Begründungsfunktionen bereits erfüllt sein sollen[1047]. Dies ist jedoch häufig zweifelhaft[1048], z.B. bei bloßer Anhörungsbeteiligung oder ‚öffentlicher Diskussion' des Problems bzw. bloßem Verweis auf die Akten in der Begründung. Auch wenn die Akten dem Bürger bekannt sind oder zugänglich wären (vgl. § 29 VwVfG), fehlt die Festlegung der Verwaltung auf eine konkrete Begründung bzw. Begründungserläuterung, was in Verbindung mit Art und Umfang der Akten die Rechtsverteidigung des Bürgers erheblich erschweren kann. Dann aber darf die Begründung weder als bekannt noch ohne weiteres erkennbar gelten. Dies widerspräche dem ‚Einfachheitsgebot' des Verwaltungsverfahrens[1049]: gemäß § 10 VwVfG muß auch die Begründung einfach, zweckmäßig und zügig erfolgen.
Somit bietet § 39 VwVfG zahlreiche gesetzliche Einfallstore einer belastenden Handhabung der VA-Begründung seitens der Verwaltung. Offenkundig wird dies bei der Problematik ursprünglich fehlender, aber nachgeschobener Begründung des Verwaltungsaktes. § 39 I 1 geht zwar im Wortlaut davon aus, daß die Begründung einem erlassenen VA beigefügt wird (vgl. §§ 41,43

[1043] vgl. Stelkens 1998 a,1014
[1044] vgl. BT-DrS VI/1173,47f.
[1045] Stelkens 1998 a,1011,1013
[1046] Wölki 1984,115
[1047] Stelkens 1998 a,1013f.
[1048] vgl. Stelkens 1998 a,999,1014
[1049] Stelkens 1998 a,998

VwVfG), also auch den Abschluß des Verwaltungsverfahrens mit seiner Situationsermittlung und -bewertung (vgl. §§ 24ff. VwVfG) dokumentiert. Dieser Grundsatz von gleichzeitiger Veröffentlichung des Verwaltungsaktes und der ihn tragenden Begründung wird in ihrem funktionalen Zusammenhang jedoch aufgehoben, wenn Begründungen in bestimmten Fällen ersetzt oder nachgeschoben werden können – in Fällen der sog. Heilung (vgl. § 45 I Nr.2, II VwVfG)[1050]. Schon vor den Gesetzesänderungen 1996 war hierzu in der Rechtsprechung die Möglichkeit anerkannt[1051], daß in bestimmten Fällen *Ermessensfehler* (noch) innerhalb gerichtlicher *Tatsachen*instanzen von der Verwaltung ergänzt werden konnten. Eine Zulässigkeit des Auswechselns der Gründe noch vor Gericht wurde von Teilen der *Rechtsprechung* durch *Übernahme spezialgesetzlicher* Möglichkeiten in das allgemeine Verfahrensrecht abgeleitet, „wenn der Streitstoff im wesentlichen derselbe geblieben ist“[1052]. Dies bot Grund zu reicher Kritik infolge der eintretenden Rechtsunsicherheiten zu Lasten des Bürgers. Schmitz/Wessendorf[1053] verweisen hierzu auf das 1996 im Gesetzgebungsverfahren von der Industrie vertretene Interesse, erweiterte *gesetzliche* Heilungsmöglichkeiten *im allgemeinen* Verwaltungsverfahrensrecht aus der geplanten Gesetzgebung herauszunehmen, weil darin eine wesentliche Zurücknahme und Schwächung der Verfahrensteilhaberechte gesehen wurde: insbesondere würden Anhörung und Begründung (§§ 28,39 VwVfG) entwertet. Die Gesetzesänderungen 1996 weiteten dennoch die Heilungsmöglichkeiten im Verfahrensrecht vom Fachrecht auf das *allgemeine Verwaltungsverfahrensrecht* aus. So wurde nach 1996 die größte Veränderung in der Rechtspraxis darin gesehen, daß die zeitliche Erweiterung der heilenden Nachholbarkeit auch für das Fehlen der erforderlichen Begründung gestattet wurde (vgl. §§ 45 I Nr.2, II VwVfG, 114 S.2 VwGO)[1054]. Damit wurde zwar zugunsten der Verwaltung, aber entgegen der wirtschaftsfördernden Gesamtintention des Reformgesetzes 1996 – und zu Lasten des Bürgers - entschieden.

Obwohl eine Begründungspflicht im VwVfG also geregelt ist, schützt sie die Verfahrensrechte des Bürgers nur unzureichend und ist somit ursächlich für Probleme in der Bürger/Verwaltungs-Beziehung.

4. Gestaltungsräume der Verwaltung (§ 40 VwVfG)

Der Gesetzestext lautet:

§ 40 VwVfG Ermessen. Ist die Behörde ermächtigt, nach ihrem Ermessen zu handeln, hat sie ihr Ermessen entsprechend dem Zweck der Ermächtigung auszuüben und die gesetzlichen Grenzen des Ermessens einzuhalten.

[1050] Stelkens 1998 a,999

[1051] vgl. Schoch 1984,405; BVerwGE 85,163

[1052] BVerwGE 85,163,166

[1053] 1996,957f.

[1054] warnend bereits Schoch 1984,408

Die Rechtsprechung vermittelt bisweilen[1055] den Eindruck eines ‚Dogmas von der *einen* richtigen Entscheidung der Verwaltung', die unmittelbar und zwingend aus dem Gesetz ableitbar sei – doch diese Situation ist in der Verwaltungspraxis kaum vorhanden. Der Hintergrund dieser Sichtweise erhellt sich aber – wie sich schon bei § 35 VwVfG gezeigt hat – aus einer Betrachtung der historischen Entwicklungslinie hinsichtlich behördlichen Ermessens, die auch heute noch wirksam ist und zu Problemen in der Bürger/Verwaltungs-Beziehung führt[1056].
Rechtsideal des 19. Jahrhunderts war die Ausführung möglichst exakt gefaßter Gesetze mittels VA durch Subsumtion der Lebenssachverhalte unter den Gesetzeswortlaut. Ein juristischer Positivismus wollte damals das Recht von allen nichtjuristischen, ‚bloß' z.B. der ethischen, soziologischen, ökonomischen, psychologischen oder politischen Betrachtung angehörenden Stoffen 'reinigen' - solche Fragen seien nur mit *deren* besonderen Forschungsmethoden beantwortbar und im Rahmen des Rechtsvollzugs *irrelevant*[1057]. Die Rechtmäßigkeit – auch im Ermessensbereich - ist danach ausschließlich juristisch, irgendwelche Zweckmäßigkeiten sind ausschließlich fachwissenschaftlich zu ermitteln[1058]. Setzung und Abwägung von Zwecken seien zudem ausschließlich Sache der Politik[1059]. Da diese Ansicht Recht- und Zweckmäßigkeit streng unterscheidet und für die Umsetzung von Gesetzesrecht nur die Rechtmäßigkeit für maßgebend hält, bleibt für eine eigenständige Funktion der Zweckmäßigkeit kein Raum mehr. Ihrer Funktion und Anwendbarkeit beraubt, bleibt ihr Inhalt undeutlich[1060]. Infolge dessen wurde der Zweckmäßigkeitsbegriff kaum mehr positiv definiert und bloßer Sammelbegriff „für die nichtrechtlichen (bzw. nicht gerichtlich überprüfbaren) Richtigkeitselemente der Verwaltungsentscheidung"[1061]. Im Verwaltungsverfahren sollen Zweckmäßigkeitserwägungen für den Bürger dann keine Bedeutung haben bzw. sind juristisch unangreifbar, können folglich als ‚Binnenabwägung der Verwaltung' (z.B. bei politischer Prioritätensetzung) vorgenommen werden; insofern „eröffnete die Zweckbindung ein nicht nachprüfbares Ermessen der Behörden"[1062]. Diese Auffassung bestimmt bis heute in vielen Fällen das Verhalten der Verwaltung gegenüber dem Bürger und äußert sich dann in einem Rückzug hinter vermeintlich ‚rechtssichere Positionen'[1063]. Dies jedoch eröffnet Willkürmöglichkeiten und den Einfluß unsachgemäßer Abwägungskriterien bei der Ermessensentscheidung, was durch Weglassen entsprechender

[1055] Hill 1996,193
[1056] v.Arnim 1977,222f.; vgl. v.Arnim 1988,45,56; v.Arnim/Brink 2001,30ff.
[1057] v.Arnim 1977,222f.; v.Arnim/Brink 2001,30
[1058] v.Arnim 1977,223
[1059] v.Arnim/Brink 2001,32
[1060] v.Arnim 1988,56
[1061] v.Arnim 1988,57
[1062] Wölki 1984,119
[1063] vgl. Pippig 1988,34

Begründungen durch das ‚Auswahlprinzip' der Verwaltung bei § 39 VwVfG ‚kaschiert' werden kann[1064]. Der VA ist dann nicht mehr transparent und für den Bürger unangreifbar – dies muß zu Belastungen der Bürger/Verwaltungs-Beziehung führen.
Unterstützt wird eine solche Tendenz durch das Faktum, daß das Recht, z.B. in § 68 der Verwaltungsgerichtsordnung (VwGO), zwischen Recht- und Zweckmäßigkeit trennt und auch Ermessensentscheidungen nicht voll gerichtlich überprüft werden können. Gerichte haben nämlich grundsätzlich nicht über die Richtigkeit der Verwaltungsentscheidung zu befinden, sondern sie nur auf Rechtsfehler zu untersuchen, wie § 114 S.1 VwGO zu entnehmen ist. Es geht um Einhaltung von Grenzen der Ermessensausübung[1065].

§ 114 VwGO (Nachprüfung von Ermessensentscheidungen). [1]Soweit die Verwaltungsbehörde ermächtigt ist, nach ihrem Ermessen zu handeln, prüft das Gericht auch, ob der Verwaltungsakt oder die Ablehnung oder Unterlassung des Verwaltungsakts rechtswidrig ist, weil die gesetzlichen Grenzen des Ermessens überschritten sind oder von dem Ermessen in einer dem Zweck der Ermächtigung nicht entsprechenden Weise Gebrauch gemacht ist.

Hierbei soll es zu einer „funktionsgerechten Kompetenzverteilung (kommen) zwischen der Exekutive als initial handelnder, gestaltender, dafür ausgestatteter sowie politisch verantwortlicher Instanz und der Judikative, der lediglich Teilaspekte zu nachträglicher Kontrolle unterbreitet werden"[1066]. Das Gericht prüft nur die Rechtmäßigkeit, denn für Zweckmäßigkeitsüberprüfungen fehlten die rechtlichen Kontrollmaßstäbe[1067]. Das Bundesverwaltungsgericht[1068] betont in diesem Sinne: Es kann „nicht Sache der nachträglichen verwaltungsgerichtlichen Kontrolle sein..., die der Exekutive zugewiesene Wertung wissenschaftlicher Streitfragen einschließlich der daraus folgenden Risikoabschätzung durch eine eigene Bewertung zu ersetzen". Die Gerichtskontrolle hat „Bewertungen nur auf ihre Rechtmäßigkeit zu überprüfen, nicht aber ihre eigenen Bewertungen an deren Stelle zu setzen"[1069]. Um ihren Auftrag erfüllen zu können, muß danach bei Ermessensentscheidungen für die Gerichtsbarkeit aus der Begründung der Verwaltungsentscheidung nur „erkennbar sein, daß die Behörde die gesetzlichen Grenzen des Ermessens erkannt und nicht überschritten sowie bei der Entscheidung von dem Ermessen in einer dem Zweck der Ermächtigung entsprechenden Weise Gebrauch gemacht hat"[1070]. Infolge der *Ausblendung* von Zweckmäßigkeitsgesichtspunkten auf-

---

[1064] vgl. D I 2
[1065] Schmidt-Aßmann 1997,288; v.Arnim/Brink 2001,30; VwGO idF.1996; vgl.Vorwort
[1066] Gerhardt 1997 a,21
[1067] Gerhardt 1997 a,16
[1068] BVerwGE 72,316
[1069] BVerwGE 72,317
[1070] BT-DrS 7/910,60

grund des oben beschriebenen ‚Dogmas' können jedoch nur ganz bestimmte behördliche Verhaltensweisen zur Rechtswidrigkeit des VA führen[1071], z.B. wenn vom Ermessen überhaupt kein Gebrauch gemacht oder ein sachfremder Gesichtspunkt maßgebend wurde. Folglich kann man von einem gesetzlich eingeräumten ‚Exklusivraum der Verwaltung' bei Ermessensentscheidungen auf der Rechtsfolgenseite sprechen, der auf Reste einer problematischen Subordination des Bürgers hindeuten könnte[1072].
Entgegen dem geschilderten ‚Dogma' nennt der § 40 in seiner 1.Alternative allerdings neben den gesetzlichen Grenzen des Ermessens den Zweck der Ermächtigung – und zwar an erster Stelle und dem Ermessen gleichwertig, wie die grammatikalische Verknüpfung mit dem ‚und' zeigt. Da dies unter der allgemeinen Überschrift des § 40 ‚Ermessen' läuft, deutet sich an, daß es sich um eine weitere Verwaltungsbindung auf der Rechtsfolgenseite handelt, der neben den (negativen) Aspekt der Ermessens-Grenzverletzung den (positiven) Aspekt der gesetzlichen Zwecksetzung stellt.
Die Verfolgung von Zwecken erfolgt im Rechtsstaat in den Formen des Gesetzes[1073]. Die daraus resultierende Zweckbindung der Verwaltung wird u.a. anhand des § 40 VwVfG beurteilt[1074]. Der Zweck des den VA ermächtigenden Gesetzes kann verschiedener Art sein und muß nicht einen speziellen Rechtszweck verfolgen. Die Norm kann sogar ausgesprochen interdisziplinär anzugehende Zwecke verfolgen[1075]. Dann können schon einfachgesetzlich in Ermessenserwägungen z.B. auch ethische, rechtliche, politische, betriebs- und volkswirtschaftliche Belange einbezogen werden. Die Verwaltung muß hier - nach dem Willen des Gesetzgebers – einen akzeptier- und damit überprüfbaren Ausgleich suchen. Hierzu müssen ihr allerdings Entscheidungsspielräume offenstehen[1076]. „Die Ermächtigung gewährt der Behörde einen Freiraum zu eigener Entschließung, damit sie die gesetzliche Zielbestimmung... unter den vielfältigen tatsächlichen Umständen des Einzelfalles flexibel und möglichst effektiv verwirklichen kann..."[1077]. Den Rahmen solcher Zweckmäßigkeitsentscheidungen zieht das Recht, indem es Grenzen der Entscheidungsräume setzt.
Doch wie steht es mit dem subjektiven Bezug zum Bürger? Zwecke enthalten auch Dynamisierungsgebote. So muß etwa im Regelfall ein Handwerk untersagt werden, wenn sich der Betroffene nicht den jeweiligen technischen und wirtschaftlichen Entwicklungen angepaßt hat, um seine Leistungsfähigkeit zu

---

[1071] Schoch 1984,404
[1072] vgl. Kallerhoff 1998,563; Martens 1986,126f.
[1073] Ronellenfitsch 1994,208
[1074] vgl. Art. 20 III GG und zum Verwaltungsverfahren BT-DrS 7/910,61; Schmitz 1998,379,381
[1075] vgl. VGH Mannheim NJW 1986,395
[1076] Beispiel in BT-DrS VI/2559,9
[1077] VGH Mannheim NJW 1986,399; zu dieser Erfolgs- und Aufwands-Bilanz vgl. v.Arnim/Brink 2001,32

erhalten. Denn eine „Festlegung aufgrund eines zu einem bestimmten Zeitpunkt fixierten Entwicklungsstandes würde die dynamische Weiterentwicklung des Handwerks behindern“[1078]. Das aber berührt offenkundig die subjektive Rechtsstellung des Bürgers und widerlegt die These der bloßen ‚Binnenberücksichtigung‘ von Zweckmäßigkeitserwägungen durch die Verwaltung. Hierzu hat die Rechtsprechung zur Bestimmung von Art und Umfang einer auch gerichtlichen Zweckmäßigkeitsprüfung seit den 80er Jahren die Rechtskonstruktion des intendierten Ermessens entwickelt, die gesetzliche Zwecke gerichtlich überprüfbar (!) macht[1079]. Damit kommen die Verwaltungsgerichte über die Ermittlung des *Normzweckes* an Überprüfungsbereiche heran, die ihnen sonst wegen §§ 40 VwVfG, 114 VwGO verschlossen blieben. Dies kann als Gegenreaktion auf die erweiterten Handlungsspielräume der Verwaltung in der Aufgaben-Ebene mit ihrer Reduzierung demokratischer Einflußmöglichkeiten angesehen werden. Es geht um Fälle mit klar definiertem Zweck, bei denen keine Anspruchsposition des Bürgers besteht, sondern Ausnahmen im Ermessen der Verwaltung stehen (Rechtsfolgenseite der Norm)[1080].

Anknüpfungspunkt dieser Rechtsentwicklung ist formal zunächst der *Wortlaut* des § 40 VwVfG: Die Verwaltung „hat“ (= muß) ihr Ermessen *in erster Linie* (§ 40 *1*.Alt.) entsprechend dem Zweck der Ermächtigung (= in der Regel des Gesetzes) auszuüben. Nicht eine (interpretationsbedürftige) Bezeichnung auf der *Rechtsfolgenseite* (kann, soll, muß) ist hier damit für den Entscheidungsspielraum der Verwaltung prägend, sondern der gerichtlich überprüfbare konkretisierbare Zweck der Norm. Er wird im Ergebnis wie ein unbestimmter Rechtsbegriff auf der *Tatbestandsseite* einer Norm behandelt. Für das Bundesverwaltungsgericht[1081] geben solche zweckgerichteten Normen von sich aus ein im Grunde gewolltes Ergebnis vor, so daß es im Regelfall gar keiner behördlichen Einzelfall-Abwägung mehr bedarf. Die Ermessensbetätigung ist dann „vom Gesetz vorgezeichnet ... (sog. intendiertes Ermessen), ... (so daß) ein bestimmtes Ergebnis dem Gesetz nähersteht, sozusagen im Grundsatz gewollt ist und davon nur ausnahmsweise abgesehen werden darf... Die Ermessensermächtigung soll es vielmehr der zuständigen Stelle lediglich ermöglichen, von einer nach der grundsätzlichen Zielsetzung des Gesetzes an sich gebotenen Versagung... ausnahmsweise dann abzusehen, wenn sie dies aufgrund bestimmter besonderer Umstände des Einzelfalles... zur Vermeidung

---

[1078] VGH Kassel NVwZ 1991,280,282

[1079] vgl. Volkmann 1996,282ff.

[1080] So sollen etwa Wohnberechtigungsbescheinigungen nach dem Gesetz an Nichtfamilienangehörige nur ausnahmsweise erteilt werden, wenn die Versagung eine *besondere Härte* (Ermessensbegriff) bedeuten würde. Vorgegebenes klares gesetzliches Subventionsziel ist es, das Wohnen *für Familien* zu fördern (vgl. BVerwGE 72,3f.)

[1081] BVerwGE 95,189,207; weitere Nachweise bei Stelkens 1998 a,1008

einer ungewöhnlichen Härte für angemessen hält"[1082]. Dazu „müssen besondere Gründe vorliegen, um eine gegenteilige Entscheidung zu rechtfertigen. Liegt ein vom Regelfall abweichender Sachverhalt nicht vor, versteht sich das Ergebnis der Abwägung von selbst. Versteht sich aber das Ergebnis von selbst, so bedarf es insoweit nach § 39 Abs.1 Satz 3 VwVfG auch keiner das Selbstverständliche darstellenden Begründung"[1083]. Schweigt die Verwaltung also, kann keine mangelhafte Begründung vorliegen, weil sie ja gar keine Abwägung vorzunehmen *brauchte*. Das Schaubild verdeutlicht die systematische Stellung des intendierten Ermessens.

Schaubild 7: Gestaltungsräume der Verwaltung

Normstruktur	Rechtsfolgenseite für die Verwaltung	Überprüfungsmöglichkeiten des Gerichts	Freiraum der Verwaltung
ergebnisoffen	kann	eingeschränkt	groß
ergebnisbeeinflußt	soll	eingeschränkt	eingeschränkt
ergebnisgeleitet	muß	vollständig	keiner
ergebnisoffen oder ergebnisbeeinflußt	‚kann' oder ‚soll' durch Ermessensreduzierung auf Null im *Einzelfall* zum ‚muß'	vollständig	keiner
ergebnisgeleitet	*Gesetzliches* ‚muß', aber durch besondere Härte im Einzelfall Ausnahme *zugunsten* des Bürgers	vollständig[1]	klein(er als beim ‚soll')

[1](vgl. BVerwG NJW 1990,2766)

De facto wird eine Art Beweislastumkehr gegenüber ‚sollens'-Vorschriften vorgenommen. Die Verwaltung genügt der Begründungspflicht, wenn sie die begehrte Ausnahme mangels besonderer Gründe (z.B. Härtefall) versagt und dieses zum Ausdruck bringt[1084]. Während bei ‚sollens'-Vorschriften vom Gesetzgeber mit atypischen Fällen gerechnet wird und *daher* die Verwaltung solche zu prüfen hat, soll sie bei intendierten Fällen nur bei konkreten Anhaltspunkten besonderer Gründe überhaupt mit der Sachverhaltsermittlung tätig werden. „Bei der Ausübung des von Gesetzes wegen zur Nichterteilung hin intendierten Ermessens darf und muß die Behörde deswegen das 'Für und

[1082] BVerwGE 72,6
[1083] BVerwG DVBl. 1998,146
[1084] BVerwGE 72,7; BVerwG NJW 1987,1565

Wider' nur dann abwägen, wenn sie in dem zu würdigenden Einzelfall konkrete Anhaltspunkte für die Angemessenheit einer Ausnahme... festzustellen vermag"[1085]. Der Bürger muß hier von sich aus (Initiativpflicht!) kundtun, daß er entgegen als eindeutig angenommener Zweckbestimmung besonderer Umstände wegen zum Zuge kommt. Nur dann, wenn der Verwaltung auf diese Weise so besondere Umstände des Falles bekannt geworden sind, daß eine andere Entscheidung möglich erscheint (und sie dies bejaht hat), liegt ein rechtsfehlerhafter Gebrauch des Ermessens vor, wenn diese Umstände nicht erwogen worden sind[1086]. Da es sich meist nicht um Anspruchsbereiche des Bürgers handelt, kann der einzelne jedoch gegen eine einmal vorgenommene Definition des ‚gesetzlichen Zweckes' kaum noch etwas unternehmen: da der Gesetzeszweck den Einzelfall immer übergreift, entfällt für den Bürger im VA grundsätzlich die einzelfallangemessene Regelung, reduziert sich das Verwaltungsverfahren auf Darstellung des Zweckes und allenfalls auf das Auffinden eines ‚besonderen Ausnahmegrundes'. Dies drängt den Bürger in eine weitgehende Abhängigkeitsposition von der Verwaltung. Die dazu weitgehend ausbleibenden VA-Begründungen müssen Argwohn gegen die Verwaltung verstärken und zu Belastungen der Bürger/Verwaltungs-Beziehung führen.

4. Zusammenwirken im Verwaltungsverfahren (§§ 24-28 VwVfG)

Besonderes Augenmerk soll hier auf einige zentrale Vorschriften des Verwaltungsverfahrens gelegt werden. Es sind:

§ 24 Untersuchungsgrundsatz. (1) [1]Die Behörde ermittelt den Sachverhalt von Amts wegen. [2]Sie bestimmt Art und Umfang der Ermittlungen; an das Vorbringen und an die Beweisanträge der Beteiligten ist sie nicht gebunden.
(2) Die Behörde hat alle für den Einzelfall bedeutsamen, auch die für die Beteiligten günstigen Umstände zu berücksichtigen.
(3) Die Behörde darf die Entgegennahme von Erklärungen oder Anträgen, die in ihren Zuständigkeitsbereich fallen, nicht deshalb verweigern, weil sie die Erklärung oder den Antrag in der Sache für unzulässig oder unbegründet hält.

§ 25 Beratung, Auskunft. [1]Die Behörde soll die Abgabe von Erklärungen, die Stellung von Anträgen oder die Berichtigung von Erklärungen oder Anträgen anregen, wenn diese offensichtlich nur versehentlich oder aus Unkenntnis unterblieben oder unrichtig abgegeben oder gestellt worden sind. [2]Sie erteilt, soweit erforderlich, Auskunft über die den Beteiligten im Verwaltungsverfahren zustehenden Rechte und die ihnen obliegenden Pflichten.

[1085] BVerwG NJW 1987,1565; vgl. bereits BVerwG BRS 36 (1980) 217
[1086] BVerwG DVBl. 1998,146

§ 26 Beweismittel. (1) [1]Die Behörde bedient sich der Beweismittel, die sie nach pflichtgemäßem Ermessen zur Ermittlung des Sachverhalts für erforderlich hält. [2]Sie kann insbesondere

1. Auskünfte jeder Art einholen,
2. Beteiligte anhören, Zeugen und Sachverständige vernehmen oder die schriftliche Äußerung von Beteiligten, Sachverständigen und Zeugen einholen,
3. Urkunden und Akten beiziehen,
4. Den Augenschein einnehmen.

(2) [1]Die Beteiligten sollen bei der Ermittlung des Sachverhalts mitwirken. [2]Sie sollen insbesondere ihnen bekannte Tatsachen und Beweismittel angeben. [3]Eine weitergehende Pflicht, bei der Ermittlung des Sachverhalts mitzuwirken, insbesondere eine Pflicht zum persönlichen Erscheinen oder zur Aussage, besteht nur, soweit sie durch Rechtsvorschrift besonders vorgesehen ist.
...

§ 28 Anhörung Beteiligter. (1) Bevor ein Verwaltungsakt erlassen wird, der in Rechte eines Beteiligten eingreift, ist diesem Gelegenheit zu geben, sich zu den für die Entscheidung erheblichen Tatsachen zu äußern.
(2) Von der Anhörung kann abgesehen werden, wenn sie nach den Umständen des Einzelfalles nicht geboten ist, insbesondere wenn
1. eine sofortige Entscheidung wegen Gefahr im Verzug oder im öffentlichen Interesse notwendig erscheint;
2. durch die Anhörung die Einhaltung einer für die Entscheidung maßgeblichen Frist in Frage gestellt würde;
3. von den tatsächlichen Angaben eines Beteiligten, die dieser in einem Antrag oder einer Erklärung gemacht hat, nicht zu seinen Ungunsten abgewichen werden soll;
4. die Behörde eine Allgemeinverfügung oder gleichartige Verwaltungsakte in größerer Zahl oder Verwaltungsakte mit Hilfe automatischer Einrichtungen erlassen will;
5. Maßnahmen in der Verwaltungsvollstreckung getroffen werden sollen.
(3) Eine Anhörung unterbleibt, wenn ihr ein zwingendes öffentliches Interesse entgegensteht.

Eine gleichberechtigte Zusammenarbeit scheint – problemerzeugend – durch die §§ 24 – 28 VwVfG ausgeschlossen, weil sie einseitig stets von der Verwaltung und ihren Befugnissen ausgehen. Nur beim Zusammenwirken in der Anhörung gemäß § 28 VwVfG ist die Bürgerstellung besonders hervorgehoben. Im Vordergrund der Anhörungsregelung stand aber auch 1976[1087] das Interesse der Verwaltung an einer sachlich richtigen Entscheidung, wofür die Betroffenenanhörung lediglich als zweckmäßig erschien, um alle für den Ein-

[1087] vgl. Maurer 1976,488

zelfall bedeutsamen Umstände (vgl. § 24 II VwVfG) zu berücksichtigen und gegebenenfalls zu fehlenden Erklärungen anzuregen (vgl. § 25 S.1 VwVfG). So sollte die *Einbeziehung des Bürgers* im Verwaltungsverfahren der Verwaltung lediglich eine möglichst breite *Informationsbasis* für ihre Entscheidung verschaffen und den Betroffenen Gelegenheit geben, ihre Belange vor Erlaß des Verwaltungsakts zu Gehör zu bringen[1088]. Doch war die Einbeziehung des Bürgers an viele einschränkende Voraussetzungen gebunden, blieb eine auf die ,Verwaltungsnützlichkeit' bezogene Ungleichgewichtigkeit der ,Verantwortungsrollen' im Verwaltungsverfahren, wie der Grundsatz des § 24 I VwVfG zeigte. Entsprechend war gerade die Regelung der Anhörung im Laufe der gesetzlichen Entstehungsgeschichte starkem Wandel unterworfen. Der Musterentwurf der 60er Jahre sah zunächst nur vor, daß der Bürger von der Verwaltung angehört werden *soll*[1089]. Erst im Gesetzesentwurf 1973, der 1976 weitgehend Gesetz wurde, war vorgesehen, daß der Bürger vor Erlaß eines Verwaltungsaktes angehört werden *muß*[1090]. Konnte der Ausgang des Verfahrens für Dritte rechtsgestaltende Wirkung haben, mußten auch sie angehört werden; im Falle bloßer Interessenberührung konnten sie angehört werden[1091]. Die erste Variante wurde dann angenommen, wenn in Dritte begünstigende Rechtspositionen minimierend eingegriffen werden sollte und sie förmlich durch die Verwaltung als Verfahrensbeteiligte (§ 13 VwVfG) zum Verfahren hinzugezogen worden waren[1092].

Die Verstärkung der Rechtsstellung des Bürgers ,nur' im § 28 VwVfG galt als Preis einschneidender Kompromisse im Gesetzgebungsverfahren, welche die Bürgerrolle in Reich- und Tragweite zum Nachteil des Bürgers einschränkten – und damit in der Folgezeit auch infolge des Wertewandels Probleme für die Bürger/Verwaltungs-Beziehung hervorriefen.

So wurde auf Druck aus der Verwaltung, die Verwaltungsverfahren nicht unnötig mit ,Verwaltungspflichten zu belasten', der Anspruch auf Anhörung zum einen auf Verwaltungsakte mit *Eingriffswirkung* (Fälle möglicher Anfechtungsklagen) und zum anderen auf *Tatsachenfragen* beschränkt, jedoch nur insoweit, als sie von der *Verwaltung selbst* für entscheidungserheblich gehalten wurden[1093]. Ein Verwaltungsakt der 'Eingriffsverwaltung' lag nach der für die Auslegung in der Folgezeit maßgeblich gewordenen Rechtsprechung[1094] „immer dann vor, wenn der zu erlassende Verwaltungsakt in die *bisherige Rechtsstellung* des Beteiligten eingreift" (Umwandlung eines Status Quo in einen Status Quo minus). Ein *Eingriff* liegt allerdings auch dann

---

[1088] vgl. Ipsen 1990,196
[1089] Bonk 1998,627
[1090] Bonk 1998,628; zum Hintergrund aus Sicht des Wertewandels C II
[1091] Ehlers 1996,620
[1092] Bonk 1998,635,639
[1093] vgl. BVerfGE 61,82,114; Maurer 1976,487f.
[1094] z.B. BVerwGE 66,186; so auch BT-DrS 7/910,51

vor[1095], wenn ein früherer begünstigender VA für nichtig erklärt, zurückgenommen oder widerrufen oder sonst *zum Nachteil des Beteiligten verändert wird,* z.B. durch Aussetzung der Befugnis einer Genehmigungsausübung oder durch nachträgliche Einschränkung eines Verwaltungsaktes mittels Nebenbestimmungen[1096]. Doch setzt dies ja gerade eine Klarheit über den ‚Status Quo' und seine mögliche Einschränkung voraus, die oft erst im Miteinander von Bürger und Verwaltung gewonnen werden kann. Ein solches ist aber durch die in §§ 24 ff. immer wieder statuierte ‚Definitionsmacht der Verwaltung' nicht gewährleistet[1097].

In Fällen von Verpflichtungs- und Leistungsklagen hatte der Bürger nach Einschätzung des historischen Gesetzgebers regelmäßig *mit der Antragstellung* hinreichend Gelegenheit, alle entscheidungserheblichen Tatsachen vorzutragen[1098]. Die *Entwicklung* solcher Fälle im und durch das Verwaltungsverfahren wurde dabei vollständig ausgeblendet wie auch die für den Bürger z.T. größere Bedeutung von Verpflichtungs- bzw. Leistungs- als von Eingriffsfällen. Statt dessen wurde mit der bloßen Abwehrfunktion gegenüber der Verwaltung argumentiert: „Die Ablehnung des Antrages, durch den erstmals eine Rechtsposition gewährt werden soll, greift regelmäßig nicht in bereits bestehende Rechte ein. Wo kein Anspruch auf die Leistung besteht, bringt die rechtmäßige Ablehnung keinen Rechtsverlust; durch die rechtswidrige Ablehnung wird dem Beteiligten nichts genommen"[1099]. Folglich wurde eine Anhörungspflicht nicht begründet, obwohl zum Zeitpunkt der Verabschiedung des Verwaltungsverfahrensgesetzes der Sozialstaat (noch) in voller Blüte stand[1100]. Statt dessen hielt man an der klassischen Position des 19. Jahrhunderts fest, den Bürger nur vor staatlichen Eingriffen in geschützte Rechte schützen zu müssen – damit insoweit aber auch an einer damit impliziten Untertanenstellung dieses Jahrhunderts[1101].

Die Anhörungspflicht der Verwaltung bezieht sich ferner nur auf die „für die Entscheidung erheblichen Tatsachen" (§ 28 I VwVfG). Der Beteiligte soll den Sachverhalt aus seiner Sicht ergänzen und seine Sachargumente zu den entscheidungserheblichen Umständen vorbringen können[1102]. Das sind nach der Rechtsprechung[1103] nur solche, auf die es nach der rechtlichen Einschätzung der Verwaltung ankommt; nach anderen wird sie daher gar nicht erst fragen. Das führt dazu, daß außerhalb dessen liegender Tatsachenvortrag ebenso wie die Rechtsmeinung des Bürgers, auch wenn sie wohlbegründet sind, als von

---

[1095] vgl. BVerwGE 66,186f.
[1096] BVerwGE 68,274; Bonk 1998,637
[1097] vgl. nur § 24 I S.2 1.HS; 24 II; 25 S.2; § 26 I 1; § 28 I-III
[1098] vgl. Ehlers 1996,619
[1099] Bonk 1998,638 - wortlautorientierte Auslegung
[1100] vgl. Amtliche Begründung BT-DrS 7/910,51; BVerwGE 66,186
[1101] s.o. D I 1
[1102] Bonk 1998,634
[1103] so z.B. BVerwGE 66,184,190

vornherein irrelevant von jeder Verwaltungsbetrachtung ausgeschlossen bleiben und die Verwaltung solche Ausführungen einseitig als irrelevant erklären und als ‚nicht bedeutsam' außer Acht lassen kann[1104]. Gegen eine Nichtberücksichtigung müßte der Bürger das Recht haben, *substantiierte* Einwendungen rechtzeitig und wirkungsvoll vorbringen zu können, um ein Überdenken der bisherigen Entscheidungsvorüberlegungen zu erreichen[1105]. Doch sind Rechtsmittel gegen Verfahrenshandlungen gemäß § 44 a VwGO ausgeschlossen[1106]. Darin liegt damit aber nichts anderes als eine frühzeitige einseitige Positionsbestimmung im Verwaltungsverfahren, bei der die Verwaltung dem Bürger sagt, ‚was für ihn rechtens sein soll'[1107].
Zudem soll es bei § 28 VwVfG genügen, daß der Bürger 'Gelegenheit zur Stellungnahme' erhält (was an kurze Fristen gebunden sein kann); eine Verwaltungspflicht, abzuwarten, ob die Gelegenheit wahrgenommen wird, besteht nicht[1108] und wird auch im Verwaltungsalltag nicht praktiziert, obwohl § 25 S.1 solche Möglichkeiten gerade aufzeigt[1109]. Bestimmte Werte-Typen werden auf diese Weise a priori benachteiligt[1110]. Doch „nur wenn die in ihren Rechten möglicherweise Betroffenen *gehalten* sind, ihre Einwendungen bereits im Genehmigungsverfahren vorzubringen, *ist gewährleistet*, daß die Genehmigungsbehörde die Sachverhalte *zureichend ermitteln* und rechtlich würdigen kann, auf die sich... Einwendungen beziehen"[1111]. „Ein allgemeiner *Zwang* zur Mitwirkung ... (war aber) nicht vorgesehen, da ein Beteiligter nicht zur Aufklärung solcher Umstände gezwungen werden sollte, die seine Stellung im Verwaltungsverfahren *verschlechtern* oder ihn in sonstiger Weise belasten würden"[1112]. Damit wurde aber dem *bloßen Faktum der Nichtausübung* von vornherein eine Bürgerabsicht unterstellt, ihn belastende Umstände verheimlichen zu wollen: eine pauschale ‚*Negativqualifizierung*' aller Bürger, welche die Beziehung zur Verwaltung belasten muß. Statt einer solchen adressaten- und verfahrensgelösten Behauptung müßte im Sinne der Intention des § 28 VwVfG das Gespräch mit dem Bürger im konkreten Verfahren treten – was aber von Gesetzes wegen nicht der Fall ist und Probleme erzeugen *muß*. Nachteilige Schlüsse für den Bürger können danach nämlich nur dann gezogen werden, wenn Tatsachen und Beweismittel aus seiner Wissens- und Einflußsphäre *angesprochen* sind und dann entsprechende Angaben nicht gemacht werden[1113]. Nur eine konkrete Verweigerung kann „dazu führen, daß

[1104] vgl. § 24 I S.2 1.HS, II VwVfG
[1105] vgl. insoweit BVerwGE 98,324,333
[1106] vgl. dazu E III 2; gem. § 44 a S.1 nur gleichzeitig gegen die Sachentscheidung
[1107] s.o. D I 1
[1108] Bonk 1998,634,641;
[1109] Bonk 1998,636: Beweislast hat die Verwaltung
[1110] s.o. B IV 4
[1111] BVerfGE 61,82,114; kursiv = d.Verf.
[1112] BT-DrS 7/910,50; kursiv = d.Verf.
[1113] Kallerhoff 1998,552,561

für die Behörde insoweit kein Anlaß gegeben ist, die Ermittlungen aufzunehmen"[1114]. Nur in einer solchen Konstellation von Verweigerung und ausbleibender Erläuterung der Nichtäußerung darf die Verwaltung somit davon ausgehen, daß Entscheidungsvoraussetzungen nicht nachgewiesen worden sind[1115].

Nachteilig für den Bürger ist des weiteren[1116] die Möglichkeit der Verwaltung, die Anhörung auf die bloße Ermöglichung einer *schriftlichen* Stellungnahme zu reduzieren (vgl. § 26 II); denn einen allgemeinen Anspruch, *persönlich* gehört zu werden, gewährt § 28 I dem Bürger nicht[1117]. Wenn sie aber die Anhörung z.B. durch Gewährung von Akteneinsicht erledigen kann, kann sie bürokratische Hürden errichten und bestimmte Adressatengruppen (Werte-Typen) von vornherein benachteiligen. Hier begegnet immer wieder der Verwaltungseinwand, eine Pflicht zur persönlichen Anhörung könnte Mißbräuche dieses Mitwirkungsrechts provozieren[1118]. *Unsubstantiiertes*, beleidigendes oder eindeutig sinnloses sowie anhaltend querulatorisches Vorbringen zwingt jedoch die Verwaltung gar nicht zu weiteren Ermittlungen oder zur Einbeziehung in ihre Entscheidungserwägungen – die angegebene Gefahr (soweit sie überhaupt in einem *durchschnittlichen* Verwaltungsverfahren besteht) ist also zweifelhaft[1119]. *Substantiierten Vortrag* hingegen muß die Verwaltung zur Kenntnis nehmen und ernsthaft einbeziehen, was aus der Begründung des Verwaltungsaktes deutlich werden muß – darauf zielt ja das Anhörungsrecht[1120]. Doch auch hier setzt das Verfahrensrecht aufgrund einseitiger Definitionsmacht der Verwaltung Grenzen (vgl. nur § 24 I 2). Ein kooperativ-interaktiver Gesprächsaustausch bei gegenseitiger Präsenz wird dabei tendenziell von vornherein vereitelt.

Sind diese Hürden überwunden, steht dem Bürger gleichwohl nur die Position zu, daß seine Einlassungen ‚berücksichtigt' werden. ‚Berücksichtigen' bedeutet dabei, vorgebrachte Äußerungen nur der von der Verwaltung angenommenen rechtlichen Bedeutung entsprechend zu werten, wobei bürgergünstige Umstände nicht immer ausschlaggebend sein müssen (vgl. § 24 II)[1121]. Der Anhörungsanspruch des Bürgers unterliegt damit schon gemäß § 28 I VwVfG verschiedenen problematischen Einschränkungen; dies wird noch verschärft durch die Ausnahmen gemäß § 28 II,III VwVfG. Sie ermöglichen ein Absehen von der Anhörung in so weiten Gesetzesformulierungen, daß der Verwaltung weitreichende Möglichkeiten zu Ungunsten des Bürgers bis hin zu einer

---

1114 Kallerhoff 1998,552

1115 vgl. Kallerhoff 1998,573

1116 vgl. Bonk 1998,643f.

1117 BVerwGE 20,160,166; vgl. dazu Tabellen 43 ff.

1118 vgl. C IV 2 a

1119 Kallerhoff 1998,559; vgl. Ehlers 1996,619f.; BVerfG NJW 2000,276; zu ‚politisierten Großverfahren' vgl. oben C IV 2

1120 Bonk 1998,634

1121 Kallerhoff 1998,567

völligen Entwertung des Anspruchs aus § 28 I VwVfG offenstehen[1122]. So ist ohne vorherige Anhörung (ex-ante-Sicht) ‚insbesondere' eine Sofortentscheidung im ‚öffentlichen Interesse' möglich bzw. muß eine Anhörung bei qualifiziertem ‚öffentlichen Interesse' zwingend unterbleiben[1123]. Zudem ist der Kreis der atypischen Fälle in § 28 II nicht abschließend geregelt[1124]. So kann auf diese Weise der Anhörungs*anspruch des Bürgers zu* einer *Ermessensmöglichkeit* der Verwaltung in ihrer Dispositionsmacht herabgestuft werden[1125]. In den Fällen des § 28 III mit seinem stark interpretationsbedürftigen Tatbestand besteht darüber hinaus sogar ein *Anhörungsverbot* für den Bürger, dem somit trotz individueller Betroffenheit vom Verfahrensergebnis eine Mitwirkung am Verfahrensgang genommen wird.
Diese Wertigkeit zu Ungunsten des Bürgers verschlimmert und dramatisiert sich zu seinen Lasten noch weiter, wenn man eines der ‚Herzstücke' der Gesetzesnovellen von 1996 in die Betrachtung einbezieht: die einseitige nachträgliche Fehlerheilungsmöglichkeit der Verwaltung bis zum Abschluß eines Gerichtsverfahrens hinein (z.B. durch §§ 45 I Nr.3, II VwVfG, § 114 S.2 VwGO). Die einschlägigen Bestimmungen nach der *Reform von 1996*[1126] lauten:

§ 45 Heilung von Verfahrens- und Formfehlern. (1) Eine Verletzung von Verfahrens- oder Formvorschriften, die nicht den Verwaltungsakt nach § 44 nichtig macht, ist unbeachtlich, wenn
1. der für den Erlaß des Verwaltungsaktes erforderliche Antrag nachträglich gestellt wird;
2. die erforderliche Begründung nachträglich gegeben wird;
3. die erforderliche Anhörung eines Beteiligten nachgeholt wird

...

(2) Handlungen nach Absatz 1 können bis zum Abschluß eines verwaltungsgerichtlichen Verfahrens nachgeholt werden.

§ 87 VwGO (Vorbereitendes Verfahren). (1) [1]Der Vorsitzende oder der Berichterstatter hat schon vor der mündlichen Verhandlung alle Anordnungen zu treffen, die notwendig sind, um den Rechtsstreit möglichst in einer mündlichen Verhandlung zu erledigen. [2]Er kann insbesondere ...
7. der Verwaltungsbehörde die Gelegenheit zur Heilung von Verfahrens- und Formfehlern binnen einer Frist von höchstens drei Monaten geben, wenn das nach seiner freien Überzeugung die Erledigung des Rechtsstreits nicht verzögert.

[1122] z.B. bei ‚unbeliebten Werte-Typen', vgl. D I 1 und BT-DrS 7/910,51
[1123] Bonk 1998,645f.
[1124] BT-DrS 7/910,51
[1125] vgl. Ehlers 1996,620
[1126] zum später geänderten Wortlaut von § 45 II VwVfG, 87 I 2 Nr.7 VwGO: Vorwort

§ 114 VwGO (Nachprüfung von Ermessensentscheidungen). ... [2]Die Verwaltungsbehörde kann ihre Ermessenserwägungen hinsichtlich des Verwaltungsaktes auch noch im verwaltungsgerichtlichen Verfahren ergänzen.

Im Grundsatz geht das Regelungswerk der §§ 24ff. VwVfG davon aus, daß Verfahrensfehler, welche die Sachverhaltsermittlung oder Anhörung betreffen, dazu führen können, daß die Entscheidung auf falscher Tatsachen- und Rechtsgrundlage beruht[1127]. Ein Verfahrensfehler besteht danach bei insgesamt unterlassener oder nicht ordnungsgemäßer Anhörung, die zu früh, zu spät oder nicht zum gesamten entscheidungserheblichen Sachverhalt erfolgt[1128]. Der Betroffene muß daher ‚an sich' *vor* Erlaß des VA *rechtzeitig* angehört werden, damit ein Überdenken der entscheidungserheblichen Umstände erreicht werden kann[1129]. Bis zur Neuregelung 1996 war ein hierbei auftretender Verfahrensfehler grundsätzlich durch nachträgliche ordnungsgemäße ‚Nachholung' nur dann heilbar (z.B. durch nachträgliche Sachverhaltsaufklärung, Beteiligung, Akteneinsicht, Nachholung eines ganzen Verfahrensabschnitts[1130]), wenn sich das Verfahren noch innerhalb des zeitlichen Stadiums des Verwaltungsverfahrens befand[1131]. Nur in gesondert gelagerten Fällen unter eng begrenzten Annahmen waren vereinzelte Ausnahmen zugelassen worden; sie betrafen eine Heilung vor Gericht grundsätzlich nur dann, wenn alle Beteiligten zustimmten[1132]. Doch wurden diese eng begrenzten Ausnahmen 1996 zu einseitiger Begünstigung der Verwaltung gesetzlich generalisiert, eine Heilung auch noch während des *Gerichts*verfahrens nachholbar, und zwar sowohl in dem Fall, daß die Verwaltung den Bürger auf sein Anhörungsrecht nicht aufmerksam gemacht hatte als auch dieses nicht (genügend) ausgeübt wurde und die Verwaltung daher ohne (genügende) Berücksichtigung des Bürger-Standpunktes durch VA entschieden hatte[1133]. Außerdem wurden auch Fälle erfaßt, in denen die Verwaltung den Verwaltungsakt auf Tatsachen stützen wollte, die *nach* erfolgter Anhörung eingetreten bzw. bekanntgeworden waren[1134] oder sich aus Behördensicht *nachträglich* bezüglich wesentlicher Punkte entscheidungserheblicher Tatsachen *änderten,* ohne daß eine erneute Anhörung des Bürgers vorgenommen wurde[1135]. Befürworter der Neuregelung verwiesen darauf, daß „die Gefahr, daß § 28 VwVfG unterlaufen und die *bewußt unterlassene* Anhörung sanktionslos bleiben wird" wegen der prinzipiell anzunehmende Rechtstreue der Verwaltung theoretisch

[1127] Sachs 1998 a,1330
[1128] Sachs 1998,1304
[1129] Redeker 1996,523; Sachs 1998,1305
[1130] vgl. Sachs 1998,1304
[1131] Bonk 1998,651f.
[1132] vgl. Verstegen 1996 A,102
[1133] vgl. Sachs 1998,1286,1304ff.
[1134] Ehlers 1996,620
[1135] Bonk 1998,640

erschiene[1136] – obwohl die erweiterte Fehlerheilungsmöglichkeit nach Kenntnis der Fachwelt gerade wegen gestiegener Nachlässigkeiten und Fehler der Verwaltung im Verfahren eingeführt worden war[1137]. Schlichter[1138] hatte dies ferner mit einer Förderung des Wirtschaftsstandortes Deutschland begründet, der einen Fortgang des Verfahrens trotz Verfahrensfehlers unbedingt erforderlich mache: „Jeder Tag des Stillstands (einer) ... Baustelle kostet den Investor höchste Summen". Dieses Argument verkennt jedoch, daß es einseitig um das Interesse der Verwaltung ging, einen vom Begünstigten *angefochtenen* und daher für ihn *ungünstigen* Verwaltungsakt aufrechtzuerhalten, so daß mit diesen weitergehenden Nachbesserungsrechten also das Investitionsinteresse gerade eher *beeinträchtigt* wurde. Vielmehr hätten[1139] schnelle Aufhebungen des verfahrensfehlerhaften Verwaltungsaktes das Verfahren eher beschleunigt als zweifelhafte Heilungsversuche.
Politisch[1140] hielt die FDP den Abschreckungseffekt einer Kostentragungspflicht der Verwaltung bei Heilung vor Gericht für ausreichend. In der Gesetzesbegründung hieß es dazu[1141]: „Den berechtigten Belangen des Klägers *wird* dadurch Rechnung getragen, daß das Gericht die erst im verwaltungsgerichtlichen Verfahren erfolgte Heilung bei der Kostenentscheidung berücksichtigt". Dies ist jedoch unzutreffend. Denn das Gericht entscheidet gemäß § 161 II VwGO nach ‚billigem Ermessen', was häufig zu Kostenteilungen mit ganz unterschiedlichen Anteilen führt[1142].
Infolge der Änderung können nun die verfahrensrechtlichen Verpflichtungen der Verwaltung mangels sachlicher Sanktion de facto risikolos vernachlässigt werden. Es kommt zur ‚Umkehrung' eines alten Streitstandes von 1973. Damals hatte gerade die Bundesregierung gegen den Bundesrat eine zeitliche Ausweitung der Heilungsmöglichkeit bis ins Gerichtsverfahren mit der Begründung verhindert, die zeitliche *Beschränkung* auf das Verwaltungsverfahren würde „eine günstige Wirkung auf die rechtsstaatlich genaue Einhaltung der gesetzlichen Vorschriften über das Verwaltungsverfahren durch die Behörden ausüben" und trüge „gerade dadurch zu einer Verringerung von Verwaltungsstreitverfahren bei. Die vom Bundesrat vorgeschlagene Regelung würde dagegen in nicht seltenen Fällen den Bürger geradezu zwingen, den Rechtsweg zu beschreiten, wenn es beispielsweise der Behörde ermöglicht würde, die Begründung eines Verwaltungsaktes noch im Verwaltungsstreitverfahren nachzubringen"[1143]. Die Neuregelung stellt so eine Rechtslage wie-

[1136] so Schmitz/Wessendorf 1996,958; Sachs 1998,1295
[1137] vgl. hierzu BT-DrS 13/3993,1,20; Verstegen 1996 A,102,104; Verstegen 1996 I,120,123; Schenke 1997,81,87ff.; Redeker 1996,522
[1138] 1996 I,102
[1139] so auch Kuhla/Hüttenbrink 1996,719
[1140] vgl. C IV 2 c
[1141] BT-DrS 13/3995,8; kursiv = d.Verf.
[1142] Baumann 1996 A,127; Sachs 1998,1295; Ramsauer 1997,9; Gerhardt 1997,11
[1143] BT-DrS 7/910,110

der her, die vor dem Erlaß des Verwaltungsverfahrensgesetzes 1976 der h.M. in der Rechtsprechung entsprach[1144]. So verlagert sich der Schwerpunkt des Verwaltungsverfahrens aber auf eine Nachbearbeitung des Streitstoffes im Gerichtsverfahren[1145]. Nach der Intention der Mitwirkung des Bürgers im Verwaltungsverfahren müßte hier aber erkennbar sein, daß eine neue, unvoreingenommene Prüfung stattfindet, die einer von vornherein gesetzmäßig durchgeführten Anhörung entspricht[1146]. So muß eine völlig unterbliebene Anhörung ebenso wie eine ursprünglich defizitäre eine ganz neue Sachverhaltsbewertung herbeiführen *können*[1147]. Das kann aber schon deswegen nicht angenommen werden, da sich Bürger und Verwaltung nicht mehr im zweiseitigen ‚Dialogstadium' des Verwaltungsverfahrens befinden, sondern die Verwaltung nun ‚Prozeßpartei' geworden ist und sich mit ihrem Verhalten in einer Rechtfertigungsposition nicht nur gegenüber dem Bürger, sondern auch gegenüber dem insoweit nun übergeordneten Verwaltungsgericht befindet. Die Situation einer noch ‚ergebnisoffenen' Entscheidung liegt also nicht mehr vor[1148]. Doch dazu schweigt das Gesetz, äußert sich die Rechtsprechung zurückhaltend[1149], obwohl es doch um Verfahrensregeln geht, die von der Verwaltung verletzt wurden – was nicht dem Bürger angelastet werden kann.
Die Neufassung des § 45 II von 1996 begünstigt die Verwaltung noch darüber hinaus zeitlich einseitig. Die Verwaltung kann sich mit einem ordnungsgemäßen Verfahrensgang nun ‚richtig Zeit lassen'[1150]. Das aber kann einen (nicht angehörten und daher zurecht mißtrauischen) Bürger geradezu in den Gerichtsprozeß treiben und damit auch eine effiziente Aufgabenerledigung durch die Verwaltung konterkarieren[1151]. Der nachfolgende Satz aus der Gesetzesbegründung muß daher dem Bürger wie eine Ironie anmuten: „Dabei reicht eine Verkürzung der Verwaltungsverfahren allein nicht aus, wenn anschließend die Umsetzung durch eine lange Dauer von Rechtsschutzverfahren jahrelang hinausgezögert wird"[1152]. Die Änderung 1996 wurde daher von Sachverständigen und Literatur zurecht heftig kritisiert[1153]. Der Wegfall der früheren zeitlichen Nachholgrenze sollte als *Fiktion* faktischer Gleichwertigkeit der im Prozeß nachgeholten Anhörung aufgefaßt werden – doch damit wurde der Gesetzeszweck der Anhörung im Verwaltungsverfahren preisgegeben[1154].

1144 Ramsauer 1997,6
1145 vgl. BT-DrS 13/5098,24; Blümel 1996 A,24f.; Gerhardt 1997,9 a
1146 Sachs 1998,1289
1147 vgl. Sachs 1998,1287; Ramsauer 1997,8
1148 vgl. Sachs 1998,1274
1149 vgl. Bonk 1998,640,652
1150 vgl. Bonk 1996 III,210; Verstegen 1996 I,120f.,123
1151 Blümel 1996 A,60,113; Verstegen 1996 I,120; Kuhla/Hüttenbrink 1996,718; Ramsauer 1997,7; vgl. auch BT-DrS 13/3993,19
1152 BT-DrS 13/3993,9
1153 Sachs 1998,1290; vgl. C IV 2 b,c
1154 Sachs 1998,1286; Ramsauer 1997,7

Durch die *generelle* Nachholmöglichkeit fehlender oder fehlerhafter Anhörung des Bürgers bis ins Gerichtsverfahren ohne Klägerantrag drohte das Verwaltungsverfahren völlig entwertet zu werden[1155]. Denn im Gerichtsverfahren wird die Verwaltung „in aller Regel bestrebt sein, ihren Standpunkt aufrecht zu halten. Ansonsten wäre es kaum zu einem Prozeß gekommen. Die 'Anhörung' bei schwebenden gerichtlichen Verfahren dient dann in Wahrheit nicht mehr einer entscheidungsoffenen Auseinandersetzung mit dem Vorbringen des Beteiligten, sondern stellt eine bloße Förmelei dar"[1156]. Verfahrensfehler, welche die Sachverhaltsermittlung oder - bewertung betreffen, können so *generell* dazu führen, daß die Entscheidung anders ausfällt, so daß eine Heilung vor Gericht nicht den Anforderungen des § 28 I auf gleichwertige Heilung genügte[1157]. Die erweiterte Heilungsmöglichkeit von Anhörungsfehlern bedeutet – gerade im ‚Anspruchsbereich des Bürgers' - „eine Stärkung der Rechtsposition der Behörden und eine Schwächung der Rechtsposition des Bürgers. Darin liegt zugleich eine Absenkung des rechtlichen Standards von Verwaltungsverfahren"[1158]. Insgesamt werden grundlegende Parameter der Bürger/Verwaltungs-Beziehung bei § 28 VwVfG geändert und der Verfahrensstatus des Bürgers einseitig zugunsten der Verwaltung verschoben. Damit aber werden „die Chancen eines durch das Verwaltungsverfahrensrecht vorgezeichneten Dialogs und eines geordneten Entscheidungsablaufs ... (beeinträchtigt), langfristig das Verhältnis des Bürgers zur öffentlichen Verwaltung" zu verbessern[1159].

Die genannten Einschränkungen des Anhörungsanspruchs führen zur Frage nach seinem Stellenwert im Verwaltungsverfahren überhaupt. § 28 VwVfG könnte als isolierter Aspekt der Bürger/Verwaltungs-Beziehung betrachtet werden, als etwas ‚Zusätzliches', das der Verwaltung im Rahmen ihrer übergeordneten autonomen Verfahrensherrschaft und Amtsermittlungspflicht nach § 24 VwVfG als Hilfsmittel zur Verfügung gestellt wird. Die Verwaltung bleibt dann für die Ermittlungen allein verantwortlich, gleich ob der Betroffene mitwirkt oder nicht. Die Anhörung erscheint dann als etwas von der (übergeordneten) Verwaltung hoheitlich Gewährtes, das aber eigentlich auch entbehrlich ist[1160]. So könnte etwa aus der Meinung[1161], die Verwaltung könne eine Verletzung des § 24 jederzeit beseitigen, die Folgerung gezogen werden, dies schlage dann ‚erst recht' auf die ‚untergeordnete' Anhörung durch[1162]. Mit Blick auf § 86 VwGO, der amtlichen Ermittlung im Gerichtsverfahren,

---

1155 Bonk 1996 III,208,211; Schenke 1997,87

1156 Ehlers 1996,622; vgl. BVerwGE 68,274f.; Sachs 1998,1286,1289

1157 vgl. Sachs 1998 a,1330

1158 Bonk 1996 III,208

1159 vgl. v.Mutius 1982,2151

1160 vgl. Kallerhoff 1998,550 und C I

1161 vgl. Kallerhoff 1998,544f.

1162 vgl. den Zusammenhang der §§ 45 I Nr.3, II VwVfG mit §§ 87 I 2 Nr.7,94 S.2,114 S.2 VwGO

könnte parallel gemäß § 24 VwVfG für das Verwaltungsverfahren gefolgert werden, daß es letztlich der Verwaltung freisteht, die Beteiligten überhaupt zur Sachverhaltsermittlung heranzuziehen - mit direkt erkennbaren Auswirkungen auf die Handhabung von Anhörungsrechten.

§ 86 I VwGO lautet:

(1) [1]Das Gericht erforscht den Sachverhalt von Amts wegen; die Beteiligten sind dabei heranzuziehen. [2]Es ist an das Vorbringen und an die Beweisanträge der Beteiligten nicht gebunden.

Einen solchen Gedankengang möchte ich als ‚verwaltungszentriertes Modell' bezeichnen (vgl. Schaubild 8, S.152).
§ 86 VwGO und § 24 VwVfG sind aber *nicht* gleichzusetzen, sondern stellen durchaus gegensätzliche Regelungen für unterschiedliche Verfahrensarten dar[1163]. § 86 VwGO bezieht sich auf *vergangene*, vorliegende, nachträglich zu kontrollierende Akte der Verwaltung, § 24 VwVfG auf eine die *Zukunft* gestaltende, noch offene Entscheidung[1164]. Der Unterschied beider Verfahrensarten zeigt sich auch darin, daß im Verwaltungsverfahren die Zweckmäßigkeit (vgl. § 40 VwVfG) eine große Rolle spielt, vor Gericht grundsätzlich ‚nur' die Rechtmäßigkeit (vgl. § 114 VwGO – zu den Problemen daraus D I 3). Das Verwaltungsverfahren eröffnet gerade Möglichkeiten des Gesprächs über alle Fragen vor einer Entscheidung, was die eigenständige Rechtswahrungsfunktion der Verwaltungsverfahren fruchtbar macht[1165]. „Verwaltung hat in starkem Maße auch wertende und abwägende, und damit politische Entscheidungen zu treffen..., zwar im Rahmen der Gesetze, aber durch Recht nicht absolut determiniert, gesellschaftliche Probleme unter... Abwägung der Folgen alternativer Entscheidungen zu lösen"[1166]. Es trifft zwar zu, daß es in bestimmten Sachverhaltskonstellationen der §§ 28 II und III sinnvoll sein kann, den VA gerade ohne die Betroffenen zu ermitteln, z.B. bei Emissionsmessungen[1167]. Ausnahmen in Sonderfällen rechtfertigen hier jedoch keine Zurücksetzung der Bürgerposition *im Generellen*, wie sie nach dem Gesetz möglich ist. Die Verwaltung ist zwar aufgrund des Amtsermittlungsgrundsatzes an Vorbringen und Beweisanträge der Bürger nicht gebunden (§ 24 I 2). Für ein Absehen von der Anhörung bei der Amtsermittlung muß es aber wegen des *Grundsatzes* von § 28 I VwVfG zu einer besonderen Einzeldarlegung kommen[1168]. So kann selbst bei Massenverwaltungsakten die Verpflichtung zu individuellen Ermittlungen gering sein – doch ist die Tatsache der VA-Erstellung in größerer Zahl oder computergestützt für sich allein *kein Grund*, von einer Anhö-

[1163] Kallerhoff 1998,558; vgl. D I 1; E III 4
[1164] Kallerhoff 1998,544
[1165] Schmidt-Aßmann 1997,287
[1166] Sendler 1997,76
[1167] Kallerhoff 1998,558
[1168] Bonk 1998,647

rung abzusehen, weil es gleichwohl um Belastungen des Bürgers gehen kann[1169].
Einer *Kooperation* mit dem Bürger können *rechtliche* Schranken entgegenstehen, die aus der Unterschiedlichkeit der Verwaltungsaufgaben (z.B. Eingriff, Leistung) und der Steuerungsformen (Konditional-, Zweckprogramm) resultieren[1170] - aber auch *‚psychologische'*. So habe die Verwaltung „die sachbezogene Abwägung selbst zu treffen. Sie darf den Abwägungsvorgang nicht zu einem Aushandeln der zu beachtenden Belange degenerieren lassen" - sonst verfehle die Beteiligung des Bürgers ihren gesetzlichen Zweck[1171]. Eine solche Argumentation offenbart jedoch eine problematische Verkennung der Bürgermitwirkung. Sie wird *pauschal abwertend* einem ‚Kungelverdacht' ausgesetzt, so daß letztlich wieder nur das alleinige Tätigwerden der Verwaltung als etwas Positives, hingegen das ‚Anhängsel Bürgermitwirkung' als Gefahr für die Objektivität erscheint. Doch selbst im Bereich der Hoheitsverwaltung sind Vereinbarungen möglich, soweit nicht im Einzelfall zwingendes Recht entgegensteht[1172]. „Zu dem grundsätzlichen Bekenntnis, daß das moderne Verwaltungshandeln auf eine Ergänzung durch einvernehmliche Rechtsakte nicht verzichten kann, zwingen bereits die dem modernen Verwaltungsrecht eigenen Grundsätze der Berücksichtigung von Treu und Glauben, der Wahrung des Grundsatzes der Verhältnismäßigkeit und der sorgfältigen Ermessensausübung, die eine gegenüber dem hergebrachten Verwaltungshandeln aufgelockerte und elastische Gestaltung der Verhältnisse des Einzelfalles geradezu verlangen. In hervorragendem Maß trägt (dies)... auch 'der im modernen Rechtsstaat gegenüber obrigkeitsstaatlichen Vorstellungen völlig geänderten rechtlichen Stellung des früher lediglich als Verwaltungsobjekt betrachteten Bürgers Rechnung' (BVerwGE 23,213,216)"[1173]. Es geht eben nicht um den ‚Ausverkauf von Hoheitsrechten'[1174]. Selbst wenn die Verwaltung in einer Kooperation mit dem Bürger nicht mehr *allein* nach Lösungen sucht, gibt sie die Letztentscheidungsmacht (als Kompetenz zur verbindlichen Feststellung des im Verwaltungsverfahren gefundenen Ergebnisses) gar nicht aus der Hand[1175]. Deshalb ist der bisweilen erhobene Einwand[1176] unberechtigt, aufgrund eines Distanzverlustes von Bürger und Verwaltung sei die Relativierung normativer Vorgaben mit möglicher Kontrollerschwernis und die Gefahr einer partiellen Abgabe der staatlichen Letztentscheidungsmacht zu befürchten, so daß die Legitimations- und Befriedungswirkung des VA Schaden nehmen könnte - denn die Entscheidung *obliegt* der Verwaltung. „Es

[1169] Bonk 1998,647; Kallerhoff 1998,556
[1170] Kunig/Rublack 1990,7f.
[1171] BVerwGE 75,231
[1172] vgl. BT-DrS 7/910,78
[1173] BT-DrS 7/910,78
[1174] vgl. BT-DrS 7/910,79
[1175] Kunig/Rublack 1990,3
[1176] vgl. Stelkens 1998,774

besteht ja immer die Möglichkeit, nicht-kooperatives Verhalten mit hoheitlichen Mitteln zu ahnden"[1177]. „Es fehlt (deshalb) ... an einem Anhaltspunkt dafür, daß die Öffentlichkeitsbeteiligung auf eine demokratische Legitimation der Genehmigungsentscheidung abzielt. Der vielfach überanstrengte Begriff der 'Partizipation' bedeutet Teilhabe am Entscheidungsverfahren, nicht Teilhabe an der Entscheidung"[1178]. Zudem ist kooperatives Verwaltungshandeln auf längere Sicht weniger krisenanfällig. Vereinbarungen ermöglichen es, unter Vermeidung größeren Ermittlungsaufwandes rechtlich oder tatsächlich unklare Fälle zu erledigen[1179]. Mitgestaltende Kooperation in diesem Sinne entspricht jedoch einem anderen Verständnis von der Stellung des Bürgers im Staat und damit im Verhältnis zur Verwaltung, als sie dem gegenwärtigen Gesetzesbild zu Grunde zu liegen scheint[1180].

Ein rein verwaltungszentriertes Verfahrensmodell (Schaubild 8, S.152) entspricht also nicht einer zeitgemäßen Sach- und Rechtslage, die von gegenseitigen Rechten und Pflichten in der Bürger/Verwaltungs-Beziehung des Verwaltungsverfahrens gekennzeichnet ist. Damit ist die noch offene Frage angesprochen, wie diese ‚Gegenseitigkeit' in den verschiedenen Vorschriften der §§ 24 – 28 VwVfG aufgegriffen wird und ob sich die dortigen Regelungen als problemerzeugend oder –entlastend darstellen.

Schon § 24 erscheint widersprüchlich. § 24 I und II scheinen die Gegenseitigkeit ganz im Sinne des Verwaltungsvorrangs zu bestimmen und der Verwaltung alle Kompetenz im Umgang mit der Verfahrensweise (und dem Bürger) zuzugestehen - § 24 III scheint dies nun wieder genau zugunsten des Bürgers einzuschränken. In § 25 wird letzteres noch gesteigert, indem der Bürgerbezug der Verwaltung konkretisiert und betont wird. In § 26 wiederholt sich die Gegensätzlichkeit des § 24: betont § 26 I die Kompetenz der Verwaltung in ihrer Verfahrensweise, schränkt § 26 II 1 das (bleibende) Ermessen immerhin in einer soll-Vorschrift zugunsten des Bürgers ein, um dann in II 3 und III Grenzen von Bürgerpflichten aufzuzeigen. Erst und nur in § 28 I wird dem Bürger dann ein echter Anspruch und damit ein Vorrang gegenüber der Verwaltung gewährt – jedoch durch seine Voraussetzungen und die weiten Ausnahmemöglichkeiten von § 28 II, III wieder infrage gestellt. Dabei handelt es sich in allem nur um Einzelaspekte eines einheitlichen Verwaltungsverfahrens, was eine isolierte Betrachtung und Anwendung einzelner Gesetzesbestimmungen fragwürdig und infolge der unterschiedlichen Ausgestaltungen

---

[1177] Beck 1995,338
[1178] Ipsen 1990,196
[1179] BT-DrS 7/910,77
[1180] vgl. Kunig/Rublack 1990,10

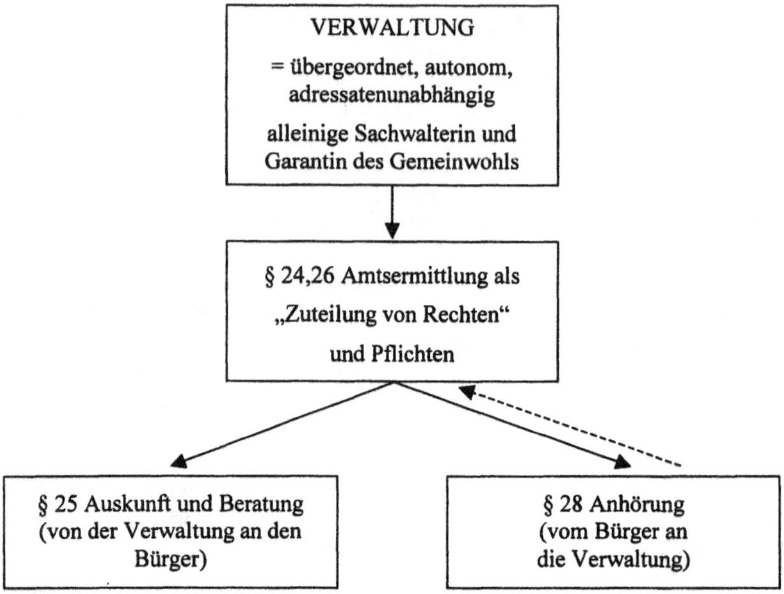

Schaubild 8: Verwaltungszentriertes Modell des Verwaltungshandelns

problemerzeugend erscheinen läßt, weil jeder Aspekt sachlogisch untrennbar mit den anderen verbunden ist und auf sie Auswirkungen hat.

Die Anwendung der Verfahrensbestimmungen erscheint also nur dann sinnvoll und damit dem Recht entsprechend, wenn man diesen *systematischen Zusammenhang* zur Interpretation mit heranzieht. Wenn nun aber die §§ 24-28 VwVfG in Zusammenhang stehen, so ist zu fragen, *wie* sich die in ihnen angesprochenen unterschiedlichen Ausprägungen von Verwaltungskompetenz und Bürgeransprüchen *gewichten*. Daraus könnten dann Auslegungskriterien nicht nur ihrer gegenseitigen Zuordnung in einer systematisch ganzheitlichen Sicht des Verwaltungsverfahrens, sondern auch ihrer jeweiligen Anwendung im Einzelfall abzuleiten sein.

„Die gerechte Abwägung widerstreitender Belange stellt Anforderungen an das dabei einzuhaltende Verfahren. Dazu zählt zunächst eine korrekte Aufnahme der erforderlichen Informationen, die Unterrichtung und Anhörung der Betroffenen und die Beachtung von gesetzlich vorgeschriebenen Beteiligungsbefugnissen“[1181]. Wesentlicher Teil des Entscheidungsprozesses im Verwaltungsverfahren ist zunächst die Informationsbeschaffung[1182]. Aufgrund

[1181] BVerwGE 75,214,230

[1182] Kallerhoff 1998,543

komplexer werdender moderner Gesellschaft und des sich daraus ergebenden Aufgabenwandels der Verwaltung haben sich dabei die Anforderungen an die Sachverhaltsfeststellung im Verwaltungsverfahren erhöht[1183].
Die *gestiegenen Anforderungen an die Sachverhaltsermittlung* können zunehmend ohne Einbeziehung der potentiellen VA-Adressaten nicht mehr bewältigt werden[1184]. „Im Genehmigungsverfahren hat (z.B.) die Genehmigungsbehörde auf der Grundlage der Antragsunterlagen, der behördlichen Stellungnahmen, der Ergebnisse eigener Ermittlungen sowie der Äußerungen und Einwendungen Dritter, soweit eine Beteiligung vorgeschrieben ist oder vorliegt, die zu erwartenden Auswirkungen des Vorhabens ... auf die betroffenen Schutzgüter, zu ermitteln und zu bewerten. Maßstäbe für die Bewertung der Umweltauswirkungen des Vorhabens sind die gesetzlichen Umweltanforderungen der betreffenden anzuwendenden Fachgesetze und der dazu erlassenden Rechts- und Verwaltungsvorschriften“, ferner Erkenntnisquellen aus Wissenschaft und Technik[1185]. Zu statischen treten dynamische gesetzliche Anforderungen[1186]. So handelt es sich bei Verwaltungsakten oft um gestalterische Gesamtentscheidungen, die eine Trennung von naturwissenschaftlicher Erkenntnis und Bewertung nicht zulassen und häufig Kompromisse erfordern. Diese können ohne Einbeziehung der personalen Ebene aber kaum noch getroffen werden[1187].
Der ständige Fortschritt mit seiner zunehmenden Komplexität der Verhältnisse prägt so zunehmend das Verfahrensrecht und erfordert die Kooperation zwischen Verwaltung und Bürger[1188]. Im Bau-, Umwelt- und Sozialrecht beispielsweise steuert der Gesetzgeber das Verwaltungshandeln oft nur noch durch Zweckvorgaben[1189]. Nur über Mitwirkung sind hier Interessenausgleiche zu erzielen[1190]. Gerade fehlende gesetzliche Ergebnisfixierungen (z.B. im Ermessensbereich) erfordern eine besondere Einbeziehung des Normadressaten in die Entscheidungsfindung. Dies erfordert u.a. eine großzügige Praxis der Verfahrensbeteiligung auch bei der Anhörung, wie sie § 13 II VwVfG vorsieht und ermöglicht[1191]. Der VA ist sonst häufig zu starr[1192].
Die Vorschläge zur Reform des Verwaltungsverfahrensrechts 1996 gingen[1193] hingegen aus Gründen der Verfahrensbeschleunigung in die entgegengesetzte Richtung: hier wollte man Anhörungsrechte sogar beschränken. Das Verwal-

---

[1183] Ritter 1992,641ff.; Ipsen 1990,193ff.
[1184] vgl. Schmitz/Wessendorf 1996,956
[1185] Antwerpes 1996 II,13
[1186] Ritter 1992,645
[1187] Hill 1989,406
[1188] vgl. Ipsen 1990,193
[1189] vgl. Henneke 1997,777 und D I 3
[1190] Demmer 1995,183
[1191] BT-DrS 7/910,87; vgl. Engel 1993,126
[1192] vgl. BT-DrS 7/910,77
[1193] vgl. Schlichter 1995,173ff.

tungsverfahren als vorgelagerter Rechtsschutz Betroffener wurde dabei ebenso wenig gesehen wie die im Verfahren liegenden Möglichkeiten zur Beschleunigung und zur Entlastung der Gerichte[1194].
Der aufeinander bezogene Dialog von Verwaltung und Bürger wird von der Problemstellung und der jeweiligen Verantwortungssphäre gewichtet, was ich im nachfolgenden Schaubild eines 'aufgabenzentrierten Modells' darstellen möchte (Schaubild 9, S.155).
„Der Staat steigt... vom hoheitlich-hoheitsvollen Podest des einseitig Anweisenden herab... zu abgestimmtem Handeln"[1195]. Abschied zu nehmen ist dann von einem 'Staat der Distanz', wie er dem Bürokratiemodell Max Webers noch vor Augen stand[1196]. „Antragsteller und Genehmigungsbehörde bilden vielmehr eine Art 'Zweck- und Risikogemeinschaft', die bei wechselseitiger Einflußnahme auf die Erreichung eines gemeinsamen Zieles angelegt ist"[1197].
Diese kooperative Sichtweise ergänzt die eingangs aufgezeigte Funktion der Anhörung als Gewährleistung subjektiver Rechtsstellung und ermöglicht damit ein vollständigeres Bild.
Fakt bleibt aber, daß die gesetzliche Regelung dem nach wie vor nicht entspricht: nur § 28 VwVfG ist als kooperationsverpflichtende Anspruchsnorm ausgestaltet. 1996 hat sich nur im Rahmen besonders wirtschaftsrelevanter Verwaltungsverfahren die aufgabenbezogene Erkenntnis durchgesetzt, daß die Sichtweise der geltenden §§ 24-28 VwVfG zu eng ist und der Wirklichkeit der Bürger/Verwaltungs-Beziehung nicht mehr entspricht. Doch konnte sich diese Einsicht für das *allgemeine* Verwaltungsverfahrensrecht scheinbar nicht durchsetzen. Gegen die statt dessen gewählte ‚Sonderbehandlung' nur bestimmter Verfahren gelten aber die oben bereits beim Gesetzgebungsverfahren 1996 dargestellten Einwände[1198], so daß die bestehenden Regelungen der §§ 24 –28 VwVfG als problemerzeugende Belastungen der Bürger- / Verwaltungs-Beziehung anzusehen sind.

[1194] vgl. Hoffmann 1995,240; BT-DrS 13/4108,71f.; vgl. C IV 2
[1195] Ipsen 1990,193f.
[1196] vgl. B IV 1 b
[1197] Ipsen 1990,194
[1198] C IV 2

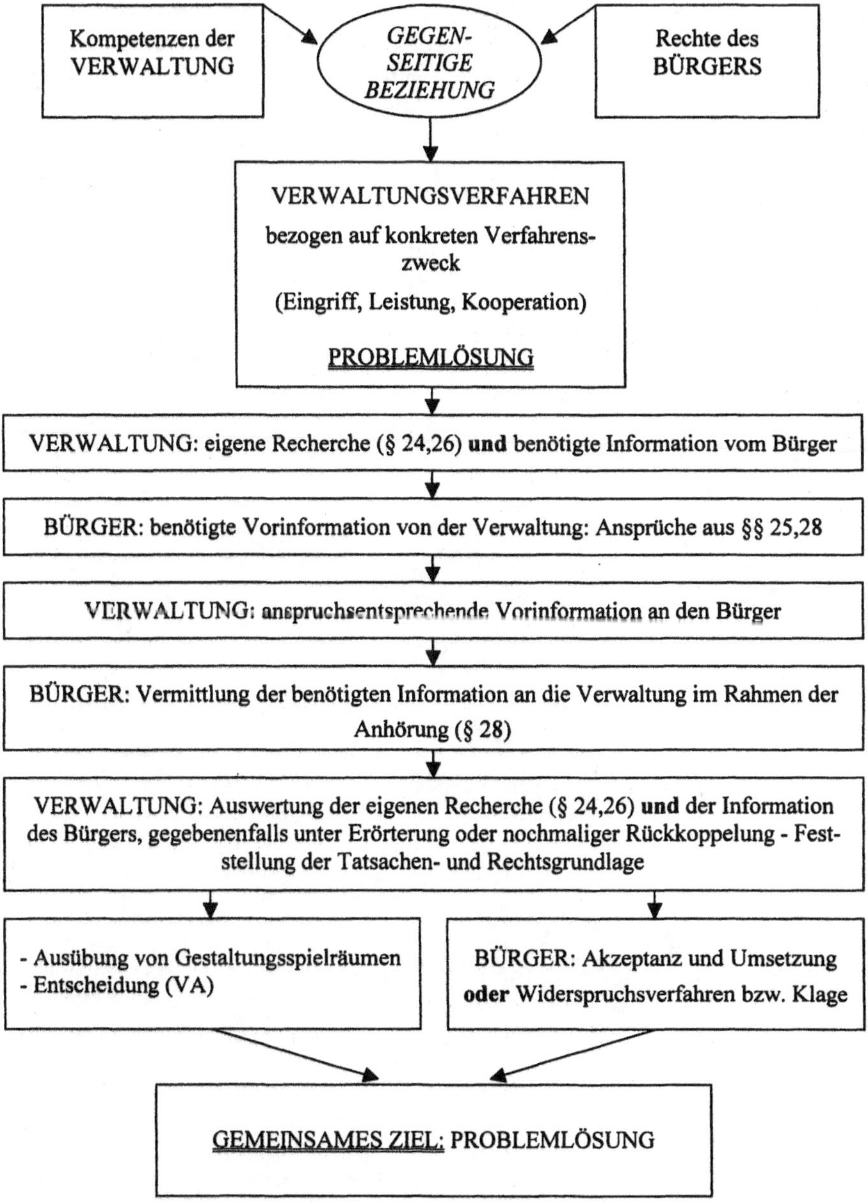

Schaubild 9: Aufgabenzentriertes Modell des Verwaltungshandelns

Für den weiteren Fortgang unserer Untersuchung bedeutet dies als *Zwischenergebnis*: Da eine Lösung nur innerhalb einer ‚einfachen Auslegung' des Verwaltungsverfahrensgesetzes nicht befriedigt, ist der Bewertungsrahmen auf ein übergreifendes Modell zu erweitern. Dazu sollen zunächst die Problemlösungsversuche der Rechtswissenschaft aufgezeigt und dabei insbesondere Kriterien behandelt werden, dic das Bundesverfassungsgericht in ständiger Rechtsprechung als Maßstab der Verfassungsauslegung, insbesondere hinsichtlich der Grundrechte, heranzieht. Ein weitere Stufe in der Problemlösung soll aufzeigen, wie es dabei um den Einfluß interdisziplinärer, insbesondere sozialwissenschaftlicher, Erkenntnisse bestellt ist.

II. Problemlösungsversuche der Rechtswissenschaft

1. Höherrangiges Recht: das Grundgesetz

a) Grundlegungen

Die im vorigen Kapitel dargestellte juristische Fachdiskussion hat bereits für die Einzelbestimmungen des Verwaltungsverfahrensgesetzes zahlreiche Problemlagen aufgezeigt, welche die Bürger/Verwaltungs-Beziehung belasten und damit eine Verwaltungsverdrossenheit nähren. Dies kann zwar teilweise durch eine andere Praxis im Einzelfall verringert werden – doch bleibt einfachgesetzlich anderes meist möglich und schafft damit ein dauerhaftes belastendes Unsicherheits- und Unruhepotential. Manche Problemlagen sind zudem – wie gezeigt – derartig normbedingt, daß sie kaum zufriedenstellend überwunden werden können.

Doch gibt es auch großräumige Problemlösungsversuche, die das Verfahren generell verbessern möchten und somit Chancen zu einer nachhaltigen allgemeinen Verbesserung der Bürger/Verwaltungs-Beziehung bieten. Diese bestehen insbesondere[1199] in der Entfaltung der Grundrechte im Verfahrensgang, weil sie dem ‚einfachen' Verwaltungsverfahrensgesetz gegenüber ‚höherrangiger' sind und einen grundsätzlichen Blick von den *Grundlagen* der Bundesrepublik Deutschland her auf die spezielle Rechtssituation im Verwaltungsverfahren ermöglichen. Der Verfassung ist durch das Rechtsstaatsprinzip Vorrang vor anderen Gesetzen eingeräumt: durch die Rechtsinstitute des Gesetzesvorrangs (Höherwertigkeit der Verfassung, die entgegenstehendes Gesetzesrecht aufhebt bzw. seine Auslegung steuert) und des Gesetzesvorbehalts, der u.a. Eingriffe in Grundrechte der Bürger vom Vorliegen eines verfassungsgemäßen Gesetzes abhängig macht[1200]. Nach einer Zwischenüberlegung zur tatsächlichen Wirksamkeit höherrangigen Rechts folgt eine Darlegung der Verfassungsbedeutung für das Verwaltungsverfahren unter Einbeziehung der sozialwissenschaftlichen Forschung (und anderer interdisziplinärer Erkenntnisse).

Es war schon an mehreren Stellen, insbesondere bei der Betrachtung der historischen Entwicklung des Verwaltungsverfahrensgesetzes, darauf hingewiesen worden, daß sich Erkenntnisse aus höherrangigem Recht in der Verwaltungspraxis oft nicht durchgesetzt haben und Obergerichte daher immer wieder korrigierend auf die Praxis einwirken mußten[1201]. Das geflügelte Wort ‚Recht haben heißt nicht: Recht bekommen' scheint sich oftmals bitter zu bewahrheiten. Eine solche Praxis widerspricht freilich den Prinzipien des materiellen Rechtsstaates, wie er z.B. in Art. 20 III GG zum Leitbild erhoben

[1199] zu anderen Problemlösungsversuchen vgl. Vorwort, A sowie ab D II
[1200] vgl. v.Arnim/Brink 2001,161f.
[1201] vgl. z.B. C III

wurde – und so sind die Ursachen zu benennen und zu beseitigen, die solche Fehlentwicklungen begünstigen.
Bei der gebotenen Ursachenforschung begegnen uns zahlreiche Aspekte, die wir oben bereits thematisiert haben. Da ist aus dem juristischen Bereich zum einen auf den Umfang der Rechtskraftbindung zu verweisen – Urteile gelten nur zwischen den Verfahrensbeteiligten. Doch trifft dies in der Rechtspraxis für grundlegende Erkenntnisse, wie sie bei Fragen des Verfassungsrechts oft anzunehmen sind, nicht zu, weil die Gerichte unterer Instanzen faktisch meist die Rechtsprechung der Obergerichte übernehmen[1202]. Ursache fehlender Wirkung in der Verwaltungspraxis ist dann eher, daß so wenig Verwaltungsverfahren vor den Verwaltungsgerichten weitergeführt werden[1203].
Eine weitere Ursache ist sozialwissenschaftlich im bürokratischen Verwaltungsmodell Max Webers mit seinen strikten Prinzipien von Regelorientierung und Schriftlichkeit zu sehen. Jeder Verwaltungsmitarbeiter – egal auf welcher Hierarchiestufe – ist danach auf Regelvollzug in dem Sinne ‚gepolt', daß die seinem Arbeitsplatz naheste, konkreteste Norm am stärksten seine Aufgabenerledigung prägt – und dies ist zumeist eine verwaltungsinterne Richtlinie oder Dienstanweisung, allenfalls eine Durchführungsbestimmung zu einem Gesetz, nie aber das Grundgesetz direkt. Mit anderen Worten: das klassische Bürokratiemodell fördert eine Normenhierarchie, wie sie der materiellen Normenhierarchie des Grundgesetzes entgegengesetzt ist: die rangniedrigere Norm hat in der Verwaltungspraxis oft die größere Bedeutung[1204].
Aber auch diese Ursache begründet kein unerschütterliches Schicksal für den Bürger: vielmehr kann der verwaltungsinterne Rechtsvollzug durch regelmäßige Normüberprüfung und –anpassung *nachhaltig* verbessert werden (dazu ausführlich E II). Hierher gehören auch Fragen erweiterter Handlungsspielräume der Verwaltungsmitarbeiter, wie wir sie hier bei den Erwägungen zu § 40 VwVfG verortet haben: den nötigen Freiraum, Verfassungserwägungen in der Verwaltungspraxis fruchtbar zu machen, haben heutzutage fast ausschließlich wenige Mitarbeiter des höheren Dienstes, während die Masse der Verwaltungsvorgänge von mittlerem, gehobenem und höherem Dienst (bzw. Angestellten) erledigt werden, die auf Verfassungserwägungen mangels eigener Handlungskompetenz zumeist gar nicht zurückgreifen könnten.
Eine weitere Ursache ungenügender Verfassungswirkung in alltäglicher Verfahrenspraxis kann darin gesehen werden, daß es sich bei den in dieser Arbeit behandelten Problemkomplexen um allgemeine Interessen handelt, die also jedermann in vielen Situationen betreffen und daher keine spezifische Lobby vorweisen können, die für sie eintritt[1205]. Verfassungsrechtliche Bürgerrechte im Verwaltungsverfahren durchzusetzen müßte zur Revision in einer Fülle

---

[1202] wenn sie dies nicht wie bei bestimmten Entscheidungen des Bundesverfassungsgerichts übernehmen *müssen*, vgl. § 31 Bundesverfassungsgerichtsgesetz
[1203] dazu D II 2
[1204] vgl. bereits Ossenbühl 1969,526; Wölki 2003,31
[1205] vgl. v.Arnim 1977,153f.

von Verwaltungsregelungen führen, was jedoch durch die Subsidiarität des Verwaltungsverfahrensgesetzes und eine Rechtszersplitterung[1206] verhindert wird. Entlastung scheint hier seit Mitte der 90er Jahre durch die Aufwertung bürgerschaftlicher Partizipationsmöglichkeiten im kommunalen Bereich eingeleitet[1207] – doch steht die große VwVfG-Strukturreform insoweit noch aus, um auf die Verwaltungspraxis noch effektiver einzuwirken. Positiv verstärkt werden Reformtendenzen durch den Wertewandel, weil der Bürger immer weniger bereit ist, seine auch durch die allgemeinen Interessen berührten Selbstentfaltungswerte durch eine benachteiligende Verwaltungspraxis kritiklos über sich ergehen zu lassen[1208].

Auf die Problematik werden wir auch im folgenden immer wieder zurückkommen. Denn sie berührt ganz grundsätzlich die Stellung des Subjektes zum Recht: „Die Rechtsordnung beruht auf dem bipolaren Verhältnis zwischen Recht und Bürger. In diesem Verhältnis kommt dem Bürger als Mensch die maßgebliche Rolle zu, soll doch die Rechtsordnung ihm, dessen Grundrechte im Mittelpunkt der Verfassung und damit der Rechtsordnung stehen, dienen“[1209]. Die Anwendung von Verfassungsnormen und damit die konkrete Verfassungsinterpretation im Einzelfall ist zunächst der Verwaltung und dann jedem Gericht aufgetragen[1210]. Bei der grundsätzlichen und expliziten Auslegung des Grundgesetzes hat nach der Kompetenzordnung des Grundgesetzes „der Gesetzgeber die Vorhand, das (Bundes-)Verfassungsgericht aber den Vorrang... als Kompetenz zur verbindlichen Letztentscheidung“ in Verfassungsfragen[1211]. Die auch im Grundgesetz festgehaltene Sonderrolle des Bundesverfassungsgerichts (vgl. Art. 92ff.) ergibt sich daraus, daß es „neben – oder richtiger – über den obersten Fachgerichten“ steht[1212].

Für die Anwendung von Grundrechten ist zunächst festzustellen, daß es „einen abstrakten Vorrang bestimmter Grundrechte vor anderen Grundrechten“ nicht gibt, sondern ein Ausgleich „Aufgabe einzelfallbezogener Abwägung wie gesetzgeberischer Kollisionslösung“ ist[1213]. Je nachhaltiger der grundrechtliche Schutzbereich betroffen ist, desto intensiver erfolgt die Nachprüfung anhand der Verfassung[1214]. Rechtsmethodisch geht es hierbei um „keine subsumtionsfähigen Wenn-Dann-Sätze ..., vielmehr (um) eine finale Programmierung“[1215]. Aufgrund ihrer offenen Formulierung bedürfen Grundrech-

---

[1206] die durch Sonderinteressen z.T. auch aus der Verwaltung selbst befördert wird (C III)
[1207] dazu C IV
[1208] B IV 1,4
[1209] Redeker 1999,1687
[1210] Art.20,92,93,100 GG; vgl. Redeker 1999 a,3687
[1211] Böckenförde 1989,61f.; vgl. Böckenförde 1999,12; Redeker 1999 a,3687f.; Steiner 2001,2922; v.Arnim/Brink 2001,75: ‚herausgehobene Sonderposition‘
[1212] Wahl 2001,47
[1213] Dreier 1993,22
[1214] Böckenförde 1989,33
[1215] v.Arnim 1986 a,16 Fn.22; vgl. Böckenförde 1999,11f.

te ständiger Konkretisierung; sie sind also keine ‚gewöhnlichen' Normen[1216]. Hierbei kann eine allgemeine von einer (unten behandelten) spezifischen grundrechtlichen Auslegungsmethodik unterschieden werden[1217].
„Am Wortlaut einer Norm braucht der Richter (hierbei) nicht haltzumachen. Seine Bindung an das Gesetz... bedeutet nicht Bindung an dessen Buchstaben mit dem Zwang zu wörtlicher Auslegung, sondern Gebundensein an Sinn und Zweck des Gesetzes"; *verschiedene allgemeine Methoden* „stehen zur grammatischen Auslegung im Verhältnis gegenseitiger Ergänzung"[1218]. Zu nennen ist hierbei die *Entstehungsgeschichte* der Gesetzesbestimmung unter dem Blickwinkel, welche grundrechtsrelevante Gerechtigkeitsvorstellung ihr zu Grunde lag[1219]. Doch kann auch ein diesbezüglicher späterer Wandel gesetzgeberischer Vorstellungen berücksichtigt werden, weil der Gesetzgeber die Verfügungsmacht über das überkommene Recht hat[1220].
Auch der Zusammenhang mit anderen Gesetzesbestimmungen (*Normkontext*) ist bedeutsam: Normen sind so zu interpretieren, daß sie nicht in Widersprüche zueinander geraten[1221]. „Dabei kann gerade die systematische Stellung einer Vorschrift im Gesetz, ihr sachlich-logischer Zusammenhang mit anderen Vorschriften den Sinn und Zweck der Norm, ihre wahre Bedeutung, freilegen"[1222].
Auslegungsmethode ist auch die *Folgenbetrachtung*[1223]. Hat „der Gesetzgeber nicht alle Konsequenzen ... bedacht, ... bedarf der Wortlaut einer einschränkenden Deutung"[1224]. Der Gesetzgeber muß hier sogar unter Umständen bei der Berücksichtigung von Ergebnissen und Folgen der ursprünglichen Regelung eine verfassungswidrig *gewordene* Regelung ‚nachbessern' (‚Untermaßverbot')[1225]. Der Gesetzgeber verletzt danach ein Grundrecht auch, wenn er es überhaupt unterläßt, eine zur Grundrechtsverwirklichung erforderliche Norm zu *erlassen*[1226]. „Rechtliche Regelungen (sind) so auszugestalten, daß auch die Gefahr von Grundrechtsverletzungen eingedämmt bleibt... (Dies) hängt von der Art, der Nähe und dem Ausmaß möglicher Gefahren, der Art und

---

1216 Stern 1992,63; v.Arnim 1977,260; Ossenbühl 1976,2105; Böckenförde 1976,2091
1217 vgl. v.Arnim/Brink 2001,237ff.
1218 BVerfGE 35,263,278ff.
1219 Maunz/Zippelius 1994,44
1220 vgl. BVerfGE 34,288f.; v.Arnim/Brink 2001,231ff.; vgl. Redeker/Karpenstein 2001,2825ff.
1221 Maunz/Zippelius 1994,44f.
1222 BVerfGE 35,263,278ff.
1223 vgl. Redeker 1999,1687
1224 BVerfGE 35,263,278ff.
1225 vgl. Böckenförde 1989,40f.; Klein 1989,1635; Hesse 1995 a,266; Sendler 1997 a,470; Steiner 2001,2921
1226 Bethge 1982,5; Maunz/Zippelius 1994,146; Stern 1992,82

dem Rang des verfassungsrechtlich geschützten Rechtsguts sowie von den schon vorhandenen Regelungen ab"[1227].

Das Bestreben, die Grundrechte zu einer größtmöglichen Entfaltung zu bringen, führt zu einer weiten Auslegung der Grundrechtsgarantien, dadurch aber auch zu einer Vermehrung miteinander konkurrierender und kollidierender Problemlagen, die immer neue situationsgerechte Abgrenzungen erfordern (*Konkordanz*). Ziel der Auslegung ist es auch, die Freiheit der Individuen sozialverträglich zu koordinieren[1228]. Diese Koordinierungsproblematik - als „fortwährende Diskussion über die Gerechtigkeit"[1229] - ist unentrinnbar, weil in zunehmendem Umfang staatliche Rechtssätze nichts anderes als Ausgleichsregelungen konfliktträchtiger Rechte konkurrierender Privater sind[1230]. Konkurrierende Rechte müssen aufeinander abgestimmt werden, so daß die Freiheitsgarantien und Wertentscheidungen der Verfassung zu größtmöglicher Wirkung kommen[1231]. Bei Wertkollisionen ist ein gerechter Einzelfallkompromiß anzustreben[1232].

Bei Abwägungen verschiedener Grundrechte sind ferner insbesondere Wesensgehalt (vgl. Art. 19 II GG) und Verhältnismäßigkeit zu beachten[1233]. Dabei wirken die Grundrechte einschränkend auf behördliche Entscheidungsspielräume ein, indem sie die Abwägung der jeweils widerstreitenden Interessen gewichtend steuern[1234]. Methode dazu ist die verfassungskonforme Auslegung. „Sie kommt erst dann zur Anwendung, wenn ... verschiedene, konkurrierende Auslegungsergebnisse erzielt wurden, von denen nicht alle verfassungsgemäß sind"[1235]. „Sind aber zwei verschiedene Deutungen einer Norm möglich, so verdient diejenige den Vorzug, die den Wertentscheidungen der Verfassung entspricht"[1236], was zugleich eine Außerkraftsetzung des Gesetzes als verfassungswidrig vermeidet[1237]. Jede verfassungskonforme Auslegung findet ihre Grenze dort, wo sie mit dem klar erkennbaren Willen des Gesetzgebers in Widerspruch treten würde[1238]. Dahinter stehen nicht nur der Respekt vor dem demokratischen Gesetzgeber oder Überlegungen zur Gewaltentrennung, sondern auch pragmatische Gründe der Effektivität (Zielerreichung mit

[1227] BVerfGE 49,89,142

[1228] Klein 1989,1639f.

[1229] Maunz/Zippelius 1994,150

[1230] Dreier 1993,57 Fn.240

[1231] Maunz/Zippelius 1994,44f.

[1232] vgl. v.Arnim/Brink 2001,72,74f.; Ossenbühl 1976,2107; Maunz/Zippelius 1994,45,136

[1233] vgl. Maunz/Zippelius 1994,45; v.Arnim/Brink 2001,75f.; Kluth 1999,3517f.; Brohm 2001,4f.

[1234] BVerfGE 89,214,229f.; Gerhardt 1997,19

[1235] v.Arnim/Brink 2001,239; vgl. BVerfGE 19,1,5

[1236] BVerfGE 35,263,278ff.

[1237] vgl. Maunz/Zippelius 1994,47; Dreier 1993,61

[1238] BVerfGE 18,97; BVerfGE 86,320; Maunz/Zippelius 1994,47; Schmidt-Bleibtreu/Klein 1995,98

geringstmöglichem Aufwand), das gebotene Ziel schnell (ohne neues Gesetzgebungsverfahren) und direkt (unmittelbar bürgerbezogen) zu erreichen. „Die Funktion der ganzen Verfassung und der von ihr geprägten Rechtsordnung besteht darin, dahin zu wirken, daß möglichst richtige Entscheidungen getroffen werden... Praktische Verwaltungsfragen sind eben nicht abstrakt... zu lösen, sondern konkret... zu bewältigen“[1239].
Zum *Verhältnis* dieser allgemeinen Auslegungsmethoden *zueinander* heißt es beim Bundesverfassungsgericht[1240]: „Die Interpretation ist Methode und Weg... Zur Erfassung des Inhalts einer Norm darf sich der Richter der verschiedenen, insbesondere der systematischen und der teleologischen Auslegungsmethoden gleichzeitig und nebeneinander bedienen“.

b) Spezifische Methoden der Grundrechtsauslegung

Die Methoden der spezifischen Grundrechtsinterpretation und –fortbildung[1241] mußte das Bundesverfassungsgericht selbst entwickeln, weil das Grundgesetz weitgehend dazu schweigt[1242].
„Der Richter kann (dabei aber) die Wertvorstellungen des Grundgesetzes nicht in beliebiger Weise in seinen Entscheidungen zur Geltung bringen. Er würde die Verfassung auch verletzen, wenn er zu einem Ergebnis, das den Wertvorstellungen der Verfassung entspräche, auf einem methodischen Weg gelangte, der die dem Richter bei der Rechtsfindung gezogenen verfassungsrechtlichen Grenzen mißachtete“[1243]. Im Hintergrund solcher Mahnungen steht ein Methodenpluralismus in der konkreten Verfassungsinterpretation durch das Bundesverfassungsgericht[1244] - der zum Teil so erklärt wird, daß man „die Methode fallgerecht der Situation anpassen muß“[1245]. So werden in der Regel verschiedene Methoden kombiniert in den Dienst der Sinndeutung gestellt, die sich gegenseitig ergänzen[1246].
Dieser Ansatz überzeugt im Sinne der Fixierung auf ‚Recht *und Gerechtigkeit*‘, da die grundrechtlichen Wertfixierungen „gleichrangig nebeneinander stehen und sich je nach Sachlage wechselseitig verstärken, ergänzen, aber auch ausschließen können“[1247]. „Interpretation tendiert hier dazu, in Konkretisierung überzugehen: Sie geht über die Inhalts- und Sinnermittlung von etwas Vorgegebenem hinaus, schreitet fort zur – auch schöpferischen – Ausfüllung

---

[1239] v.Arnim/Brink 2001,227
[1240] BVerfGE 35,263,278ff.; vgl. v.Arnim/Brink 2001,240
[1241] zum Begriff: Kluth 1999,3517
[1242] Dreier 1993,54; Sendler 1997 a,459,463; Böckenförde 1999,12
[1243] BVerfG NJW 1973,1223; vgl. v.Arnim/Brink 2001,230f.
[1244] Böckenförde 1976,2090; Sendler 1997 a,462; Bethge 1982 a,7
[1245] Sendler 1997 a,474
[1246] v.Arnim/Brink 2001,71; Ossenbühl 1976,2106; dazu sogleich
[1247] Brohm 2001,8f.

von etwas nur der Richtung oder dem Prinzip nach Festgelegtem, das im übrigen noch offen ist“[1248].

Das Nebeneinander dieser Auslegungsmethoden führt aber bereits notwendig zur Erkenntnis, daß Grundrechte offensichtlich aus verschiedenen Blickwinkeln heraus wirken und wirksam gemacht werden müssen[1249]. Das Bundesverfassungsgericht[1250] hebt dabei den *Gerechtigkeitsaspekt* hervor, der zur schöpferischen Rechtsfortbildung ermächtigt: Durch das GG „wird nach allgemeiner Meinung ein enger Gesetzespositivismus abgelehnt... (Es hält) das Bewußtsein aufrecht, daß sich Gesetz und Recht zwar faktisch im allgemeinen, aber nicht notwendig und immer decken. Das Recht ist nicht mit der Gesamtheit der geschriebenen Gesetze identisch. Gegenüber den positiven Satzungen der Staatsgewalt kann unter Umständen ein Mehr an Recht bestehen, das seine Quelle in der verfassungsmäßigen Rechtsordnung als einem Sinnganzen besitzt und dem geschriebenen Gesetz gegenüber als Korrektiv zu wirken vermag; es zu finden und in Entscheidungen zu verwirklichen, ist Aufgabe der Rechtsprechung. Der Richter ist nach dem Grundgesetz nicht darauf verwiesen, gesetzgeberische Weisungen in den Grenzen des möglichen Wortsinns auf den Einzelfall anzuwenden. Eine solche Auffassung würde die grundsätzliche Lückenlosigkeit der positiven staatlichen Rechtsordnung voraussetzen, ein Zustand, der als prinzipielles Postulat der Rechtssicherheit vertretbar, aber praktisch unerreichbar ist... Die Aufgabe der Rechtsprechung kann es insbesondere erfordern, Wertvorstellungen, die der verfassungsmäßigen Rechtsordnung immanent, aber in den Texten der geschriebenen Gesetze nicht oder nur unvollkommen zum Ausdruck gelangt sind, in einem Akt des bewertenden Erkennens, dem auch willentliche Elemente nicht fehlen, ans Licht zu bringen und in Entscheidungen zu realisieren... Diese Aufgabe und Befugnis zu ‘schöpferischer Rechtsfindung’,... (zur) ‘Fortbildung des Rechts’... (hat) in manchen Rechtsgebieten ... hinter dem Fluß der sozialen Entwicklung besonderes Gewicht erlangt“. Um dies zu bewerkstelligen, hat das Bundesverfassungsgericht „nicht selten sich auch auf den Wechsel gesellschaftlicher Anschauungen bezogen und hieraus Konsequenzen im konkreten Fall entwickelt“[1251]. „Im Rahmen rechtsschöpferischer Tätigkeit ... jenseits des ‚möglichen Wortsinnes‘... oder gar bei contra legem-Entscheidungen verläßt der Richter den Bereich ‚schlichter Gesetzesanwendung‘... mit deutlicher Präferenz zugunsten der gerechten Lösung“[1252]. Folge davon ist, daß „Auslegung und Rechtsfortbildung ... nicht wesensverschieden“ sind[1253] und die

---

[1248] Böckenförde 1999,12f.; vgl. v.Arnim/Brink 2001,212

[1249] vgl. Stern 1992,62

[1250] NJW 1973,1225

[1251] Redeker 1999 a,3688

[1252] v.Arnim/Brink 2001,211

[1253] v.Arnim/Brink 2001,213

*gesetzes*übersteigende keine *rechts*übersteigende Rechtsfortbildung sein muß[1254]. Hierauf werden wir unter E III wiederholt zurückkommen.
Zugleich stellt das Grundgesetz einen ‚letzten Maßstab' dieser schöpferischen Rechtsfortbildung zur Verfügung. „Das Wertsystem der Grundrechte findet seinen Mittelpunkt in der innerhalb der sozialen Gemeinschaft sich frei entfaltenden menschlichen Persönlichkeit und ihrer Würde"[1255]. Diese *anthropozentrische* Auffassung leitet das Verhältnis zwischen Staat und Bürgern im Grundgesetz[1256]. Nach den Negativerfahrungen unter der Weimarer Reichsverfassung sollte eine Werteordnung als unmittelbar geltendes Recht die Staatsgewalten binden[1257]. „Einig war man sich schnell darin, daß der Mensch in den Mittelpunkt der neuen Verfassung gerückt werden sollte und die Grundrechte damit an die Spitze der Verfassung gehörten"[1258]. Verkürzt kann man sagen: unter dem GG gelten die Gesetze nur *im Rahmen der Grundrechte*, in Weimar galten sie nur *im Rahmen der Gesetze*[1259]. Entsprechend dieser Auffassung hat sich der Grundgesetzgeber zum *ethischen Höchstwert der Menschenwürde* bekannt, der durch die Übernahme in das positive Verfassungswerk *gleichzeitig Rechtswert* ist und seine Beachtung nunmehr auch als positivrechtliches Gebot in rechtlichen Kategorien erfaßbar gemacht wurde[1260]. Diese Aufnahme eines Höchstwertes in der Verfassung hat bekenntnisartigen Charakter[1261]. Denn auch derjenige, der die Menschenwürde - mit welchen Begründungen auch - relativiert, muß sie unter der Geltung des Grundgesetzes gleichwohl beachten und gegebenenfalls mit staatlichen Sanktionen rechnen, weil der *Rechtsgehorsam* Kehrseite des staatlichen Gewaltmonopols ist[1262].
In Art.1 GG wird diese Menschenwürde als Mittelpunkt des Wertesystems der Verfassung dergestalt normiert, daß sie als verfassungsrechtliche Grundentscheidung alle Normen durchdringt[1263]. *Entfaltet* wird sie *insbesondere in den Grundrechten*, welche als Fundamentalprinzipien das gesamte Recht prägen und ihm Richtlinien und Impulse geben[1264]. Gesetzesinterpretation erfolgt

---

[1254] v.Arnim/Brink 2001,215
[1255] BVerfGE 6,32,41 = NJW 1957,297; BVerfGE 7,198,205 = NJW 1958,257
[1256] Klages 1988,17
[1257] vgl. zur diesbezüglichen Motivation bei der Entstehung des GG: Otto 1971,70
[1258] Hufen 1999,1505
[1259] vgl. v.Arnim 1977,213
[1260] Otto 1971,63,66; Schmidt-Bleibtreu/Klein 1995,122
[1261] Roellecke 2001,2929; vgl. v.Arnim/Brink 2001,94ff.; Dreier 1993,30: „Verkündung unverlierbarer sozialphilosophischer Einsichten"
[1262] vgl. Klein 1989,1635f.
[1263] BVerfGE 6,32,36; 35,202,225; 39,1,41; Dreier 1996,51
[1264] dazu aus der Entstehungsgeschichte Otto 1971,71 f.; vgl. BVerfGE 54,153f. und NJW 1989,2526; Dreier 1996,67; Hesse 1995 a,267; Stern 1992,78; Hufen 1999,1507; v.Arnim/Brink 2001,51

daher wertbezogen nach diesen Maßstäben der Verfassung[1265]. Hierbei geht es um „Geltung und Umsetzung der Grundentscheidungen unseres Grundgesetzes“[1266]. Als ‚Schleusen‘ für die Einwirkung der Grundrechte gelten dabei besonders die unbestimmten Rechtsbegriffe und Generalklauseln, aber auch Ermessensbefugnisse, die im Lichte der Grundrechte auszulegen sind[1267]. Dies gilt nachfolgend auch für die Einwirkung auf konkrete Normen des Verwaltungsverfahrensgesetzes.

Zugang zu den verschiedenen Auslegungsmethoden der Grundrechte findet man, wenn man an die anthropozentrische Ausrichtung des Grundgesetzes aus Art. 1 GG anknüpft und das jeweils zu Grunde liegende Menschenbild einer Auslegungsmethode betrachtet[1268]. Die *spezifischen* Auslegungsmethoden entnimmt das Bundesverfassungsgericht bei den *Grundrechten* im übrigen diesen *selbst*[1269]. Seine Verfassungsauslegung stützt sich auf Erkenntnisse über die in den Grundrechtsbestimmungen selbst enthaltenen wesentlichen Inhalte und ihre Zusammenhänge. Dies ist kein geschlossenes System, sondern ein ergänzungsfähiges, offenes und flexibles[1270]. Typologisch unterscheidet es zunächst zwischen liberaler (bürgerlich-rechtsstaatlicher), institutioneller, gleichheitsorienter, wertbezogener, sozialstaatlicher und demokratisch-partizipativer Grundrechtsauslegungsmethode[1271].

Traditionell am stärksten betont wird die Grundrechtsfunktion als *liberales Abwehrrecht* gegenüber den Staat zum Schutz der privaten natürlichen Person gegen hoheitliche Übergriffe[1272]. Dies äußert sich im subjektiv einklagbaren Anspruch des Einzelnen, daß der Staat ihm gegenüber ungerechtfertigte Eingriffe unterläßt bzw. beseitigt[1273]. Der *Staat* wird hier grundsätzlich als *Gegner der Freiheit* angesehen[1274]. Die Freiheit des Bürgers hat Priorität - sie ist prinzipiell unbegrenzt, die Befugnis des Staates prinzipiell begrenzt[1275]. So wird er für Beschränkungen der Grundrechte gewissermaßen darlegungs- und beweispflichtig (Rechtfertigungszwang), während die Freiheitsbetätigung des Einzelnen als das Primäre erscheint[1276]. Die an sich als aktive Freiheit gedachte Absicherung kann nach liberalem Verständnis aber auch passiv als ‚Freiheit

---

[1265] vgl. BVerfGE 1,14; 2,380; 54,53,67; BGH NJW 1993,141,144ff.; NJW 1993,1932; Dreier 1996,52

[1266] Däubler-Gmelin 1999,82; vgl. ZRP 2001,43

[1267] Brohm 2001,5f.; Dreier 1993,43,58; Ossenbühl 1976,2102; Maunz/Zippelius 1994,135; Klein 1989,1640

[1268] Baruzzi 1979,81; ausführlich Becker 1996,81ff.

[1269] Böckenförde 1999,12; Hufen 1999,1507

[1270] Stern 1992,63; vgl. Brohm 2001,8f.; weiter entfaltet wird dies unter D II 2,3

[1271] Stern 1992,59

[1272] BVerfGE 7,198,204; Dreier 1996,60; Stern 1992,70

[1273] Stern 1992,70f.; Dreier 1996,59f.

[1274] Dreier 1993,37

[1275] v.Arnim/Brink 2001,31,52; Ossenbühl 1976,2101

[1276] Dreier 1996,53

zum Freiheitsnichtgebrauch' genutzt werden[1277]: es steht grundsätzlich im Belieben des Bürgers, ob und in welcher Weise er von seiner Freiheit Gebrauch machen will[1278].

„Freiheit ist so dem einzelnen vorgegeben, nicht aufgegeben. Die Grundrechte legitimieren selbstzweckhafte, zweckfreie privatnützige und eigennützige Freiheit in scharfem Kontrast zur kompetenzrechtlich in Pflicht genommenen Zweckrationalität des Staates. Grundrechte gewährleisten Selbstentfaltung und Selbstbestimmung, nicht Fremdbestimmung. Freiheit kann nur als Freiheit 'wovon', nicht als Freiheit 'wozu' verstanden werden"[1279]. Der Staat darf diese undefinierte Sphäre subjektiven Beliebens nicht hinsichtlich der wahren, guten und wohl verstandenen Freiheit definieren: sie werden vom Selbstverständnis *des Trägers* geprägt[1280]. Es bedarf bis heute der liberalen Abwehrrechte, „weil auch die Demokratie Herrschaft von Menschen über Menschen ist, die den Versuchungen des Machtmißbrauchs unterliegt"[1281]. Auch in der Demokratie ist „noch keineswegs gewährleistet, daß nicht im Einzelfall einer Minderheit von der Mehrheit unmäßige Lasten zugemutet oder auf künftige Generationen überwälzt werden"[1282]. Insoweit enthält die liberale Grundrechtsinterpretation „eine zeitlose, ewig gültige Aussage. Einer Abwehr von Willkür wird es immer bedürfen, solange es Herrschaft gibt; und es ist gleichgültig, ob der 'Staat' als tyrannischer Monarch oder als tyrannische Mehrheit oder als selbstherrliche Bürokratie in Erscheinung tritt"[1283]. Konsequenz eines *rein* liberalen Ansatzes ist für den Staat gesellschaftliche Abstinenz und ein eliminierter Wohlfahrtszweck[1284]. Seine Aufgaben richten sich wesentlich auf Gewähr äußerer und innerer Sicherheit sowie Wahrung der Rechtsordnung, während die Gestaltung der wirtschaftlichen, sozialen und kulturellen Verhältnisse völliger gesellschaftlicher Selbststeuerung und Autonomie überlassen bleibt[1285]. „Beschränkte z.B. die Theorie des liberalen Rechtsstaats die Staatsfunktionen im wesentlichen auf die Sicherung nach außen und die Gewährleistung der gesetzlichen Ordnung im Inneren, dann engte sie den Staat in der Absicht ein, den freien individuellen Handlungsspielraum insbesondere im Bereich wirtschaftlicher Betätigung möglichst groß zu erhalten"[1286]. So findet die Freiheit des einen nur ihre *Grenze* in den gleichberechtigten Freiheiten der anderen (vgl. Art. 2 I GG). Die Einbindung des Grundrechts-

---

[1277] Dreier 1996,61

[1278] Die Pflicht zu einem bestimmten Gebrauch der Freiheit findet sich nur ausnahmsweise, z.B. bei der elterlichen Erziehungspflicht des Art. 6 GG

[1279] Bethge 1982 a,2148

[1280] vgl. BVerfGE 54,148,156

[1281] Hesse 1995 b,130f.

[1282] BVerfG NJW 1983,2761

[1283] Ossenbühl 1976,2107; die Verwaltung ist hier also direkter Adressat

[1284] König 1970,156

[1285] Hesse 1995 a,271

[1286] Mayntz 1978,34

verständnisses in eine bestimmte historische Grundauffassung von Staat und Freiheit wird hier offenkundig[1287]. Eine liberale Grundrechtsauslegung allein entspräche daher dem Gerechtigkeitsaspekt der Gegenwart also nicht mehr.
Im globalen, modernen Staat kann Freiheit nämlich nicht allein durch negatorische Abwehr bewahrt werden[1288]. Denn die rechtlich gleiche Freiheit bringt soziale Ungleichheit hervor, weil die natürliche (und wirtschaftliche) Ungleichheit des Menschen zu unterschiedlichem (wirtschaftlichem) Erfolg führt[1289]. So setzen die Annahmen von generellem Gewinnstreben in Konkurrenz den rational handelnden ‚homo oeconomicus', also einen spezifischen Menschentyp, voraus[1290]. Anthropologisches Leitbild ist das der autarken, selbständigen und autonomen Persönlichkeit[1291] – indes (wie die Werteforschung zeigt[1292]) sicher nicht ein allgemeingültiger Werte-Typ. *Liberales Denken* verbessert vielmehr die Bedingungen der Freiheitsausübung einer Minderheit, während die reale Freiheit der Mehrheit eingeengt wird[1293]. „Die liberale Konzeption... vermag wegen der Erosion tragender Grundlagen des liberal-individualistischen Sozialmodells nur noch ausschnitthaft zu erfassen, was Ausgangs- und Endpunkt grundrechtlicher Gewährleistungen ist: Die Freiheit der Person"[1294]. Es besteht die Gefahr, daß die rechtlich fortbestehenden Freiheitsgewährleistungen zur ‚leeren Form' werden, wenn der Staat nicht der ‚Entfaltung der Starken' mit einer Politik des sozialen Ausgleichs begegnet[1295].
Die Möglichkeit, von der rechtlich garantierten Freiheit *tatsächlich Gebrauch* zu machen, ist außerdem durch eine Vielzahl faktischer Umstände für jeden einzelnen eingeschränkt[1296]. Freiheitsausübung setzt ein soziales Substrat notwendig voraus, welches erst Verhaltens- und Seinsmöglichkeiten eröffnet, die sonst verschlossen wären[1297]. Daher ist reale Freiheit erst die *tatsächliche Möglichkeit* zum Freiheitsgebrauch; diese muß aber - abweichend vom liberalen Leitbild der autarken und autonomen Persönlichkeit - oft erst geschaffen werden von Leistungen der Allgemeinheit[1298]. Freiheit *und* Teilhabe sind daher heute die Kardinalbegriffe, die das Verhältnis des Bürgers zur Verwaltung

---

[1287] Ossenbühl 1976,2101
[1288] Dreier 1993,43; Hesse 1995 a,269
[1289] Murswick 1992,256
[1290] König 1970,154
[1291] Baruzzi 1979,82
[1292] vgl. B IV 4
[1293] Murswick 1995,256f.; vgl. König 1970,154
[1294] Dreier 1993,64
[1295] Murswick 1995,257; Ossenbühl 1976,2105
[1296] Murswick 1995,255
[1297] Murswick 1995,244
[1298] v.Arnim/Brink 2001,198; Ossenbühl 1976,2105

kennzeichnen[1299]. Hier gibt es eine - auch die Verfassungsinterpretation berührende - Gewichtsverlagerung[1300].
Um die Freiheitsausübung durch gesicherte Rechtsformen zu unterstützen, hat der Text des Grundgesetzes ausdrücklich materielle *Institutsgarantien* „zur Verteidigung und Umhegung der Freiheit“[1301] anerkannt, die bei einer Verfassungsinterpretation als förderungswürdig zu berücksichtigen sind, z.B. Ehe, Familie, Eigentum, Erbrecht, Wissenschaft, Schule, kommunale Selbstverwaltung und Berufsbeamtentum[1302]. Zur Auslegung ist die historisch gewachsene Inhaltsbestimmung zwar besonders wichtig, doch sind dem Gesetzgeber auch hier zeitentsprechende Weiterentwicklungen nicht verwehrt[1303].
Dem Gerechtigkeitsaspekt unter dem Gesichtspunkt der Förderung einer gesetzlichen Chancengleichheit bei der Freiheitsausübung dient auch die Auslegung nach den *Gleichheitsrechten* (vgl. besonders Art. 3,33 GG). Dabei geht es um das Verbot unverhältnismäßiger Ungleichbehandlung[1304], also um „sachlich vertretbare Gründe zum Anknüpfungspunkt von Differenzierungen und Freiheitsbeschränkungen“[1305]. Kundenorientierung in der Bürger-/Verwaltungs-Beziehung z.B. „bemüht sich (hier) um eine Differenzierung von Ziel- und Kundengruppen..., also gerade nicht um Gleichbehandlung, sondern um Unterscheidungen“[1306]. „Mit dem Gedanken der Differenzierung lässt sich das Problem der Zielorientierung und Wirksamkeit verbinden“. Dies kann „zu einer Konzentration der Leistungen auf die wirklich Bedürftigen beitragen und damit auch den Gedanken der Rechtsstaatlichkeit stärken. Der Gleichbehandlungsgrundsatz würde einer so verstandenen Kundenorientierung nicht entgegenstehen, da er eine Gleichbehandlung unterschiedlicher Sachverhalte erlaubt und als Gebot einer sachgerechten Differenzierung zu verstehen ist. Es ist auch juristisch gesehen geradezu geboten und in einer differenzierteren Gesellschaft auch praktisch sinnvoll, auf unterschiedliche Bedürfnislagen differenziert einzugehen“[1307]. Es kann dabei auch zu *Teilhaberechten* gegenüber dem Staat kommen, wenn nur er durch bestimmte staatliche Aktivitäten Freiheitsaktualisierungen ermöglicht[1308]. Bei entsprechender Verwaltungspraxis kann ein Anspruch auf Rechtsanwendungsgleichheit z.B. bei Nutzung öffentlicher Einrichtungen oder Subventionserhalt entstehen[1309]: der Bürger kann

---

[1299] Murswick 1995,247; vgl. v.Arnim/Brink 2001,72,198
[1300] vgl. Hesse 1995 a,271
[1301] Stern 1992,76f.
[1302] Dreier 1996,74; Hesse 1995 b,134f.; Stern 1992,75f.
[1303] Maunz/Zippelius 1994,134
[1304] BVerfGE 78,232,247; Hufen 1999,1509
[1305] Redeker/Karpenstein 2001,2829
[1306] Bolay 2001,43
[1307] Bolay 2001,44
[1308] Dreier 1993,44,54f.
[1309] Jarass/Pieroth 1995,18f.; Dreier 1996,65; Schmidt-Bleibtreu/Klein 1995,124; Stern 1992,72f.; Ossenbühl 1976,2104

ein staatliches Tun oder Unterlassen verlangen, sofern die Verwaltung in vergleichbaren Fällen auch so agiert[1310]. Stets muß *wesentlich Gleiches* vorliegen, das nicht *grundlos* (d.h. ohne vernünftigen, aus der Natur der Sache sich ergebenden oder sonstwie einleuchtenden Differenzierungsgrund willkürlich) ungleich behandelt werden darf. Unvergleichbares darf hingegen nicht gleich behandelt werden[1311], sonst wäre der Gerechtigkeitsaspekt verletzt.
Die Grundintentionen von Freiheit und Gleichheit, die uns in den Abwehr- und Gleichheits-Modellen begegnen, bedürfen nach Auslegung des Bundesverfassungsgerichts zu ihrer effektiven gerechten Verwirklichung in der gegenwärtigen Gesellschaft weiterer Entfaltungen, um die Menschenwürde mit ihrem unverlierbaren Kern personaler Freiheit zu sichern. Heute geht es nicht mehr ausschließlich um die Bändigung einer der Gesellschaft feindlich gegenüberstehenden Staatsgewalt, sondern eine von Freien und Gleichen geschaffene und immer wieder neu zu schaffende Ordnung[1312]. Um hier einer zu kurz greifenden Grundrechtsinterpretation zu entgehen[1313], entwickelte das Bundesverfassungsgericht ab Mitte der 50er Jahre[1314] eine Grundrechtsinterpretation unter dem Gesichtspunkt einer *Werteordnung*. „In unserer stark verfassungsdeterminierten Rechtsordnung dominieren die grundrechtlichen Gewährleistungen in ihrer objektivrechtlichen Dimension... (zu) einer umfassend verstandenen Wertordnung“[1315]. Es handelt sich um Erweiterungen und Entfaltungen von Grundrechten[1316] als Konsequenz eines notwendigerweise *komplexeren Verständnisses individueller Freiheit* und eines gewachsenen Bewußtseins der Vielfältigkeit ihrer Gefährdungen wie der Notwendigkeit ihrer *Sicherungen*[1317] – „mag auch im Einzelfall die Gefahrenschwelle nicht überschritten sein“[1318]. Diese Auslegungsmethode macht auf den Streit der Werte aufmerksam, denen sich der Mensch als Entscheidender zu stellen hat[1319].

1310 Jarass/Pieroth 1995,16; vgl. Stern 1992,73
1311 ständige Rechtsprechung seit BVerfGE 1,14,52 = NJW 1951,877; Gerhardt 1997,20; vgl. Wölki 1984,117
1312 Steiner 2001,2921
1313 Dreier 1993,33,38: ‚multifunktional'; Jarass/Pieroth 1995,17
1314 vgl. BVerfGE 6,55,72; 7,198,205; BVerfG NJW 1973,1221; NJW 1980,2070; v.Arnim/Brink 2001,68ff.; Böckenförde 1989,23; Stern 1992,75,78; Dreier 1993,50,63: mit Siegeszug in der Literatur
1315 Tettinger 1997,7
1316 Isensee 1992,154; Böckenförde 1989,29; Hesse 1995 b,133; Dreier 1996,66; Stern 1992,78; Böckenförde 1989,29: ‚praktisch aller'
1317 Dreier 1993,63; vgl. Wölki 1987,123f.
1318 Wölki 1987,124
1319 Baruzzi 1979,83. Hierfür finden sich in der Literatur unterschiedliche, aber synonyme Bezeichnungen wie z.B. objektiv-rechtliche Wertentscheidung, wertgebundene Ordnung, verfassungsrechtliche Grundentscheidung, objektiv-rechtliche Gehalte, objektive Gemeinschaftsordnung, überdachendes Verfassungsrecht, oberste Prinzipien der Rechtsordnung, Gerechtigkeitsprinzipien, Auftrags- und Schutzseite (vgl. Jarass/ Pieroth 1995,17; Dreier 1996,58f.;Böckenförde 1989,30f.)

Im hierzu grundlegenden Lüth-Urteil[1320] spricht das Bundesverfassungsgericht davon, daß das Grundgesetz „keine wertneutrale Ordnung sein will..., (sondern) auch eine objektive Wertordnung aufgerichtet hat“ als „prinzipielle Verstärkung der Geltungskraft der Grundrechte... Dieses Wertsystem, das seinen Mittelpunkt in der innerhalb der sozialen Gemeinschaft sich frei entfaltenden menschlichen Persönlichkeit und ihrer Würde findet, muß als verfassungsrechtliche Grundentscheidung für alle Bereiche des Rechts gelten“. Und an anderer Stelle: „Die in den Grundrechtsnormen der Verfassung enthaltene objektive Wertordnung wirkt ... als verfassungsrechtliche Grundentscheidung für alle Bereiche des Rechts“[1321]. Auch die Verwaltung empfängt von hier Richtlinien und Impulse, um das einfache Recht (wie z.B. das VwVfG) im Lichte dieser Grundrechtsgehalte auszulegen[1322]. Der Gedanke der Wertordnung verdeutlicht den normativen Gehalt des Grundrechtes als historisch gewollten und normierten unverzichtbaren Kern der neuen, auf die Menschenrechte gestützten Grundgesetzordnung[1323]. Es geht um objektive Wesensgehalte von Einzelgrundrechten (oft i.V.m. Art. 1 GG) als „Umschaltstation, durch welche die Grundrechte in die übrige gesamte Rechtsordnung ausstrahlen und damit zu einer erhöhten Wirkkraft geführt werden“[1324].
Mit dieser Entfaltung der Grundrechtsgeltung begründet das Bundesverfassungsgericht auch direkte staatliche *Schutzpflichten* aus den Grundrechten, wenn der Grundrechtsträger selbst zur Wahrung seiner Rechte außerstande und dem Staat dafür Verantwortung zuzuschreiben ist[1325]. „Der Staat ist aufgefordert, sich in aktiver Weise ‘schützend und fördernd’ vor die Grundrechte zu stellen“[1326]. „Die geläufige Perspektive, die im Staat den potentiellen Widersacher individueller Freiheit sieht, kehrt sich geradezu um: Der Staat erscheint nun als ‘Helfer und Beschützer’ individueller Freiheit, als ‘Garant’ der Grundrechte“[1327]. Gerade in Verwaltungsverfahren rücken hier Beratung oder Betreuung von Bürgern in den Blick. Die umfassende Schutzpflicht ist hierbei um so ernster, je höher der Rang des Rechtsgutes innerhalb des Grundgesetzes ist[1328]. Die dabei zu treffenden Güterabwägungen[1329] sind dem Gesetzgeber als dynamische Daueraufgabe mit der normativen Tendenz der Optimierung aufgegeben[1330]. Diese *dynamische Anpassung an neue Gefähr-*

1320 BVerfGE 7,198,204f.; vgl. Hesse 1995 a,266; Stern 1992,78; Ossenbühl 1976,2101
1321 BVerfG NJW 1973,1223; so auch Ossenbühl 1976,2102; Maunz/Zippelius 1994,135
1322 BVerfGE 7,198,205; Stern 1992,78; Ossenbühl 1976,2101
1323 Hesse 1995 b,135
1324 Ossenbühl 1976,2107
1325 Klein 1989,1633
1326 Dreier 1993,47
1327 Dreier 1993,48f.
1328 BVerfGE 39,1,42; Stern 1992,80; Klein 1989,1634
1329 dazu BVerfGE 56,54,78 = NJW 1981,1655; vgl. Klein 1989,1635; Stern 1992,81
1330 Böckenförde 1989,55

dungslagen personaler Freiheit soll zur Verhinderung von Freiheitsrelativierungen eine umfassende Grundrechtsentfaltung vervollständigen[1331].
Während die Schutzpflichtenlehre noch im Kontext der Abwehrrechte bleibt, geht es bei wirtschaftlichen und sozialen Rechten um die *Verbesserung* der Lebensumstände[1332]. Grundrechte sollen nach der *sozialstaatlichen* Grundrechtsauslegung auch sozial mitverstanden werden, und zwar als Aufforderung an den Staat zur Förderung durch Hilfen und Umverteilung[1333].
Für die erste Variante zu nennen sind z.B. potentiell gefährdete Grundrechtslagen wie schwach artikulierte Interessen von Gruppen ohne Lobby (wie von Ungeborenen, Kindern, Alten, Behinderten, Nichtseßhaften und gesellschaftlichen Randgruppen) sowie langfristige, zukunftsorientierte nachhaltige Interessen[1334]. Der Gefahr ist zu begegnen, daß solche Interessen von vornherein durch Vereitelung von Realisierungschancen 'ausgefiltert' werden[1335].
Hier kann in außergewöhnlichen Fällen einer Grundrechtsgefährdung aus Art.1, 2 und 20 GG ein *Anspruch gegen den Staat* auf Abwendung einer menschenunwürdigen Notlage abzuleiten sein (existenzsichernde Leistungen)[1336].
Gerade das Verhältnis des Bürgers zur Verwaltung in Fällen von Arbeitslosigkeit und Sozialhilfeempfang, aber auch bei Existenzgründung, kann an die Grundlage menschlicher Existenz und Lebensplanung rühren. Grundanliegen sozialstaatlicher Grundrechtsauslegung ist dann die Verwirklichung der Menschenwürde durch Absicherung eines Minimums an sozialer Teilhabe und Erweiterungen persönlicher Handlungsmöglichkeiten im Gesamt des Sozialgefüges, weil der Mensch grundrechtlich zu schützende sozialbezogene Persönlichkeit ist[1337].
Des weiteren geht es um *Umverteilung* zur Gewährleistung ausgeglichener Lebensverhältnisse im staatlichen Sozialgefüge. Dies gibt der Freiheit dann die bereits oben angesprochene ‚materielle Komponente', indem sie die realen Bedingungen zur Freiheitsentfaltung verbessert. „Mit Leben gefüllte soziale Bürgerrechte sind eine wesentliche Voraussetzung zivilgesellschaftlichen Engagements"[1338]. „Soziale Demokratie basiert auf einem leistungsfähigen Sozialstaat, der die großen Lebensrisiken absichert, die Solidarität aller einfordert, und Chancengerechtigkeit mit dem Ziel herstellt, Eigenverantwortung und Selbständigkeit der einzelnen zu ermöglichen"[1339]. Diese staatliche Aufgabe aus dem Sozialstaatsgebot wirkt sich auch auf die Auslegung der Grund-

[1331] Dreier 1993,50; vgl. Ossenbühl 1976,2102
[1332] Klein 1989,1639
[1333] Baruzzi 1979,85; vgl. v.Arnim/Brink 2001,72
[1334] vgl. Klages 2003,1; Stolleis 1978,43ff.
[1335] Stolleis 1978,45; vgl. Demmer 1995,143f.
[1336] Dreier 1996,62; Schmidt-Bleibtreu/Klein 1995,123; Maunz/Zippelius 1994,133
[1337] vgl. BVerfGE 6,422; Schmidt-Bleibtreu/Klein 1995,124
[1338] Kortmann 2001,4
[1339] aus der Koalitionsvereinbarung vom 20.10.1998, VI 1, ZRP 1998,494

rechte aus[1340]. Bei der gesetzlichen Festsetzung konkreter Sozialstandards handelt es sich allerdings um politische Gestaltungsaufgaben[1341]. Leistungen sind dabei nicht nur in Zeiten knapper Kassen von wechselnden Bedürfnissen und Ressourcen abhängig, so daß der Verwaltung *grundsätzlich ein Entscheidungsspielraum* bleibt. Insoweit können daher keine *konkreten* subjektiven Rechte Einzelner begründet werden[1342]. Doch können Ansprüche auf positive Leistungen des Staates um so eher entstehen, je mehr der Staat sich der sozialen Sicherheit und kulturellen Förderung der Bürger zuwendet[1343].
Sollte nach den bisher aufgezeigten Auslegungsmethoden der Gerechtigkeitsaspekt dynamisch entfaltet und ungerichtete Freiheitsausübung (besser) ermöglicht werden, setzt schließlich eine partizipativ-demokratische Grundrechtsmethode einen bewußteren ‚staatsbezogenen' Akzent. Da es in der Konkurrenzdemokratie um die Durchsetzung des Mehrheits- gegen den Minderheitswillen geht, ist ein offener Prozeß der Meinungsbildung erforderlich, der öffentliche Diskussion und Partizipation erzwingt[1344]. "Demokratie heißt Alternative... Gesetze sind 'Zeitgesetze'... Dies bedeutet doch, daß alles auch anders sein könnte... Verfassung ist nicht ein Rahmen, ... nur ein Ausgangspunkt"[1345]. Um die sich ändernden komplexer werdenden Wirklichkeitsverhältnisse besser zu bewältigen, kann daher eine Kompensation zunehmender Komplexität in Form der Vorverlagerung von Beteiligungsmöglichkeiten geboten sein[1346] - eine auch für das Verwaltungsverfahren unter E III zu untersuchende Fragestellung. Im modernen Verfassungsstaat soll nämlich neben die Freiheit des Einzelnen *vom* Staat die demokratische Freiheit *zum* Staat und damit die Idee von Selbstverantwortung der Bürger treten: hier sichern Grundrechte *partizipativ* die Voraussetzungen einer freien, aktiven Mitwirkung im Gemeinwesen, wozu auch die Mitwirkung betroffener Bürger an den Entscheidungen der Verwaltung zu zählen ist[1347].
Das Individuum bleibt rechtlich zwar frei darin, unpolitische Privatheit oder aktivbürgerschaftliches Engagement zu wählen: zu einer bestimmten Nutzung gewährleisteter Freiheitsräume kann niemand *gezwungen* werden[1348]. Doch ist aktive Teilnahme an Angelegenheiten mit Gemeinschaftsbezug (die oft auch in vermeintlich ‚individuellen' Verwaltungsverfahren berührt sind, vgl. dazu E III 4) demokratietheoretisch durchaus erwünscht, so daß unter dem GG eine

---

1340 Maunz/Zippelius 1994,132
1341 Steiner 2001,2921-2923; vgl. BAG NJW 2001,845
1342 Murswick 1992,253,265; Jarass 1995,19; Stern 1992,72; Dreier 1996,63
1343 vgl. BVerfGE 33,330f.; Maunz/Zippelius 1994,132; Hesse 1995 b,132; zu Ansprüchen aus dem Gleichheitsaspekt s.o.
1344 Thieme 1984,314f.
1345 Baruzzi 1979,93f.
1346 Schmidt-Jortzig bei Ronellenfitsch 1982,94; vgl. v.Arnim 1997 b,353
1347 vgl. BVerfG NJW 1982,2173; Dreier 1996,61; Mayntz 1978,246
1348 Dreier 1996,61; Ossenbühl 1976,2103; insoweit hat hier *jeder Wertetyp* seine Berechtigung, vgl. B IV 4

Auslegung im Sinne demokratisch-partizipatorischer Grundrechtsentfaltung als besonders *förderungswürdig* gilt[1349]. „Für die Lebendigkeit der Demokratie ist es von entscheidender Bedeutung, in welchem Maße die Bürgerinnen und Bürger von ihren in der Verfassung garantierten Rechten Gebrauch machen und damit Einfluss auf die politische Willensbildung nehmen"[1350]. „Das politische Engagement ist ein zentraler Bestandteil ... Die politische Gemeinschaft in der Demokratie braucht unter den Bedingungen eines Pluralismus von Lebensstilen und Werteinstellungen einen gemeinsamen Horizont bürgerschaftlicher Einstellungen und Wertbezüge. Sie sind der Kitt, der die Gesellschaft zusammenhält"[1351].
Unter dem Leitgesichtspunkt *partizipativer (demokratischer)* Grundrechtsinterpretation hat das Bundesverfassungsgericht daher die Teilhaberechte an staatlicher Willensbildung durch staatsbürgerliche Grundrechte betont (‚aktivbürgerschaftliche Dimension')[1352]. Partizipativ verstandene Freiheit dient so als Aufforderung, an den Angelegenheiten des Gemeinwesens mitzuwirken[1353]. Fast alle Grundrechte sollen daher gewünschtes Engagement ermöglichen[1354]. Die (auch bewußte) Nichtausübung solcher Verantwortlichkeiten kann *vom Ergebnis her faktisch* als selbstgewählter Rückfall in eine liberale Untertanenmentalität bewertet werden: Ich lasse andere für mich entscheiden[1355]. Anthropologisch nämlich steht der Einzelne immer "in einem Grundbezug zur Gemeinschaft. Das Private ... (spielt) ins Öffentliche hinein... und umgekehrt"[1356]. Nur Mitwirkung als Mitverantwortung kann verhindern, daß Systeme wuchern und sich Entscheidungsprozesse entpersonalisieren[1357]. Sie stellt daher gerade im Verwaltungsverfahren ein Gegengewicht zu den Gefahren bürokratischer Organisationsform dar, denn das Verwaltungsverfahrensrecht ermöglicht eine Vorverlagerung des Rechtsschutzes, der durch verspäteten gerichtlichen Schutz gefährdet sein kann[1358]. Dieser Aspekt soll nun für das Verwaltungsverfahren verdeutlicht werden.

[1349] vgl. Demmer 1995,181; Dreier 1993,46; Hufen 1999,1509; Stamm 2001,16: ‚schlechthin konstituierend'; Lamprecht 2001,2947: Grundlage jeder Freiheit überhaupt; aus wirtschaftl. Sicht auch Stiglitz 2002,262f.,288

[1350] Datenreport 1999,159; vgl. Lamprecht 2001,2947f.

[1351] Kortmann 2001,4

[1352] vgl. BVerfGE 7,198,208; 68,193,205 m.w.N.; Stern 1992,73f.; Dreier 1996,56f.; Maunz/Zippelius 1994,132; vgl. v.Arnim 1997,759

[1353] Dreier 1993,39; Otto 1971,64,207; Demmer 1995,146

[1354] Dreier 1993,40f.; Hesse 1995 b,131

[1355] vgl. Demmer 1995,202

[1356] Baruzzi 1979,83f.

[1357] Demmer 1995,181

[1358] BVerfG NJW 1991,2006; Blümel 1982,35; vgl. v.Mutius 1982,2154f.; Mayntz 1978,247; B IV 1; D I 4

2. Grundrechtsrelevanz des Verfahrensrechts

Um die *Verfassung* auch *im Verwaltungsverfahren* wirksam werden zu lassen, hat das Bundesverfassungsgericht *zunächst Art. 19 IV GG* als Maßstab herangezogen[1359]. Das liegt an der Ausrichtung des Art. 19 IV GG, „die 'Selbstherrlichkeit' der vollziehenden Gewalt im Verhältnis zum Bürger" beseitigen zu wollen[1360]. Der Bürger hat Anspruch auf eine tatsächlich wirksame gerichtliche Kontrolle von Verwaltungsmaßnahmen in gesicherter und verteidigungsfähiger Rechtsposition[1361]. So „können sich aus Art. 19 IV GG Vorwirkungen auf die Ausgestaltung des dem gerichtlichen Rechtsschutzverfahren vorgelagerten Verwaltungsverfahrens ergeben: Dieses darf nicht so angelegt werden, den gerichtlichen Rechtsschutz zu vereiteln oder unzumutbar zu erschweren... Daraus ergeben sich in erster Linie Anforderungen an das Verhalten der Verwaltungsbehörde im Verwaltungsverfahren selbst"[1362]. Zu einem Mindestmaß an Gewährleistung durch Art. 19 IV GG zählte das Gericht die Gewährleistung rechtlichen Gehörs und rechtskundiger Beratung[1363] (vgl. insoweit §§ 25,28 VwVfG) ebenso wie ein bürgerorientiertes zügiges Verfahren[1364] (vgl. insoweit § 10 VwVfG). Art. 19 IV GG gewährleistete ansonsten aber „nicht selbst den sachlichen Bestand oder Inhalt einer als verletzt behaupteten Rechtsstellung...; dieser Bestand und sein Inhalt richtet sich vielmehr nach der Maßgabe der Rechtsordnung im übrigen"[1365] - materiellrechtliche Ansprüche also aus anderen Verfassungsnormen[1366]. Jedoch hat die Verwaltung „schon im Verwaltungsverfahren einen effektiven Schutz des Grundrechts... i.V. mit Art. 19 IV GG sicherzustellen"[1367].

Als materielle Verfassungsnorm zur Beurteilung des Verwaltungsverfahrens nahm das Bundesverfassungsgericht das *Rechtsstaatsprinzip des Art. 20 GG* in den Blick, weil der Art. 19 IV GG als ein Unterfall des Art. 20 GG angesehen wird: Art.19 IV GG formt das Bild von der grundgesetzlichen Rechtsstaatlichkeit entscheidend mit und wird seinerseits von anderen Gewährleistungselementen dieses Prinzips geprägt[1368]. So wurden materielle Verfahrensrechte aus dem Rechtsstaatsprinzip abgeleitet[1369].

[1359] v.Mutius 1982,2153; Bethge 1982,6

[1360] so BVerfGE 10,264,267; 35,263,274; 51,268,284

[1361] BVerfGE 84,34,49 = NJW 1991,2005

[1362] BVerfG NJW 1982,2175; vgl. Hesse 1995 a,266

[1363] BVerfG NJW 1983,2762

[1364] BVerfGE 60,253,269ff.; vgl. Schmitz 1998,385

[1365] BVerfG NJW 1982,2175

[1366] BVerwG NJW 1990,2766; BVerwG NJW 2000,1055

[1367] BVerwG NJW 2000,1055

[1368] Schmidt-Aßmann 1997 EL,5,31

[1369] z.B. in BVerfGE 15,275,281f.; ähnlich BVerfG NJW 1991,2006; Bethge 1982,7; Blümel 1982,26,91; zustimmend zu seiner rechtsentwickelnden Funktion auch

1976 nun wurde vom *Gesetzgeber* mit dem ausdrücklich geäußerten Willen, Verfassungsrecht konkret zu gestalten, diese Linie im VwVfG weitergezogen und *auch* explizit auf *andere Prinzipien* des Grundgesetzes erstreckt. „Das Verwaltungsverfahrensrecht wird, wie inzwischen... unumstritten ist, durch die Verfassungsgrundsätze des demokratischen und sozialen Rechtsstaats bestimmt"[1370]. Das Verfahrensrecht ist „in weitem Umfang Ausdruck und Konkretisierung ... (von) verfassungsrechtlichen Grundprinzipien und allgemeinen Ordnungsgedanken" wie den Grundsätzen von Menschenwürde, Rechtsstaatlichkeit, Rechtsgleichheit, Demokratie, Gewaltentrennung sowie von Wirksamkeit und Leistungsfähigkeit der Verwaltung[1371]. Der Gesetzgeber wollte mit dem VwVfG auch Grundrechte (namentlich bei den Ansprüchen auf rechtliches Gehör und VA-Begründung) konkretisieren[1372]. Ein so gewährleisteter „Zwang zur Objektivität bietet damit auch dem sozial Schwächeren Schutz, ohne ihn aber zu entmündigen"[1373]. Hierbei erlangte der *Grundrechtsschutz im Verwaltungsverfahren* eine herausgehobene Bedeutung, sollte doch das VwVfG „die Freiheitsrechte des einzelnen gewährleisten und die Lösung miteinander konkurrierender Freiheitsrechte anderer ermöglichen", ferner dem „*allgemeinen Wunsch nach Bürgerbeteiligung* mit dem Ziel der Mitgestaltung und dem frühzeitigen Einbringen eigener Interessen (Partizipation)" entsprechen[1374]. „Es kann... nicht verkannt werden, daß durch das Eigengewicht, das eine ganze Reihe von Vorschriften dieses Entwurfs besitzt (z.B. rechtliches Gehör...) diese über den eigentlichen engeren Anwendungsbereich hinaus allgemeine Bedeutung für alle vom Entwurf nicht erfassten Verfahrensarten erlangen werden"[1375].

Die Einwirkung der Grundrechte sollte sich über die *Verfassungsauslegung im Einzelfall* vollziehen, indem die Verfahrensgestaltung eine Verletzung der grundrechtlich geschützten Rechtsgüter möglichst ausschließen sollte[1376]. Damit verwirklichte der Gesetzgeber ein in der Rechtsgeschichte lang angestrebtes Ziel, im Interesse der Allgemeinheit und des Bürgers allgemeine rechtsstaatliche Verfahrensregeln zu schaffen, insbesondere „aufgrund der zunehmenden Erkenntnis über die Konsequenzen der Wesentlichkeitstheorie und des Grundrechtsschutzes durch Verfahren"[1377].

Das *Bundesverfassungsgericht* stärkte eine solche dem Wertewandel entsprechende Rechtsentwicklung nur wenig später. Seit seinem *Mülheim-Kärlich-*

[1370] Ule 1976,427
[1371] Kopp 1976 AV,XXXVI f.
[1372] BT-DrS VI/1173,25; BT-DrS 7/910,29
[1373] Stelkens 1998 EL,40
[1374] Stelkens 1998 EL,39f.; kursiv = d.Verf.
[1375] BT-DrS 7/910,42
[1376] BVerfGE 53,115,128 = NJW 1980,1565; BVerfGE 42,64,73 = NJW 1976,1391; v.Mutius 1982,2154,2159; vgl. Stern 1992,82
[1377] Stelkens 1998 EL,40; vgl. BT-DrS VI/1173,27f.: wesentliche Änderung in letzter Zeit

Beschluß vom 20.12.1979[1378] erfolgte die Begründung materiellrechtlicher Verfahrensrelevanz ganz unmittelbar und schwerpunktmäßig *aus den Grundrechten*[1379].
So hob das Gericht den Grundrechtsschutz als Hauptfunktion der Bürgerbeteiligung im Verwaltungsverfahren hervor: es gehe dabei um wirksamen Rechtsschutz der Bürgergrundrechte, sofern der Beschwerdeführer selbst, unmittelbar und gegenwärtig in seinen Grundrechten verletzt sei[1380]. „Da diese Auswirkungen bereits unmittelbar aus dem jeweiligen Grundrecht folgen, beschränken sie sich nicht auf das Verfahren der gerichtlichen Überprüfung, sondern beeinflussen auch die Gestaltung des behördlichen Verfahrens, soweit die behördliche Entscheidung ein Grundrecht berührt“[1381]. „Danach besteht ein verfassungsrechtlicher Anspruch auf eine grundrechtskonforme Verfahrensausgestaltung, hierzu wird auch ein ‚grundrechtsbewehrtes Minimum an Verfahrensgestaltung‘ gezählt“[1382]. Das Verfahren müsse „seiner Aufgabe genügen, unter Berücksichtigung der Allgemeinbelange einen Ausgleich zwischen den Grundrechtspositionen gefährdeter Bürger einerseits und dem Betreiber (von Atomanlagen) andererseits herbeizuführen“[1383]. Anerkannt wurde damit, daß „die Öffentlichkeitsbeteiligung dem dreifachen Ziel ... (dient), der Genehmigungsbehörde eine möglichst breite Informationsbasis für ihre Entscheidung zu verschaffen, die Bürger über das Plangeschehen zu unterrichten und den Betroffenen Gelegenheit zu geben, ihre Belange vor Erlaß des Verwaltungsakts zu Gehör zu bringen“[1384].
Das Bundesverfassungsgericht hat die *Verfahrensvorschriften* insoweit als verfassungsrechtlich *notwendiges Recht* eingeordnet und ihnen grundrechtsschützenden Charakter attestiert. Damit wurde auch die These von einer bloß dienenden und damit untergeordneten Funktion des Verfahrensrechts gegenüber dem ‚eigentlichen‘ materiellen Recht *relativiert*[1385]. Vielmehr wurde nun die Grundrechtsrelevanz einer Verfahrensbestimmung auch zur Gewichtung des materiellen Fehlers herangezogen[1386]. Besonders deutlich ist die Ausstrahlungswirkung der Grundrechte hierbei in Ermessensentscheidungen[1387]. So kann die an sich im Ermessen der Verwaltung stehende Rücknahme eines Verwaltungsaktes (§ 48 VwVfG) „im besonderen privaten Interesse ... *objektiv-rechtlich* erforderlich sein, wenn eine Verfahrensvorschrift verletzt wurde,

---

[1378] BVerfGE 53,30ff.
[1379] Blümel 1982,29f.
[1380] BVerfG NJW 1980,759; vgl. Blümel 1982,29,37,62f.
[1381] BVerfGE 52,380,390; vgl. Stern 1992,81
[1382] v.Arnim/Brink 2001,195
[1383] BVerfGE 53,30,57f.; vgl. Klein 1989,1635
[1384] Ipsen 1990,196
[1385] v.Arnim/Brink 2001,196; vgl. Gusy 2000,979 und C I
[1386] Schmidt-Aßmann 1997 EL,120
[1387] vgl. BVerfGE 90,60,96 = NJW 1994,1942; vgl. Schmidt-Aßmann 1997 EL,33; v.Mutius 1982,2159

deren Beachtung die *Grundrechte* des Betroffenen gewährleisten soll", und so zum Anspruch gegen die Verwaltung werden[1388]. Die Rechtsprechung hatte nun klargestellt, daß die materiellen Grundrechte zu ihrer Verwirklichung angemessener Verfahrensvorkehrungen und –sicherungen *bedürften*, um ihre Wesensgehalte sicherzustellen[1389]. Grundrechte gewährleisten dem Bürger subjektive Rechte, wenn Verfahrensvorschriften dem Grundrechtsschutz dienen, was *für jede Verfahrensvorschrift gesondert zu ermitteln* ist[1390].
Ob eine bestimmte Verfahrensvorschrift grundrechtsrelevant oder gar für den Grundrechtsschutz unverzichtbar ist, setzt auch die Analyse der konkreten Funktion der Regelung im Verwaltungsverfahren voraus. Anhaltspunkte sind hierbei ihre *Zielrichtung* und ihr *Schutzzweck*. „Ob und inwieweit Garantien für das Verwaltungsverfahren grundrechtlich gefordert sind, richtet sich zum einen nach Art und Intensität des Grundrechtseingriffs, zum anderen danach, inwieweit der Grundrechtsschutz durch die nachträgliche Kontrolle der Gerichte gewährleistet ist"[1391]. Geboten ist ein *effektiver* Schutz gegen Gefährdungen auch vor *faktischer* Verletzung[1392]. Die Grundrechtsrelevanz ergibt sich aber häufig bereits daraus, daß Verfahrensvorschriften unmittelbar die Freiheit des Bürgers einschränken[1393]. Hierauf wird nachfolgend bei Behandlung der Einzelbestimmungen noch einzugehen sein.
Ein Blick auf die Rechtswirklichkeit unterstützt diese Rechtsentwicklung, weil der Grundrechtsschutz des Bürgers funktional *notwendig* ins Verwaltungsverfahren *vorzuverlagern* ist und nicht auf ein Gerichtsverfahren verschoben werden kann. Für die große Mehrheit der Bürger ist und bleibt nämlich das Verwaltungsverfahren das einzige Verfahren, „weil sich nur in einem Bruchteil der Fälle ein Gerichtsverfahren anschließt"[1394]. Nur ein geringer Teil der Verwaltungsverfahren kommt in die Widerspruchsinstanz, ein noch geringerer vor die Verwaltungsgerichte – was auch im Gesetzgebungsverfahren 1996 von den Experten deutlich gemacht wurde[1395]. Auch Langzeitvergleiche ergeben nur einen Wert um 1 % der Verwaltungsverfahren, die gerichtlich überprüft werden[1396]. So wurden in NRW z.B. 1993 1.433 BImSchG-Genehmigungen erteilt. „Davon wurden nur 14 überhaupt mit Rechtsmitteln angefochten. Es handelt sich also um Verfahren in der Größen-

---

1388 Sachs 1998 a,1318; kursiv = d.Verf.
1389 vgl. BVerfGE 22,219f.; Stelkens 1998 EL,40,51
1390 dazu BVerfG NJW 1980,759,761,763; BVerfG NJW 1981,1438; Sachs 1998,1301f.; Blümel 1982,37
1391 BVerfGE 84,34,46 = NJW 1991,2006; vgl. Engel 1993,101
1392 BVerfG NJW 1980,760; Wölki 1987,124
1393 Murswick 1992,251
1394 Schoch 1992,23; vgl. Hill 1987,17; Stelkens 1998 EL,56
1395 vgl. C IV 2 b
1396 Hatje 1997,480; v.Welck 1973,735; Rupp 1974,308; vgl. Schmidt-Eichstaedt 1998,322ff.

ordnung von 1%, die durch Bürger überhaupt angefochten werden"[1397]. Daß die Bürger ihre Rechtsschutzmöglichkeiten nicht nutzen, liegt z.B. an hohem Kostenrisiko, geringen Erfolgsaussichten oder möglichen Fehlerheilungen noch im Gerichtsprozeß, wie sie 1996 weitgehend ermöglicht wurden[1398]. Im alten Bundesgebiet hatte sich die Zahl der Neueingänge beim VG 1.Instanz von 1989 bis 1994 zwar mehr als verdoppelt, besonders aber durch Asylverfahren, die weit mehr als die Hälfte aller Verfahren ausmachten[1399]. Gerade für solche gelten aber wegen ihrer Grundrechtsrelevanz aus Art.16 GG derart besondere Verfahrensbestimmungen, daß sie für Änderungen des *allgemeinen* Verwaltungsverfahrens schwerlich herangezogen werden können. Beispielhaft wurden für die Anhörung vom 8.5.1996 nachfolgend dargestellte Fakten[1400] genannt.

Tabelle 14: Verwaltungsgerichtsverfahren Bayern 1994/95

Jahr	Klageaufkommen VG's (Eingänge) - nur Hauptsacheverfahren	Berufungen VGH (Eingänge) einschl. Anträge auf Zulassung der Berufung/ Nichtzulassung	erfolgreiche Berufungen (=volle Stattgabe und Erledigungen) - Quote
1994	*Allg.: 11266* *Asyl: 27018* *Gesamt: 38284*	*Allg.1822 = 16,17 %* *Asyl:5880 = 21,76%* *Ges.:7742=20,22%*	*Allg.: 126 = 8,0 %* *Asyl: 857 = 16,8 %* *Gesamt:983 = 14,7 %*
1995	*Allg.: 10793* *Asyl: 17620* *Gesamt: 28413*	*Allg.2168 = 20,08 %* *Asyl7443 = 42,24 %* *Ges.:9609=33,81%*	*Allg.: 116 = 8,3 %* *Asyl: 427 = 7,0 %* *Gesamt:543 = 7,3 %*

Zudem wurde die Belastung der Verwaltungsgerichte – unter besonderer Berücksichtigung der Asylverfahren – ausgewertet (Tabelle 15, S.179). Das Fazit dieser Zahlen war einhellig: „Deshalb kommt der Verpflichtung der Verwaltungsbehörden, dem Grundsatz der Gesetzmäßigkeit von vornherein in zügiger reibungsloser Weise Geltung zu verschaffen, auch - und gerade! - bereits in der ersten Verwaltungsinstanz entscheidendes Gewicht zu"[1401]. Die Änderungen von 1996 trotz des vorgelegten empirischen Materials offenbaren jedoch, daß der Gesetzgeber *bewußt* mit der Prozeßscheu weiter Teile der Bevölkerung rechnete (vgl. C IV 2 b).

[1397] Gebers 1996 A,27

[1398] dazu D I 4

[1399] Lotz 1996 A,33,100; vgl. auch die Asylbewerberzahlen nach NVwZ 1998,719 = 1993: 513.561; 1994: 352.572; 1995: 200.188; 1996: 194.451; 1997: 170.801

[1400] Lotz 1996 I,91f.; vgl. C IV 2 b

[1401] Stelkens 1998 EL,56

Tabelle 15: Verwaltungsgerichtsverfahren 1993/94[1402]

Bundesland	Jahr	Berufungen insgesamt	Erfolgreiche Berufungen
Bayern	*1994*	*20,22 %*	*Allg.: 8 %* *Asyl: 16,8 %*
Berlin	*1994*	*ca. 5 %*	*13,5 %*
NRW	*1994*	*ca. 40 %*	*ca. 20-25 %*
Rheinland-Pfalz	*1993* *1994*	o.A.	*37 %* *ca. 20 %*

Eine generelle *Zustimmung zur Rechtsprechung* der Grundrechtsrelevanz im Verfahrensrecht ergab sich nach 1979 rasch, weil das Bundesverfassungsgericht zur Begründung seiner Entscheidung selbst auf Rechtsprechung und Literatur zu *anderen* Rechtsgebieten zurückgegriffen hatte und so die grundrechtliche Problemlage als allgemein gegeben verstand[1403]. Grundrechtsverwirklichung durch Verfahren gehört heute *zum gesicherten Bestand* der Grundrechtsdogmatik[1404]. Sie bezieht sich auf alle zu den Grundrechten oben behandelten Auslegungsmethoden und kann so (querschnittsmäßig) als übergreifende *verfahrensrechtliche Methode* bezeichnet werden[1405]. Sie setzt „Maßstäbe für eine den Grundrechtsschutz effektuierende Organisations- und Verfahrensgestaltung sowie für eine grundrechtsfreundliche Anwendung vorhandener Verfahrensvorschriften"[1406]. Das Verwaltungsverfahren muß *insgesamt und in seinen Einzelkomponenten* so gestaltet sein, daß nicht die Gefahr einer Entwertung der materiellen Grundrechtsposition besteht[1407]. Birgt die besondere Struktur eines Verwaltungsverfahrens die Gefahr typischer und absehbarer Fehler, müssen Möglichkeiten zur vorbeugenden Fehlervermeidung genutzt werden[1408].

Das Schutzniveau ist entsprechend ‚dynamisch' zu gestalten, was infolge der zunehmenden Verlagerung von Entscheidungsräumen auf die Verwaltung das Verwaltungsverfahren immer bedeutsamer macht[1409]. Indem aber der Gesetzgeber „offene Normen mit Entwicklungs- und Anpassungsaufträgen" schafft, *ermöglicht er auch zunehmend* einen solchen dynamischen Grundrechtsschutz bei der Verwaltung[1410]. So muß die Verwaltung in wachsendem Maße Grundrechtsverantwortung bei Rechtsanwendung und –entwicklung wahrnehmen,

[1402] nach Verstegen 1996 I,124; Zahl für Bayern nach Lotz I,91f.
[1403] dazu Blümel 1982,43
[1404] v.Arnim/Brink 2001,196f.; Engel 1993,92
[1405] BVerfGE 35, 263,274; 69,315,355; Jarass 1995,20
[1406] BVerfGE 69,315,355; BVerfG NJW 1981,1437; BVerfG NJW 91,2005; vgl. v.Mutius 1982,2155; Dreier 1996,72f.
[1407] vgl. Jarass 1995,20; Dreier 1993,46
[1408] BVerfG NJW 1991,2008
[1409] Hill 1989,403,407; vgl. Engel 1993,96; Wölki 1987,123f.
[1410] vgl. Hill 1989,407

indem ihre Verwaltungspraxis dem Gesetz entsprechende ergänzende Konkretisierungen gibt[1411]. Dies vollzieht sich in der gestuften, prozeßhaften Entwicklung des Verwaltungsverfahrens als grundrechtseffektuierender Anpassung an die Wirklichkeit. Grundrechtsrelevante Regelungslücken müssen verfassungsgemäß geschlossen werden, auch durch Erweiterungen über den Gesetzeswortlaut hinaus[1412]. „Bei vielschichtigen, in der Entwicklung begriffenen Sachverhalten ist dem Gesetz- und Verordnungsgeber (hier) eine Anpassungsfrist zuzubilligen, solange ausreichende Erfahrungen und Erkenntnisse für eine sachgerechte und verfassungsmäßige Lösung fehlen“[1413]. Ziel muß eine verfassungsgemäße Regelung sein, die „einen wirkungsvollen Schutz der (Grundrechte) zweckgerichtet, geeignet und angemessen“ verwirklicht. „Diesem rechtlichen Maßstab genügen... Verfahren nur dann, wenn sie verständlich, widerspruchsfrei und eindeutig sind“[1414]. Nach der Rechtsprechung des *Bundesverwaltungsgerichtes*[1415] müssen *Defizite des Gesetzes durch korrigierende Handhabungen des Verwaltungsverfahrens ausgeglichen* werden. Solange es für ganze Fallgruppen an einer notwendigen normativen Regelung fehlt, muß in der Verwaltungspraxis *im Einzelfall* dem *Grundrechtsschutz unmittelbar* Rechnung getragen werden[1416]. Die Verwaltungspraxis muß sich hierbei daran orientieren, „daß nach den Umständen des Einzelfalles dem Grundrechtsschutz ... Rechnung getragen wird, soweit dies unter Ausschöpfung aller Möglichkeiten ... zumutbar ist“[1417].

3. Einbeziehung anderer Facherkenntnisse

Scheinbar unumstößlich erscheint das Recht manchem Zeitgenossen als eine von der Gesellschaft unabhängige ‚stehende Ordnung‘ mit einem spezifischen Eigengewicht und eigenständiger Erkenntnisperspektive[1418]. Richtig daran ist, daß das Recht als Einheitsprinzip einer offenen Gesellschaft eine ‚heilsame Objektivierung‘ ausübt und für jedermann verbindliche Sphären festlegt[1419]. Insoweit ist es „von Natur konservativ und ... verschreibt sich der Sicherheit“[1420]. Zugleich aber soll dieses Recht Gerechtigkeit im Einzelfall verwirklichen (vgl. Art. 20 III GG) und ist hierbei oftmals einem Veränderungsdruck

---

[1411] Hill 1989,403
[1412] BVerwGE 91,262,264f.; vgl. Hösch 1997,603; siehe dazu auch nachfolgende Ausführungen unter E III
[1413] BVerfG NJW 1991,2010
[1414] BVerfG NJW 1991,2010
[1415] E 99,185,189; dazu E III 4 am Ende
[1416] BVerwGE 99,185,190; C II, E III 2
[1417] BVerwGE 99,185,186; so auch S.190; vgl. BVerwG DVBl.1997,1235
[1418] vgl. Heberlein 1981,12
[1419] Demmer 1995,140,183
[1420] Demmer 1995,174

ausgesetzt[1421]. „Die Rechtsordnung kann ihren Gerechtigkeits- und Regelungsauftrag nur erfüllen, wenn ihre Strukturen dem zu regelnden Gegenstand angemessen sind... - Dazu gehört zunächst, daß die Fakten... des zu regelnden Sachverhalts richtig erfaßt werden“[1422]. Die ‚Fakten‘ spiegeln dabei die Komplexität der Phänomene in der modernen Welt wider. „Die Norm steht ständig im Kontext der sozialen Verhältnisse und der gesellschaftlich-politischen Anschauungen, auf die sie wirken soll; ihr Inhalt kann und muß sich unter Umständen mit ihnen wandeln,... (um) einem hiernach möglichen Konflikt der Norm mit den materiellen Gerechtigkeitsvorstellungen“ zu verhindern[1423]. Der unter Entscheidungszwang stehende Richter darf daher „nicht im Vertrauen auf eine noch ganz ungewisse künftige Intervention des Gesetzgebers formale Gesetzestreue... (über eine) Einbuße an Gerechtigkeit im Einzelfall (stellen)“[1424].
Diese schon in Art. 20 III GG aufgezeigte Spannung (‚Recht *und* Gesetz‘) kann an Grenzen der Rechtsmethodik stoßen. „Unsere Rechtsordnung setzt idealtypisch überschaubare, nachvollziehbare Zusammenhänge voraus. Sie geht davon aus, daß für die rechtliche Entscheidung vollständige und sichere Informationen vorliegen. Ihre Regelungen sollen einsehbar und tendenziell unverbrüchlich sein; Rechtsvorgänge unterliegen dem Postulat der Bestimmtheit und Bestimmbarkeit. Die Rechtsordnung ist überwiegend zugeschnitten auf individualisierbare Rechtspositionen... Dieses Rechtsverständnis ist historisch eingebettet in den Kontext eines naturwissenschaftlich-technischen Weltbildes, das in strengen linearen Kausalketten dachte, das von der prinzipiellen Erkennbarkeit, von der Eindeutigkeit und der Vorhersagbarkeit aller Prozesse überzeugt war, das von der Zerlegbarkeit der Naturvorgänge in einzeln beherrschbare Faktoren ausging und in der Zeit nicht mehr als eine Rechengröße war, weil alle Abläufe grundsätzlich als wiederholbar galten. Das mechanistisch-reduktionistische Weltbild, für das die Namen des Philosophen *René Descartes* und des Physikers *Isaac Newton* stehen, ist freilich in den letzten Jahrzehnten durch einen geradezu revolutionären Paradigmawechsel in Physik, Chemie und Biologie aus den Angeln gehoben worden. Man muß heute zur Kenntnis nehmen, daß Naturvorgänge sich in hochkomplexen, dynamischen Systemen vollziehen,... keine einfachen Gesetzmäßigkeiten herrschen,... daß folglich dem Anspruch auf universelle Berechenbarkeit und Vorhersage unaufhebbare Grenzen gesteckt sind... Ökologische Veränderungen (sind) weitgehend unumkehrbar“[1425]. Deshalb hilft das auch heute noch weit verbreitete Denken des traditionellen Juristen nicht weiter, „der die Wirklichkeit beliebig durch Normsetzungen steuern zu können glaubt, ... (der) geradlinige Verbindungen zwischen Zwecken und Mitteln“ für herstellbar

[1421] Ritter 1992,644; Steiner 2001,2921; s.o. D II 1
[1422] Ritter 1992,641
[1423] BVerfG NJW 1973,1225f.
[1424] BVerfG NJW 1973,1225f.; vgl. Redeker/Karpenstein 2001,2827
[1425] Ritter 1992,643

hält[1426]. Die bloße Fixierung aufs einfache Gesetzesrecht würde so eine verengte Sichtweise der Verwaltung determinieren[1427]. Denn im juristischen Denkprozeß bestimmt das Normative von vornherein die Sichtweise der Lebenssachverhalte als Hinzufügung konkreter Tatbestandselemente zu den Merkmalen der abstrakten Rechtsnorm bzw. als Blick von der Rechtsnorm auf die Handlungssituation[1428]. Beides jedoch beeinflußt die Auswahl der Phänomene erheblich (*selektiver Blick*): vieles wird von vornherein weggelassen, es bleibt ein juristisch zurechtgestutzter Sachverhalt[1429]. Bei Verwaltungsentscheidungen handelt es sich jedoch oft um gestalterische Gesamtentscheidungen, die eine Trennung von naturwissenschaftlicher Erkenntnis und Bewertung nicht zulassen und häufig einen Kompromiß erfordern[1430]. Daher kann die Befriedungsfunktion des Rechts durch die Wahl bloß einer bestimmten Erkenntnisperspektive – z.B. die der juristischen Hermeneutik – kaum gewahrt werden[1431].
Die Geschwindigkeit der technischen Entwicklung erfordert zum Beispiel eine flexible Anpassung, die durch statische Gesetze nicht erreichbar ist[1432]. Der Gesetzgeber ist daher zunehmend zu flexiblen Formulierungen gezwungen, wodurch die *gesetzliche* Steuerung durch das materielle Recht abnimmt. Durch unbestimmte Rechtsbegriffe und Verweise auf den Stand von Wissenschaft und Technik erhält die *Verwaltung zunehmende Verantwortung*. Ihr Gestaltungsspielraum wird größer. „Der abnehmenden Dichte der Gesetze korrespondieren notwendigerweise wachsende Eigenanteile von Verwaltung und Justiz im Hinblick auf Rechtsetzung, -anwendung und -entwicklung. Das Gesetz ist vielfach auf eine ergänzende Konkretisierung angelegt... (Das erfordert) eine gestufte, prozeßhafte Entwicklung und generelle Anpassung an die Wirklichkeit... sowie eine programmatische Zukunftsentscheidung unter Einbeziehung möglicher Folgen“[1433]. Von der Aufgabenebene her gibt es so einen Trend[1434] zu steigender Verantwortung der Verwaltung und wachsender Einbeziehung nicht-rechtlicher Erkenntnisse in Verwaltungsentscheidungen.
Neben technisch-naturwissenschaftlicher Regelung ist das Recht zudem „Niederschlag der vielfältigsten Bestrebungen und Grundhaltungen im gesell-

---

[1426] Klages 1993,133f.
[1427] Becker 1989,60. Zwar würde dies den Bedürfnissen der Verwaltung auf Arbeitsentlastung entgegenkommen, jedoch durch Ausblendung wesentlicher Bereiche eine unzulässige Komplexitätsreduzierung auf bearbeitbare Größen darstellen (so König 1970,15f.)
[1428] König 1970,80
[1429] so auch König 1970,84; Ritter 1992,642; Redeker 1999,1687
[1430] vgl. Hill 1989,404f.; Redeker/Karpenstein 2001,2828
[1431] vgl. v.Arnim/Brink 2001,211; Böckenförde 1976,2097; Wölki 1998,3
[1432] vgl. Wölki 1987,123f.; Bülow 1996,247
[1433] Hill 1989,403
[1434] Hill 1989,402

schaftlichen Bereich"[1435] – und auch die entwickeln sich. Eine „Norm steht ständig im Kontext der sozialen Verhältnisse und der gesellschaftlich-politischen Anschauungen, auf die sie wirken soll; ihr Inhalt kann und muß sich unter Umständen mit ihnen wandeln"[1436]. Infolgedessen kommt es auf situationsangemessene Anpassung "als einem permanenten gesellschaftlichen, d.h. von allen ausgeführten Akt"[1437] an, da sonst die Rechtsordnung ihren Kontext zu verlieren droht – und damit ihre verbindende Verankerung[1438]. „Es handelt sich dabei etwa um die gesellschaftlichen und wirtschaftlichen Umstände, von denen der Gesetzgeber bei der Verabschiedung des Gesetzes ausgegangen ist. Da es in diesem Zusammenhang oft um die Veränderung gegenwärtiger Zustände und damit um dynamische, zukunftsorientierte Prozesse geht, spielen in diesem Kontext Prognosen eine wichtige Rolle"[1439]. Der demokratische Gesetzgeber kann es sich nicht leisten, an der Rechtsgemeinschaft vorbei zu agieren[1440]. Denn auch das demokratische Mehrheitsprinzip steht unter dem bleibenden Vorbehalt je besserer Einsicht[1441]. Auch die *Grundrechte* sind letztlich nur gewährleistet, „wenn deren normativer Gehalt zugleich Bestandteil einer kulturellen Lebensform ist, an deren Bestand alle Mitglieder der Gesellschaft interessiert sind"[1442] (Wechselspiel von Akzeptanz und Zeitgeist [1443]).
Grundrechtsauslegung und -anwendung ist hierbei mehr als bloßer Nachvollzug parlamentarischer Entscheidungsprozesse[1444]. Während nämlich das Gesetz den Willen der Mehrheit repräsentiert, repräsentiert die Anwendung von Grundrechten den Minderheitenschutz[1445]. Die Gesetze sind in diesem 'Licht von Freiheit und Gerechtigkeit' zu interpretieren[1446]. Und das erfordert eine dynamische Sicht der Grundrechte auf Entwicklungen in der ganzen Vielfalt der Wirklichkeit. „Wenn überkommene verfassungsrechtliche Bestimmungen nicht mehr auf die Wirklichkeit passen, kann das Grundgesetz seine Funktion nur noch eingeschränkt erfüllen"[1447]. „Im Sinne des obersten Konstitutionsprinzips der 'Würde des Menschen'... (gilt es,) die engere persönliche Lebenssphäre und die Erhaltung ihrer Grundbedingungen zu gewährleisten, die sich durch die traditionellen konkreten Freiheitsgarantien nicht abschlie-

---

1435 Heberlein 1981,14
1436 BVerfGE 34,288; vgl. Maunz/Zippelius 1994,53
1437 Baruzzi 1979,80
1438 Ritter 1992,643; vgl. v.Arnim 1997,750
1439 Kluth 1999,3515
1440 v.Arnim 1997,750; v.Arnim 2000,154; Roellecke 2001,2928f.; Stiglitz 2002,106,240
1441 Demmer 1995,184; v.Arnim 1997,750
1442 Höhn 1995,12; vgl. Demmer 1995,144
1443 Redeker 1999 a,3688
1444 Thieme 1984,314f.; Lamprecht 2001,2946; Redeker/Karpenstein 2001,2826
1445 Ossenbühl 1976,2106
1446 vgl. Baruzzi 1979,77
1447 v.Arnim 1999,326

ßend erfassen lassen; diese Notwendigkeit besteht namentlich auch im Blick auf moderne Entwicklungen und die mit ihnen verbundenen neuen Gefährdungen für den Schutz der menschlichen Persönlichkeit“[1448]. Eine Ausklammerung der *gesellschaftlichen* Wirklichkeit wäre dabei gerade im Grundrechtsbezug auf das Verfahrensrecht problematisch[1449]. Denn auch die Grundrechte können einen „Bedeutungswandel erfahren, wenn in ihrem Bereich neue, nicht vorausgesehene Tatbestände durch ihre Einordnung in den Gesamtablauf einer Entwicklung in neuer Bedeutung oder Beziehung erscheinen“[1450]. Der Verfassungsinterpret kann hierbei eine Konkretisierung nicht abstrakt allein aus der Verfassung gewinnen, sondern muß die jeweilige situationsbezogene Wirklichkeit (die ihrerseits durch die Gesetze mitgeprägt wird) mit einbeziehen[1451]. Es geht darum, „die Notwendigkeit und die Wirksamkeit einer Regelung und die Folgen, die über die eigentliche Wirksamkeit hinausgehen, mit Hilfe eines interdisziplinären Forschungsansatzes multidimensional zu erfassen und zu bewerten“[1452].
Dies hat auch das Bundesverfassungsgericht ausdrücklich hervorgehoben. Es „anerkennt prinzipiell, daß Verfassungsauslegung nicht ohne sozialwissenschaftliche Situationsanalysen auskommt“[1453].
Die komplexen Realitäten müssen bei der Auslegung der Verfassungsnormen also *interdisziplinär* mitberücksichtigt werden: denn wie der Normzweck am besten erreicht wird, hängt auch davon ab. „Der Entstehungsgeschichte, den Vorstellungen und Motivationen des Verfassungsgebers kommen für die Auslegung der einzelnen Bestimmungen des Grundgesetzes nicht unbedingt eine ausschlaggebende Bedeutung zu. Darüber hinaus hat das Verständnis von Inhalt, Funktion und Wirkung der Grundrechte seit dem Inkrafttreten des Grundgesetzes eine Vertiefung erfahren. Auch haben sich die medizinischen, psychologischen und soziologischen Erkenntnisse... erweitert...- Wesentliche Faktoren sind in nicht unerheblichem Umfange zeitbedingt. Neue Einsichten können die Bewertung... insbesondere am Maßstab der Menschenwürde und des Rechtsstaatsprinzips beeinflussen und sogar wandeln“[1454]. Es „entspricht der besonderen Verantwortung des demokratisch legitimierten Gesetzgebers für die Anpassung der Rechtsordnung an wechselnde soziale Anforderungen und veränderte Ordnungsvorstellungen...(zu sorgen, um einer) Erstarrung der Rechtsentwicklung vor(zubeugen)“[1455]. Es geht auch um (aus der grundrechtlichen Schutzpflicht abgeleitete) verfassungsrechtliche Beobachtungs- und

---

[1448] BVerfG NJW 1980,2070; s.o. D II 1
[1449] Heberlein 1981,12f.
[1450] Behrendt 1980,271; vgl. bereits BVerfGE 2,380; 3,407
[1451] v.Arnim 1977,17; vgl. Klages 1993,99
[1452] Grimm 2000,88; vgl. Schaubild 1
[1453] v.Arnim 1977,214; diese an sich gesicherte Rechtserkenntnis wird von Juristen oft jedoch mit Scheu vernachlässigt oder „mit Hochmut“ abgetan, vgl. Redeker 1999,1687
[1454] BVerfGE 45,187,227
[1455] BVerfGE 77,84,104

Nachbesserungspflichten[1456]. „Das Urteil darüber, was der Würde des Menschen entspricht, kann daher nur auf dem jetzigen Stande der Erkenntnis beruhen und keinen Anspruch auf zeitlose Gültigkeit erheben“[1457]. Daher sind auch Grundrechte stets neu im Dialog auch unterschiedlicher Wissenschaften zu ergründen, und zwar in einem „dynamischen Verfahren für die Rechtsfindung in der Zeit“[1458].
Die Auslegung der Grundrechte ist folglich “den heutigen gesellschaftlichen und wissenschaftssoziologischen Gegebenheiten anzupassen”[1459]. So bezieht das Bundesverfassungsgericht in seinen Urteilen umfangreiche Analysen z.B. zu politischen, wirtschaftlichen, technischen und sozialen Fragen mit ein[1460]. „Der Ökonom oder Soziologe ist ebenso gefragt wie der Ingenieur, der Naturwissenschaftler ebenso wie der Statistiker, der Philosoph ebenso wie der Psychologe“[1461]. Die Gewichtung dieser Erkenntnisse bleibt dabei – wie schon bei der Anwendung der grundrechtsspezifischen Auslegungsmethoden aufgezeigt - einzelfallbezogen und entzieht sich daher einer allgemeinen Methodik (wenn man einmal von der Funktion der Grundrechtseffektuierung absieht). „Rechtsbegriffe“ einer Norm bieten so (in unbestimmten Rechtsbegriffen, Ermessenseinräumungen usw.) Raum für Weiterentwicklungen[1462]. Diese sind nach der Rechtsprechung des Bundesverfassungsgerichts „in seiner Dynamik grundrechtlich geboten“[1463].
„Eine rein juristische Sicht des Verwaltungsverfahrens würde (dabei) seinen vielfältigen Funktionen nur unzureichend gerecht“[1464], denn nicht allein die Verwirklichung materiellen Rechts kann Zweck des Verfahrens sein, sondern auch ein Zweck wie Wirtschaftlichkeit, Zweckmäßigkeit, Soziales, Verwaltungsphilosophie oder Bürgernähe, was jeweils nach Methodik und Inhalt gesonderter Fachdisziplinen untersucht werden muß. So geht es um die „Indienststellung geschichtlicher, ökonomischer, politischer, philosophischer Einsichten“[1465]. Solchermaßen einbezogene Wissenschaftserkenntnisse verbleiben im Rahmen des juristischen Argumentationsrahmens und befruchten ihn, ohne die jeweils eigene Perspektive leugnen oder relativieren zu müssen. Es geht darum, sich „einen möglichst umfassenden Einblick in die durch das Gesetz zu ordnenden Lebensverhältnisse“ zu verschaffen[1466]. So ist z.B. die sozialwissenschaftliche Analyse bei der Feststellung von Tatsachen und

[1456] vgl. Wagner 1999,482 und D II 1 a
[1457] BVerfGE 45,229
[1458] Behrendt 1980,96; vgl. Kopp 1986,63; Kluth 1999,3514
[1459] BVerfGE 35,116; vgl. v.Arnim 1977,19
[1460] dazu Hesse 1995 a,266; Kluth 1999,3514
[1461] Redeker 1999,1687
[1462] Ipsen 1990,189
[1463] BVerfGE 49,89,137ff.
[1464] Hill 1987,42; vgl. König 1970,15
[1465] v.Arnim 1977,214 Fn.4; siehe Eingangsparabel und Schaubild 1 unter A
[1466] Kluth 1999,3515

Abschätzung künftiger oder hypothetischer Entwicklungen notwendige Voraussetzung einer gerechten Güterabwägung[1467]. Doch diese sozialwissenschaftliche Analyse zeigt Akzentverschiebungen, „was die Freiheit und Selbstverantwortlichkeit bzw. die Pflichtgebundenheit des Menschen angeht"[1468]. Das ist auch das Thema der Werteforschung[1469].
„Auf Werte als steuernde Hintergrundfaktoren stößt man auch im Bereich der Normenforschung. Es kann nämlich davon ausgegangen werden, daß die Verhaltenskonformität gegenüber Rechtsnormen zum großen Teil von den – ihrerseits wieder durch Werte bestimmten – Einstellungen zu ihnen abhängt"; Werte setzen „immer wieder ... konstitutive und steuernde Faktoren"[1470]. Die Ansätze der Werteforschung sind dabei – über Sachprobleme konkreter Einzelfälle hinaus – für eine regelmäßig erfolgende Wirklichkeitsanalyse im Rahmen einer Grundrechtsprüfung besonders geeignet, weil sie empirisch repräsentativ sind, die *gesamte* Bevölkerung und das Gesamtspektrum möglicher Problemlagen erfassen können, dabei zugleich dem anthropologischen Ansatz des Grundgesetzes folgen, indem sie vom Einzelsubjekt ausgehen und zugleich seine Stellung in der Gesamtgesellschaft im Blick behalten[1471]. „Individualisierung rückt das Selbstgestaltungspotenzial, das individuelle Tun, ins Zentrum"; hierbei sind „zentrale Institutionen wie ... Grundrechte ... an das Individuum adressiert, gerade nicht an kollektive oder Gruppen... - Individualisierung steht unter dem normativen Anspruch der Ko-Individualisierung"[1472]. Dabei geht es in der Werteforschung darum, daß man „einsichtige Grundregeln schafft, größere Spielräume für die Beurteilung des ‚Einzelfalls' offenläßt und so die Abwägung zwischen individuellen Bedürfnissen und Gemeinwohl flexibler gestaltet"[1473]. So ist für die Konkretisierung der Menschenwürde in ihrer Grundrechtsentfaltung die Beachtung typeneigener Spezifika ebenso wichtig wie für die Bestimmung von Wesensgehaltbestimmungen der Grundrechte[1474].

1467 v.Arnim 1977,215; Redeker 1999 a,3688
1468 Becker 1996,44
1469 vgl. Klages 1993,49,52
1470 Klages 1977,294
1471 siehe Abschnitt B
1472 Beck 2001,3; vgl. Art. 2 I GG
1473 Franz/Herbert 1987 a,171
1474 wie das Beispiel der Gewährung des Existenzminimums nach der Rechtsprechung des Bundesverfassungsgerichts zeigen kann, vgl. D II 1 b

E. WERTBEZOGENE ANALYSE

I. Bezogenheit der Sozialwissenschaft auf das Recht

Hatten wir im vorangegangenen Kapitel die notwendige Bezogenheit des Rechts auf interdisziplinäre Erkenntnisse, insbesondere die der Sozialforschung, herausgestellt, soll nun umgekehrt die Sicht der Sozialwissenschaft *auf das Recht* erläutert werden. Hier ist anerkannt, daß das Recht „als wesentliches Mittel zur Regulierung sozialer Abläufe unverzichtbar"[1475] „ein Gestaltungs- und Orientierungsmedium (darstellt), das Steuerungswirkungen auf das Verhalten von Menschen auszuüben fähig ist"[1476]. Das schließt aber Öffnungen und Fortentwicklungen nicht aus[1477]. So wird insbesondere „soziale Integration ... vom modernen Verfassungsstaat durch Grundgesetz und Recht garantiert"[1478]. Dabei hat das Recht (wertrational) „auch die Aufgabe, die ethischen Überzeugungen des Gesetzgebers zu widerspiegeln. Das Gesetz... ist nicht nur Instrument zur Steuerung gesellschaftlicher Prozesse nach soziologischen Erkenntnissen und Prognosen, es ist auch bleibender Ausdruck sozialethischer und - ihr folgend - rechtlicher Bewertungen menschlicher Handlungen; es soll sagen, was für den einzelnen Recht und Unrecht ist"[1479]. Die Verfassungswerte beeinflussen hierbei „die herrschenden rechtsethischen Überzeugungen, während die Auslegung der Verfassungswerte wiederum durch die faktischen Wertüberzeugungen beeinflußt wird. Es besteht eine wechselseitige Abhängigkeit"[1480]. Zwischen Seins- und Sollenssphäre bestehen so gegenseitige Beziehungen und Einflüsse[1481]. Die Verhältnisbestimmung dieser durchaus unterschiedlichen Faktoren erfolgt aufgrund rechtsstaatlicher Bindungen funktional und methodisch über eine Integration interdisziplinärer Erkenntnisse in das bestehende Rechtssystem. Besonders *erfolgversprechend* wird hierbei das ‚Mittel' Verfassungseinwirkung auf die Rechtsordnung angewandt[1482].
Für die Verhältnisbestimmung bedeutet dies nicht, daß in Berücksichtigung von Ergebnissen der Sozial- und Werteforschung „der Staat auf die in der Gesellschaft bestehenden Auffassungen lediglich reagieren soll"[1483]. Denn gerade der Wertewandel bedarf – wie unter B aufgezeigt wurde - auch aus

---

[1475] Ritter 1992,647
[1476] Klages 1996 b,534
[1477] Schoch 1992,53
[1478] Knobloch 1996,41
[1479] Benda 1985,26; vgl. BVerfGE 39,1,59; zumal sich die ‚Richtigkeit' letzter Werte mit sozialwissenschaftlicher Methodik nicht beweisen lässt (v.Arnim/Brink 2001,28; vgl. B III)
[1480] v.Arnim 1977,13
[1481] vgl. v.Arnim 1977,12; Kluth 1999,3513
[1482] vgl. Schoch 1992,53
[1483] Benda 1985,26

sozialwissenschaftlicher Sicht wegen seiner Dynamik und Ambivalenz nicht unbesehen zur quasi-normativen Leitinstanz des Denkens und Handelns gemacht werden. Vielmehr erfolgt mit dem Recht (und durch die anderen vom Bundesverfassungsgericht herangezogenen Auslegungsfaktoren) eine sich *wechselseitig anreichernde Interpretation* mit dem *Ziel ergebnisverbessernder Problemlösung*[1484]. Verbindender Bezugsrahmen ist hierbei im Rahmen unserer Thematik aus sozialwissenschaftlicher Sicht insbesondere das zweck- bzw. wertrationale Verstehen vom Sinn eines Grundrechts im Verwaltungsverfahren[1485]. Das Grundgesetz bezieht dieses Sinnverständnis im Sinne einer zeitangemessenen Verwirklichung der Grundrechte mit ein[1486].
Methodisch tritt die Verfassung als normativ vorgegebene Gestaltungsidee und einheitsbegründende Festlegung (auf Menschenwürde, Grundrechte und Grundsätzen des Art. 20 GG[1487]) der Wirklichkeit als beachtenswertes Phänomen entgegen, welches auch *in der Interpretation* festzuhalten ist: das *Grundgesetz* wird *Orientierungspunkt zur adäquaten Verarbeitung des Wertewandels* auch im Verwaltungsverfahrensrecht[1488], was zum ‚Motor künftiger Entwicklung‘ werden kann[1489]. Dabei legt das Grundgesetz Grenzen fest und bestimmt Inhaltsrichtungen[1490]. So sind insbesondere den Gefahren eines Untergangs des Subjektes und einer Relativierung der minderheitsschützenden Grundrechte zu begegnen, und zwar auch durch die Berücksichtigung sozialer Funktionen der Grundrechte[1491].
Sowohl von Seiten des Rechts[1492] als auch der Sozialwissenschaft kann also festgehalten werden, daß nur eine interdisziplinäre Kombination verschiedener Denkansätze zur effektiven, zeitangemessenen Wirksamkeit der Verfassung beitragen kann. Ein differenzierter Ansatz aus unterschiedlichen methodischen und fachlichen Blickwinkeln entspricht am ehesten der pluralen, offenen Gesellschaft. Wandel ist dann etwas Selbstverständliches, ja eine Notwendigkeit, wenn die Verfassung nicht obsolet werden, sondern auch unter veränderten Voraussetzungen ihrer Aufgabe als Grundordnung des Gemeinwesens gerecht werden soll[1493].
Damit stellt sich für unseren Zusammenhang die Frage nach den Kriterien von Methodik und Inhalt einer solchen interdisziplinären Forschung.

[1484] Klages 1996,243; vgl. Dreier 1993,19; Böckenförde 1976,2095; Redeker 1999 a,3688
[1485] vgl. Böckenförde 1976,2094f.; Dreier 1993,13; vgl. B III 2, B IV 1 b
[1486] vgl. Dreier 1993,17; dazu bereits v.Arnim 1977,55
[1487] vgl. Art. 79 III GG
[1488] vgl. v.Arnim 1995 a,31
[1489] vgl. Hesse 1995 a,266
[1490] v.Arnim/Brink 2001,29; Redeker 1999 a,3688
[1491] vgl. D II 1
[1492] vgl. D II, III
[1493] Hesse 1995 a,265

II. Methodische Überlegungen

Nachfolgende Ausführungen folgen dabei dem klassischen methodischen Dreischritt: Sehen, Beurteilen, Handeln.
Um eine ganzheitliche Erfassung der zu beurteilenden Situation zu ermöglichen, bedarf es bereits im ‚Sehen' eines ‚interdisziplinären Blicks', der die Phänomene nicht von vornherein nur durch die Raster und ‚Brille' einer bestimmten Wissenschaft vornimmt – weil dies bereits zu Ausblendung, Verengung und Vorprägung der späteren Beurteilung führt[1494]. Wie dies methodisch bewerkstelligt werden kann, wird in der Wissenschaftsforschung[1495] unterschiedlich beurteilt.
Immer wieder sind dabei Denkansätze anzutreffen, die ein echtes interdisziplinäres Arbeiten eher behindern als fördern. Das „ancilla"-Paradigma[1496] etwa geht davon aus, dass eine bestimmte „Ober-Wissenschaft" einen normativen Leitanspruch über alle anderen Wissenschaften erhebt und diese ohne Beachtung ihrer Methodik und Inhalte lediglich nach eigenem Gutdünken nutzbar gemacht werden. Im Bild unserer Eingangsparabel[1497] hieße das: *eine* der Expeditionen erweist sich als so mächtig, daß sie den Dschungelweg für die anderen vorgibt und diese in die eigene Expedition zwangsweise integriert. Die anderen dürfen als ‚Diener' nachfolgend unangenehme Lasten nach Anweisung tragen.
Abgesehen davon, daß ‚die anderen' dies nur ‚zähneknirschend' akzeptieren werden (zumal ihre Ausrüstung kaum noch sinnvoll verwertet werden kann), wird auch nur noch der von der Leitexpedition in den Dschungel geschlagene Weg betreten – andere, vielleicht bessere Zugangswege zum ‚Schatz' des ‚optimalen Verwaltungsaktes' bleiben unbetreten.
Das Schaubild verdeutlicht, dass es nicht um suchendes Miteinander, sondern *Okkupation* der anderen geht.

*** Schaubild 10: Das ancilla-Paradigma**

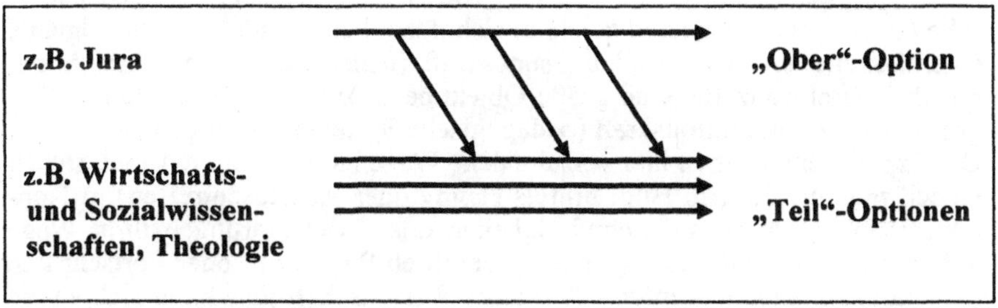

[1494] Wölki 2003,32; vgl. D II 3
[1495] vgl. Vorwort – wir folgen hier einer wissenschaftstheoretischen Ebene
[1496] Knobloch 1995,225ff.; Mette/Steinkamp 1983,166ff.
[1497] s.o. A

Ein solches Paradigma begegnet immer dann, wenn z.B. das Rechtliche so überbetont wird, daß für anderes von vornherein gar kein Raum mehr ist.
Ein solches Mißverständnis kann aber auch unter entgegengesetzten Vorzeichen auftreten: im völligen Abtreten z.B. rechtlicher Aspekte. Dies geschieht etwa dann, wenn im Reformschwang einer Verwaltungsmodernisierung die betriebswirtschaftliche Komponente so in den Vordergrund gerückt wird, dass *ihre* Erkenntnisse nunmehr vom Recht völlig als „eigene“ Erkenntnisse übernommen werden (sog. „Fremdprophetie“-Paradigma, wonach *vorbehaltlos* der Wissensbestand einer anderen Wissenschaft übernommen wird – Schaubild 11). Hier schließen sich – um im Bild zu bleiben – die anderen der Leit-Expedition zwar freiwillig an, was das Problem erzwungener Akzeptanz umgeht. Es bleiben jedoch die anderen Schwierigkeiten: weder wird ein anderer als der ‚Leitweg' beschritten noch die besondere Ausrüstung der anderen eingesetzt. Dies vereinfacht zwar die eigene Arbeit, führt aber nicht zu besserer Zielerreichung.

Schaubild 11: Das Fremdprophetie-Paradigma

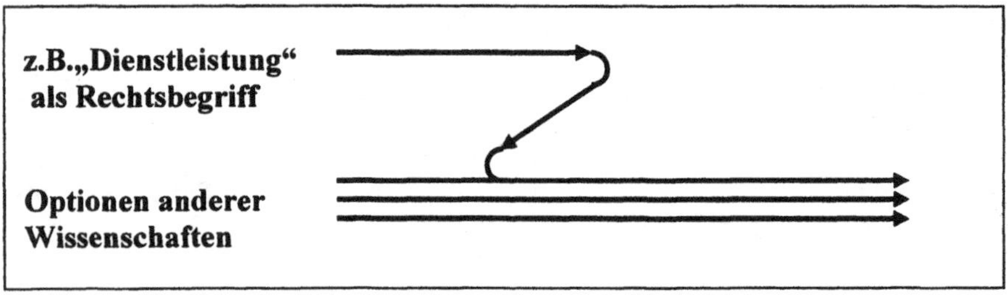

Zur Gewinnung echter interdisziplinärer Erkenntnisse gilt es daher, einen methodischen Ansatz zu wählen, der die Autonomie der Wissenschaften nach Inhalt und Methode beachtet[1498]. Denn jede Wissenschaft hat ihre fachspezifische Herangehensweise und zeichnet sich dabei insbesondere durch folgende Qualitätskriterien aus: Problemlösungskraft (heuristische Funktion), Allgemeinheit (Relevanz für eine große Objektmenge), Präzision (eindeutige Ergebnisse) und Integrationskraft (pädagogische Systematisierungsfunktion)[1499].
Die Expeditionen gehen hier verschiedene Wege zum anvisierten Ziel, stehen jedoch miteinander (im Bild: mittels Handy oder Austauschtreffen) in Kontakt, können sich so auf Schwierigkeiten oder Erleichterungen ihrer Wege aufmerksam machen und die anderen bei ihren Problemen oder Fortschritten beraten bzw. beraten werden. Aus jeder Wissenschaft gewinnen sich so die

[1498] Zu Begründung und Kriterien „Gaudium et spes“ Nr.36 bei Rahner/Vorgrimler 1990,482
[1499] Schwebbach 1994,42

verschiedenen, transparent zu machenden interdisziplinären Prioritäten einer problemlösenden Entscheidung.
Zu solch spezifischen methodischen Voraussetzungen gehören z.B. bei Bürger- und Mitarbeiterbefragungen aus sozialwissenschaftlicher Sicht[1500], daß die Informationen nach strengen sozialwissenschaftlichen Grundsätzen erstellt worden sind. Amtliche Erkenntnisse auf diesem Niveau, insbesondere die von Sozialwissenschaftlern betreuten Erhebungen der Statistikämter, gelten danach stets als wissenschaftlich gesichert[1501]. „Die Bezeichnung ‚amtlich' (ist) ein Gütesiegel für die Daten. Es bedeutet: Die Informationen sind nach den strengen Grundsätzen der Neutralität, Objektivität und wissenschaftlichen Unabhängigkeit erstellt und damit wirklich zuverlässig"[1502]. Dies bedingt „standardisierte Merkmalsausprägungen inhaltlicher, methodischer und organisatorischer Eigenschaften der Erhebung... (so daß) alle Merkmale der Umfragenbeschreibung ... recherchierbar sind"[1503], so insbesondere das Auswahlverfahren der Befragten, die Technik der Datenerhebung, beteiligte Institutionen und Personen, verwendete Fragebögen, Zahl der Befragten, Stichprobenausschöpfung sowie Ziele der Befragung und Erhebungsergebnisse[1504]. Die Erkenntnisse sind repräsentativ, wenn eine nach Zufallskriterien oder Bevölkerungsrepräsentanz (‚geschichtete Stichprobe') ausgewählte repräsentative Zahl von Personen befragt wurde[1505]. Wenn es bei den einzelnen Verwaltungsämtern keine sozialwissenschaftlichen Spezialisten gibt, ist es geboten, die Befragungen durch die entsprechend erfahrenen und personell besetzten Statistikämter oder in deren fachlicher Begleitung vornehmen zu lassen[1506].
Nachdem das gegenseitige *‚Sehen'* der Expeditionen im Dschungel des Verwaltungsverfahrens dargelegt wurde, ist nun zu klären, wie das *‚Beurteilen'* die gewonnenen Erkenntnisse mit Blick auf das anvisierte Ziel, den ‚Schatz' des verfassungsoptimierten Verwaltungsaktes, gedacht werden kann.
Geht man wie hier wesentlich von der vorliegenden Verfassungsrechtsprechung aus, wird deutlich, daß die Verfassungsauslegung eine besondere Methodik erfordert *und* die einschlägigen Verfassungsnormen selbst eine methodisch-inhaltliche Zielsteuerung enthalten. Dies *ergibt sich aus dem Grundgesetz selbst*, weil die Verfassung eine *Quelle besonderer Art* ist, die besondere Inhalte vorgibt (Grundlagen wie das Bekenntnis zur Menschenwürde) und

---

1500 vgl. Wölki 2003,33
1501 Zu näheren sozialwissenschaftlichen Kriterien vgl. die vom Deutschen Institut für Urbanistik zur Datenbank KOMMDEMOS entwickelten Leitlinien, dargestellt bei Bretschneider 1994,33f.
1502 Statistisches Bundesamt 2000,19
1503 Bretschneider 1994,33
1504 Bretschneider 1994,36
1505 vgl. Münster 1997 I,14f.; v.Arnim 2000,194
1506 Was freilich eine Transparenz erzwingt, die manchem Amtschef nicht lieb sein dürfte, aber genau der gesetzlichen Intention entspräche

eine Methodik erfordert, die über die juristische einfachgesetzliche Methodik (für Normen unterhalb des Verfassungsrechts) hinausgeht[1507]. Hier bieten sich besonders die von der Rechtsprechung herangezogenen und allgemein akzeptierten oben erörterten Grundrechtstheorien an, so die liberale, partizipatorische, sozialstaatliche, gleichheitsorientierte, wertend-schützende, institutionelle und verfahrensbezogene Methodik[1508]. Da es schon im Rahmen dieser keine übergeordnete Methodik gibt, sie sich vielmehr ergänzen, gilt dies erst recht für das interdisziplinäre Zusammenwirken: im Rahmen der Verfassungsauslegung ist danach *keine Wissenschaft* der anderen *a priori übergeordnet*[1509].

Im Rahmen der verfassungsbezogenen interdisziplinären Zusammenarbeit kann vielmehr nur ein *konkreter* Ansatz verfassungsorientierter *konvergierender Optionen* in Betracht kommen, der die gegenseitige Offenlegung der ‚erkenntnisleitenden Interessen' (‚Expeditionsausrüstungen') einschließlich Theorie, Methodik, impliziter Werte, Grundannahmen und Menschenbilder der beteiligten Wissenschaften erfordert. Dies muß wechselseitig geschehen. Was dabei in den Erkenntnisbemühungen der einen Wissenschaft zutage kommt, kann zur Bereicherung einer anderen Wissenschaft beitragen.

Die Optionen der verschiedenen Wissenschaften werden nun durch die konkret einschlägige *Verfassungsbestimmung* selbst in mehrfacher Hinsicht auf eine gemeinsame Grundoption ausgerichtet: diese gibt eine *Terminologie* des Erkenntnisgegenstandes als Formalobjekt des Suchprozesses vor und die damit erfaßte *inhaltliche Zielsetzung* als Materialobjekt[1510]. Der Vorteil dieser Vorgehensweise liegt darin, dass die fachspezifischen Optionen des jeweiligen Wissenschaftszugangs erhalten bleiben, sie sich aber auf eine mit anderen Wissenschaften zu bearbeitende neue Option ausrichten, die kraft Geltung als Verfassung *empirisch wie normativ* als erhebliches Phänomen zu beachten und zu untersuchen ist[1511].

Der Konvergenzzielpunkt ergibt sich aus der *konkreten Verfassungssituation*. Dieser kann zum einen durch interdisziplinäre ‚Schnittmengenarbeit' (auf Basis der konvergierenden Verfassungsoption) definiert werden: was sagen Recht, Sozialwissenschaft und andere z.B. zur Erforderlichkeit einer Auskunft über Verfahrensrechte und –pflichten (§ 25 S.2 VwVfG)(vgl. Schaubild 12)?

[1507] siehe D I, II

[1508] unbeschadet sonstiger Methoden der Verfassungsauslegung des Bundesverfassungsgerichts; zu dessen Interpretationsarten vgl. D I, II sowie Böckenförde 1999,12; Hufen 1999,1507

[1509] Der juristische Satz von der Überordnung des Verfassungsrechts über dem Gesetzes recht besagt noch nichts zur Auslegung des Verfassungsrechts selbst

[1510] Beispiel: Zur effektiven Ausübung der Meinungsfreiheit (heute: Art. 5 GG) hätte zu Zeiten Johannes Gutenbergs der Zugang zu einer Druckerpresse genügt – heute entspräche dem der Internetzugang

[1511] Wölki 2003,33

Schaubild 12: Das Paradigma der konvergierenden Optionen

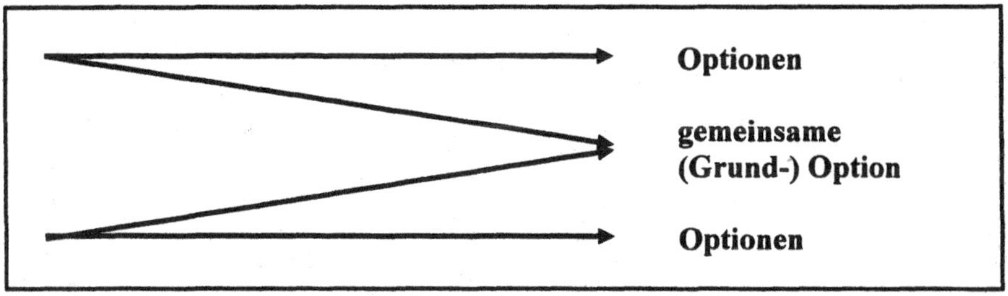

Es kann aber auch sein, daß bei dieser interdisziplinären Befassung mit der konkreten Problemstellung ein Aspekt in den Blick gerät, der erst durch das Miteinander der Beteiligten als Aspekt auftauchte[1512]. So kann es durch das Überschreiten ‚alter Pfade' in nur einem Wissenschaftsbereich konkret zur Weiterentwicklung der Verfassung kommen (‚unentdecktes Land' der Verfassungsauslegung – Schaubild 13, S.194[1513]).
Erkenntnistheoretisch heißt das: Es ist damit zu rechnen, daß sich sogar jenseits der interdisziplinären *Schnittmengenforschung* der Wissenschaften fruchtbare Erkenntnisse für konkrete Problemlösungen im *kommunikativen, gleichgerichteten Miteinander* gewinnen lassen[1514]. Methodisch kann die Einbeziehung interdisziplinärer Erkenntnisse so Chancen und Defizite des Verwaltungshandelns aufdecken und zu verfassungsmäßig notwendigen Auslegungsanpassungen bzw. Anregungen normativer Veränderung führen. Infolgedessen können sogar neue Forschungsfragen in den Fachdisziplinen entstehen, die vorher nicht im Blick waren. Die Grundoption ‚Verfassung' verändert z.B. den Blick auf die Option ‚erforderliche Auskunft' in § 25 S.2 VwVfG. Dies kann auch zur Aufgabe eines bisherigen, nunmehr überholten Standpunktes führen oder zum Weiterfragen veranlassen – was angesichts neuer Erkenntnisse zur Verbesserung der Verfassungslage bei künftiger Anwendung des einfachen Gesetzes führen kann (Auslegung oder rechtspolitische Veränderung).
Dies verdeutlicht beispielhaft Schaubild 14, S.194: Die Berücksichtigung der interdisziplinären Verfassungs-Grundoption führt zu einer neuen Auffassung der Juristen, die zur Aufgabe der bisherigen Ansicht führt (gestrichelte Linie).

[1512] Die Expeditionen haben auf ihren verschiedenen Wegen z.B. einen neuen Pfad zum Schatz entdeckt, der an den sichtbaren Hindernissen eines Bergmassivs vorbei führt, z.B. einen überwucherten Höhlengang

[1513] Ein Beispiel hierfür liefert „Nostra aetate" Nr.2 bei Rahner/Vorgrimler 1990,356: neue Erkenntnisse liefern nicht nur die Gemeinsamkeiten der Religionen, sondern können sich sogar nur im „Fremdbestand" der nicht-eigenen Religionsauffassung zeigen

[1514] Dies entspricht den werte-gewandelten Verhältnissen, vgl. B IV 1,2

*** Schaubild 13: Interdisziplinäre Erweiterung der Verfassungsauslegung**

Gleichzeitig ergibt sich aus der behandelten Problematik ein Gesetzesänderungsvorschlag bzw. eine neue Forschungsfrage bei der Betriebswirtschaft (durchgezogene Linie eigener Option in Schaubild 14).

Schaubild 14: Interdisziplinäre Paradigmenveränderungen
*

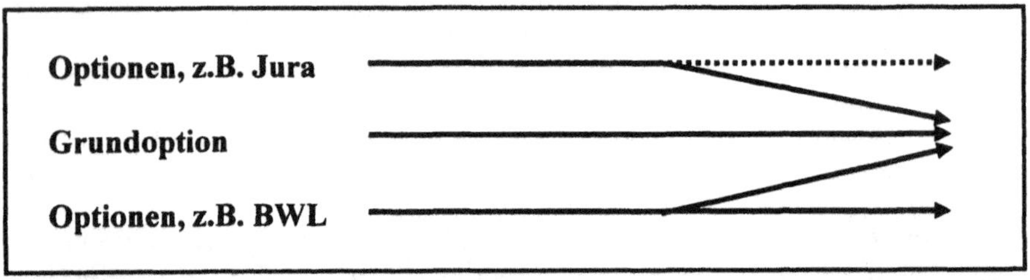

Methodisch sind unsere Expeditionen durch den Dschungel des Verwaltungsverfahrens damit schon sehr weit gekommen. Die Expeditionsleiter haben die gemeinsame Marschroute gut ausgehandelt. Doch kehren wir nun noch einmal an den Ausgangspunkt zurück und fragen: Wer darf bei der Expedition eigentlich mitmachen? Welche fachlichen Gruppen gehen zu Beginn an den Start?
Inhaltlich (wie methodisch) ist auch hier die Verfassung selbst maßgebend – und zwar in der konkreten Problemsituation. *Welche Wissenschaften* im interdisziplinären Suchprozeß *relevant* sind, ergibt sich danach *aus* den konkret

einschlägigen Verfassungsbestimmungen selbst. Danach ist es z.B. geboten, zur Auslegung eines partizipatorischen Rechts wie in Art. 5 GG Erkenntnisse der Politikwissenschaften, bei wirtschaftlichen Rechten wie in Art. 12,14 GG wirtschaftswissenschaftliche Erkenntnisse, bei wertevermittelnden Rechten wie Art. 4, 6 oder 7 GG pädagogische oder theologisch-philosophische Erkenntnisse notwendig beizuziehen.

Doch gibt es *Querschnittswissenschaften*, die *bei allen* Verfassungsfragen wichtige Erkenntnisse liefern[1515]. So ist die *Rechtswissenschaft* mit ihren Inhalten und Methoden stets notwendig herbeizuziehen, da die Verfassungsbestimmungen über Normen wirken sollen und *auch* Norm sind. Im Hinblick auf Funktion, Wirkung, Akzeptanz und Situationsbestimmung der Verfassungssituation ist auch die Sozialwissenschaft, namentlich mit ihrer Werteforschung, stets eine solche Querschnittswissenschaft[1516]. Für diese beiden soll dies noch näher erläutert werden.

Stehen die Expeditionsteilnehmer fest, ist nunmehr inhaltlich ihre Ausrüstung (in Bezug auf die betroffene Verfahrensbestimmung) in den Blick zu nehmen. Dazu bedarf es jeweils einer sorgfältigen Klarlegung der gesetzgeberischen Ziele, der rechtlichen Umsetzung (z.B. Richtlinien, Verwaltungsanweisungen), der verwaltungspraktischen Umsetzung und Wirksamkeit und deren Einzelfall-Abwägung mit Verfassungsorientierung[1517]. An die Stelle einer „Kluft zwischen Verfassungsideologie und Verfassungssoziologie" wird nun die beiderseitige Beziehung in „ein fruchtbares Spannungsverhältnis zwischen Wertvorstellung und Wirklichkeit" umgewandelt[1518]. Dabei kann inhaltlich weder die Faktizität nur hingenommen und erklärt noch die normative Kraft der Verfassung isoliert berücksichtigt werden. Zwischen Norm und Empirie muß eine Brücke geschlagen werden, die ein konstruktives Spannungsverhältnis durch Berücksichtigung der sozialen Situation bei der Normauslegung fruchtbar macht[1519]. Im Rahmen einer solchen Gesetzesauslegung ist zu entfalten, *was* in der gesetzlichen Intention *angelegt* und nun in geänderter Situation *fortzuschreiben bzw. anzupassen ist.* Hierbei ist es wichtig, die „spezifischen Schutzfunktionen und –wirkungen im Auge zu behalten und die Fol-

---

[1515] v.Arnim 1984,217,223; Ryffel 1976,21; zu nennen sind neben den Sozialwissenschaften insbesondere Philosophie und Theologie, vgl. zu letzterer Art. 140 GG sowie „Gaudium et spes" Nr. 40 ff. bei Rahner/Vorgrimler 1990,486 ff.

[1516] Hierbei ließe sich ihre Aussagekraft im Bereich des Normvollzugs erhöhen, wenn man die Inhalte entscheidungstragender Normen selbst zum Gegenstand direkter Erhebungen machte, vgl. grundlegend Münster 1997; die vielbeschworene Bürger- und Wirkungsorientierung des Rechts ließe sich dann viel unmittelbarer überprüfen und ermöglichte so verbesserte Schwachstellenanalysen als Voraussetzung eines zukunftsorientierten Qualitätsmanagements der Verwaltung.

[1517] vgl. v.Arnim 1977,274

[1518] v.Arnim 1977,201

[1519] v.Arnim 1977,18; vgl. BVerfG NJW 1973,1221,1225

gen... zu bedenken“[1520]. Der Bezugsrahmen ergibt sich dabei insbesondere - da man sich im Rahmen der Verfassungs*interpretation* bewegt - aus der Verfassungsrechtsprechung[1521]. Zeigen empirische Entwicklungen eine Entfremdung von Verfassungswerten auf, können damit zu beseitigende Defizite für künftiges (wertorientiertes) Verwaltungshandeln aufgedeckt, zumindest ein Beitrag zu Rechtspolitik oder politischer Bildung geleistet werden.
Wie die autonom gewonnenen interdisziplinären Erkenntnisse inhaltlich in der Verfassungsauslegung zu gewichten sind, ergibt sich aus der Zielrichtung der konkreten Verfassungsnorm selbst. Sie gibt einen *Zielkorridor* vor, der eine differenzierte Integration interdisziplinärer Erkenntnisse ermöglicht; denn adäquate Problemlösungen bedürfen in der pluralen Gesellschaft immer auch der komplexen Abwägung[1522]. Hierbei ist es Merkmal des Methodenparadigmas der konvergierenden Optionen, daß es diese Komplexität verschiedener Rechte und Interessen Betroffener wie Dritter und der Allgemeinheit berücksichtigt und dabei ausschließt, daß nur einem Aspekt von vornherein allgemeiner Vorrang unter Ausschaltung der anderen einzuräumen ist.
Bei mehreren in Konflikt stehenden Verfassungswerten *oder mehreren interdisziplinären Lösungsmöglichkeiten* ist dann die Problemlösungsalternative auszuwählen, die alle relevanten Werte und darauf bezogenen interdisziplinären Erkenntnisse *möglichst weitgehend unter ausgleichender Berücksichtigung der anderen* realisiert, ohne andere völlig auszublenden. Dies ist der *Kern der Optimierung*[1523].
Zudem muß der Begriff der Optimierung im Zusammenhang mit möglicherweise (interdisziplinär) widerstreitenden verfassungserheblichen Positionen dahingehend verstanden werden, daß es in diesem Falle nicht zur bestmöglichen (optimalen) Befriedigung *einer* Verfassungsposition ohne Rücksicht auf andere kommen kann[1524]: denn erst die in der gegenseitigen Abwägung gefundene bestmögliche Entfaltung aller Positionen ist als ‚optimal‘ zu bezeichnen[1525].
Optimierung ist im hier verstandenen Sinne ein Kernbegriff, der als grundlegendes Strukturprinzip der Verfassung von ihr an verschiedenen Stellen angesprochen ist. So kann der für komplexe Abwägungen unterschiedlichster Art gebräuchliche Rechtsbegriff *Verhältnismäßigkeit* für den Optimierungsvorgang ebenso fruchtbar gemacht werden[1526] wie die von der Verfassung auch

[1520] Grimm 2000,88
[1521] vgl. D I
[1522] Gurlit 1989,128 und D I: keine bloße Subsumtion
[1523] So kann insbesondere das sog. Öffentliche Interesse auch von Privaten wahrgenommen werden. Es tritt in Konkurrenz zu abwägungserheblichen privaten Interessen und ist weder einheitlich noch a priori ausschließlich von der Verwaltung zu definieren; dazu noch E III sowie Gurlit 1989,91
[1524] BVerwGE 67,206,209f.
[1525] vgl. RhPfVerfGH NJW 1999,2264
[1526] vgl. RhPfVerfGH NJW 1999,2264; Bolay 2001,37

sonst vorgegebenen *Abwägungskriterien*, z.B. aus *Art. 19 und 20 GG*[1527]. Die Optimierungskomponente kann besonders deutlich aus der verallgemeinerungsfähigen Struktur des volkswirtschaftlichen, durch *Art. 109 II GG* in den Verfassungsrang erhobenen, sogenannten „Magischen Vierecks" erhoben werden[1528]. Hinzu kommt als ganz entscheidend gewichtendes Kriterium die Konzeption der Verfassungsnorm in ihrer Einbindung in eine bestimmte *Grundrechtsdimensionen* (liberal, schützend, sozialstaatlich usw.)[1529]. Diese Wertentscheidungen sind dynamisch in der konkreten Situation fortzuentwickeln, und zwar im Sinne einer Optimierung als *jeweils* verhältnismäßig beste Lösung[1530].

Hierbei ist für das Verwaltungsverfahren insbesondere die gewandelte Rolle der Verwaltung im modernen Rechtsstaat zu berücksichtigen, die den Bürger als mündig zu erachten hat und nicht zum bloßen Objekt staatlichen Handelns machen darf[1531]. „Danach ist staatliche Macht ihren Inhabern immer nur zu treuen Händen, das heißt als Amt zur Wahrung der Belange der Menschen, die die Gemeinschaft bilden, anvertraut. Daraus ergibt sich für die Inhaber der Staatsmacht das Gebot, die Art und Weise ihrer Ausübung zu rechtfertigen und zu begründen"[1532].

Verfassungsoptimierung im Verwaltungsverfahrensrecht bedeutet dann, einen von der Wertentscheidung der Verfassungsnorm als Zielpunkt vorgegebenen offenen, zwischen den Wissenschaften hin- und her wandernden Blick, der zu Korrekturen am einseitigen Blick einer Wissenschaft durch Erkenntnisse anderer führen kann (interdisziplinäre Verfassungsoptimierung – Schaubild 15, S.198).

Wir befinden uns nun im Vorhof der ‚Schatzkammer'. Die Erfahrungen der Expeditionsgruppen und die Ausrüstungen zum Öffnen der Schatzkammer (= dem Erlaß des Verwaltungsakts) werden nun gemeinsam beurteilt. Wie so ein interdisziplinäres Beurteilen zur Optimierung der Verwaltungspraxis beitragen kann, soll beispielhaft aus Sicht der Sozialwissenschaft erläutert werden.

Zielen die Intentionen von Verfassung bzw. Gesetz *und* der darauf bezogenen sozialwissenschaftliche Erkenntnisse in die gleiche Richtung, kommt es zu einer Übernahme letzterer im VA. Der Rechtsanwender in der Verwaltung muß hierbei *gesicherte*[1533] (formaler Aspekt der *Relevanz*) und *eindeutige* (materieller Aspekt der *Evidenz und Qualität*) Erkenntnisse berücksichtigen, die Anknüpfungspunkte in der konvergierenden Verfassungsoption finden.

[1527] vgl. Bonk 1998 a,660; v.Mutius 1982,2159

[1528] dazu Hickel 2001,14,35ff.

[1529] dazu D II 1,2 sowie Gurlit 1989,104

[1530] v.Arnim/Brink 2001,95f.,190,279; v.Arnim 1984,211ff.

[1531] vgl. BT-DrS 7/910,52; Gurlit 1989,132

[1532] v.Arnim 1982,921; v.Arnim/Brink 2001,52

[1533] z.B. durch längere repräsentative empirische Beobachtung erhärtete

Schaubild 15: Interdisziplinäre Verfassungsoptimierung
*

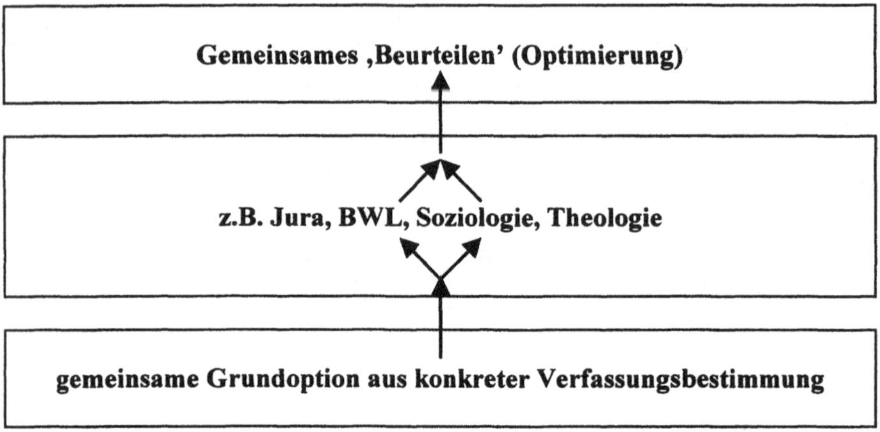

Formal *‚gesichert'* ist eine Entwicklung, wenn sie eine nicht zufällige, sondern notwendige und innerlich folgerichtige, schwerlich umkehrbare Entwicklung aufzeigt, die eine neue Bedeutung der Norm bewirkt[1534].
Materiell *‚eindeutig'* ist eine Entwicklung, bei der es um Einwirkung der Verfassung auf die konkrete Gesetzesanwendung geht, wenn eine *minimale quantitative* Zustimmungsquote von 67 % der Befragten vorliegt[1535]. Umgekehrt kann als sozialwissenschaftliche Höchstgrenze der Zustimmung aufgrund der ‚demoskopischen Sättigungsgrenze' ab 80 % kein höherer Zustimmungswert gefordert sein[1536]. Die damit aufgezeigte Spannbreite muß aus der Natur der Sache – empirische Untersuchungen bilden ja gerade keine starren Werte und sind nach weitgehender Einführung der Skalierungsverfahren auch qualitativ abgestuft – erhalten bleiben, zeigt aber, daß bei Betrachtung sozialwissenschaftlicher Maßstäbe eine *quantitativ* verfassungserhebliche *Evidenz bei Zustimmungswerten um 75 %* anzunehmen ist[1537]. Diese sozialwissenschaftlichen Annahmen konkretisieren dabei die Kriterien, die Verfassungsrechtler an die ‚Eindeutigkeit' legen.
‚Eindeutige Erkenntnisse'[1538] liegen danach insbesondere vor, „wenn evident ist, daß eine ursprünglich rechtmäßige Regelung wegen zwischenzeitlicher

[1534] BVerfGE 40,296,315; vgl. v.Arnim 1988,46
[1535] vgl. Art. 79 II GG; dazu auch Böckenförde 1999,16f. und D II 3. Bei sog. Differenzverfahren hinsichtlich der ‚Wichtigkeit', weil dieser Zustimmungswert den lokalen Bezug übersteigt (dazu B IV 4 c)
[1536] Klages 1993,55; v.Arnim 2002,587
[1537] vgl. Böckenförde 1999,16f.: demokratische Rückbindung
[1538] BVerfGE 40,296,315

Änderungen der Verhältnisse verfassungsrechtlich untragbar geworden ist“[1539]. Es geht um eine deutliche „Präferenz zugunsten der gerechten Lösung“[1540], dogmatisch gestützt „auf die in Art. 20 III GG festgeschriebene Bindung... an Gesetz und Recht“[1541]. Es geht nicht bloß um eine ‚andere Alternative‘ – denn das wäre Auslegung im Rahmen des einfachen Gesetzes - , sondern neue *Verfassungsentscheidung*. Eine solche eindeutige ist dann auch eine optimale Erkenntnis – und hier ist die Verwaltung „rechtlich verpflichtet, die *beste*, die zweckmäßigste und gerechteste Entscheidung zu treffen“, und zwar „in eigener Verantwortung“[1542]. Eine solche Entscheidung ist dann ‘gerecht’ im Sinne des Art. 20 III GG als Ergänzung und Weiterführung des geschriebenen Gesetzes[1543].

Zur Optimierung gehört materiell ferner ein *qualitativer Aspekt* – den die Sozialforschung zur Verfügung stellt. Er wird insbesondere durch Anwendung der Wertetypen-Lehre unterstrichen. Dieser vom Individuum und seinem Bezug zum Gemeinwesen her gedachte Forschungsansatz (vgl. GG Art. 2 I) orientiert sich am international anerkannten Werteforschungsansatz der Speyerer Schule[1544]. Danach verwirklicht der Typ des *Aktiven Realisten* eine Werte-Synthese, die es ihm ermöglicht, durch Einsatz und Akzeptanz in der jeweiligen Verwaltungssituation das situativ Beste (‚optimierte‘) zu ermöglichen, indem er konstruktiv mitarbeitet und seine Aufgaben übernimmt, zugleich aber Gemeinwohl-Notwendiges akzeptiert und realisiert[1545]. Verfassungsrechtliches Gegenstück dieses qualitativen Aspektes ist die bürgerorientierte Verfahrensgestaltung, wie sie in §§ 10,24 ff. VwVfG angelegt ist – dies wird nachfolgend bei den Einzelbestimmungen näher erläutert werden[1546].

Die dargestellte quantitative wie qualitative verfassungsoptimierende Verfahrensgestaltung ist um so eher geboten, je einfacher und dringender die Realisierung, je bedeutsamer die Problematik der Sachmaterie und je verfassungsoptimierender die Veränderung im konkreten sozio-historischen Zusammenhang ist, wobei insbesondere die *Grundrechte* ein verfassungsrechtliches *Verbindungsglied* zur Einbeziehung interdisziplinär gewonnener Erkenntnisse im Verwaltungsverfahren darstellen[1547]. So kann z.B. die qualitative Analyse ämterspezifische Schwachstellen bei der gebotenen Wahrnehmung von Beratungs- und Fürsorgepflichten der Verwaltung aufzeigen und zu einem

---

[1539] BVerfGE 56,54,70,78 = NJW 1981,1655;
vgl. Wagner 1999,482; v.Arnim 2000,289

[1540] v.Arnim/Brink 2001,211

[1541] v.Arnim/Brink 2001,212f.; vgl. v.Arnim 1977,271

[1542] v.Arnim/Brink 2001,226; kursiv = d.Verf.

[1543] vgl. BVerfG NJW 1973,1225f.

[1544] dazu Winkel 1999,4; Klages 2001 b,7ff.; vgl. B II

[1545] Klages 1996 c,76ff.; Gensicke 1999,33f.; vgl. B IV 4 b und sogleich

[1546] insbesondere E III 4; zum verfassungsrechtlichen Hintergrund s.o. D II 1

[1547] Bürsch 2001,15

entsprechenden Einsatz führen. Wie das grundgesetzliche Subsidiaritätsprinzip mit seinen Komponenten der verstärkten Eigenverantwortung der ‚kleinsten Einheit' Bürger und seinem Gebot einer ‚Hilfe zur Selbsthilfe' seitens der Verwaltung[1548] verfassungsmäßig besser verwirklicht werden kann, ist ämter- und aufgabenspezifisch mit der Wertetypen-Lehre ebenso erfolgversprechend zu bewältigen wie die Problematik einer die Gleichheitsrechte am besten zu realisierenden ämter- und aufgabengemäßen Differenzierung bei der Kundenorientierung[1549]. Auf diese Weise kann unter Wahrung grundgesetzlicher Vorgaben z.B. der Sozialstaat optimaler den Herausforderungen der Zukunft angepaßt werden[1550].

Damit sind wir bei einem Problemkomplex, der zur Vervollständigung des bisher Gesagten nicht fehlen darf, um dessen Wirksamkeit zu gewährleisten: der *Nachhaltigkeit*[1551].

Es geht um die Sicherstellung von Zukunftsfähigkeit im Sinne der Fähigkeit neuer Entwicklungen, gesetzte Ziele bestandsfest zu erreichen und zugleich für produktive Weiterentwicklungen zugänglich zu bleiben[1552]. Nur ein solcher Ansatz ist „in der Lage, dem laufenden Änderungsdruck der in ständigem Wandel befindlichen modernen Welt standzuhalten"[1553].

Um den aufgezeigten interdisziplinären Ansatz für die operative Verwaltungspraxis *(‚Handeln')* handhabbar zu machen, empfiehlt sich nach herkömmlicher juristischer Prüfung eines auftretenden Problems im Verwaltungsverfahren eine verfassungsgemäß ausgerichtete interdisziplinäre Erweiterung im dargestellten Sinne, deren Ergebnisse sich in die Problemlösung einbringen und zu einer neuen Verwaltungspraxis führen. Gerade in der Verwaltung sind dafür konkrete Umsetzungsvoraussetzungen durch die Möglichkeiten von elektronischem Medieneinsatz und Teamarbeit[1554] gegeben. Anhaltspunkte für eine solche Vorgehensweise liegen immer dann vor, wenn bereits die juristische Prüfung Probleme aufgezeigt hat, die eine konkrete Einbeziehung der Verfassung nahelegen.

Dies dient zugleich der Qualitätssicherung der Verwaltungsentscheidungen und führt dazu, daß das unter A aufgezeigte *Schaubild 1* um den Begriff ‚Nachhaltige Verfassungsmäßigkeit' erweitert werden muß[1555].

Betriebswirtschaftlich gesprochen geht es um eine Form von Verwaltungs-*Controlling*. Eine entsprechende Verfahrensweise ist in der Verwaltungs-

[1548] Schasching 1994,107ff.; vgl. Art. 2 I, 23 I GG
[1549] Bolay 2001,43
[1550] dazu näher E III 4, E IV
[1551] in unserer Eingangs-Parabel unter A war ja ein gemeinsamer Weg angekündigt worden, der auch bei der Hebung weiterer ‚Schätze' zum Erfolg führt
[1552] vgl. Klages 2003,4
[1553] Klages 2003,4
[1554] Püttner 2000,9
[1555] vgl. Wölki 2003,32

praxis teilweise bereits rechtlich operationalisiert[1556]. So heißt es zum Beispiel im „Dritten Gesetz zur Reform der Berliner Verwaltung (Verwaltungsreform-Grundsätze-Gesetz – VGG)“ vom 17. Mai 1999[1557] :
„§ 7 Qualitätssicherung. Die Behörden betreiben eine systematische und regelmäßige Qualitätssicherung. Sie beinhaltet mindestens Qualitätsziele und Qualitätsindikatoren in den Ziel- oder Servicevereinbarungen. Die nach § 3 Abs.2 durchzuführenden Kundenbefragungen werden auch im Innenverhältnis der Berliner Verwaltung angewandt“.

Und unter der Überschrift ‚Bürgerorientierung‘ heißt es in § 3 (2) VGG:

„(2) In den Leistungs- und Verantwortungszentren werden mindestens alle zwei Jahre Befragungen der Adressaten ihres Verwaltungshandelns durchgeführt (unter anderem Kundenbefragungen). Die Ergebnisse und ein daraus entwickelter Maßnahmenplan werden in geeigneter Weise bekannt gemacht. Die Adressaten werden auf die Freiwilligkeit und die Möglichkeit der anonymen Beantwortung hingewiesen“.

Nimmt man die Vorgaben der Verfassung als *Qualitätsziele*, die systematisch und regelmäßig besser erreicht werden sollen – was durch den Bezug zur Kundenorientierung durchaus naheliegt -, so können die zweijährigen Bürger- und Mitarbeiterbefragungen auf eine interdisziplinäre Verfassungsoptimierung der Verfahrenspraxis ausgelegt bzw. entsprechende optimierende Maßnahmepläne ergriffen werden.
Ein zusammenfassendes Schaubild soll den gesamten methodischen Gedankengang nochmals verdichten und im Sinne eines *qualitätsorientierten Controllings* fruchtbar machen (Schaubild 16, S.202).
Ausgangspunkt ist ein konkretes Verwaltungshandeln (1). Dieses wirft in seinen eingespielten Verfahrensweisen grundsätzlich verfassungsrelevante Fragen (z.B. Art der Sachermittlung und –bewertung) oder Probleme (Kritik an der behördlichen Beratungspraxis) auf, und zwar in einer solchen Art und Weise, daß über die Praxis kritisch nachgedacht und gehandelt werden muß (z.B. aufgrund öffentlichen Drucks, von Gerichtsverfahren, Beanstandungen von Kontrollorganen). Erfahrungsgemäß besteht die erste Re-Aktion bei auftretenden Problemen darin, daß man auf das vorhandene Lösungssystem der ‚bewährten Verwaltungspraxis’ zurückgreift (2). Dabei lebt diese oft von unhinterfragten Traditionen, die sich nicht nur in Richtlinien und Gebräuchen, sondern auch in unbewussten internalisierten Verhaltensmustern und Denk-

[1556] Zum Stand der Umsetzung nachhaltiger Verwaltungsmodernisierung Klages 2003,4ff.
[1557] Gesetz- und Verordnungsblatt für Berlin Nr.21 vom 28.5.1999; zu den Erfahrungen mit diesem Gesetz Wölki 2003,31 Fn.3

Schaubild 16: Nachhaltige Verfassungsoptimierung (Controlling)

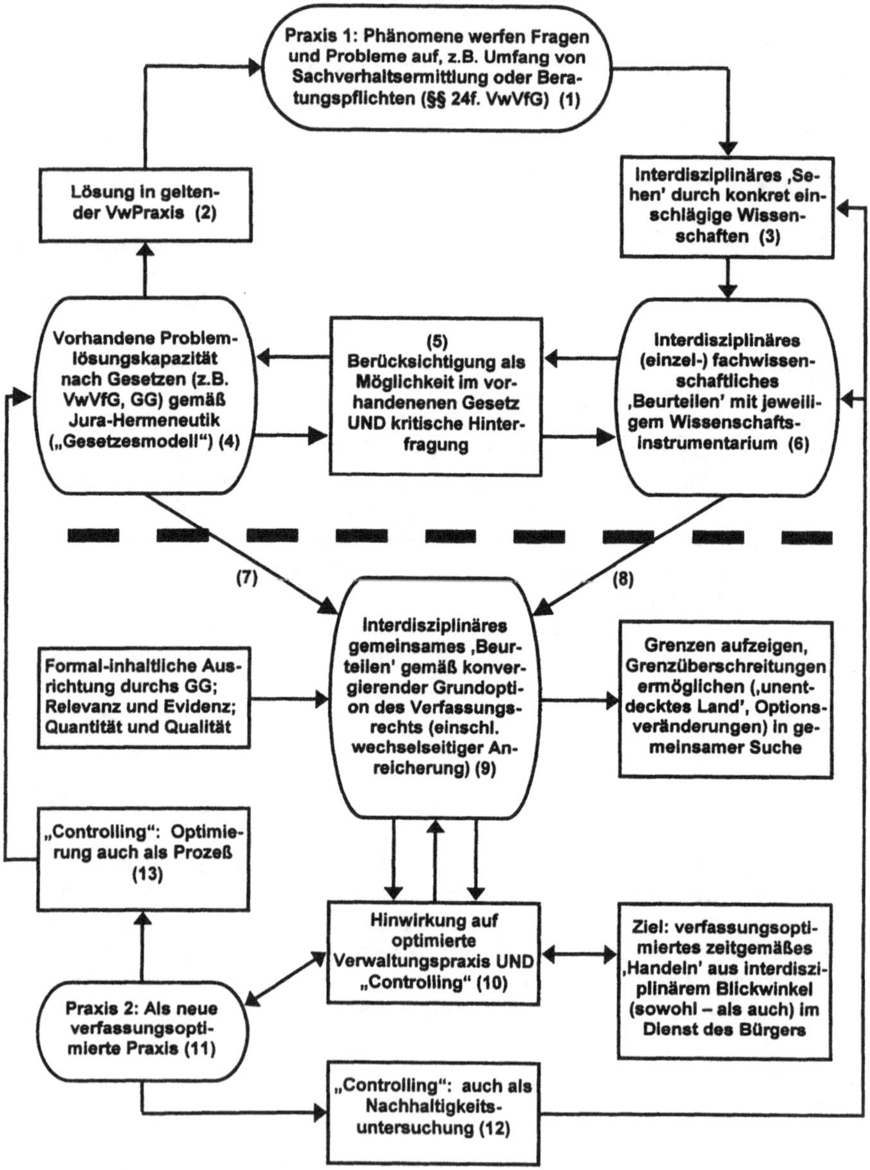

modellen verfestigt haben (4)[1558] und angesichts der aufgetretenen problembedingten Verunsicherung nun reaktiviert als Entscheidungshilfen herangezogen werden (2). Diese Reaktionen erfolgen zumeist intuitiv, ob sie die Problemlösung wirklich verbessern, bleibt ungewiß. Oft wirkt ein solcher Rückgriff – zumal in Form des Rückzugs hinter Paragrafen – eher konfliktverstärkend[1559]. Es ist dann eine Frage der Konfliktintensität (öffentlicher Druck, Presse, Bürgerreaktion nach ‚Wertetyp'[1560]), wie lange es dauert, bis eine solche Strategie aufgegeben wird zu Gunsten eines genaueren, durch interdisziplinäre Erkenntnisse gespeisten (3) einzelfachlichen ‚Sehens' (6)[1561].
Diese Erkenntnisse werden im Schritt des ‚Beurteilens' zunächst mit dem geltenden Recht (4) konfrontiert (5). Dabei kann sich zeigen, daß sie im Rahmen des Vorhandenen bereits berücksichtigt werden können, aber auch, daß eine Norm in ihrem Regelungsgehalt und ihrer Wirkung erweitert zu hinterfragen ist (9). Hierbei wirkt sich das Verfassungsrecht quantitativ wie qualitativ aus. Es wird ein Spannungsfeld zwischen Sollbestand und Istbefund aufgezeigt, welches im Sinne der von der Verfassung vorgegebenen Grundoption entschieden wird (10), sodaß sich eine neue optimalere Verwaltungspraxis erschließt (11)[1562]. Diese neue Verwaltungspraxis (11) wird ‚nachhaltig' in regelmäßigen Nachfolgeuntersuchungen auf ihre Auswirkungen kontinuierlich hin überprüft (12/13) und kann so über den Weg der neuerlichen Situationserhebung und –bewertung sowohl das Gesetz (9/10) präzisieren und aktualisieren wie auch für spätere Handlungsanweisungen fruchtbarer machen (11). Zudem wirkt sich die neue Praxis (11) auf ein vertieftes Verständnis der vorhandenen Problemlösungskapazität (4/6) aus, weil sie den Horizont verändert, in welchem ihr Verbindlichkeit in der Gegenwart zuerkannt wird[1563].
Eine solch verstandene qualitativ bessere Verfahrenspraxis verhilft über eine verbesserte Gesetzesauslegung (9) zu präziseren Reformimpulsen (10) und damit zu einer besseren nachhaltigen verfassungsorientierten Verwaltungspraxis (11). Diese neue Praxis wird in definierten Zeitabschnitten regelmäßig – interdisziplinär institutionalisiert – aktualisiert[1564].

[1558] s.o. D II 1 a; Wölki 2003,31; Ossenbühl 1969,526

[1559] Zahlreiche Beispiele wurden unter D I aufgezeigt

[1560] dazu B IV 4 d

[1561] Dieses soll zu einer situationsgerechteren Verwaltungspraxis im Sinne optimierter Verfassungskonformität ebenso wie zu einer effektiveren Gesetzesanwendung (10) führen, als sie sich in der vorherigen problembehafteten Verwaltungspraxis (1) gezeigt hatte; siehe im Schaubild 16 den Kasten „Ziel" unten rechts

[1562] Indem über den Weg des Verfassungsrechts interdisziplinäre Grenzüberscheitungen ermöglicht werden, kann das Ziel einer optimierten Problemlösung aus interdisziplinärem Blickwinkel erreicht werden

[1563] Bürgerbefragungen und Werteforschung werden so z.B. zu Indikatoren einer verfassungserheblichen Verwaltungspraxis, die sich auf die Theorie der Normwissenschaft ‚Jura' befruchtend und weiterführend auswirken kann

[1564] neben §§ 3,7 VGG vgl. die Beispiele bei Klages 2003,11

Schaubild 17 verdeutlicht den nachhaltigen Effekt unter einem anderen Blickwinkel: sieht man im Gesetz die ‚Theorie des Verwaltungshandelns' und in der Durchführung die ‚Praxis des Verwaltungshandelns', so kann eine regelmäßig durchgeführte optimierende Theorie-/Praxisverschränkung jeweils zeitnah die Problemlösung im Verwaltungsverfahren dynamisieren. Resultat wären „Konsequenzen im Sinn eines erfahrungsfundierten Lernens"[1565], das aus der Verwaltungspraxis in die ‚Theorie des Gesetzes' und von dort zurück auf die Praxis wirkt. Ein solches ‚Änderungsmanagement' kann sich im Idealfall zu einer Spirale ständiger Verbesserungen entwickeln, die zu immer optimaleren Ergebnissen im Verwaltungshandeln führt[1566]. Um im Bild unserer Eingangsparabel (s.o. A) zu bleiben: die Expeditionen haben einen inhaltlichen wie methodischen Weg gefunden, immer wieder ‚Schätze' eines verfassungsoptimierten Verwaltungsverfahrens heben zu können.

Schaubild 17: Wechselwirkung von Theorie und Praxis

*

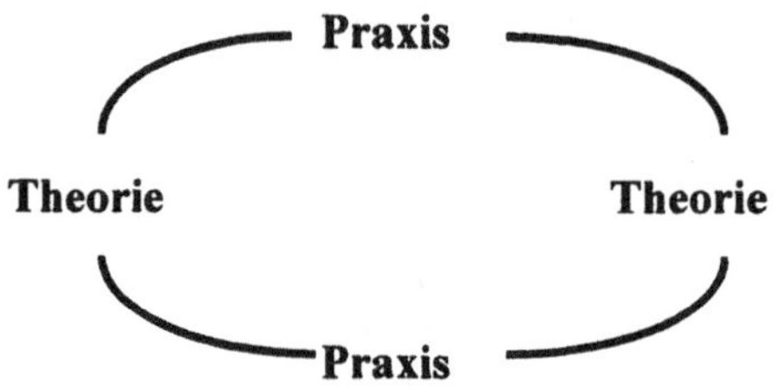

Der hier vertretene Ansatz interdisziplinärer Verfassungsoptimierung ist durch das Recht ermöglicht und nach hiesiger Auffassung unter den dargelegten Kriterien auch durch die Verfassung geboten[1567]. Dies soll nun nachfolgend anhand markanter Beispiele aus dem Verwaltungsverfahrensgesetz näher belegt werden.

[1565] Klages 2003,9
[1566] vgl. Klages 2003,9
[1567] vgl. Wölki 2003,31f.,35

III. Interdisziplinäre Problemlösungsversuche ausgewählter Vorschriften

1. Der Verwaltungsakt - VA (§ 35 VwVfG)

Die unter D I 1 aufgezeigten Probleme bei § 35 VwVfG als einer zentralen Norm des Verwaltungsverfahrensgesetzes beruhen in wesentlichen Teilen auf einer auch verfassungsrechtlich bedeutsamen *generellen Grundannahme* zur Bürger/Verwaltungs-Beziehung im Verwaltungsverfahren: der in jedem Fall anzunehmenden Unterordnung des Bürgers gegenüber einer a priori höherstehenden Verwaltung.
Dieser Problemkreis soll nun im Sinne der oben aufgezeigten Prämissen interdisziplinär angegangen werden, wobei besonderes Augenmerk auf die Grundrechtseffektivierung gelegt wird. In diesem Rahmen werden auch unter D behandelte Probleme nochmals reflektierend aufgegriffen.
Für die Bürger/Verwaltungs-Beziehung kann man drei generelle Grundeinstellungen annehmen, die das Verwaltungsverfahren in eine bestimmte Richtung lenken: das Verständnis einer Überordnung der Verwaltung, der Gleichordnung von Bürger und Verwaltung und einer Überordnung des Bürgers als ‚Kunden'.
Da der in § 35 VwVfG geregelte Verwaltungsakt ein überkommenes Rechtsinstitut ist, drängt sich dabei zunächst die Grundeinstellung auf, auch eine entsprechende historische ‚Wertigkeit' für die Bürger/Verwaltungs-Beziehung als Überordnung der Verwaltung annehmen zu können. Schon der Begriff des Einzel-‚Falles' könnte ausdrücken, daß der Bürger als Objekt, allenfalls als Bittsteller, herablassend betrachtet wird[1568]. Auch die Subordinationstheorie der Über- und Unterordnung zur Charakterisierung des öffentlichen Rechts deutet darauf hin[1569]. Diese Wertung gibt auch Laubinger in einem mitten im Umbruch des Wertewandlungsschubs 1972 geschriebenen Beitrag[1570] wieder: Der zeitgenössische Slogan ‚Die Polizei - dein Freund und Helfer' sollte ins Bewußtsein rücken, daß sie nicht Gegner des Bürgers sei, sondern seine Rechte schütze, m.a.W. nicht nur Herrschaftsinstitution sei, sondern Dienstleistungen erbringe. Infolge ihrer Verwaltungsaufgabe habe es die Polizei schwer, hier ein Vertrauensverhältnis zum Bürger herzustellen - jedoch sei es „um das Ansehen der übrigen Verwaltungszweige nicht viel besser bestellt... Im Bewußtsein des Durchschnittsbürgers ist die Verwaltung nicht sein Helfer, sondern ein undurchsichtiger Herrschaftsapparat, der die Interessen des Staates wahrnimmt und gegebenenfalls mit Zwang durchsetzt". Bis heute scheint bei vielen Bürgern der Gedanke noch lebendig, die Verwaltung sei ihnen gegenüber per se übergeordnet, da sie ja alle Interessen im Sinne des Gemeinwohls bereits vertrete, auch im Verwaltungsverfahren[1571].

[1568] Franz/Herbert 1987 a,171
[1569] vgl. Henneke 1997,771
[1570] S.439
[1571] vgl.dazu auch B IV 4 d; D I 4

Tabelle 16: Verwaltung als übergeordneter Gemeinwohlhüter
„Ist die Verwaltung *übergeordneter* Gemeinwohlhüter“ (Angaben in %; jeweils 5er-Skala)?

Quelle	ja (4-5)	teils-teils (3)	nein (1-2)	Bemerkungen
Viernheim 1995	48,8	39,5	11,8	Verwaltungshandeln allg.
Münster 1997 III/4,14 – wichtig	35	26,5	20,5	Genehmigungsverfahren
Münster 1997 III/4,22 – zufrieden	20,5	29,1	13,7	Genehmigungsverfahren

Nimmt man die bejahenden und teilweise bejahenden Werte zusammen, ergibt sich in der Viernheim-Studie ein verfassungsrechtlich relevanter Zustimmungswert von 88,3%, in der Münster-Studie immerhin von 61,5 % - wobei dann aber nicht einmal mehr die Hälfte der Befragten mit der Erledigung dieser angenommenen Aufgabe seitens der Verwaltung zufrieden ist (49,6 %). Der empirische Befund ist also verfassungsrechtlich nicht ganz eindeutig. Daher ist die ergänzende Frage heranzuziehen, ob denn die Verwaltung nicht schon aus sich heraus *alle* notwendigen Interessen – ohne besondere Berücksichtigung der Verfahrensbeteiligten – vertritt.

Tabelle 17: Verwaltung als Vertreter aller Interessen
„Vertritt die Verwaltung schon *alle* Interessen“ (Angaben in %, jeweils 5er-Skala)?

Quelle	Frage	ja (4-5)	teils-teils (3)	nein (1-2)	Verfahrensart
Münster 1997 II,107	wichtig?	59,9	18,5	4	Allgemein Verwaltungsverfahren
Münster 1997 II,182	zufrieden?	29,7	33,5	10,6	Allgemein Verwaltungsverfahren
Münster 1997 III/4,16	wichtig?	63,4	24,8	0,9	Genehmigungsverfahren
Münster 1997 III/4,24	zufrieden?	38,4	34,2	11,1	Genehmigungsverfahren

Nimmt man auch hier die bejahenden und teilweise bejahenden Antworten zusammen, ergeben sich nach der Münster-Studie bei der ‚Wichtigkeit' verfassungsrechtlich eindeutige Werte: für die allgemeinen Verwaltungsverfahren ein Zustimmungswert von 78,4 %, speziell für Genehmigungsverfahren (welche die Reformgesetzgebung 1996 besonders im Blick hatte) 88,2 %. *Wenn* dies aber so wäre, könnte der Bürger u.U. auf eine Mitwirkung im Verfahren ganz verzichten, würde der Staat ‚von Amts wegen' schon alles ‚machen' – vielleicht sogar alles richtig machen? Ein solches Verständnis lag dem ursprünglichen § 839 des Bürgerlichen Gesetzbuches aufgrund seiner streng liberalstaatlich-positivistischen Grundauffassung zu Grunde: der Staat *kann nur* rechtmäßig handeln; tut er dies nicht, handelt der *einzelne Verwaltungsmitarbeiter* jenseits der ihm erteilten staatlichen Vollmacht und damit *quasi wie ein Privatmann* – weswegen er auch als solcher haftet. *Dann aber* wäre es für den Bürger (abgesehen von einer Bestandskraftverhinderung) sinnlos, sich gegen die Verwaltung als solche zu wenden. Auch hier fragt der Empiriker nach: Hält es der Bürger heutzutage für möglich und sinnvoll, sich gegen einen VA zu wehren, wenn er sich im Recht glaubt? Dies beantworten[1572] mit ja nur 46 %, 32 % sind unentschieden, aber noch 22 % der Befragten halten ‚Widerstand für zwecklos'. Interessant die Aufschlüsselung nach dem Alter: es sind *gerade nicht die Älteren*, die resignieren - gerade die Jüngeren halten sich zurück. So befinden sich bei den 46 %, die Rechtsverteidigung für möglich halten, unter den Befragten bis 29 Jahren nur 39 %, bis 39 Jahren = 41%, bis 49 Jahren = 56 %, bis 59 Jahren = 54 % und denen über 60 Jahren = 48 %. Bestätigt sich also sozialwissenschaftlich die generelle Grundanschauung einer auch im Rechtsinstitut des Verwaltungsaktes niedergelegten Vorrangstellung der Verwaltung, so daß „Über- und Unterordnung (danach im Bewußtsein) noch zu stark ausgeprägt"[1573] sind? Dagegen spricht – als generelle Aussage – das der Verwaltung empirisch entgegengehaltene ‚Armutszeugnis': nur 29,7 % bzw. 38,4 %[1574] sind mit einer entsprechenden Aufgabenerledigung seitens der Verwaltung uneingeschränkt zufrieden – ein gefälliges (Gemeinwohl-) Vertrauen *ohne eigenes Bürgerbemühen* wird also gerade *nicht* bestätigt.

Diese Grundeinstellung kann allerdings sozialpsychologisch sehr stark von der Aufgabenstellung des Verwaltungsverfahrens gefördert werden. Ist der Bürger im Sachanliegen ‚Bittsteller', empfindet er die Behandlung durch die Verwaltung im Verwaltungsverfahren oft nicht als Gleichwertiger[1575]. Hinzu kommt der in B IV 4 geschilderte Alterseffekt: von denen, die sich als gleichwertig behandelt fühlen, kommen aus der Bevölkerungsgruppe bis 29 Jahren nur 23 %, was sich auch bis zu den 39jährigen kaum erhöht (24%). Bürger bis 49 Jahre erreichen aber bereits einen Mittelwert von 33 %, und ab

---

[1572] Hagen 1995, 5er-Skala
[1573] Passau 1995 a
[1574] Münster 1997 II,182; Münster 1997 III/4,24
[1575] vgl. Münster 1997 I,7; vgl. oben B IV 4 d (1) 5.

50 Jahren steigt die entsprechende Beurteilung der Verwaltungsbehandlung (bis 59 Jahre = 41 %; über 60 Jahre = 52 %)[1576]. Dies entspricht der Wertebeobachtung nach Altersstufen, wie wir sie oben[1577] dargelegt haben – und offenbart aus Verfassungssicht Defizite in der Wertevermittlung.
Denn *rechtlich* ist der Überordnungsannahme entgegenzutreten. Das überlieferte Leitbild staatlichen Eingriffs beinhaltet zwar ein Unterordnungsverhältnis des Bürgers. Unter dem GG kann der Bürger jedoch nicht mehr als Untertan mit dem damit verbundenen negativen Menschenbild angesehen werden[1578]. Hier bricht das Grundgesetz mit seinen wertenden Leitentscheidungen bewußt eine solche Traditionskette ab[1579]. Selbst wenn die Verwaltung die Möglichkeit zur Schaffung einseitiger Befehle und Vollstreckungsmöglichkeiten durch VA hat, bleibt zu beachten, „daß der mit einem Verwaltungsakt konfrontierte Bürger das darin enthaltene Gebot zunächst nicht, auch nicht vorläufig, befolgen muß, sondern sein Verhalten bis zur gerichtlichen Entscheidung... wie bisher gestalten kann"[1580]. Der VA hat damit vor Eintritt der Bestandskraft nicht mehr Gewicht als eine *Rechtsbehauptung*. Es gibt hier „kein wie auch immer zu begreifendes Übergewicht" der Verwaltung, insbesondere keinen ‚Rechtmäßigkeitsvorsprung' des Verwaltungsaktes *vor* Bestandskraft[1581]. Die Verwaltung kann den Bürger zwar mit dem Erlaß eines Verwaltungsaktes unter Zugzwang bringen, Widerspruch oder Klage einzulegen, weil der VA sonst bestandskräftig wird (und damit unabhängig von der Frage inhaltlicher Rechtmäßigkeit grundsätzlich zu befolgen ist)[1582] - dies ist aber *kein* Ausdruck rechtlicher Überordnung, weil es auch in Verfahren von Bürgern untereinander einen vergleichbaren Zugzwang geben kann (z.B. Mahnbescheid, Aufrechnung)[1583].
Wenn hier mit der Parallele von Beziehungen der Bürger untereinander argumentiert wird, fragt es sich - daran anknüpfend -, ob denn dann die *dort* rechtlich gegebene Gleichordnung auch auf die Beziehung des Bürgers zur Verwaltung zu übertragen ist (zweite generelle Grundannahme; Tabelle 18, S.209).
Auch hier antworten überraschend viele Bürger nur eingeschränkt mit ‚ja' (Hagen 1995), was zwar als ‚gewaltiges Defizit' gewertet wird (so Passau 1995a), jedoch die verfassungsrechtliche Erheblichkeitsschwelle knapp verfehlt.
Die Annahme einfacher Übernahme des Privatrechts scheint also nicht zu passen. Dafür spricht, daß auch unter dem Grundgesetz die „Trennung von

---

[1576] Hagen 1995
[1577] B IV 4 b, d (1)
[1578] v.Arnim/Brink 2001,52; Bülow 1996,251; Lamprecht 2001,2945f.; vgl. auch D II 1
[1579] vgl. Art. 1,20,33,79 III GG
[1580] Martens 1986,108
[1581] Martens 1986,118f.
[1582] Martens 1986,109; Hill 1989 a,322
[1583] Martens 1986,109; Heberlein 1981,44

Tabelle 18: Bürger und Verwaltung als Gleichwertige im Verfahren
„Werden sie als Bürger wie ein ‚Gleichwertiger' behandelt (Angaben in %; bei 5er-Skala gab es für ‚ja' und ‚nein' je 2 Abstufungen)?"

Quelle	ja	teils-teils	nein	Bemerkungen
Hagen 1995	33	44	23	5er-Skala, aufgeschlüsselt nach Alter, Geschlecht, Erwerbstätigkeit
Passau 1995 a	64			Leitbildumfrage

Staat und Gesellschaft, von Herrschaftsausübung und Herrschaftsunterworfenheit" als grundlegendem Strukturprinzip der Verfassung bleibt, weil „auch in der Demokratie... Herrschaft ausgeübt und Rechtsgehorsam verlangt" wird[1584]. Der paternalistisch-autoritäre Verwaltungsstil der Vergangenheit ist allerdings abgelöst, Befehl und Zwang erweisen sich oft als untaugliche Mittel.

Gerade in Verwaltungsverfahren kommt oft das gewandelte Verhältnis zwischen Verwaltung und Bürger zum Ausdruck[1585]. Kooperative Formen können gleichrangig neben dem VA stehen (vgl. § 9 VwVfG). Die Fixierung auf den VA aufgrund seiner rechtsschutzeröffnenden Funktion ist überwunden[1586]. Auch die Subordinationstheorie der Rechtsprechung (vgl. § 40 I VwGO) schließt Gleichwertigkeit nicht aus: hier geht es um die Rechtswegabgrenzung zwischen Verwaltungs- und Zivil*gerichten*[1587], nicht um die Beschreibung einer generellen Stellung der Verwaltung zum Bürger. Da „Bürger und Verwaltung wissen, daß ohne einvernehmliche Entscheidung der Richter das letzte Wort spricht, ... bleibt für Vorstellungen über eine Unterwerfung... wenig Raum"[1588]. Freilich verleitet gerade den *Rechtsunkundigen* die verkürzte Abgrenzungsformel der ‚öffentlich-rechtlichen Streitigkeit', definiert als ein *Unter*ordnungsverhältnis des Bürgers zur Verwaltung, zu einer falschen generalisierten Betrachtung, die durch die Beschreibung einer *Zu*ordnung zur Verwaltung vermieden werden könnte; insoweit bezeichnet Henneke[1589] die Subordinationstheorie zur Charakterisierung des öffentlichen Rechts gerade *angesichts des Verwaltungsverfahrensrechts* zurecht als überlebt: „Anhörung, Betroffenenbeteiligung, Kooperation und Mitwirkung der Betroffenen bei der Sachverhaltsermittlung trotz Amtsermittlungsgrundsatz sind integrale Bestandteile des öffentlichen Rechts". Aus einer bloßen Abwehrposition des Bürgers „hat sich inzwischen ein differenzierter gegenseitiger Rechte- und

[1584] Schmidt-Aßmann 1989,539
[1585] Schoch 1992,30
[1586] vgl. Schmidt-Aßmann 1989,535; Heberlein 1981,59
[1587] die zudem nicht immer konsequent durchgehalten ist, vgl. nur § 40 II VwGO
[1588] Martens 1986,129
[1589] 1997,771; vgl. Hill 1989 a,321f.

Pflichtenkanon entwickelt"[1590]. So hat sich eine höhere Qualität an Rechtsstaatlichkeit herausgebildet, die dem Bürger eine selbstverantwortliche Rolle auch in Lebensbereichen zuweist, die zum Gebiet des Verwaltungsrechts gehören[1591]. Der heutige Stand unserer rechtsstaatlichen Ordnung erfordert oft „abgestimmtes Verhalten und Zusammenwirken im Hinblick auf einen gemeinsam angestrebten Erfolg sowie eine ganzheitliche Behandlung und Betreuung"[1592]. „Der Staat muß in der Lage sein, einerseits als Ordner und Gebieter, andererseits als Anbieter und Leistender und schließlich auch als Moderator, Anreger und Förderer aufzutreten und die gesellschaftliche Entwicklung zu beeinflussen"[1593]. Seine Verwaltung setzt dabei nicht mehr allein auf Befehl und Zwang, sondern in zunehmendem Maße auch auf Kooperation, Partizipation, Konsens und Akzeptanz[1594]. Diese sind nicht Gegensätze zum VA, sondern Elemente des Verwaltungsverfahrens und als solche Ausdruck der sachlichen Verantwortungsteilung zwischen Staat und Bürger[1595]. „Verwaltungsakt und Kooperation sind nie Gegensätze gewesen, was bereits durch das überkommene Institut des mitwirkungsbedürftigen Verwaltungsakts belegt wird"[1596].

Von daher hat auch heute der VA in diesem Bezugsrahmen zentral wichtige Bedeutung und seine Funktionstauglichkeit in der Bewältigung von verschiedenen Verwaltungsaufgaben bewiesen[1597]. Vorteile seiner hoheitlichen Feststellungen bleiben Rechtssicherheit und Rechtsklarheit. Vorhersehbarkeit vermeidet Mißbrauch. Rasches und wirksames Handeln durch VA sind in der Massenverwaltung ebenso unverzichtbar wie zur Gefahrenabwehr. Nachteile können sich aber bei Anpassungen an dynamische Entwicklungen oder Optimierungsgeboten ergeben[1598]. Der VA soll dabei das von Offenheit, Flexibilität und Dynamik gekennzeichnete Verwaltungsverfahren in eine *stabile Lage* führen, aus der heraus sein Inhalt vollzogen werden kann[1599]. Es wird aber zunehmend schwierig, die diffizilen Interessengeflechte mehrpoliger Verwaltungsrechtsverhältnisse hoheitlich-einseitig in eine *dauerhaft-verläßliche* Ordnung zu bringen[1600]. Das führt zu dem Vorwurf, die Rechtsdogmatik habe sich bis Beginn der 90er Jahre zu einseitig mit dem endgültigen Abschluß des Verwaltungsaktes und damit des zu Grunde liegenden Sachverhaltskomplexes

---

[1590] Hill 1989 a,325; so auch Martens 1986,128
[1591] Martens 1986,120
[1592] Hill 1989 a,325
[1593] Hill 1989 a,327
[1594] Bülow 1996,251
[1595] vgl. Henneke 1997,771
[1596] Henneke 1997,771
[1597] Schmidt-Aßmann 1989,536
[1598] Hill 1989 a,325f.
[1599] Henneke 1997,778
[1600] vgl. Schmidt-Aßmann 1989,536

und zu wenig mit dem *Verfahren* befaßt[1601]. Dies fördere die Sichtweise einer autoritären, titelschaffenden Funktion der Verwaltung – und bedürfe daher aus verfassungsrechtlichen Gründen zwingend der Ergänzung. Wird der Verwaltungsakt aber mit neuerer Rechtsdogmatik nur als punktuelle, *entwicklungsfähige Momentaufnahme* gesehen[1602], ermöglicht dies, den Anforderungen von Komplexität und Interdependenz in der Bürger/Verwaltungs-Beziehung besser gerecht zu werden. Es gibt mehr als früher Bürger/Verwaltungs-Beziehungen, die über das bloße Unterworfensein hinausgehen und sehr oft auch Dritte betreffen, wodurch Komplexität erhöht und ein Interessenausgleich erschwert wird[1603]. Gerade die partizipative Mitwirkung betroffener Dritter (im Wege der Grundrechtseinwirkung auf das Verfahrensrecht) muß hier positiv gesehen und verstärkt werden, weil eine frühzeitige Einbeziehung verschiedener betroffener Belange die spätere *Akzeptanz* stärken kann – und für eine Verstärkung kooperativer Denk- und Handlungsweisen im Verwaltungsverfahren sorgt[1604].

Das hoheitliche Moment erlebt so im Staat der Gegenwart eine *Funktionsverschiebung*. „Schon seit langem ist zu beobachten, daß sich der Schwerpunkt der Verwaltungstätigkeit von der Eingriffs- auf die Planungs-, Leistungs- und Förderungsverwaltung verlagert hat“[1605]. Mit dieser Umgewichtung verbunden ist „eine auffällige Zunahme von Ermächtigungen der Verwaltung zur selbständigen Normensetzung“[1606]. Zum Gesetzesbefehl mit direkter Gehorsamspflicht treten Ermächtigung, Auftrag, Leitsatz, Zweckbestimmung und Optimierungsgebot[1607]. In allen diesen Bereichen ist der VA in seiner stabilisierenden Funktion unverzichtbar und nach wie vor quantitativ wie qualitativ die wichtigste Handlungsform der Verwaltung[1608]. Doch erlangt aufgrund der vielfältigen Entstehungsvoraussetzungen und aufgrund rechtsstaatlicher „Kompensation für (neue) gesetzliche Handlungsspielräume... zunehmend die Mitwirkung des Bürgers... Bedeutung“, insbesondere bei Informationsbeschaffung und Leistungserbringung[1609]. Dadurch kommt „eine Aufwertung der verfahrensrechtlichen Bedeutung des Verwaltungsakts zum Ausdruck“[1610].

Da der Gesetzesvollzug nicht einfachen Subsumtionsmodellen folgt, rückt *prozedurales* Denken ins Zentrum von VA-Gewinnung und Durchsetzung, so daß der VA als ‘Produkt’ eines „rechtlich organisierten Prozesses der Geset-

---

[1601] Henneke 1997,770
[1602] vgl. Henneke 1997,773; Hill 1989 a,325
[1603] Henneke 1997,772
[1604] vgl. E III 4
[1605] Hill 1989 a,324; vgl. Heberlein 1981,174f.
[1606] Klages 1988,22
[1607] Hill 1989 a,325; so auch Heberlein 1981,58
[1608] Henneke 1997,770,773; Schmidt-Aßmann 1989,536
[1609] Henneke 1997,770; vgl. Hill 1989 a,325
[1610] Heberlein 1981,136

zeskonkretisierung und Rechtsgewinnung" zu sehen ist[1611]. Die Rechtsvorgaben und der Aufgabenwandel lassen die Normen im VwVfG als beiderseits bindende Verhaltensnormen erscheinen, die das geordnete Zustandekommen eines Verwaltungsaktes bezwecken[1612]. Mitverantwortung und Akzeptanz können dadurch *zugleich* die *Optimierung auch der Verwaltungsziele* befördern[1613]. Das dokumentiert die Notwendigkeit der Ergänzung der ‚einseitig-hoheitlichen' Formen und z.T. auch die Unzulänglichkeiten in den Spielräumen des geltenden Verwaltungsverfahrensrechts[1614]. Erst im Verwaltungsverfahren wird die im Gesetz nur abstrakt angelegte Bürger/Verwaltungs-Beziehung materiell konkretisiert. So dient es der „Feststellung, Entwicklung und Gestaltung von Rechten und der Setzung von Rechtsfolgen" und bildet auch die Erklärungsgrundlage für „Sorgfalts-, Schutz- und sonstige Nebenpflichten"[1615]. Hierbei steht der VA an der Schnittstelle von materiellen, verfahrens-, prozeß- und vollstreckungsrechtlichen Bestimmungen. Er unterliegt dabei Flexibilisierungsbedürfnissen, die „Realität in den Blick zu nehmen, ohne das Normative zur Kapitulation zu zwingen"[1616]. Die Verwaltung soll „Voraussetzungen und Hilfen für die individuelle Grundrechtsverwirklichung und das Zusammenleben in der Gemeinschaft schaffen"[1617]. Die eingetretene „Funktionsverschiebung lenkt das juristische Augenmerk (dabei geradezu) auf den Prozeß der Entscheidungsfindung: Daß *Gerechtigkeitsmaßstäbe* sich *im Verfahren* widerspiegeln können und müssen, drückt sich in dem verfassungsrechtlichen Gebot des fairen Verfahrens und der Grundrechtsverwirklichung durch Verfahren aus... Wo Problemlösungen ausgehandelt werden, (steigt) die Bedeutung der Chancengleichheit im Verfahren"[1618].
Mit den kooperativen Elementen im Verwaltungsverfahren ist freilich grundsätzlich „eine Teilhabe an der Entscheidung selbst nicht verbunden ...- In diesem Sinne ist Kooperation nicht auf Konsens gerichtet, den es auszuhandeln gälte; vielmehr dienen die Verfahrensvorgaben einer Optimierung der Entscheidungsgrundlagen" oder „bezwecken schließlich, dem hoheitlichen Entscheidungsprodukt Akzeptanz zu verleihen"[1619]. Die Ausübung von Staatsgewalt ist weder in Konsens- noch Diskursmodelle aufgelöst. Wer gleichwohl „eine Pflicht zu fortgesetzter Herstellung von Konsens zwischen Verwaltung und Bürger als gleichgeordnete Partner hineinlesen will, schließt... unter Umgehung des *Verfassungsrechts* unzulässig kurz" (Verantwortlichkeit der

---

[1611] Henneke 1997,772
[1612] Martens 1986,128; Schmidt-Aßmann 1989,538
[1613] Hill 1989 a,326
[1614] vgl. Kunig/Rublack 1990,3 und B I
[1615] Henneke 1997,772; vgl. BVerfGE 49,140
[1616] Henneke 1997,771; vgl. A, E I
[1617] Hill 1989 a,324
[1618] Kunig/Rublack 1990,3 – kursiv = d.Verf.; vgl. D II 1 b,2
[1619] Kunig/Rublack 1990,5; vgl. Hill 1989 a,326f.

Verwaltung aus Art.20 GG)[1620]. So stellt der letztlich ergehende VA zwar ‚nur' das im Verwaltungsverfahren grundsätzlich kooperativ gefundene Ergebnis verbindlich fest, bleibt damit aber formell einseitige Regelung und drückt damit die spezielle *Verantwortungsübernahme* der Verwaltung aus – ohne freilich die historisch überwundene Annahme genereller Überordnung der Verwaltung wieder aufleben zu lassen[1621].
Doch erscheint selbst dieser Befund *rechtlich* problematisch, wenn man die Bemühungen der Verwaltungsreformen der 90er Jahre in Rechnung stellt, die auch im Verfahrensrecht dem Bürger eine Stellung als (übergeordneten) ‚Kunden' zubilligen wollen (*dritte generelle Grundeinstellung*). Das juristische Kernargument der Grundeinstellung einer Überordnung des Bürgers kann darauf rekurrieren, daß das Grundgesetz einen Einschnitt in die historische Ansicht über die Stellung der Verwaltung (und eines erlassenen Verwaltungsaktes als „inhaltbestimmende materielle Rechtsquelle des Einzelfalls"[1622]) gebracht hat. Hierbei hat die Vorrangstellung des Leitwertes ‚Menschenwürde' und der ihm folgenden Grundrechte den Staat zugunsten des Bürgers verpflichtet: „Dem Staat kommt nicht schon als solchem und per se ein Mehrwert gegenüber dem Bürger zu, vielmehr ist er ihm nur insoweit übergeordnet, als ihm durch das Recht, insbesondere durch die Verfassung und die Gesetze, dieser Rang zuerkannt ist"[1623] – ansonsten aber ist der Bürger in seiner Freiheit (Art. 2 I GG) der Verwaltung übergeordnet[1624]. So können im Leistungsrecht die Grundrechte dazu führen, daß im Verwaltungsverfahren dem *Bürger zu seinem Recht zu verhelfen* ist[1625]. Den Bürger als ‚Verwaltungskunden' zu behandeln ist dann keine bloße Marketing-Strategie, sondern Gebot der Grundrechte.
Eine solche Kundenorientierung wird heute[1626] als wichtigster Qualitätsparameter für den Verfahrensablauf angesehen, besonders bei Privaten, Vereinen und Unternehmen[1627]. Schon 1972 stellte Laubinger[1628] fest, daß Kundendienst zur Problemlösung in der Bürger/Verwaltungs-Beziehung geeigneter sei als die Darstellung eines Herrschaftsapparats. Geeigneter und dem Bürger wichtig – doch nirgends überzeugend erreicht (Tabelle 19, S.214).
Der empirische Befund belegt, daß sich die Kundenorientierung noch immer nicht überzeugend durchgesetzt hat. Obwohl bis zu 95 % der Verwaltungsmitarbeiter eine entsprechende Orientierung für wichtig halten (Wuppertal 1996 a), fühlt sich nur ein Viertel der Bürger auch entsprechend behandelt.

[1620] Schmidt-Aßmann 1989,539
[1621] vgl. Henneke 1997,773
[1622] Heberlein 1981,28
[1623] Hill 1989 a,321f.; vgl. v.Arnim/Brink 2001,52
[1624] vgl. D II 1 b
[1625] Hill 1989 a,325
[1626] Münster 1997 I,75
[1627] Münster 1997 II,135
[1628] S.440

Tabelle 19: Der Bürger als Kunde
„Begegnet die Verwaltung dem Bürger als ‚Kunden‘ (Angaben in %; bei 5er-Skala gab es für ‚ja‘ und ‚nein‘ je 2 Abstufungen)?“

Quelle	ja	teils-teils	nein	Bemerkungen
Wuppertal 1996 a – wichtig	95		5	Mitarbeiterbefragung
Weser-Ems 1995	20,4	35,2	44,4	5er-Skala
Köln 1995	25,31	46,21	28,48	
Viernheim 1995	26,8	45,1	28,1	5er-Skala

Nach der in der Studie Weser-Ems 1995 *auch* erfaßten Meinungslage bei den Verwaltungsmitarbeitern sehen hier sogar nur 20 % ihre Verwaltung als Dienst(leister) für den Bürger, halten nur 58 % Bürgerorientierung und Bürgerservice für erstrebenswerte Entwicklungsziele. Adressat ihrer Arbeit sei nach Wuppertal 1996 a der Bürger nur zu 55 %, hingegen zu 41 % die Verwaltung selbst bzw. die Politik (4 %). Infolgedessen betrachtet man laut Wuppertal 1996 b das Ansehen der Verwaltung bei den Bürgern als ‚weniger wichtig‘; diese Meinung äußern im Verwaltungsbereich insbesondere Frauen und Arbeiter, Angehörige des gehobenen Dienstes (Sachbearbeiterebene!) und Beschäftigte der Bereiche Soziales und Kultur[1629]. Das Ausspielen von Amtsautorität findet sich mit deutlich erhöhtem Anteil im gehobenen Dienst. Hier ist zudem fast die Hälfte niedrig publikumsorientiert[1630]. Dieses Ausspielen der Amtsautorität hängt „deutlich mit einer Abneigung gegen Tätigkeit im Publikumsverkehr“ oder starkem Arbeitsstreß – wie im Wohngeldamt - zusammen[1631]. Wenn – wie im Personalamt – Publikumsverkehr selten ist, dient er als willkommene Abwechslung mit entsprechend positiver Motivation. Wenn es aber um Grundrechtsverwirklichung geht, hat die Verwaltung hier dem Bürger *kein Gefühl zu vermitteln*, sondern selbst eine *grundrechtsentsprechende Verantwortung zu entwickeln.* Das bedeutet, „dass man alle Möglichkeiten ausschöpft, den Wunsch des Bürgers zu erfüllen und nicht umgekehrt im Sinne einer Negativprüfung überlegt, wie man einen Antrag gerichtsfest ablehnen kann“[1632]. Hierzu muß die Verwaltung bei prozeßhafter Entstehung, bei Erlaß und Vollzug eines Verwaltungsakts „auf neue Anforde-

[1629] Einzelheiten bei Wuppertal 1996 a
[1630] Pippig 1988,92
[1631] Pippig 1988,94
[1632] Bolay 2001,44

rungen maßvoll eingestimmt werden" und die „Schalen eines einseitig autoritären Befehls" abstreifen[1633].
Bis hierhin bleibt festzuhalten, daß sich der konkrete empirische Befund mit den Erkenntnissen der allgemeinen Werteforschung deckt, wonach die Verstärkung der Selbstentfaltungswerte aus Bürgersicht die dritte generelle Grundannahme für das Verwaltungsverfahren aus Bürgersicht präferiert – ohne daß die beiden anderen Grundannahmen völlig bedeutungslos geworden sind. Es zeigt sich, daß der inhalts- und richtungsbestimmende juristische Befund weiter geht als die empirische Lage. Diese Differenz offenbart, daß in der *Vermittlung* der grundgesetzlichen Werteordnung noch erhebliche Defizite bestehen, die in der Verwaltungspraxis zu beheben sind. Damit stellt sich die Frage, wie ist diese Differenz zu erklären und gegebenenfalls zu verringern ist.
Eine Antwort kann nur in einer differenzierten Betrachtung des sowohl- als auch liegen. Wegen der Unzahl staatlicher Entscheidungen, die ihn als Staatsbürger *allgemein* betreffen, kann der Einzelne unmöglich an allen Entscheidungen mitwirken und muß dies besonderen Organen - z.B. der Verwaltung – überantworten (Repräsentation, vgl. Art. 20 II GG). „Dadurch erfährt das Selbstbestimmungsprinzip zwangsläufig eine ... Beeinträchtigung"[1634] – doch hat dies nur einen funktionalen Dienstwert für das Volk und bedeutet dann, wenn der Bürger *konkret* betroffen ist und sich selbst im Verwaltungsverfahren um seine Angelegenheiten kümmern kann und *kümmert* eine Ausübung seiner Freiheit (vgl. Art. 2 I GG)[1635]. Je nach Aufgabe und Gegenstand des Verwaltungsverfahrens gibt es *funktionale Bereiche* einer stärkeren Stellung oder besonderen Verantwortung der Verwaltung (z.B. bei Gefahr im Verzug), eines echten *gleichgeordneten Aufeinander-Angewiesenseins und Miteinanders* (bei Verträgen, aber auch bei Mitwirkungshandlungen im Verwaltungsverfahren)[1636] und einer *Überordnung des Bürgers*, nämlich dann, wenn es sich um grundrechtlich geschützte Anspruchspositionen handelt, bei denen es lediglich Aufgabe der Verwaltung sein kann, dem Bürger zu seinem Recht zu verhelfen. Auch muß die Verwaltung berücksichtigen, ob die unter D II erwähnten Belange des Gemeinwohls wie zukunftsorientierte langfristignachhaltige, ganz allgemeine oder sonstige nicht vertretene Rechte benachteiligter Wertegruppen gewahrt werden, *selbst wenn* sie der verfahrensbetroffene Bürger nicht berücksichtigt (haben will)[1637]. Dabei wird die Verwaltung oftmals durch eine erhöhte *Sachkompetenz* in vielen Bereichen (Fachabteilungen, Experten) dem einzelnen Staatsbürger und seinem individuellen Sichtwinkel *funktional* voraus sein[1638]. Doch handelt es sich um eine faktische

[1633] Henneke 1997,773
[1634] v.Arnim 1977,44
[1635] vgl. v.Arnim/Brink 2001,52
[1636] vgl. E II 4
[1637] vgl. BVerfGE 98,218,246; Hill 1989 a,327; Steiner 2001,2922
[1638] Demmer 1995,146

Überlegenheit der Verwaltung, die verfahrensrechtlich begrenzt und auch in den Dienst der Bürgergrundrechte gestellt ist[1639]. „Von einer Unterwerfung des Bürgers unter die Hoheitsgewalt der Exekutive ist weder in der Verfassung noch im einfachen Gesetzesrecht die Rede“[1640]. In allen denkbaren Fallgestaltungen eines Verwaltungsverfahrens in der Bürger/Verwaltungs-Beziehung, gleich ob Eingriffs-, Leistungs- oder sonstige Verwaltung, können Grundrechte im Verwaltungsverfahren bedeutsam werden – was von der Verwaltung zu überprüfen und abzuwägen ist. Dabei kann sich eine Palette von Konsequenzen ergeben, z.B. daß Grundrechte überhaupt nicht berührt sind, ein Unterlassen oder einen weniger belastenden Eingriff gebieten (Abwehrsituation), ein bestimmtes Verwaltungsverhalten fördern oder gar erzwingen (Förder- und Schutzsituation) oder dem Bürger einen Anspruch geben (Anspruchssituation)[1641].
Eine solch gebotene Berücksichtigung von Grundrechten im Verwaltungsverfahren kann nur angenommen werden, wenn sich die Verwaltung darüber im klaren ist, daß *auch sie* im Verwaltungsverfahren diese Rechte als Dienst am Betroffenen mit vertritt. Hierzu gibt es empirische Untersuchungen:

Tabelle 20: Verwaltung als Vertreter der Bürgerinteressen
„Vertritt die Verwaltung ihrer Meinung nach ihre (verfahrensspeziellen) Bürgerinteressen (Angaben in %; bei 5er-Skala gab es für ‚ja‘ und ‚nein‘ je 2 Abstufungen)?“

Quelle	ja	teils-teils	nein	Bemerkungen
Viernheim 1995 – wichtig	92,2	6,5	1,3	5er-Skala
Passau 1995 – wichtig	78,8	18,2	3	
Passau 1995 – zufrieden	31	49,5	19,5	
Viernheim 1995 – zufrieden	24,9	28,2	12,6	5er-Skala
Wuppertal 1996 – wichtig	56			
Passau 1995 a	51			

Während das Anliegen *den Bürgern* so *wichtig* ist, daß sie die demoskopische Sättigungsgrenze erreicht und damit auch rechtlich relevant wird (Viernheim 1995 = 92,2 %; Passau 1995 = 78,8 %; vgl. Münster 1997 II S.111), liegen die Werte *vollster Zufriedenheit* deutlich darunter. Die Verwaltung ist hier –

[1639] Hill 1989 a,327
[1640] Martens 1986,106
[1641] s.o. D II 1

wie hohe ‚teils-teils'-Werte zeigen – immerhin auf dem Weg. Grundlage der Kritik ist dabei die konkrete belastende Erfahrung im Verwaltungsverfahren mit der Bürokratie:

Tabelle 21: Bürokratische Verwaltung
„Erscheint ihnen die Verwaltung zu bürokratisch (Angaben in %; bei 5er-Skala gab es für ‚ja' und ‚nein' je 2 Abstufungen)?"

Quelle	ja	teils-teils	nein	Bemerkungen
Krefeld 1997	69,9		30,1	
Münster 1997 II,309	46	32,9	12,5	5er-Skala, allg. VwVf.
Passau 1995	38,8	44,1	17,2	5er-Skala
Münster 1997 III/4,35	38,5	38,5	15,4	5er-Skala, GenehmiggsVf.
Viernheim 1995	37,5	40,8	21,8	5er-Skala

Das empirisch ermittelte Bild wird noch deutlicher, wenn man auch die teils bejahenden Antworten mit einbezieht: die Hälfte bis 83 % der Bürger nennen die Bürokratie als Kritikpunkt (Passau 1995 = 82,9 %; Münster 1997 II,309 = 78,9 %; Viernheim 1995 = 78,3 %; Münster 1997 III/4,35 = 77 %; Krefeld 1997 = 69,9 %). Dies erscheint um so authentischer, als auch Verwaltungen untereinander sich weder als dynamisch noch unbürokratisch einstufen[1642]. Ein möglichst *unbürokratisches Verfahren* beim Erlaß von Verwaltungsakten, das den neuzeitlichen Anforderungen von Einfachheit, Zügigkeit und Zweckmäßigkeit genügt, wurde jedoch in der Gesetzgebung 1996 *nochmals normativ als explizite Rechtspflicht betont*[1643], weil es auch der Grundrechtsverwirklichung in adäquater Zeit dient[1644]. Gleichwohl wird die Verwaltung nach wie vor in hohem Maße als ‚bürokratisch' eingeschätzt[1645].
Das Problem hat sich aus Sicht der Werteforschung sogar verstärkt und wird Dauerkritikpunkt bleiben[1646]. Denn seit dem Wertewandelsschub der 60er Jahre durchzieht die Gesamtgesellschaft eine gesteigerte Sensibilität gegen Bürokratismus und vermeintliche Ämterwillkür[1647]. Das beinhaltet „eine stark angewachsene Bereitschaft zum kritischen Engagement gegenüber ‚bürokratischen' – oder als bürokratisch empfundenen – Vorschriften, Regeln und Normen wie auch gegenüber ‚unbegründeten' oder ‚unverständlichen' – oder

---

[1642] z.B. Münster 1997 II,335
[1643] Bonk 1996 III,206; vgl. § 10 VwVfG
[1644] BVerfGE 60,253,269ff.; vgl. Schmitz 1998,385; s.o. D II
[1645] Münster 1997 II,314
[1646] vgl. B IV 1 b
[1647] Klages 1984,151f. und B IV

als unbegründet und unverständlich erscheinenden – Belastungen und Eingriffen"[1648]. Gerade fehlende Einsichtigkeit und Transparenz untergraben das Vertrauen gegenüber der Verwaltung und schüren Verwaltungsverdrossenheit. Denn Vertrauen wird der Verwaltung heutzutage nicht mehr bedingungslos erteilt, ist jederzeit widerrufbar und bedarf (durch Problemlösungen seitens der Verwaltung) der ‚Gegenleistung'[1649]. Der vom Wertewandel geprägte Bürger bewertet die Verwaltung „nach ihren Leistungen – so, wie sie von ihm wahrgenommen werden"[1650]. Dabei tritt der Bürokratievorwurf verstärkt bei Jüngeren und Gebildeteren auf, wie die Studie Karlsruhe 1996 belegt. Gerade Genehmigungsverfahren, die Grundrechtsfragen besonders berühren können, werden als für den Bürger zu umständlich und kompliziert angesehen (Bergisch-Gladbach 1997), wird sogar eine *Zunahme der Bürokratie* bemängelt (Karlsruhe 1996: von 1992-1996 Zunahme um 7,5 %). Die Kritik gilt der Handhabung der Verfahrensvorschriften beim Erlaß des Verwaltungsaktes, meist jedoch nicht einem bürgerabweisenden Verhalten des einzelnen Verwaltungsmitarbeiters, wie die Ergebnisse zum ‚freundlichen Umgang' mit dem Bürger eindrucksvoll bestätigen (Tabelle 22, S.219).
Fügt man bei den differenzierteren Studien auch die ‚teils-teils'-Antworten hinzu, ergeben sich bei Münster 1997 II,214 = 88,8 % , bei Münster 1997 III/4,28 = 88,1 % und Viernheim 1995 = 81,1 % und damit verfassungsrechtlich erhebliche Werte (vgl. E II). Analysiert man Gründe mangelnder Freundlichkeit, zeigen sich oft bürokratische Schwierigkeiten, insbesondere das Problem der Erreichbarkeit und der Art des Kontaktes zum Verwaltungsmitarbeiter (Ahrweiler 1996), wie nachfolgend Tabellen 23,24 (S.220) zeigen.
Schlüsselt man dies weiter auf, kommt man zu der faszinierenden Erkenntnis: je persönlicher die Bürger/Verwaltungs-Beziehung abläuft – je mehr sich also der Bürger als Subjekt angenommen weiß und nicht als Untertan behandelt wird – desto positiver kann sich ein Verwaltungsverfahren entwickeln. Ein verbessertes Vertrauensverhältnis zwischen Bürger und Verwaltung läßt sich also erreichen, „wenn der Bürger im Kontakt mit den Behörden ... erfährt, daß sie sich bemühen, ihm zu helfen"[1651].
„Der persönliche Kontakt" zwischen Bürger und Verwaltung ist nach Beurteilung des Bürgers „einhellig die zufriedenstellendste Form der Regelung von Angelegenheiten... Die (alleinige) schriftliche Form ... die unbefriedigendste Art des Kontaktes", weil der Bürger sich dort leicht als bloßer ‚Fall' und damit Objekt des Verwaltungshandelns behandelt fühlt[1652]. Empirisch „besteht der engste Zusammenhang zwischen den erhobenen Merkmalen Freundlichkeit der Bedienung und Zufriedenheit. Es darf deshalb erwartet werden, daß

[1648] Klages 1993,50
[1649] Klages 1984,152
[1650] Klages 1996,246
[1651] vgl. Laubinger 1972,440
[1652] Essen 1998; vgl. Franz/Herbert 1987 a,171 ; vgl. auch E III 4

Tabelle 22: Freundlichkeit der Verwaltungsmitarbeiter
„Sind die Verwaltungsmitarbeiter freundlich (Angaben in %; bei 5er-Skala gab es für ‚ja‘ und ‚nein‘ je 2 Abstufungen)?“

Quelle	ja	teils-teils	nein	Bemerkungen
Emmendingen 1997	97,08			
Köln 1995	96,67	2,46	0,87	5er-Skala
Hagen 1995	92	6	2	Ausnahme: Sozialamt
Kassel 1997	83,4		4	
Ahrweiler 1996	83,2		8	Gen.Verf.; mit Gründen
Bergisch-Gladbach 1999	81,8	13,8	4,4	
Bergisch-Gladbach 1997	77,5	10,6	10,6	Querverbindung mit Erreichbarkeit
Emmendingen 1997	77,04		1,74	
Essen 1998	77		23	aufgeschlüsselt nach Art des Kontakts
Bad Kreuznach 1997	64		6,7	aufgeschlüsselt nach Ämtern
Münster 1997 II,310 – „Image“	61	24,8	4,2	5er-Skala, Verwaltung allgemein
Karlsruhe 1996			33,1	aufgeschlüsselt nach Geschlecht und Alter; Anstieg!
Münster 1997 II,136 - wichtig	78,1	14,3	2,5	5er-Skala, allgemein Verwaltungsverfahren
Münster 1997 II,214 – zufrieden	69,1	19,7	3,7	5er-Skala, allgemein Verwaltungsverfahren
Münster 1997 III/4,20 – wichtig	76,9	16,2	3,5	5er-Skala, Genehmigungs-verfahren
Münster 1997 III/4,28 – zufrieden	65,9	22,2	5,1	5er-Skala, Genehmigungs-verfahren
Viernheim 1995 – wichtig	95,7	4,1	0,2	5er-Skala, Verwaltung allgemein
Viernheim 1995 – zufrieden	50,1	31	12,5	5er-Skala, Verwaltung allgemein

Tabelle 23: Freundlichkeit und Erreichbarkeit
Beurteilung der Freundlichkeit nach ausreichender Erreichbarkeit des Verwaltungsmitarbeiters (bei persönlichem oder telefonischem Kontakt; Bergisch-Gladbach 1997 – Angaben in %)

	insgesamt	Wenn ausreichend erreichbar	Wenn *nicht* ausreichend erreichbar
freundlich	77,5	86,1	46,8
unentschieden	10,6	7,8	21,3
unfreundlich	10,6	5,4	29,7

Tabelle 24: Freundlichkeit und Art des Kontaktes
Beurteilung der Freundlichkeit nach Art des Kontaktes zum Verwaltungsmitarbeiter (Essen 1998, in %).

	insgesamt	persönlich	telefonisch	schriftlich
freundlich	77	79	69	61
unfreundlich	23	21	31	39

eine Verbesserung in der Dimension Freundlichkeit auch eine spürbare Verbesserung in der Dimension Zufriedenheit bewirkt bzw. umgekehrt"[1653]. Besonders wichtig ist das für private Kunden der Verwaltung wie Vereine, aber auch Schulen[1654]. Die Bedeutung der Freundlichkeit gewinnt ihre juristische Qualität, wenn man sie in Zusammenhang bringt mit einem modernen Verwaltungsverständnis, nach dem diese *wirklich im Dienst des Bürgers* handelt, indem sie ihn als Subjekt des Verwaltungsverfahrens behandelt - wie es ihm nach der anthropozentrischen Grundentscheidung in Art. 1 GG zusteht. „Aus der anthropozentrischen Grundauffassung ergibt sich die Konsequenz, daß der Staat, seine Organisation und jedes einzelne staatliche Tun vor der Frage gerechtfertigt werden müssen, inwieweit sie dem Willen, den Interessen, der Entwicklung und Erhaltung der Menschen, d.h. aller Menschen der staatlichen Gemeinschaft, dienen... Es gibt kein von den Interessen der Einzelnen unabhängiges Staatsinteresse. Der Staat erhält seinen Wert gleichsam nur als ‚Werkzeug', als ‚Instrument' der Menschen zur besseren Wahrung ihrer Interessen. Er hat rein dienende, instrumentale Funktion"[1655]. Ob sich diese dienende Funktion in Umfragen bestätigt, erläutert Tabelle 25 auf S.221: nämlich, ob der Bürger als *Subjekt* von der Verwaltung wahrgenommen wird.

[1653] Kassel 1997
[1654] Münster 1997 II,149,215
[1655] v.Arnim/Brink 2001,52

Tabelle 25: Der Bürger als Subjekt
„Wird der Bürger als *Subjekt* von der Verwaltung mit seinen Problemen ernst genommen (Zufriedenheit beim Bürger, wenn nicht anders vermerkt - Angaben in %; bei 5er-Skala gab es für ‚ja' und ‚nein' je 2 Abstufungen)?"

Quelle	ja	teils-teils	nein	Bemerkungen
Münster 1997 II,108 – wichtig	77,5	8,5	2,2	5er-Skala, allgemein Verwaltungsverfahren
Münster 1997 III/4,17 - wichtig	78,6	8,5	0,9	5er-Skala, Genehmigungs-verfahren
Passau 1995 a	17			
Anhalt-Zerbst 1997	27,8	42,1	12,7	5er-Skala
Münster 1997 III/4,25	45,3	31,6	11,2	5er-Skala, Genehmigungs-verfahren
Münster 1997 II,183	45,4	29,8	10,4	5er-Skala, allgemein Verwaltungsverfahren
Krefeld 1997	47,4		52,6	
Frankfurt 2000	57		21	5er-Skala
Hamburg 2000	64	16	17	Verwaltung allgemein
Emmendingen 1997	82,26	12,21	3,2	6er-Skala (!); bei nein = 3 Ab-stufungen
Bocholt 1995	83	14	1	

Obwohl aufgrund der anthropozentrischen Grundentscheidung des Art. 1 GG gerade hier die Zustimmungswerte eindeutig und hoch sein müßten, ergibt sich ein höchst uneinheitliches Bild: selbst wo auf breitere Zustimmung hochgerechnet werden kann, gelingt dies nur unter Einbeziehung der ‚teils-teils'-Werte (Anhalt-Zerbst 1997 = 69,9 %; Münster 1997 II,183 = 75,2 %; Münster 1997 III/4,25 = 76,9%; Hamburg 2000 = 80 %; Münster 1997 II,108 = 86 %; Münster 1997 III/4,17 = 87,1%). Dies ist angesichts des allgemeinen Wertewandelstrends erklärungsbedürftig, nachdem das Ausleben der Subjekthaftigkeit so in den Vordergrund gerückt ist[1656]. Die Antwort kann nur in einer differenzierten Betrachtung der Werte-Typen gefunden werden: Subjektwerdung erfolgt mehr oder weniger ‚wertetypenspezifisch' und ist von den Grundeinstellungen zu Verwaltung und Verwaltungsverfahren[1657] geprägt. Da die effektive Grundrechtsverwirklichung aber nicht im Belieben der Verwaltung steht, sondern zu schützen und zu fördern ist[1658], ergeben sich hieraus grund-

[1656] s.o. B IV
[1657] B IV 4 d
[1658] D II 1

rechtlich gebotene Handlungsaufträge an das Verwaltungsverfahren[1659]. Hierzu müssen zunächst inhaltliche Vorgaben der Verfassung hervorgehoben und interdisziplinär eingebunden werden, bevor auf ‚Realisierungsstrategien' eingegangen werden kann.
Der neue Bürger hebt sich seit dem Wertewandel der 60er Jahre praktisch in allen Lebensbereichen und Verhaltensdispositionen nachdrücklich von dem Untertan früherer Jahrhunderte ab, verkörpert mehr den *‚mündigen Bürger'* als zentraler Idee der *Aufklärung* des 18.Jahrhunderts[1660]. „Aus dem hierarchiefixierten Staatsbürger von einst sind mündige und selbstbewußte Bürger geworden", gilt Deutschland „als Hort demokratischer Stabilität"[1661]. „Daß Wertewandel und Demokratie-Akzeptanz somit Hand in Hand gehen, darf eigentlich nicht überraschen. In wesentlicher Hinsicht läßt sich die demokratische Grundidee der Freiheit und Selbstbestimmungsfähigkeit des Individuums als eine adäquate Orientierungsgrundlage für Menschen ansehen, denen daran liegt, ihren persönlichen Autonomie- und Selbstverfügungsspielraum zu erweitern"[1662]. Hierin liegt für die Demokratie ein „angemessenes politisches Leitbild"[1663]. Eine Orientierung an Freiheit und Eigenständigkeit ist durch den ‚Verfassungspatriotismus' des Art. 2 I GG (‚Grund-Freiheit') nahegelegt.
Man kann also den Wertewandel als „Übertragung grundlegender demokratischer Systemnormen in die Privatsphäre der Bevölkerung" verstehen[1664]. Dies gilt „für alle Handlungen und Lebensbereiche"[1665]. „Zwischen den Selbstentfaltungswerten und den Idealen der Demokratie (besteht so) eine grundsätzliche Affinität"[1666]. Entsprechend verdankt die demokratische Kultur „dem Wertewandel einen Gutteil an substantiellen Fortschritten"[1667] – z.B. als ‚Motor' partizipatorischer Revolution. „Mehr als jede andere Staatsform bedarf vor allem die Demokratie der Balance von Vertrauen und Mißtrauen, von Akzeptanz und Protesthaltung, von individuellem Nutzenkalkül und Gemeinsinn, von Eigenverantwortung und kollektiver Verantwortung"[1668]. Schon Radbruch[1669] schrieb dazu: die Rechtsordnung „wird Rechte erteilen, wo sie mit der Erfüllung ihres Willens durch gleichgerichtete menschliche Antriebe rechnen zu können meint, sie wird Pflichten auferlegen, wo sie gegen ihren Willen zuwiderlaufende Antriebe Gegenmotive einsetzen zu müssen glaubt. Durch die von ihr begründeten Rechte und Pflichten gibt sie also

---

[1659] vgl. v.Arnim 1977,211 Fn.110
[1660] Klages 1993,52
[1661] Hepp 1996,5
[1662] Klages 1993,55
[1663] Klages 1993,55; vgl. Art.5,20 GG
[1664] Klages 1996 c,69
[1665] Brohm 2001,4
[1666] Klages 1996,245; vgl. Klages 1993,52
[1667] Hepp 1996,5
[1668] Hepp 1996,5
[1669] zitiert nach Becker 1996,22 Fn.7

deutlich zu erkennen, welche Antriebe sie im Menschen als gegeben und wirksam annimmt".
Überdurchschnittlich wichtig ist die ‚Subjektentfaltung' nach empirischen Untersuchungen dabei im Verwaltungsverfahren für den Einzelbürger, aber auch Gruppen Privater wie Unternehmen oder Vereine[1670]. Will der Bürger aber mehr Mitverantwortung im Verwaltungsverfahren übernehmen, muß er *befähigt* werden, hierbei Subjekt seines Handelns zu sein, sind Handlungsspielräume in Normen des Verwaltungsverfahrensgesetzes für den Bürger entsprechend grundrechtskonform zu nutzen[1671]. „Dies bedeutet, daß er in Dingen, die ihn persönlich angehen, gefragt werden will, daß er insbesondere in Bereichen, wo er sich betroffen fühlt, auch ungefragt die eigene Meinung einbringen kann"[1672]. Dies wird bei Behandlung der nachfolgenden Paragraphen weiter auszuloten sein[1673].
Zur Umsetzung der aufgezeigten gebotenen Grundrechtseffektivierung im Verwaltungsverfahren muß es angesichts der unter B IV aufgezeigten wertetypischen Spezifika um Kombinationen „von regulativen Programmen, finanziellen Anreizprogrammen und Überzeugungsprogrammen" gehen, weil Selbstentfaltung unterschiedlich realisiert wird[1674]. Es gibt Alternativen bei der Zweckerreichung. „Direkte Anordnung und Steuerung werden durch indirekte Beeinflussung und weiche Steuerungsformen ergänzt", die jenseits „eines dezisionistischen Subsumtions- und Entscheidungsmodells" liegen[1675]. „Wenn die gesamte Bevölkerung von Steuerungsmaßnahmen erreicht werden soll, lassen sich Anreize, Normen und Sanktionen nicht so setzen, daß sie bei allen ... Wertgruppen gleichermaßen verhaltensmotivierend sind"[1676]. Es geht um *zielgruppenspezifische* Überzeugungsstrategien[1677]. „Wenn man demgegenüber nicht definieren kann, welche Wertgruppen man überwiegend ansprechen will, empfiehlt es sich, Überzeugungsprogramme an der Bedürfnislage der Realisten zu orientieren, weil sie aufgrund ihrer Wertsynthese konventionalistische wie auch idealistische Züge aufweisen, so daß man damit auch diese beiden Wertgruppen zumindest partiell ansprechen kann"[1678].
„Regulative Programme greifen bei Konventionalisten am besten" – können hier doch Pflichtwerte zur Verantwortungsübernahme im Verwaltungsverfah-

---

[1670] z.B. Münster 1997 II,135
[1671] vgl. Klages 1996,246,249
[1672] Klages 1996,246
[1673] vgl. insbesondere Schlußteil bei E III 4
[1674] Franz/Herbert 1987,49; vgl. Sacksofsky 2000,2625
[1675] Hill 1989 a,325
[1676] Franz/Herbert 1987,53
[1677] vgl. hierzu auch die Erkenntnisse aus dem Bereich des bürgerschaftlichen Engagements bei E III 4
[1678] Franz/Herbert 1987,53; dazu auch B IV 3,4

ren aktiviert werden[1679]. Die Mobilisierung gelingt, je mehr ein enger Zusammenhang zu ihren persönlichen Lebensverhältnissen aufgezeigt werden kann[1680]. „Finanzielle Anreize müssen dagegen relativ hoch sein, um ihre ausgeprägte Status-Quo-Haltung überwinden zu können. Da Konventionalisten im allgemeinen recht träge auf veränderte Umweltbedingungen reagieren, müssen solche Anreize über längere Zeiträume gewährt werden ...- Flankierende Überzeugungsprogramme sollten ihnen verdeutlichen, daß die politisch gewünschten Verhaltensänderungen zur Verbesserung ihrer persönlichen Lebenssituation beitragen werden – vor allem im Hinblick auf materielle Sicherheit... (und) als Beitrag zur Aufrechterhaltung der gesellschaftlichen Ordnung“[1681]. Da Konventionalisten nicht sehr kommunikativ sind, ist ein beträchtlicher Informationsaufwand notwendig.
Um Resignierte und Hedomats[1682] zu verstärkter Verantwortungsübernahme im Verwaltungsverfahren zu motivieren, muß man in Anreizprogrammen verstärkt die besondere Bedeutung für ihre persönliche Lebenssituation betonen. Die Relevanz einer Verhaltensänderung für die persönliche Lebenssituation muß deutlich werden. Anreize müssen stark sein und über längere Zeiträume gewährt werden – zudem ist ein beträchtlicher Informationsaufwand nötig. Umgekehrt müssen entsprechende regulative Programme mit fühlbaren Sanktionsdrohungen verbunden werden. Doch ist es wirksamer, „auf die Gefahr einer Verschlechterung ... (des) persönlichen Status-Quo hinzuweisen“, z.B. durch negative finanzielle Anreize[1683].
Bei Idealisten stoßen regulative Programme „als unzumutbare äußere Einflußnahmen“ auf Widerstand, finanzielle Anreize sind ihnen generell als verwerflicher Motivationskauf suspekt[1684]. Vor allem greifen bei ihnen Überzeugungsprogramme, welche die Verwirklichung von Idealen oder Entfaltungsräume für individuelles Handeln anbieten; hingegen finden Sachzwangargumente zur Erhaltung des Status Quo kaum Akzeptanz. Idealisten lehnen insbesondere Sachzwangargumente ab, die Stabilitäts- und Funktionserfordernisse der Gesellschaft hervorheben, und sind eher für idealistische *Veränderungen* in Teilbereichen der Gesellschaft zu begeistern[1685]. Sie sind gut informiert und verfügen über ausgedehnte persönliche Kommunikationsnetze.
„In der Wertsynthese des Realisten (scheint sich) eine Persönlichkeitsstruktur anzudeuten, die in der Lage ist, eigene Bedürfnisse und Systemerfordernisse zum Nutzen von Individuum und Gesellschaft in Einklang zu bringen“[1686]. Grundsätzlich greifen hier alle Umsetzungsstrategien. Doch haben regulative

---

[1679] Franz/Herbert 1987,50
[1680] Franz/Herbert 1987,44
[1681] Franz/Herbert 1987,50
[1682] vgl. Franz/Herbert 1987,51 und B IV 4 d
[1683] Franz/Herbert 1987,51
[1684] Franz/Herbert 1987,52
[1685] Franz/Herbert 1987,44,52
[1686] Franz/Herbert 1987,53

Programme eher hohen Begründungsbedarf. Finanzielle Anreize überzeugen eher wenig. Am ehesten greifen Instrumente der Überzeugung, daß es um Stabilität und Funktion des Systems geht – und *gleichzeitig* um „einen Schritt zu einer demokratisch humanistischeren Gesellschaft", der sich positiv auf die persönlichen Lebensverhältnisse auswirkt[1687]. Aufgrund ihrer Aktivität bei der Informationssuche und vielen persönlichen Kontakten weisen die Realisten Meinungsführerqualitäten auf und könnten geeignete Multiplikatoren eines neuen Verwaltungshandelns werden[1688].
Aus der Grundrechtsbezogenheit der Verwaltung wäre also funktional abzuleiten, daß sie im Verwaltungsverfahren den inhaltlichen Vorgaben der jeweiligen Grundrechte entsprechend Defizite bei Werte-Typen wie Hedomat, Resignierter und Konventionalist ausgleicht bzw. Werte-Typen wie Idealisten und Realisten Freiräume eröffnet und so dem jeweiligen Werte-Typ weitestgehende Entfaltung seiner Persönlichkeit *ermöglicht* (Art. 1, 2 I GG). Es wäre dann zu erwarten, daß die einschlägigen empirischen Aussagen zu Subjektstellung und Eigenverantwortung zustimmender werden, was die Selbstentfaltung im Sinne der Werteentwicklung förderte und nachhaltig zur Verbesserung der Bürger/Verwaltungs-Beziehung beitrüge. Dies würde auch die Meinung widerlegen, das Festhalten am Rechtsinstitut des Verwaltungsaktes trage zu einer generellen Unterordnung des Bürgers im Verwaltungsverfahren bei.

2. Die Begründung des Verwaltungsaktes (§ 39 VwVfG)

Die oben[1689] angestellten Erörterungen zu Begründungspflichten gemäß § 39 VwVfG hatten zahlreiche Belastungen für die Bürger/Verwaltungs-Beziehung zutage gefördert und bereits sehr grundsätzliche Fragestellungen angesprochen. Die Einbeziehung der verfassungsrechtlichen Dimension führt diese Linie weiter aus und zeigt, daß gerade *sie* für die Begründungsverpflichtung entscheidende Maßstäbe setzt.
Der Gesetzgeber wollte in § 39 ausdrücklich Verfassungsrecht gemäß zeitgemäßer Wertverfassung konkretisieren[1690], so daß er etwa im Entwurf 1973 noch Veränderungen zum Entwurf 1970 vornahm, um die Begründungspflicht zu verdeutlichen[1691]. Zu dieser Wertverfassung gehört aber insbesondere „die Abwehr autoritativ (d.h. also nicht argumentativ) begründeter Ansprüche", auch soweit sie von der Verwaltung vertreten werden[1692]. *Positiv* kann man dies im Rahmen des § 39 als Verstärkung des grundgesetzlichen Demokratie-

---

[1687] Franz/Herbert 1987,50f.
[1688] Franz/Herbert 1987,51
[1689] D I 2
[1690] BT-DrS VI/1173,25
[1691] vgl. BT-DrS 7/910,30
[1692] Klages 1993,50

prinzips bzw. der partizipativen Grundrechtsauslegungsmethodik ansehen[1693]. Die Akzeptanz des Verwaltungsaktes nach gegebener, nachvollziehbarer Begründung wächst mit zunehmendem Alter der Bürger:

Tabelle 26: Akzeptanz bei nachvollziehbarer Begründung
(aus Kassel 1997)

Altersgruppe	ja	teils-teils	nein
19-30 Jahre	66	11,3	6,5
über 60 Jahre	81,5	6,2	3,1

„Offen bleibt, ob dies mit zunehmender Lebenserfahrung oder stärker obrigkeitsstaatlich geprägter Grundhaltung älterer Kunden erklärt werden kann... Die Altersgruppe 19-30 Jahre läßt dagegen den Werte- und Bedürfniswandel der Bevölkerung erkennen, sie hinterfragen eher die Entscheidung der Verwaltung"[1694].
Nach dem Rechtsstaatsprinzip und den Grundrechten hat der Bürger einen Anspruch darauf, die Gründe staatlichen Eingreifens durch Verwaltungsakt zu erfahren, um seine Rechte sachgemäß verteidigen zu können – er darf nicht *Objekt staatlichen Handelns* werden[1695]. Denn eine Entscheidung ohne Begründung drängt den Betroffenen *stets* in eine vom Grundgesetz ausgeschlossene Objektrolle[1696]. Um dies zu verhindern, hat der Gesetzgeber als besondere Schutzmaßnahme sogar ausdrücklich „eine Ausnahme vom Begründungszwang für den Fall des Verzichts ... nicht vorgesehen, da sie zum Formularverzicht führen könnte, welcher in der Regel nicht wünschenswert erscheint"[1697]. „Bestehen Zweifel, ob ein Ausschluß (vom Begründungszwang) gesetzlich gewollt ist, ist infolge der Subjektstellung des Bürgers die dem Bürger günstigere Auslegung anzunehmen"[1698]. Diese bürgerorientierte Auslegung muß allgemein für Gesetze gelten, aus deren Zweck sich eine Ausnahme vom Begründungszwang ergeben könnte und ist durch Auslegung des Fachgesetzes zu ermitteln[1699].
So kann auch ein nach materiellem Fachrecht eingegrenzter Begründungsumfang durch Grundrechte erweitert werden, weil diese als höherrangiges

---

[1693] vgl. Hill 1987,14
[1694] Kassel 1997; vgl. B IV 4 d (1) 1
[1695] Eckert 1996 I,71; Dechsling 1985,714; Stelkens 1998 a,993
[1696] so auch BT-DrS VI/1173,47; BT-DrS 7/910,60; BVerfGE 6,44; BVerwGE 22,212,217; 38,191; Stelkens 1998 a,995
[1697] BT-DrS VI/1173,48; Stelkens 1998 a,1015: es muß gerade der Gefahr eines Formularverzichts auf *Effizienzdruck der Verwaltung* hin vorgebeugt werden - dies wäre eine ermessenswidrige Gestaltung des Verfahrens
[1698] Stelkens 1998 a,1017
[1699] vgl. BVerwGE 79,68; Stelkens 1998 a,1018

Recht den Maßstab setzen[1700]. In diesem Sinne ist selbst eine im Gesetz vorgesehene Entbehrlichkeit von Begründungen durch die Rechtsprechung des Bundesverfassungsgerichts zum Grundrechtsschutz durch Verfahren[1701] überlagert worden, was eine Begründung erforderlich machen kann[1702]. Der Grundrechtsschutz durch Verfahren kann dabei auch zu Erweiterungen des § 39 VwVfG über seinen eigentlichen Wortlaut hinaus führen[1703]. So hat die Rechtsprechung diesen Grundrechtsschutz auch auf Verwaltungsakte, die in situativ-mündlichen Verwaltungsverfahren ergehen und üblicherweise nicht schriftlich begründet werden, angewendet und eine über die ‚wesentlichen Gründe' hinausgehende Begründung für erforderlich gehalten[1704]. Deutlich wird dies z.B. bei Statusentscheidungen (wie der einer Berufszulassung, Art.12 GG), die ganz explizit Grundrechte berühren[1705]. Das ganze Verwaltungsverfahren muß hier entsprechend verfassungsgemäß ausgestaltet sein[1706]. Umgekehrt kann sich eine Einschränkung des Begründungsumfanges ergeben, wenn dieser in grundrechtskonformer Weise von der Mitwirkung des Bürgers abhängig ist. Dem Begründungsanspruch aus Grundrechten steht dann eine Mitwirkungsobliegenheit des Bürgers gegenüber[1707]. Der konkrete Umfang des Anspruchs hängt hier davon ab, wie der Betroffene sein Begründungsbegehren spezifiziert. „Je konkreter er dies tut, desto konkreter wird die Begründung sein müssen"[1708]. „Ein inhaltlich nicht verständliches, offensichtlich abwegiges oder gar von unsachlichen Vorwürfen getragenes Vorbringen begründet keine Pflicht ... zu einer weiteren, über die wesentlichen Gründe hinausgehenden Begründung. Das gleiche gilt, wenn der Bürger seine Beanstandungen schlicht wiederholt, obwohl sie mit einer Begründung abgelehnt worden sind"[1709]. So gibt es in diesen Fällen der Begründungserweiterung kraft der Grundrechte eine verfahrensmäßige Obliegenheit des Bürgers, das Interesse an der Wahrnehmung des *Grundrechtsschutzes* deutlich zu machen. Dies stärkt die Subjektqualität des Bürgers in der Bürger/Verwaltungs-Beziehung durch *partnerschaftliche Mitverantwortung*.

Die Berechtigung dazu liegt nach der Ordnung des Grundgesetzes darin, dass hoheitliche Befugnisse der Verwaltung nur anvertraut und gegenüber der Freiheitsausübung des Bürgers ‚argumentationspflichtig' sind – und „dies

---

[1700] Stelkens 1998 a,1001; dazu auch D II 1
[1701] BVerfGE 84,34; 84,59
[1702] so ausdrücklich BVerwGE 91,262,264f.; konkretisiert in BVerwGE 99,185 = NJW 1996,2670
[1703] vgl. Hösch 1997,603 sowie C II, D II 2
[1704] BVerwGE 99,185,195
[1705] Hösch 1997,602f.
[1706] BVerwG NVwZ 1997,502
[1707] BVerwGE 99,185,186; Hösch 1997,604
[1708] BVerwGE 99,185,194
[1709] BVerwGE 99,185,195f.

gilt... für den Abwägungsvorgang und das Abwägungsergebnis“[1710]. Auch die gewährende Staatstätigkeit kann Grundrechte verletzen, da das GG alle Unterscheidungen verbietet, welche seinen Wertentscheidungen zuwiderlaufen würde[1711]. Eine Begründung bei begünstigenden Verwaltungsakten ist daher Konsequenz der Gleichheitsrechte, aber auch der Schutz- und Förderungspflichten aus den Grundrechten[1712].
Im Zusammenhang mit dem unter D II 2 dargestellten Querschnittsaspekt des Grundrechtsschutzes durch Verfahren bedeutet dies für die Begründungspflicht[1713], daß schon im Verwaltungsverfahren „Grundrechtseingriffe *gerechtfertigt* sein (müssen) *und* der Grundrechtsschutz durch nachträgliche Kontrolle der Gerichte gewährleistet“ wird[1714]. „Zu dem danach gebotenen ‘Grundrechtsschutz durch Verfahren’ ... (gehören auch) diejenigen Informationen, ... um feststellen zu können, ob die rechtlichen Vorgaben und Grenzen ... eingehalten worden sind... Der so dem Grunde nach anerkannte Informationsanspruch ... richtet sich grundsätzlich auch auf eine angemessene Begründung“[1715]. Daher muß eine individuelle Begründung z.B. auch bei gleichartiger Massenherstellung von Verwaltungsakten gegeben werden, weil die auch hier erforderlichen individuellen Zusätze als tragende Gründe eigenständiges Gewicht erlangen[1716]. Ein genereller Begründungsverzicht ist auch in Massenverfahren nicht eingeführt worden, so daß die Erleichterung der Verwaltungsarbeit allein (z.B. aus Beschleunigungsgründen) keinen hinreichenden Grund für Einschränkungen der Begründungspflicht abgibt. „Arbeitsaufwand und Schwierigkeit der Darstellung ... sind vom Gesetzgeber gerade nicht als Grund für eine Begründungserleichterung ... anerkannt worden“[1717]. „Sicher: Durch umfassende Begründung werden auch die Ansatzpunkte für die Kritik durch den Bürger, Medien etc. verstärkt,... (sie) mag lästig sein. Berücksichtigt man aber den rationalisierenden Effekt auf die Entscheidungsbildung und vor allem die Unverzichtbarkeit der Begründung für eine sinnvolle Mitwirkungsmöglichkeit der Bürger, so fällt die bloße Lästigkeit im allgemeinen nicht ins Gewicht“[1718].
Dieser Bedarf ergibt sich auch bei den Begründungseinschränkungen des § 39 II VwVfG. Die in der Verwaltungspraxis immer wieder angeführten Effektivitätsinteressen allein rechtfertigen es nämlich nicht, die Funktion der Begründungspflicht nach § 39 I nach alleinigem Maßstab der Verwaltung zu

---

[1710] Wölki 1985 a,318
[1711] BVerfGE 35,114; Otting 2000,484 ff.
[1712] s.o. D II 1
[1713] BVerwGE 99,185 = NJW 1996,2670; Stelkens 1998 a,994
[1714] BVerwGE 99,185,189; kursiv = d.Verf.; vgl. Wölki 1985 a,318
[1715] BVerwGE 99,185,189
[1716] Stelkens 1998 a,1016; vgl. BVerwG NJW 1999,2689; Däubler 2000,2250f.
[1717] Stelkens 1998 a,1007
[1718] v.Arnim 1984,510f.

steuern[1719]. So begründet § 39 II keine *allgemeine* Ausnahmemöglichkeit (es fehlt im Gegensatz zu § 28 Abs.2 auch das Wort 'insbesondere')[1720]. Er ist als Ausnahmeregelung eng auszulegen. „Wenn eine Begründung zum Verständnis erforderlich ist, muß sie gegeben werden, auch wenn dadurch für die Behörde eine erhebliche Belastung eintritt"[1721].
Hinter dem Begründungsverzicht beim 'Antragsverfahren' (§ 39 II Nr.1) steht der Gedanke, der Bürger werde nur für ihn Positives beantragen, so daß es an einem Eingriff fehle. Dies entspricht dem verfassungsrechtlichen Begründungsgebot bei staatlichen Eingriffen seit dem ‚klassischen' Grundsatzurteil von 1957[1722]. Diese historische Ausgangslage ist jedoch *heute* für eine sachgemäße Rechtsverteidigung zu eng. Begünstigende und belastende Elemente mischen sich in der Praxis ständig[1723]. So liegt ein 'Eingriff' auch vor, wenn in der Gewährung eines begrenzten Vorteils zugleich die Versagung einer Mehrleistung liegt. In anderen Fällen ist es nicht sicher, ob überhaupt ein Eingriff vorliegt (Auflagen, Teilablehnung einer Begünstigung). Wird einem Antrag durch Gewährung einer anderen Maßnahme entsprochen (sog. auswählender Antrag), kann der Bürger „geradezu in eine Zwangslage geraten... (Er) dürfte es kaum als reine Begünstigung, sondern eher als Fortschreibung der bestehenden Zwangslage" auffassen, insbesondere, „wenn dem Bürger nicht bewußt ist, welche Maßnahmen der Behörde zu Gebote stehen"[1724]. Die Begründung kann zudem ja auch im öffentlichen oder privaten Interesse Dritter liegen. So könnte z.B. der Rechnungshof eine Subventionsgewährung nicht mehr aus den Gründen nachkontrollieren oder die Widerspruchsbehörde die Abwägung mit öffentlichen Interessen, die auch bei gewährendem VA grundsätzlich vorzunehmen ist, ausreichend nachvollziehen. Auch kann es berechtigte Gründe des Bürgers, z.B. nach den Gleichheitsrechten, geben, belegen zu müssen, warum gerade *er* eine Begünstigung erhalten hat[1725]. Daher ist in den Fällen des § 39 II Nr.1 grundsätzlich von einer Begründungspflicht der Verwaltung auszugehen.
Verfassungsrechtlich einzuschränken ist auch die Möglichkeit des Absehens von einer Begründung mit dem Argument, diese sei dem Bürger bereits vollständig bekannt (§ 39 II Nr.2). Denn es „muß damit gerechnet werden, daß sich die Rechtsauffassung und die Sachverhaltskenntnis bzw. -interpretation während eines Verwaltungsverfahrens... tatsächlich... verändern"[1726]. Außerdem steht es dem Bürger und Dritten als Beteiligten eines Verwaltungsverfah-

[1719] vgl. Stelkens 1998 a,995
[1720] Stelkens 1998 a,1011
[1721] Stelkens 1998 a,1016
[1722] BVerfGE 6,32,44 'Elfes'; vgl. Dechsling 1985,714,716
[1723] Stelkens 1998 a,994; Dechsling 1985,716f.
[1724] Dechsling 1985,717
[1725] vgl. OVG Magdeburg NJW 2000,2833; Otting 2000,484; Stelkens 1998 a,1015; v.Arnim 1984,398
[1726] Dechsling 1985,719

rens grundsätzlich frei, von einmal gegebenen Erklärungen abzurücken. Typisch nach Situationen mündlicher Anhörung bei der Verwaltung ist es hierbei, daß der Betroffene aufgrund der emotionalen Anspannung nicht alle Facetten der von der Verwaltung vorgetragenen Begründungserwägungen vollständig zur Kenntnis nimmt. Mit zeitlichem Abstand wird er z.B. durch Reflexion, Gespräche mit Bekannten oder Literaturstudium auch zur Überzeugung gelangen, die eigene Mitwirkungsleistung habe nicht genügend Anerkennung gefunden[1727]. Von daher kann die Verwaltung nie genau wissen, ob ihre Sicht mit der des Bürgers am Ende des Verwaltungsverfahrens noch übereinstimmt und umgekehrt hat der Bürger oft keine genaue Vorstellung, wovon die Verwaltung zuletzt ausgegangen ist[1728]. Daher ist auch in Fällen des § 39 II Nr.2 grundsätzlich dem VA eine ausreichende Begründung beizufügen.

Um gegen ein Fehlverhalten der Verwaltung in diesen (und anderen) Bereichen schon im Verwaltungsverfahren vorgehen zu können, müßte der Bürger entsprechende Verfahrensrechte haben. Doch auch hier zeigt sich eine Privilegierung der Verwaltung. Denn in § 44 a VwGO liegt eine bedeutsame Einschränkung vor: ein Rechtsbehelf gegen einen Verfahrensfehler kann *nur* gleichzeitig mit einem solchen gegen die spätere Sachentscheidung geltend gemacht werden[1729]. „Der Gedanke einer öffentlichen Kontrolle der Verwaltung trifft hierzulande offenbar auf tief verwurzelte ideologische Vorbehalte. Noch immer sieht sich die Exekutive anscheinend als vor dem Bürger zu isolierende und sich ihm nicht zu verantwortende Staatsgewalt“[1730]. Zur Begründung dieser bürgerfeindlichen Rechtslage werden Praktikabilitäts- und Effizienzkriterien des Verwaltungshandelns angeführt und den Bürgern hierzu generelle ‚Vereitelungsneigungen‘ unterstellt: „Mit Einführung einer Vielzahl von Verfahrensrechten durch das VwVfG entstand beim Gesetzgeber die Befürchtung, diese Rechte könnten dazu mißbraucht werden, die Entscheidung durch Anfechtung von Verfahrenshandlungen hinauszuzögern. Es sei ein Grundsatz der Prozeßökonomie, die konkrete Sachentscheidung abzuwarten, bevor gegen deren Vorbereitung Rechtsschutz in Anspruch genommen werde, zumal noch offen sei, ob der Betroffene durch das Verfahrensergebnis überhaupt in seinen Rechten verletzt werde“[1731]. Doch spricht gerade das hiermit geäußerte Regelungsziel gegen einen frühzeitigen Ausschluß einer Anfechtungsmöglichkeit des Bürgers. § 44 a VwGO „soll verhindern, daß der

---

[1727] vgl. Hösch 1997,602

[1728] Dechsling 1985,719

[1729] BT-DrS 7/910,54; vgl. VG Köln NJW 1978,1397; OVG Münster DÖV 1980,222f.; BayVGH NVwZ 1990,775f., BVerwG NJW 1982,120; BVerwG NJW 1999,1729

[1730] Scherzberg 1994,745; dies erscheint umso restriktiver, als die gerichtliche Nicht-Kontrolle zusätzlich durch die §§ 45, 46 VwVfG eingeschränkt wird, so daß Verfahrensfehler in den meisten Fällen nicht zur Aufhebung führen, vgl. Kothe 1998,585; Engel 1993,174

[1731] BT-DrS 7/910,97; vgl. Gurlit 1989,197

Abschluß von noch bei den Behörden anhängigen Verwaltungsverfahren durch Rechtsbehelfe verzögert... werden" - doch kann eine frühzeitige Beseitigung des Verfahrensfehlers „gerade der Vermeidung eines weiteren Prozesses gegen die Sachentscheidung selbst dienen"[1732]. So ist an einer Entlastung der Gerichte zu zweifeln - die Rechtsschutzverweigerung wird vielmehr erst Klagen gegen die Sachentscheidung provozieren[1733]. „Der Betroffene kann heute nicht einmal mehr bei Klageerhebung erkennen, aus welchen Gründen die Behörde gehandelt hat. Da er bei fehlender Begründung in der Regel keine Möglichkeit hat, die materiellen Fragen der Rechtmäßigkeit des gegen ihn erlassenen VA zu überprüfen, wird es in vielen Fällen zu der Sache nach ganz überflüssigen Verwaltungsprozessen kommen, die dem Vereinfachungs- und Beschleunigungsziel des Gesetzgebers insgesamt geradewegs entgegenlaufen"[1734]. Eine wesentliche Entlastung tritt durch Nachholung vor Gericht so gar nicht ein – nur eine Verlagerung vor das Gericht[1735].
Die dargestellte einfachgesetzliche Regelung kann angesichts der Grundrechtsgarantien und des Art. 19 IV GG (effektive Rechtsschutzgewährung) nicht bestehen, weil es um den echten Ausschluß einer selbständigen Geltendmachung verfassungsrelevanter Verfahrensrechte geht[1736]. Denn es ist verfassungswidrig, eine Klage ohne Kenntnis grundlegender entscheidungserheblicher Umstände erheben zu müssen[1737]. Nur ein frühzeitiges Vorgehen des Bürgers kann aber die Schaffung vollendeter Tatsachen und damit irreparable Grundrechtsverletzungen verhindern[1738]. „Damit erweist sich die Ausgestaltung des Verwaltungsverfahrens... als Frage des effektiven Grundrechtsschutzes...- Das ist auch für die Auslegung des § 44 a VwGO von Bedeutung"[1739]. „Die Verweisung auf das Hauptsacheverfahren ist ... (dem Bürger) nicht zumutbar, weil im Hauptsacheverfahren die Folgen einer fehlerhaften Entscheidung ... nur für die Zukunft auszugleichen sind. Im Laufe des Verfahrens eingetretene Nachteile bestünden dagegen fort"[1740]. Daher „verbietet Art. 19 IV GG, den Bürger auf die Anfechtung der Sachentscheidung zu vertrösten und führt damit zwangsläufig zu einer restriktiven Anwendung von § 44 a VwGO"[1741]. Dies umso mehr, als die den Bürgern generell unterstellte Mißbrauchsvermutung bei der Rechtswahrnehmung mit dem Menschenbild aus Art. 1 GG nicht mehr zu vereinbaren ist[1742].

[1732] VG Berlin NVwZ 1982,577
[1733] vgl. RhPfVerfGH NJW 1999,2266
[1734] Sachs 1998,1278f.
[1735] Bracher 1997,537
[1736] vgl. VG Berlin NVwZ 1982,577
[1737] vgl. Sachs 1998,1295 Fn.227; OVG Schleswig NVwZ 1996,408
[1738] Engel 1993,80; Gurlit 1989,42
[1739] BVerfG NJW 1991,415
[1740] BVerfG NJW 1991,415f.
[1741] BayVGH NVwZ 1990,777; ähnlich OVG Schleswig NVwZ 1996,408
[1742] vgl. v.Arnim 1977,121

Verfassungsrechtliche Einschränkungen müssen wegen der erörterten Subjektstellung des Bürgers auch für die einseitige Befugnis der Verwaltung gelten, sich ‚aussuchen' zu können, *was* sie begründet: sollte es sich um Verfahrenserwägungen handeln, die bei Erörterungen im Verwaltungsverfahren, z.B. gemäß § 28 VwVfG, breiten Raum eingenommen haben oder dem Bürger erkennbar wichtig waren, *müssen sie* in Erörterungen der Begründung aufgenommen werden, auch wenn sie für das von der Verwaltung favorisierte Ergebnis letztlich nicht tragend sind.
Angesichts des hohen rechtsstaatlichen Ranges, den die Begründungspflicht gerade bei Ermessensentscheidungen hat, müssen bei entsprechenden Anhaltspunkten gemäß § 39 I 3 insbesondere Ausführungen zu Gleichheitsgrundsatz (Art.3 GG), Sozialstaatlichkeit (Art.20 GG) und der Einstrahlung der Grundrechte im Verfahren angestellt werden[1743]. Gerade bei der Begründung von (entscheidungsalternativen) Ermessensentscheidungen sind daher eine vollständige Darstellung des Sachverhalts und der Beurteilungsmaßstäbe der Verwaltung von besonderer Bedeutung[1744]. Je eingeschränkter die Gerichtskontrolle, um so eingehender muß die behördliche Begründung sein, weil das Verwaltungsverfahren dann um so mehr selbst für den Grundrechtsschutz sorgen muß[1745]. So wird auch der Umfang der ‚formellen Pflicht' des § 39 VwVfG verfassungsrechtlich von Rechtsstaatsprinzip, Art. 19 IV GG und den Grundrechten beeinflußt[1746]. Hierbei gewinnt seine materielle Komponente immer wieder ein Eigengewicht und überlagert einen bloß ‚formellen' Ansatz. Wenn es heißt, „die Verwaltung braucht dem Betroffenen die Gründe ihrer Entscheidung nur in solcher Weise und in solchem Umfang bekanntzugeben, daß er seine Rechte sachgemäß verteidigen kann"[1747], bedeutet das unter Einbeziehung der verfassungsrechtlichen Dimension: Je schwerwiegender ein Eingriff, um so sorgfältiger muß er begründet werden.
Vor diesem Hintergrund ist eine entsprechende Begründung stets in formellem Sinn und materiell bei Ermessensakten zu geben[1748]. Die soll-Formulierung des § 39 I 3 wird so in grundrechtsspezifischen Fällen eine substantielle inhaltliche Einschränkung hin zu einem ‚muß' erfahren[1749].
Trotz dieser ‚materiellen Aufladung' behält der § 39 VwVfG natürlich auch im ‚formellen Aspekt' ein eigenständiges verfassungsrechtliches Gewicht – geht es bei der Verständlichkeit der VA-Begründung doch um einen grundrechtlichen Dienst am Bürger. Wie problematisch es hierum stehen kann, war unter D I 2 aufgezeigt worden. Empirische Daten sollen nun die weitere

[1743] vgl. BVerwGE 91,24,44f.; OVG Magdeburg NJW 2000,2833; Blümel bei Ronellenfitsch 1982,95
[1744] Stelkens 1998 a,1005
[1745] Stelkens 1998 a,1004; Hösch 1997,604
[1746] Stelkens 1998 a,993f.; Eckert 1996 I,71
[1747] BT-DrS 7/910,60
[1748] Schoch 1984,404
[1749] Ule 1976,428; Schoch 1984,405

verfassungsrechtliche Betrachtung einleiten. Dabei geht es um die Verständlichkeit der Verwaltungssprache als Dienst am Bürger in seiner grundgesetzlich hervorgehobenen Subjektstellung.

Tabelle 27: Verständlichkeit der Verwaltungssprache
„Ist die Verwaltungs*sprache* für den Bürger verständlich (Angaben in %; bei 5er-Skala gab es bei ‚ja' und ‚nein'-Antworten je 2 Abstufungen)?"

Quelle	ja	teils-teils	nein	Bemerkungen
Münster 1997 III/4,18 – wichtig	78,6	10,3	2,8	5er-Skala, Genehmigungsverfahren
Münster 1997 III/4,26 – zufrieden	45,3 (!)	35,9	10,2	5er-Skala, Genehmigungsverfahren
Münster 1997 II,109 – wichtig	80,1	10,1	2,1	5er-Skala, allg. Verwaltungsverfahren
Münster 1997 II,184 – zufrieden	49,2	34,4	7,8	5er-Skala, allg. Verwaltungsverfahren
Bocholt 1995	50	25	21	5er-Skala
Anhalt-Zerbst 1997	54,6		6,9	
Essen 1998	56			
Bergisch-Gladbach 1999	56,9	32,6	10,5	
Kassel 1997	70	26	4	Sozialamt
Berlin 1998	71,6	26,1	0,6	
Bergisch-Gladbach 1997	82,1	13,5	3,4	5er-Skala
Bad Kreuznach 1997	83,3		16,7	aufgeschlüsselt u.a. Gründe

Die Tabelle zeigt eines deutlich: in der *Wichtigkeit* – nimmt man die ‚teils'-Antworten hinzu – rangiert die formelle Verständlichkeit mit bis zu 90 % verfassungsrechtlich an ganz vorderer Stelle. Für die Qualität des Verfahrensablaufs steht die Verständlichkeit in ihrer Wichtigkeit auf Rang 2 und ist damit *sehr* wichtig[1750]. Die volle *Zufriedenheit* damit liegt aber häufig nur bei 50 %[1751]. 25-33 % der Befragten äußern hier teilweise oder deutliche Mängel. Dabei wird als häufigster Grund das Amts- und Behördendeutsch genannt, aber auch der bloße Verweis auf (nicht leicht zugängliche) Paragraphen anstelle einer schriftlichen Formulierung der Gründe[1752]. Ein Anspruch auf Nennung einer allgemein öffentlich zugänglichen Quelle (auch: Internet) oder Zusendung von Verwaltungsvorschriften, Ermessensrichtlinien oder eines

[1750] Münster 1997 I,75; Münster 1997 II,111
[1751] vgl. dazu Münster 1997 II,186
[1752] Bad Kreuznach 1997; Kassel 1997; Berlin 1998

internen technischen Regelwerkes kann hier nicht nur bei *bei Bezugnahme* darauf im VA bestehen - denn dann könnte die Verwaltung durch einfaches Nichtzitieren die Verwendung einer maßgebenden Rechtsgrundlage dem Bürger gegenüber verschleiern und so eine Transparenz der Begründung vereiteln[1753].

Die Notwendigkeit einer verständlichen Sprache bezieht sich auf *alle Formen* behördlicher Willensäußerung, besonders aber amtliche Schreiben – und hier auf den verfahrenseinleitenden Vordruck ebenso wie auf den verfahrensbeendenden Verwaltungsakt und seine Begründung[1754]. Fehler eines Bürgerantrags, die auf dem Fehler des amtlichen Formulars beruhen (so daß z.B. wesentliche Sachverhaltsangaben unberücksichtigt bleiben), hat stets die Verwaltung zu vertreten[1755]: sie muß wegen ihrer rechtsstaatlichen Bindung auch ohne Bürgerantrag einen solchen VA zurücknehmen und das Verfahren erneut durchführen[1756].

Ausgerechnet in grundrechtsrelevanten Genehmigungsverfahren zeigen sich empirisch klare Defizite bei der ‚formellen' Verständlichkeit. Es geht aber um Verständlichkeit bei dem konkreten VA-Adressaten, was nach Verfahrensart, Aufgabe und Werte-Typ durchaus Unterschiedliches erforderlich macht – jedoch trotz seiner für den Betroffenen oft (grundrechts-)entscheidenden Bedeutung in der Verwaltungspraxis selten berücksichtigt wird[1757]. Es erscheint vor diesem Hintergrund geradezu als Einladung zum Verfahrensmißbrauch, daß selbst eine für den Durchschnittsbürger bestehende Unverständlichkeit der VA-Begründung den Verwaltungsakt allein nicht verfahrensfehlerhaft macht oder dem Bürger zumindest einen Anspruch auf Wiedereinsetzung gibt, wenn er *deshalb* Stellungnahmefristen versäumt hat[1758]. Statt *der Verwaltung* droht nämlich *dem Bürger* eine Sanktion im Falle einer solchen Unverständlichkeit: er soll tatsächlich verpflichtet sein, sich dann selbst um *Rechtsrat* zu bemühen - was je nach Werte-Typ bzw. Verständnisfähigkeit (Unterschicht, Ausländer) erfolgen wird und damit für die Verwaltung voraussehbar zu Nachteilen bestimmter Gruppen führt. Abzulehnen ist daher eine in der Verwaltungspraxis häufig anzutreffende Argumentation mit einer anzunehmenden ‚Lebens- und Berufserfahrung' des VA-Empfängers, die einen bestimmten Verständnishorizont einfach unterstellt[1759]. Die Lebensverhältnisse sind heute zu komplex und die Erfahrungshorizonte der Bürger zu differenziert, als daß man so ein bestimmtes Verständnis hinsichtlich bestimmter Inhalte generell unterstellen könnte. Dies gilt um so mehr für den Verstehenshorizont bei nur mündlich gegebenen und damit besonders

---

1753 vgl. Engel 1993,15; Kallerhoff 1998 a,579
1754 Bad Kreuznach 1997
1755 BVerwGE 10,12f.
1756 BVerwGE 10,12
1757 vgl. OVG Schleswig NJW 2000,1059; Kallerhoff 1998 a,582; Däubler 2000,2250f.
1758 Stelkens 1998 a,999
1759 vgl. Stelkens 1998 a,1014f.; Leif 2001,6ff.,9

irrtumsanfälligen Begründungen. Eine solche Verwaltungspraxis bedarf daher aus Verfassungsgründen der Korrektur. Der konkrete VA-Adressat muß danach durch eindeutiges Tätigwerden der Verwaltung in die Lage versetzt werden, sich mit der Entscheidung auseinandersetzen zu können, d.h. die Begründung muß begünstigende oder benachteiligende Fakten verständlich wiedergeben, die daran anknüpfenden spezifischen Wertungen offenlegen sowie die Gewichtung der Bewertungselemente für die endgültige Bewertung vornehmen (erfahrungsgemäß häufigster Punkt von Divergenzen)[1760]. Ohne verständliche Begründung ist es nicht möglich, substantiierte Einwendungen vorzubringen[1761]. Ist die Begründung fehlerhaft, müssen die Klagebefugten mindestens zu einer inhaltlichen Auseinandersetzung mit der Entscheidung in der Lage sein[1762]. Es ist dem Bürger sodann anheimgestellt, ob er seinen 'Anspruch auf Überdenken' geltend machen und/oder gerichtlichen Rechtsschutz in Anspruch nehmen will[1763]. All dies bestätigt hier konkret den unter D II 3 allgemein aufgezeigten Befund, daß verfassungsgemäße Verständlichkeit der Verwaltungssprache nur als interdisziplinäre Aufgabe verstanden werden kann[1764].

Die Grundrechtseffektivierung muß auch hierbei an den verschiedenen Zwecken der Begründungspflicht ansetzen. Denn § 39 VwVfG verfolgt mehrere Zwecke und hat daher verschiedene Funktionen, die jeweils in Grundrechtsbezug stehen können[1765]: Bei Kenntnis der Gründe wird der Betroffene eher geneigt sein, die Entscheidung des Verwaltungsaktes zu akzeptieren (*Akzeptanz- oder Befriedungsfunktion*). Zugleich ermöglicht sie ihm die Kontrolle, ob sein Bemühen *im Verfahren* (z.B. gemäß § 28 VwVfG) berücksichtigt worden ist (*Klarstellungs- und Beweisfunktion*) und ob ein Rechtsmittel sinnvoll wäre (*Rechtschutzfunktion*). Hinzu kommt die Eigenkontrolle der Verwaltung unter den Gesichtspunkten der Vollständigkeit ihrer Aktenführung und der Plausibilität ihrer Begründungserwägungen (*Kontrollfunktion*), was auch für effizientes Verwaltungshandeln sorgt[1766].

Für den Bürger „ist von besonderer Bedeutung, daß ... die Tätigkeit der Behörden übersichtlicher und ihm verständlicher ... (wird), so daß er besser in die Lage versetzt wird, seine rechtliche Situation zu bestimmen“[1767]. Der *Rechtsschutzfunktion* kommt so besondere Bedeutung zu, weil erst Begründungen die gerichtliche Überprüfung ermöglichen[1768]. „Das Begründungs-

---

[1760] Hösch 1997,603; Dechsling 1985,715; vgl. ferner BVerwGE 99,185,186; Stelkens 1998 a,995; Eckert 1996 I,71; Gerhardt 1997,9; vgl. Schoch 1984,402
[1761] Hösch 1997,603
[1762] Schmidt-Aßmann 1997 EL,118
[1763] BVerwGE 99,185,196; vgl. BVerwGE 92,132
[1764] vgl. Luttermann 1999,338f.
[1765] vgl. BVerwGE 99,185,195; Stelkens 1998 a,996; Schmidt-Aßmann 1997 EL,117
[1766] Eckert 1996 I,71
[1767] BT-DrS VI/1173,24
[1768] Schmidt-Aßmann 1997 EL,117

gebot hat selbstdisziplinierende Wirkung"[1769]. Fehlt die Begründung, entfällt für den Betroffenen auch jede Vermutung inhaltlicher Richtigkeit des Verwaltungsaktes. Dies hat auch wertemäßig Konsequenzen: „Die unter dem Einfluß des Wertewandels gestiegene Neigung zur Abwehr autoritativ begründeter Ansprüche an die eigene Fügsamkeit, Hinnahmebereitschaft und Akzeptanz entlädt sich... mit einer Haltung,... jederzeit das Recht zu Kritik zu haben und Akzeptanz vorenthalten zu können"[1770]. Die ‚Sanktion' seitens des Bürgers liegt dann „in der erhöhten Intensität der gerichtlichen Überprüfung"[1771]. Die Begründung ist hier wesentliche Voraussetzung für die Wahrnehmung eines effektiven Rechtsschutzes im Sinne des Art. 19 IV GG[1772].
Der empirische Befund in Tabelle 28 (S.237) belegt deutlich, daß sich der mündige Staatsbürger heute durchaus auf dem ‚Stand' der grundgesetzlichen Vorgaben befindet.
Die inhaltliche Verständlichkeit als Voraussetzung der eigenverantwortlichen Bürgerreaktion auf das Verwaltungshandeln erreicht in allen Umfragen der *Wichtigkeit* eine herausgehobene vollständige bzw. teilweise Zustimmungsrate von 99,9 %, 86,4 % oder 88,9% - und dokumentiert den Anspruch eines mündigen Bürgers. Die Begründung von Entscheidungen gehört zu den sehr wichtigen Qualitätskriterien[1773]. „Im statistischen Test... erwiesen sich nur die Wichtigkeitswerte von zwei der fünfundzwanzig Merkmale als für die Kundengruppen insgesamt *nicht* signifikant unterschiedlich, und zwar die... ‚Begründung von Entscheidungen'. ... Bezüglich der Wichtigkeit... und ihrer Stellung innerhalb der Rangordnung der Merkmale bestehen nur marginale Unterschiede zwischen den Kundengruppen"[1774]. Eine *Zufriedenheit* mit den tatsächlich gegebenen Begründungen von nur 37 % kann daher nur als blamabel für die Verwaltung bezeichnet werden[1775]. Hierbei zeigen sich immer wieder Problemgruppen, bei denen die Werte *stets* inakzeptabel sind: z.B. Bürger bei Ausländeramt, Jugendamt, Wohnungsamt oder Sozialamt, „die die Entscheidung nicht oder nur teilweise nachvollziehen konnten", weil gerade hier „Erläuterungen der recht komplexen Rechtslage fehlen"[1776]. Nimmt man zudem die teilweise Unzufriedenen hinzu, zeigen sich *auch flächendeckend* bei anderen Behörden Negativwerte bis zu 50 %: kein ‚Ruhmesblatt' für die Verwaltung! Hierbei sind gerade bürgerrelevante Verwaltungsakte besonders betroffen, konnten nach Emmendingen 1997 besonders Baurechts- und Bußgeldbescheide vom Adressaten nicht verstanden werden. Das liegt entgegen einer Vermutung, daß Bürger solche belastenden

[1769] v.Arnim 1977,274
[1770] Klages 1993,74
[1771] v.Arnim 1977,274
[1772] Sachs 1998,1279; vgl. D II 2
[1773] Münster 1997 II,111
[1774] Münster 1997 II,135
[1775] vgl. Münster 1997 II,182
[1776] Kassel 1997; vgl. aber auch B IV 4 d (1) 5 ff.

Tabelle 28: Verständlichkeit der Inhalte
„Sind die Verwaltungsakte inhaltlich verständlich (Angaben in %; bei 5er-Skala gab es bei ‚ja' und ‚nein'-Antworten je 2 Abstufungen)?"

Quelle	ja	teils-teils	nein	Bemerkungen
Viernheim 1995 – wichtig	96,2	3,7	0,1	5er-Skala
Viernheim 1995 – zufrieden	26,7 (!)	29,1	15,7	5er-Skala
Münster 1997 II,107 – wichtig	72,6	13,8	2,7	5er-Skala, allgemein Verwaltungsverfahren
Münster 1997 II,182 – zufrieden	37	37,1	12,1	5er-Skala, allgemein Verwaltungsverfahren
Münster 1997 III/4,17 – wichtig	76,1	12,8	2,6	5er-Skala, Genehmigungsverfahren
Münster 1997 III/4,24 – zufrieden	41,9	38,5	10,2	5er-Skala, Genehmigungsverfahren
Berlin 1998	59,1	36,4	1,7	Gründe genannt
Kassel 1997	63	21,7	15,2	Ausländeramt (& Gründe)
Kassel 1997	73		27	Sozialamt
Kassel 1997	72,2	15,3	12,5	Sozialamt (& Gründe)
Bergisch-Gladbach 1997	76	15,9	7,1	5er-Skala
Kassel 1997	81,4	10	8,6	Landkreis insg.
Kassel 1997	84,9	10,4	4,7	Ordnungsamt
Kassel 1997	85,9		14,1	Jugendamt
Kassel 1997	89,2		10,8	Ordnungsamt
Emmendingen 1997	90,41		9,59	Verwaltungsakte benannt

Verwaltungsakte nicht verstehen *wollen*, jedoch nicht daran: „Erfreulicherweise konnte sogar fast die Hälfte der Personen, deren Anliegen abgelehnt wurde oder nur teilweise entsprochen wurde, die Entscheidung der Verwaltung nachvollziehen. Das läßt darauf schließen, daß die Sachbearbeiter auch eine negative Entscheidung dem Bürger verständlich erklären können"[1777].

[1777] Kassel 1997; vgl. B IV 4 d (1) 5

Hier zeigt sich ein empirischer Reformbedarf zur Grundrechtseffektivierung im Verwaltungsverfahren.

Abzulehnen ist es daher, wenn die dargelegte notwendige Verständlichkeit der Inhalte zum Erlaßzeitpunkt des Verwaltungsaktes erst nachträglich herbeigeführt wird. Genau dies aber erreichte eine erweiterte Heilungsmöglichkeit der Verwaltung bei Begründungsfehlern im Zuge der Reformgesetzgebung 1996. Denn erst eine *verläßliche* Begründung ermöglicht es, Rechtsschutz wirksam zu erstreiten[1778]. Diese verfassungsrechtliche Vorgabe aus Art. 19 IV, 20 GG und den Grundrechten scheint durch die Heilungsmöglichkeit, Verwaltungsakte noch *nach Abschluß* des Verwaltungsverfahrens nachträglich begründen zu können, vereitelt zu werden[1779]. Funktion des § 45 VwVfG in der Fassung von 1996 ist es zwar nicht, die Verwaltung von ihrer Begründungspflicht völlig zu befreien - gleichwohl wirkt er relativierend, weil die nachträgliche Vornahme Befriedungs- und Rechtsschutzfunktion der Begründung verfehlt[1780]. Denn ohne anfänglich ausreichende Begründung „muß der Betroffene die Klage zunächst ins Blaue hinein erheben“[1781]. Ein Beschleunigungseffekt für das Verfahren - ja ein Kernanliegen der 1996er-Reform - wird dadurch verhindert. Zugleich wird eine rechtlich unzulässige Tendenz unterstützt, daß die Verwaltung durch die erweiterten nachträglichen Begründungsmöglichkeiten insgesamt nachlässiger mit Entscheidungsbegründungen umgeht, zumal gerade die *Nachträglichkeit* der Begründung tendenziell aufzeigt, daß die Verwaltung die Grundrechtsrelevanz im Verwaltungsverfahren bei Sachverhaltsermittlung und -bewertung nicht (ausreichend) berücksichtigt hat. „Mit dem Grundrechtsschutz wäre es ... nicht zu vereinbaren, wenn (es für die Verwaltung)... zeitlich nahezu unbegrenzt Gelegenheit gäbe, ... zu begründen“[1782]. Es handelte sich auch nach Auffassung der Rechtsprechung oft nicht um eine „Aufbesserung der Gründe, sondern um eine nachträgliche inhaltliche Änderung des erlassenen Verwaltungsakts. Denn die behördlichen Erwägungen... stellen nicht nur Bestandteile der ‘Rechtfertigung’, sondern der getroffenen (Ermessens-) Entscheidung, des ‘Spruchs’ selbst dar... Mit dem Auswechseln oder Nachschieben solcher zum Spruch gehörenden ‘Gründe’ wird folglich (auch) die Entscheidung geändert. ‘In Wirklichkeit handelt es sich um den Erlaß eines neuen Verwaltungsaktes’“[1783].

Die Heilungsmöglichkeiten hinsichtlich der Begründungspflicht müssen daher einschränkend so ausgelegt werden, daß sie nur Präzisierungen und Klarstellungen von ursprünglich bereits vorhandenen (insbesondere im Verwaltungsverfahren behandelten, aber von der Verwaltung zunächst nicht herangezo-

---

[1778] Eckert 1996 I,71

[1779] vgl. Stelkens 1998 a,1010; Eckert 1996 I,71

[1780] vgl. Schoch 1984,406

[1781] Eckert 1996 I,71

[1782] BVerwGE 91,24,45

[1783] BVerwGE 85,163,166; VG Köln NJW 1981,780

genen) Erwägungen zulassen – wobei jedoch die Rekonstruktion dessen stets mit Zweifeln behaftet sein wird, was eine gesteigerte, besonders genaue Grundrechtsprüfung erforderlich macht und eine Zurückhaltung bei der Anwendung der Heilungsmöglichkeit gebietet[1784]. Fehlt eine solche Begründungsmöglichkeit, muß das Verwaltungsverfahren mangels Heilungsmöglichkeit insgesamt nachgeholt werden, weil es sich dann „in Wirklichkeit... um den Erlaß eines neuen Verwaltungsaktes" handelt[1785]. Solche Fälle nachträglicher Begründung sind als nicht sachgemäße *Verzögerung* vom Gericht zurückzuweisen und das Verfahren verwaltungsintern unter Berücksichtigung der Grundrechtsrelevanz - z.B. in erneuter Anhörung gemäß § 28 VwVfG zur Vermeidung von Objektstellungen des Bürgers – durchzuführen.
Insgesamt hat sich gezeigt, daß die verfassungsrechtlichen Grundsätze den Anspruch aus § 39 I VwVfG verstärken und bei Auslegungen zu seinem Anwendungsbereich ebenso zu berücksichtigen sind wie bei der einschränkenden Anwendung der gesetzlich eingeräumten Ausnahmen.

3. Gestaltungsräume der Verwaltung (§ 40 VwVfG)

Für ein Fortbestehen des oben[1786] beschriebenen ‚Dogmas von nur einer richtigen Entscheidungsmöglichkeit' bei Erlaß eines Verwaltungsaktes könnte aus Sicht der Werteforschung mit dem Typ des Konventionalisten argumentiert werden, der unbedingtes *Verwaltungsvertrauen* äußert. Doch nimmt gerade dieser Werte-Typ kontinuierlich in der Gesamtbevölkerung ab und repräsentiert nicht einmal mehr 20 % der Bürger[1787]. Die konkrete Einzelempirie wirft hingegen ein zwiespältiges Bild:

Tabelle 29: Rechtmäßigkeitsorientierung der Verwaltung
„Ist die Verwaltung aus Bürgersicht *rechtmäßigkeits*orientiert (im Sinne von regelorientiert) (Angaben in %; bei 5er-Skala gab es bei den ‚ja' und ‚nein'-Antwortmöglichkeiten jeweils zwei Stufungen)?"

Quelle	ja	teils-teils	nein	Bemerkungen
Viernheim 1995 – zufrieden	26,2	20,9	8,1	44,8: kann nicht beurteilen (!); 5er-Skala, allg. Verwaltungsverfahren
Münster 1997 III/4,35 - zufrieden	64,1	23,1	4,3	5er-Skala, Genehmigungsverfahren

[1784] Schenke 1997,88; vgl. Sachs 1998,1276;
zum Erfordernis einer ‚besonderen' Anhörung vgl. E III 4
[1785] BVerwGE 85,163,165; vgl. BVerwG NVwZ 1997,502
[1786] D I 3; vgl. B IV 4 c
[1787] s.o. B IV 4 b

Die Bürger bewerten die Verwaltung nach wie vor traditionell als regelorientiert, in der Münster-Studie[1788] unter Einbeziehung der ‚teils'-Bejahung sogar zu 87,2 %. Erschreckend die ‚Nichtbeurteilungsrate' von 44,8 % in Viernheim: offensichtlich ist das Verwaltungshandeln so wenig transparent und bürgerfern geworden, daß selbst der Maßstab des Gesetzes verschwindet. Entscheidend ist aber, daß die Umfragen je nach Werte-Typ zwar eine mehr oder weniger starke Rechtmäßigkeitsorientierung befürworten[1789] – doch nicht mit der Ausschließlichkeit, wie sie dem ‚Dogma' zu Grunde liegen. Denn die Bevölkerung hält *zeitgleich* genau *das* für wichtig, was dem regelverhafteten Verwaltungshandeln entgegengesetzt ist: ein pragmatisches Verfahren. Damit entspricht die Wertstruktur aber genau den Anforderungen an die Mehrfunktionalität des Verwaltungsverfahrens (vgl. A).

Tabelle 30: Pragmatische Orientierung der Verwaltung
„Handelt die Verwaltung aus Bürgersicht *pragmatisch* (Angaben in %; bei 5er-Skala gab es bei den ‚ja' und ‚nein'-Antwortmöglichkeiten jeweils zwei Stufungen)?"

Quelle	ja	teils-teils	nein	Bemerkungen
Münster 1997 III/4,15 – wichtig	75,2	9,4	6	5er-Skala, Genehmigungsverfahren
Münster 1997 II,106 – wichtig	71,4	11,7	5,1	5er-Skala, allg. Verwaltungsverfahren
Münster 1997 II,181 – zufrieden	33,5	29	21,1	5er-Skala, allg. Verwaltungsverfahren
Münster 1997 III/4,35 – zufrieden	20,5	49,6	21,4	5er-Skala, Genehmigungsverfahren

Pragmatisches Handeln rangiert in der Einstellung zur Verwaltung[1790] bei den ‚wichtigen Kriterien' auf Rang 2 (von 10) mit 83,1 % für allgemeine Verwaltungsverfahren und 84,6 % für besonders grundrechtsrelevante Genehmigungsverfahren (bei Einbeziehung der ‚teils'-Antworten). Gerade für Private wie Unternehmen und Vereine ist pragmatisches Handeln überdurchschnittlich wichtig[1791]. Wenn aber die Bürger mehrere ‚absolute' Positionen zusammendenken und jeweils bejahen, muß dies zu der Annahme führen, daß sie im konkreten Fall eine Abwägung zwischen diesen Polen für erforderlich halten

---

[1788] Münster 1997 II,314; bei Viernheim = 47,1%
[1789] s.o. B IV 4 c
[1790] Münster 1997 II,111
[1791] Münster 1997 II,135

– und damit den Ausschließlichkeitsanspruch nur eines Aspektes zurückweisen.
Aber auch aus weiteren Gründen trifft das Denken im Dogma des 19. Jahrhunderts nicht mehr die gegenwärtige Situation. Zum einen existieren die historischen Wurzeln - Positivismus und konstitutionelle Monarchie - nicht mehr[1792]. Zum anderen sind auch die Grundlagen ausschließlich konditionaler Subsumtion bei der Gesetzesumsetzung mittels VA durch zunehmende Einführung finaler Gesetzesprogrammierungen infrage gestellt[1793]. So kommen zweckgebundene Ermächtigungsnormen im Sinne des § 40 zunehmend von Ja/Nein-Entscheidungen zu differenzierten Geboten und von statischen zu dynamischen Anforderungen[1794]. Das führt dazu, daß in früheren Zeiten als nichtjuristische Zweckmäßigkeitsgesichtspunkte angesehene Fragen wie „wissenschaftliche und technische Entwicklungen sich - auch - als Rechtsfragen darstellen“[1795]. Die ursprünglichen „Unterscheidungskriterien tragen heute nicht mehr voll und ausnahmslos, weil teilweise auch eindeutige Zweckmäßigkeitsfragen zum Bereich der Rechtmäßigkeit gerechnet werden“[1796]. Es ergeben sich dadurch zwangsläufig auch Spielräume rechtmäßigen Entscheidungshandelns, die mehrere Problemlösungsmöglichkeiten eröffnen. Die Entgegensetzung von Recht- und Zweckmäßigkeit trifft nicht mehr zu, „die rechtliche Bindung wird entsprechend erweitert“[1797]. Es besteht daher im Ergebnis „keinerlei Notwendigkeit, den Begriff... auf einzigrichtige Lösungen zu beschränken“[1798].
Hinzu kommt die Tatsache, daß die historische Begrenzung des staatlichen Gesetzesvollzugs auf den Rechtszweck unter Ausschluß nichtrechtlicher Aspekte tatsächlich immer unerfüllbares Programm blieb[1799]. Zu klassischen Verwaltungsaufgaben des Ordnungsrechts kamen schon früh ‚rechtsübergreifende‘ Gebiete wie Wirtschaftsförderung, Daseinsvorsorge, soziale Fürsorge und Dienstleistungen. „Das Ineinandergreifen staatlicher und privater Normierung ist (z.B.) für das Technologierecht kennzeichnend und erfährt seine prinzipielle Rechtfertigung durch die gesetzliche Verweisung auf außerrechtliche Standards“[1800]. Heute ist es angesichts der wahrgenommenen Aufgabenvielfalt unbestritten, daß selbst bei rechtlich gebundenen Entscheidungen verschiedene Sachgebiete berücksichtigt werden müssen; erst recht gilt dies bei Abwägungs- und Ermessensentscheidungen[1801]. Gerade hier aber kann die

---

1792 v.Arnim 1977,227; vgl. nur Art. 20 III GG
1793 vgl. v.Arnim 1988,57
1794 Ritter 1992,645; vgl. Schaubild 1
1795 Ipsen 1990,180; vgl. Kluth 1999,3514
1796 v.Arnim 1988,57
1797 v.Arnim 1988,58
1798 v.Arnim 1988,46
1799 Gurlit 1989,34; Mayntz 1978,48
1800 Ipsen 1990,191
1801 vgl. Hill 1996,193; Gerhardt 1997 a,20 und oben D II 3

Verwaltung entgegen dem ‚Dogma von nur einer einzigen richtigen Entscheidung‘ grundsätzlich “zwischen mehreren vom Gesetzgeber als rechtmäßig angesehenen Entscheidungen wählen“[1802].
So drängt sich die Annahme auf[1803], daß das Festhalten am ‘Dogma von der außerrechtlichen Natur des Zweckmäßigen‘ machtpolitische Gründe hat, nämlich die Abwägung von Zwecken ausschließlich zur ‚rechtsfreien‘ Sache von Politik und Verwaltung zu erklären. Ein solches Festhalten kann jedoch angesichts der Wertentscheidungen des Grundgesetzes keinen Bestand haben: im Bereich des Verfassungsrechts gibt es kein ‘rein juristisches’ Subsumtionsverfahren; „vielmehr fließt die... Zweckmäßigkeitsargumentation regelmäßig (mit)... ein“, zumal es im Sinne des Verhältnismäßigkeitsprinzips darum geht, die Grundrechtsverwirklichung „möglichst weitgehend zu realisieren“[1804]. Das setzt den Einsatz verschiedener wie juristischer oder sozialwissenschaftlicher Methoden voraus. Eine Unterscheidung zwischen Rechtmäßigkeit und Zweckmäßigkeit ist aus diesem Gesichtspunkt heraus obsolet, das Dogma der Trennung beider schlichtweg überholt[1805]. „Damit wird jede zweckwidrige Entscheidung zur rechtswidrigen Entscheidung... Es gibt somit kein Reservat exekutiven Wirkens“[1806].
Dynamischer Grundrechtsschutz *erfordert* vielmehr interdisziplinäre Bemühungen unter Einbeziehung von Zweckmäßigkeitserwägungen. Dies ist auch ein Gebot der Wesentlichkeitstheorie (vgl. Art. 19 II GG), die rechtsfreie Räume ausschließt[1807]. „Allein dynamischer Grundrechtsschutz ist effektiver Grundrechtsschutz“[1808]. Daher muß der Gesetzgeber „offene Normen mit Entwicklungs- und Anpassungsaufträgen schaffen... (Durch sie ist) ein genereller Ausgleich mit anderen Grundrechten und Interessen der Allgemeinheit“ möglich, werden individuelle Interessenbevorzugungen vermieden[1809]. Dadurch können *veränderte Umstände* dem Gerechtigkeitsauftrag des GG entsprechend gestaltet werden[1810]. Der Gesetzgeber kann von Verfassungs wegen gehalten sein zu überprüfen, ob eine ursprüngliche Entscheidung auch unter veränderten Umständen aufrechtzuerhalten ist[1811]. *Nicht jede Veränderung* bringt danach eine Rechtsänderung, sie muß sich so durchgesetzt und bewährt haben, daß sie insbesondere Grundrechte des GG in auch rechtlich relevanter Art berührt[1812]. Gerade politisch geänderte Zweckmäßigkeiten

---

1802 BT-DrS 7/910,61
1803 v.Arnim 1988,119; vgl. v.Arnim 1977,223f.
1804 v.Arnim 1977,223; vgl. E II ‚Optimierung’
1805 v.Arnim 1977,224,227; v.Arnim/Brink 2001,226
1806 v.Arnim/Brink 2001,33f.
1807 v.Arnim/Brink 2001,34; vgl. D II 1 a
1808 Hill 1989,407
1809 Hill 1989,407; vgl. D II 3
1810 vgl. BVerfGE 49,90,141,143; Ipsen 1990,178,180; vgl. D II 1 a
1811 BVerfGE 49,90
1812 BVerfGE 49,90,139,142; dazu E II

können dazu führen, daß sich grundrechtlich begründete Schutzpflichten erst durch Reaktionen des Gesetzgebers realisieren, weil sonst die „Schaffung einer neuen, *vom Gesetzgeber* selbst in seiner bisherigen Normgebung *nicht gewollten* (Dynamisierung der) Gesetzesgrundlage kraft richterlicher wertender Interpretation“ in den gesetzgeberischen Gestaltungsbereich eingreift[1813]. Dabei ist gerade § 40 VwVfG das Instrument eines dynamischen Grundrechtsschutzes, weil Ermessens- und Zwecknormen durch ihre Offenheit auf Veränderung angelegt sind und in besonderem Maße Abwägungsentscheidungen ermöglichen.
Die Verwaltung unterliegt in ihren Entscheidungsfreiräumen bei § 40 VwVfG dabei dem Erfordernis, Grundrechtseingriffe zu minimieren und Grundrechtsentfaltung zu maximieren[1814]. Nur eine laufende Anpassung kann die verfassungsrechtlich aufgegebenen bestmöglichen Ergebnisse gewährleisten[1815]. Da die Verwaltung dafür viel besser ausgerüstet ist als der Gesetzgeber, obliegt ihr an erster Stelle die *konkrete Dynamisierung des Rechtsgüterschutzes*[1816]. „In der Hierarchie der Rechtsquellen verlagern sich die wesentlichen Entscheidungen von oben nach unten“[1817]. Das Verwaltungsverfahren selbst wird ‘normschöpferisch’. Dies aber steigert auch seine Bedeutung für die Entfaltung der Grundrechte[1818]. Bei der Ausübung ihres Ermessens muß die Verwaltung dabei „alle Gesichtspunkte, die für und gegen die möglichen Entscheidungen sprechen, gerecht gegeneinander abwägen“[1819]. Rechtsideal ist hierbei die einzelfallbezogene Regelung unter Einbeziehung aller erheblichen Gesichtspunkte durch VA als Ergebnis eines zunächst entwicklungsoffenen Verwaltungsverfahrens. An seinem Beginn steht noch nicht fest, welches die richtige Entscheidung sein wird. Konkretisierungsbedürftige Rechtsbegriffe lassen sich nicht durch schlichte Deduktion erhellen, da nicht ein von Anfang an gegebener, abschließend determinierter fixierter Zustand lediglich zu finden, sondern durch das Verfahren *erst hervorzubringen* ist[1820]. Überdurchschnittlich zufrieden sind hiermit aber allenfalls die Unternehmen[1821] – Folge des wirtschaftsgünstigen Umfelds ab Mitte der 90er Jahre. Eine ungeteilte Bejahung von nur 20-33 % der Bürger zu pragmatischem Handeln der Verwaltung (Tabelle 30, S.240) zeigt jedoch, daß die Verwaltung viele Möglichkeiten von Ermessensspielräumen (noch) nicht befriedigend ergreift. Gerade im grundrechtsorientierten Genehmigungsverfahren zeigt ein Zustimmungswert

[1813] OVG Schleswig NVwZ 1996,410; kursiv = d.Verf.; Ipsen 1990,179
[1814] vgl. BVerfGE 49,90,140; BVerfG NVwZ 1993,666 und E II
[1815] BVerfGE 49,90,139; zur Nachhaltigkeit E II am Ende
[1816] BVerfGE 49,90,140; zur Methodik vgl. oben E II unter Hinweis auf ein entsprechendes Berliner Landesgesetz
[1817] Ritter 1992,646; vgl. D II 1 a
[1818] vgl. Ritter 1992,647,649; v.Mutius 1982,2151; Blümel 1982,33
[1819] BVerwGE 68,276
[1820] Schoch 1992,47; vgl. unsere ‚Parabel‘ unter A und E II
[1821] Münster 1997 II,213

von lediglich 20% einen erheblichen Reformbedarf. Allerdings ist die Verwaltung hier – wie der ‚teils‘-Wert von fast 50 %[1822] zeigt – offensichtlich auf dem (richtigen) Weg. Da dabei oft eine Verknüpfung verschiedener Aspekte erforderlich ist, gibt es keine eindimensionale Rechtsfolgenentscheidung, es „geht bis hin zu Fragen einer sozialen und gesellschaftlichen Akzeptanz von Rechtsentscheidungen“[1823]. Da die Verwaltung hierbei auch den Auftrag hat, soziale Wirklichkeit mitzugestalten[1824], wählt der Gesetzgeber ja gerade Rechtsinstitute wie unbestimmten Rechtsbegriff oder Ermessen und eröffnet so situationsangemessene Gestaltungsräume. Die Empirie zeigt, wie sehr diese im Verwaltungsverfahren tatsächlich genutzt werden.

Tabelle 31: Problemlösungsorientierung der Verwaltung
„Ist die Verwaltung aus Bürgersicht *problemlösungs*orientiert (=flexibel) (Angaben in %; bei 5er-Skala gab es bei den ‚ja‘ und ‚nein‘-Antwortmöglichkeiten jeweils zwei Stufungen; fehlende %-Angaben = ohne Angabe der Befragten)?“

Quelle	ja	teils-teils	nein	Bemerkungen
Viernheim 1995	22,8	41,4	35,8	5er-Skala, allgemein Verwaltung
Münster 1997 II,309	16,2	36,8	36,9	5er-Skala, allgemein Verwaltungsverfahren
Münster 1997 III/4,35	14,6	44,4	33,3	5er-Skala, Genehmigungsverfahren

Vernichtender könnte die Bestandsaufnahme für die Verwaltung kaum sein: nimmt man die teilweise fehlende Problemlösungsorientierung noch hinzu, ergeben sich verfassungsrelevante 77,2 %, 73,7 % bzw. 77,7 % *Verneinung*. Dies dokumentiert die Verkennung einer bürgerorientierten modernen Verwaltung und offenbart einen diesbezüglichen dringenden Reformbedarf.
Anzusetzen ist dabei zunächst bei der Vorfrage, ob dieser Befund am mangelnden Gestaltungs*willen* der Verwaltung liegt – oder an strukturell fehlenden Gestaltungs*möglichkeiten*. Genannt wird hier immer wieder *ein* Gesichtspunkt: der strukturell *zu geringe Entscheidungsfreiraum* der öffentlich Bediensteten im Verwaltungsverfahren, insbesondere hinsichtlich des in § 40 VwVfG behandelten Ermessens[1825]. Tabelle 32 auf S. 245 gibt – aus

[1822] Münster 1997 III/4,35; Tabelle 30, S.240
[1823] Hill 1996,193
[1824] vgl. Demmer 1995,169,175
[1825] vgl. dazu auch B IV 4 c

Sicht von Bürgern *und* Verwaltungsmitarbeitern – Aufschluß über die Beurteilung eingeräumten Ermessens.

Tabelle 32: Ermessensspielraum der Verwaltung
„Hat die Verwaltung zu *wenig* Ermessen für ihre Entscheidungen (Angaben in %; bei 5er-Skala gab es bei den ‚ja' und ‚nein'-Antwortmöglichkeiten jeweils zwei Stufungen)?"

Quelle	ja	teils-teils	nein	Befragtenkreis
Wuppertal 1996 b	11	42	47	Mitarbeiter
Hattingen 1996	12	42	46	Mitarbeiter,5er-Skala, gesamt
Konstanz 1999	31		67	Mitarbeiter, 5er-Skala
Hattingen 1996	33	29	38	Mitarbeiter, Technischer Dienst
Berlin-Schöneberg 1996	50,7		49,3	Mitarbeiter, aufgeschlüsselt mit Gründen
Krefeld 1997	67,5		32,5	Bürger
Münster 1997 II,49	73,5	12,7	5,8	Bürger, 5er-Skala

Der Handlungsspielraum der Verwaltung wird von den *Mitarbeitern* selbst *scheinbar* sehr unterschiedlich gesehen, wobei Männer häufiger über zu geringen Ermessensspielraum klagen[1826]. Doch erhellt sich das Bild bei Einbeziehung der ‚teils'-Antworten und wird eindeutig: über die Hälfte der Befragten nimmt für bestimmte Fälle einen zu geringen Handlungsspielraum der Verwaltung an. Als demotivierende Rahmenbedingung gilt eine Normenflut, die Ermessensspielräume des einzelnen Mitarbeiters einschränkt[1827]. Dies gilt empirisch ausgewiesen[1828] insbesondere dann, wenn die Verwaltungsmitarbeiter aufgrund dieser Vorschriftenzwänge nicht helfen können. So sind zwar – nach Weser-Ems 1995 – 75 % der Dezernenten mit ihrem Ermessensspielraum zufrieden, aber nur noch 65 % der Sachbearbeiter und 41 % der sonstigen Verwaltungsmitarbeiter. Diese Aussagen verstärken sich aus *Bürgersicht* erheblich: die beiden in der Tabelle letztangeführten Befragungen verdeutlichen ihren Eindruck zu geringer Ermesssensspielräume mit über 2/3 bis zu 96 % Zustimmung! Mit anderen Worten: die Bürger sehen dann „kaum

[1826] Konstanz 1999: die durchschnittlichen 31 % Bejahung setzen sich aus 35 % bei den Männern und 25 % bei den Frauen zusammen
[1827] Pippig 1988,19; vgl. B IV 4 c und Schaubild 4
[1828] Pippig 1988,150

Handlungsspielräume für das Verwaltungshandeln...- *Die Verfahren ... erscheinen den Kunden weitgehend durch rechtlich-administrative Rahmenbedingungen festgelegt*"[1829]. Etwa 80 % meinen, „Handlungsspielräume seien in hohem bzw. sehr hohem Maß eingeschränkt"[1830]. In grundrechtsrelevanteren Genehmigungsverfahren erscheinen zu enge Rechtsvorschriften besonders als Hauptursache von Verzögerungen[1831]. Das ist für den Bürger um so inakzeptabler, als sich in erster Linie gerade Gestaltungschancen am Arbeitsplatz positiv auf die Arbeitsmotivation der Verwaltungsmitarbeiter und damit auf die Bürger/Verwaltungs-Beziehung auswirken[1832].
Fehlende Gestaltungsmöglichkeiten im Verwaltungsverfahren können sich aber auch unmittelbar auf die Möglichkeiten auswirken, konkrete Grundrechtspositionen der Bürger zu realisieren. Die Bedeutung des Verwaltungsverfahrens steigert sich dabei um so mehr, je weniger infolge eingeschränkter *gerichtlicher* Möglichkeiten anderweitige Abhilfe erreichbar ist[1833]. Das Verwaltungsverfahren ist nämlich der gesetzlich vorgesehene erste und zu einem Großteil einzige Ort der Grundrechtsverwirklichung des Bürgers[1834]. Die Verwaltung hat daher eine besondere Verpflichtung, die Grundrechtsfragen zusammen mit dem Bürger zu prüfen und bestehende Rechte rechtsverbindlich festzustellen. Bei Abwägungen sind auch kollidierende Grundrechte Drittbetroffener sowie Kompetenzen anderer Verwaltungsträger mit zu berücksichtigen[1835]. Die danach notwendigen Anpassungen im Lichte betroffener Grundrechte können trotz gesetzlichen Ermessens im Sinne des § 40 aufgrund zwingender Grundrechtsbindung zu einer einzig richtigen Entscheidung führen (sog. Ermessensreduzierung auf Null). Auch für den Bereich der Zweckbindung (§ 40 1.Alt. VwVfG) gilt methodisch der Verhältnismäßigkeitsgrundsatz (aus Rechtsstaatsprinzip und Grundrechten abgeleitet, vgl. D II), um Grundrechtslagen gegeneinander auszutarieren: es geht um das Gebot angemessenen Ausgleichs, welches Konflikte sach- und situationsangemessen unter weitestgehender Schonung zurückgesetzter Anliegen lösen soll[1836]. Gerade das Verwaltungsverfahren ist von diesem Anliegen bestimmt und erfordert die Berücksichtigung u.a. von Funktion, Struktur, sozialer Wirklichkeit und normativer Ausgestaltung des einzelnen jeweils zu schützenden materiellen Grundrechts[1837]. Hierbei kommt der einzelfallangemessenen

---

[1829] Münster 1997 I,5 – kursiv= d.Verf.; Münster 1997 II,49: zu sehr geregelt? Ja = 73,5 %; teils-teils = 12,7 %, nein = nur 5,8 %, 5er-Skala
[1830] Münster 1997 I,18
[1831] Münster 1997 II,26; vgl. C IV 1
[1832] vgl. Berlin-Schöneberg 1996 und B IV 4 c
[1833] v.Arnim/Brink 2001,227f.
[1834] vgl. D II 2
[1835] v.Mutius 1982,2158
[1836] Gerhardt 1997,21; vgl. E II
[1837] Sachs 1998,1302; v.Mutius 1982,2158; Schaubild 1

Gewichtigkeit und Konkretheit gesetzgeberischer Zweckmäßigkeiten – wie sie in § 40 VwVfG erfaßt werden - eine wichtige Funktion zu[1838].
So kann die Einbeziehung anderer Facherkenntnisse – wie unter D II 3 erläutert – eine grundrechtseffektivierende Zweckmäßigkeit aufdecken und damit die Abwägung innerhalb der Verhältnismäßigkeitsprüfung gewichten[1839]. Es geht dann nicht um einen bloß politischen, sondern grundrechtsbezogenen Zweck. Zweckmäßigkeit meint dann „das Handeln gemäß gesetzten Zwecken und ihre möglichst weitgehende (optimale) Verwirklichung“[1840] im Lichte des Grundgesetzes. “Dieser Zweck ist nicht nur für den Umfang der ... Nachweise, sondern auch für deren Bewertung maßgebend“[1841]. Die Zweckbindung steuert dann mit verfassungsrechtlichem Anspruch das Ermessen der Verwaltung[1842]. Das in der Zweckbindung ausgedrückte allgemeine Interesse kann eine bestimmte Ermessensbetätigung verbieten[1843]. Dadurch gewinnt die Frage nach dem zweckmäßigen Handeln auch aus verfassungsrechtlicher Sicht ein besonderes Gewicht. Empirisch zeigt sich hier „ein starker Zusammenhang... zwischen der allgemeinen Zufriedenheit und den Zufriedenheiten mit der Qualität der Verwaltungsleistungen, insbesondere mit... der Zweckmäßigkeit von Entscheidungen“[1844]:

Tabelle 33: Zweckmäßigkeitsorientierung der Verwaltung
„Halten sie die Verwaltungsentscheidungen für *zweckmäßig* (Angaben in %; bei 5er-Skala gab es bei den ‚ja‘ und ‚nein‘-Antwortmöglichkeiten jeweils zwei Stufungen, bei 7er-Skala zusätzlich bei ‚teils-teils‘ drei Stufungen)?“

Quelle	ja	teils-teils	nein	Bemerkungen
Münster 1997 II,150 – wichtig	31,3	37,3	21,2	7er-Skala, allg. Verwaltungsverfahren
Münster 1997 II,228 – zufrieden	27,1	38,6	14,7	5er-Skala, allgemein Verwaltungsverfahren
Münster 1997 III/4,21-wichtig	23,1	41,1	26,5	7er-Skala, Genehmigungsverfahren
Münster 1997 III/4,29 – zufrieden	29,9	40,2	13,7	5er-Skala, Genehmigungsverfahren

[1838] vgl. v.Mutius 1982,2158
[1839] vgl. Redeker/Karpenstein 2001,2829
[1840] v.Arnim 1988,57
[1841] BVerfG NJW 1991,2008
[1842] vgl. BVerwG DÖV 1997,1007
[1843] vgl. BVerwG DÖV 1997,1007
[1844] Münster 1997 I,87

Zwar gibt es also jeweils leichte Übergewichte an Zustimmung bei Wichtigkeit und Zufriedenheit zweckmäßigen Handelns, insgesamt jedoch herrschen die ‚Grautöne' der ‚teils'-Antworten vor. Die Aussage wird jedoch *zu Lasten der Verwaltung deutlicher*, wenn man wirtschaftliche Erwägungen und dabei Kriterien wie effizientes und effektives Handeln als Anwendungsfall der Zweckmäßigkeit mit erfaßt[1845]. „Das Wirtschaftlichkeitsprinzip... ist ein Rechtsprinzip...- Wer unwirtschaftlich handelt, handelt gleichzeitig auch rechtswidrig"[1846]. Die Sozialforschung zeigt, daß dieses im Verwaltungsverfahren noch (zu) wenig berücksichtigt wird[1847], auch wenn die Bürger solches Handeln der Verwaltung zu 78,6%[1848] für wichtig handeln. In der Image-Frage[1849] stellen jedenfalls dazu Kunden der Verwaltung lediglich fest, daß diese ...

	ja	teils-teils	nein
effizient sei zu...	18,8 %	48,8 %	20,6 %
effektiv sei zu...	20,1 %	46,1 %	21,5 %

(Tabelle 34: Effizienz und Effektivität)

Trotz aller Anstrengung der Verwaltungsreform[1850] bleibt hier also ein erheblicher Handlungsbedarf auf verfassungsrechtlichem Hintergrund, um Probleme in der Bürger/Verwaltungs-Beziehung zu vermindern.

Zu klären ist schließlich noch die Beurteilung der Rechtsfigur des intendierten Ermessens, welche die Frage nach der Kontrolldichte von Zweckmäßigkeits- und Ermessenserwägungen im Rahmen des § 40 aufwirft. Der einfachgesetzliche Befund hatte hier einen gewissen Widerspruch erbracht, denn beide sind (grammatikalisch durch ‚und' verbunden) als gleichwertige Alternativen im Ermessensbereich genannt – und werden doch unterschiedlich behandelt. Zu erinnern ist hierbei[1851] an die zunehmende Verlagerung von Verantwortung in das Verwaltungsverfahren – bei notwendiger Einräumung entsprechender Gestaltungsfreiräume der Verwaltung. Das intendierte Ermessen möchte hier – entgegen dem scheinbaren Begriffsinhalt des Wortes ‚Ermessen' – die Entscheidungsräume der Verwaltung stark einengen und zudem einer vollständigen gerichtlichen Überprüfung unterwerfen. Das Ermessen bei Zweckmäßigkeitskriterien wird im Ergebnis auf die Tatbestandsseite gezogen, weil das Gericht den Normzweck wie einen unbestimmten Rechtsbegriff voll über-

---

[1845] vgl. v.Arnim 1988,57; v.Mutius 1982,2158
[1846] Bolay 2001,37
[1847] vgl. Münster 1997 I,10
[1848] teils-teils: 17,9 %; nein: 3,6 %; Passau 1995
[1849] bei Münster 1997 II,310 (5er-Skala, nachfolgende Tabelle 34)
[1850] dazu C IV 2 a
[1851] dazu D I 3

prüft[1852]. „Die Ermessensausübung verschiebt sich ... (damit aber) zur Ermittlung des Normzwecks“[1853]. Rechtssystematisch wird damit der Unterschied zwischen Tatbestands- und Rechtsfolgenebene verwischt[1854].
Eine Verengung des Ermessens „ergibt sich (aber) regelmäßig nicht schon *vor* der Abwägung aus dem Gesetzeszweck, sondern erst *aus* einer Abwägung, die die besonderen Umstände des Falles in Rechnung stellt und sie anschließend unter Berücksichtigung dieses Zwecks gewichtet“[1855]. Ein mit der Rechtskonstruktion des intendierten Ermessens ebenfalls verbundener Begründungsverzicht im Sinne des § 39 I S.3 VwVfG kann verfassungsrechtlich ebenfalls nicht akzeptiert werden, „weil das Ermessen allenfalls *fallbezogen* vorgeprägt, aber nicht *generell* verdrängt werden kann“[1856]. Nur in seltenen Fällen dürfte es ferner gesetzliche Zweckbestimmungen mit eindeutiger Entscheidungsfolge für den Einzelfall geben, weil Gesetze heute *grundsätzlich* zugleich mehrere Zwecke verfolgen bzw. miteinander vereinbaren wollen (zur ‚Mehrfunktionalität‘ s.o. A). Nur ein „klar definierter ... (ist ein) als solcher zu berücksichtigender Gesetzeszweck“[1857]. Das Diktat eines mehrfunktionalen, doch zugleich angeblich intendiert eingeengten Gesetzes führte wieder zu einer mechanischen Gesetzesanwendung wie im 19. Jahrhundert und machte grundsätzlich eine kreative Bewältigungen von Zweckkonflikten – die für den Gesetzgeber ja gerade Ursache für die Einräumung von Ermessen waren – unmöglich; für notwendig erachtete abweichende Verfahrensweisen erforderten nun eine explizite Gesetzesänderung[1858]. Folge davon wäre - da ja das Ergebnis des Verwaltungsaktes im Gesetz bereits vorgezeichnet wäre - ein Sinnverlust des gesamten Verwaltungsverfahrens. Und dies würde die Bürger/Verwaltungs-Beziehung mit einem weiteren Fall eines ‚verunmündigten Bürgers‘ belasten[1859]. Die Rechtsfigur des intendierten Ermessens ist daher aus verfassungsrechtlichen Gründen abzulehnen, soweit sie nicht als Ermessensgesichtspunkt der Verwaltung ihre nach § 40 VwVfG gewährten Entscheidungsfreiräume beläßt. Entsprechende Erwägungen der Verwaltung *müssen* im Einzelfall in entsprechender verfassungsgemäßer Anwendung des § 39 I 3 VwVfG mit dem erlassenen VA begründet werden.
Die Einbeziehung verfassungsrechtlicher Erwägungen im Ermessensbereich des § 40 VwVfG zeigt also einesteils die auch grundrechtlich gebotene

---

[1852] vgl. Volkmann 1996,285
[1853] Volkmann 1996,285
[1854] Stelkens 1998 a,1007f.
[1855] Volkmann 1996,288; vgl. Stelkens 1998 a,1008; Redeker/Karpenstein 2001,2829
[1856] Volkmann 1996,288; vgl. E III 2
[1857] Redeker/Karpenstein 2001,2831
[1858] ein Beispiel zeigt dafür NJW 1999 Heft 8,XLV: um nichtehelichen Lebensgemeinschaften den Bezug von Sozialwohnungen zu ermöglichen, wurde wegen der ‚Sperre‘ des intendierten Ermessens am 5.2.1999 vom Bundesrat ein Gesetzänderungsentwurf eingebracht
[1859] Volkmann 1996,286

Notwendigkeit der Erhaltung grundrechtseffektivierender Gestaltungsfreiräume der Verwaltung, andernteils ihre notwendige inhaltliche Ergänzung insbesondere durch Einbeziehung von sog. Zweckmäßigkeitsgesichtspunkten (sei es aus dem Gesetz oder aus der Grundrechtsanwendung). Die gebotene Berücksichtigung der gewonnenen Erkenntnisse kann zur Verbesserung des Verwaltungsverfahrens beitragen.

4. Zusammenwirken im Verwaltungsverfahren (§§ 24 - 28 VwVfG)

Wie schon im vorigen Abschnitt soll der Beantwortung aufgeworfener Problemstellungen aus D I 4 zunächst eine allgemeine Abklärung später relevant werdender Verfassungsaspekte vorangestellt werden.
Im Rahmen der §§ 24-28 VwVfG war aus Sicht des Bürgers und seiner (Grund-) Rechtsstellung § 28 VwVfG 1976 Kernstück eines reformorientierten, am zeitgenössischen verfassungsrechtlichen wie empirischen Befund orientierten Vorhabens[1860]. Damit wollte der Gesetzgeber einen als allgemeines Postulat niedergelegten Grundsatz des Grundgesetzes für das Verwaltungsverfahren in einer konkreten Rechtsnorm anwendbar machen[1861]. Hinsichtlich des Rechts auf Anhörung der Verfahrensbeteiligten war deshalb aus der Soll-Vorschrift des EVwVerfG 1963 seit dem Entwurf 1973 ein Anspruch des Bürgers auf Anhörung geworden[1862]. „Die Verstärkung der Rechtsstellung der Beteiligten steht in Übereinstimmung mit dem... von der Bundesregierung verfolgten Anliegen, das *Vertrauensverhältnis zwischen Bürger und Verwaltung zu stärken*“[1863]. „Der vorliegende Entwurf ... (berücksichtigt) die jüngsten Entwicklungen und Erkenntnisse auf dem Gebiet des Verwaltungsverfahrensrechts“[1864].
Die Bezugnahme auf ‚jüngste Entwicklungen und Erkenntnisse‘ steht ganz im Kontext dieser Arbeit, bei der Ausgestaltung des Rechts auf eine der Werteverfassung der Zeit angemessene Auslegung zu achten. Dabei geht es in diesem Abschnitt um die verfassungsrelevanten Entwicklungen, welche die

---

1860 vgl. BT-DrS VI/1173,25 sowie C I, II

1861 BT-DrS 7/910,42: „Es kann... nicht verkannt werden, daß durch das Eigengewicht, das eine ganze Reihe von Vorschriften dieses Entwurfs besitzt (z.B. rechtliches Gehör...), diese über den eigentlichen engeren Anwendungsbereich hinaus allgemeine Bedeutung für alle vom Entwurf nicht erfaßten Verfahrensarten erlangen werden“.

1862 Ule 1976,427

1863 BT-DrS 7/910,51; kursiv = d.Verf.

1864 BT-DrS 7/910,30: „Gegenüber dem Entwurf von 1970 wurden insbesondere folgende Regelungen neu aufgenommen: ... - Ausgestaltung der bisherigen Ermessensvorschriften bei der Anhörung Beteiligter... in grundsätzliche Anspruchsvorschriften...- Durch die Einfügung dieser Vorschriften will die Bundesregierung vor allem auch einen Beitrag zur weiteren rechtsstaatlichen Ausgestaltung des Verwaltungsverfahrens, zum verstärkten Schutz der Beteiligten und ihrer Interessen am Verfahren sowie zu einer noch größeren Voraussehbarkeit behördlicher Entscheidungen leisten“.

Bedeutung der Anhörung weiter entfaltet haben, namentlich die Herausarbeitung der Grundrechtsrelevanz von Verfahrensvorschriften[1865]. „Daraus ist von Verfassungs wegen die Pflicht herzuleiten, in der Verfahrensgestaltung auf einen bestmöglichen Schutz des jeweiligen Grundrechts... hinzuwirken"[1866]. Grundrechte können konkrete verfahrensrechtliche Auswirkungen haben[1867]. Dem folgend hat sich die Bürger/Verwaltungs-Beziehung zwischenzeitlich so entwickelt, daß sich § 28 als Ausdruck eines fundamentalen Verfassungsprinzips darstellt und dem Bürger einen verfahrensrechtlichen Mindeststandard gewährt[1868]. § 28 VwVfG soll die Subjektstellung betroffener Bürger gegenüber der Verwaltung so stärken, daß sie *reale Einflußmöglichkeiten* auf sie betreffendes Handeln erhalten und so ein vertrauensvolles Zusammenwirken im Verwaltungsverfahren ermöglicht wird[1869]. Der Schutz der Individualsphäre erfolgt dabei durch Einflußnahme auf Verfahren und Ergebnis[1870]. Damit dient der Grundsatz des rechtlichen Gehörs nicht nur der Abklärung der rechtlichen Grundlagen eines VA, sondern auch der Achtung der Menschenwürde, sich gegenüber der Verwaltung mit tatsächlichen und rechtlichen Argumenten behaupten zu können[1871]. Der Bürger muß Eigenantrieb und Selbstverantwortung in wahrgenommener Anhörung entfalten können[1872]. Dadurch wird der Bürger im Verwaltungsverfahren mitgestaltender Partner[1873]. Hierzu gehört es „daß die betroffenen Bürger ihren Standpunkt wirksam vertreten können. Sie müssen rechtzeitig über den Verfahrensstand informiert werden und die Möglichkeit haben, Einwände wirksam vorzubringen"[1874]. Maßgeblich ist die tatsächliche Wirksamkeit des Schutzes; von daher kann u.U. selbst eine vorherige, aber nicht qualitativ ausreichende Anhörung oder die Möglichkeit späterer Rechtsbehelfe nicht ausreichen, um die Grundrechte wirksam zu schützen[1875]. Zur tatsächlichen Wirksamkeit gehört ferner, daß zur Auslösung des Rechtsanspruchs aus § 28 I VwVfG die potentielle Betroffenheit des Bürgers in eigenen Rechten ausreicht, was aus

---

[1865] vgl. Bonk 1998,633; Ipsen 1990,196; D II 2
[1866] VGH Kassel NVwZ 1982,137
[1867] z.B. Art. 17 GG bei der Entgegennahmepflicht von Anträgen gemäß § 24 III VwVfG, vgl. Kallerhoff 1998,567
[1868] vgl. BVerfG NJW 1982,2174; Bonk 1998,630,633; Schoch 1992,42; v.Mutius 1982,2152f.
[1869] vgl. BVerfG NJW 1982,2174; BVerfG NJW 2000,275
[1870] BVerfG NJW 2000,275; Bonk 1998,631
[1871] Schmidt-Aßmann 1997 EL,26; vgl. BT-DrS 7/910,51; BVerfGE 89,28,35 = NJW 1993,2229; ähnlich Ehlers 1996,619; vgl. C IV 4 d (2)
[1872] vgl. Ritter 1992,649
[1873] Bonk 1998,631
[1874] BVerfG NJW 1982,2174; BVerfG NJW 1991,2009
[1875] BVerfG NJW 1991,2009; Schmidt-Aßmann 1997 EL,26

Gründen grundrechtlicher Schutzpflichten zwingend zu Beteiligungen betroffener Dritter am Verwaltungsverfahren führen kann[1876].
Die so gefestigte Rechtsstellung des Bürgers und der intendierte Aufbau eines vertrauensvollen Zusammenwirkens fördert kooperative Strukturen im Verwaltungsverfahren. Dazu gehören insbesondere die von §§ 24-28 VwVfG erfaßten Bereiche von Information, Beratung, Kommunikation und Kooperation zwischen Verwaltung und Bürger[1877]. Hierbei wird *idealiter* auf partnerschaftliche Übereinkunft, Dialog, vertrauens- und konsensbildendes Handeln *abgezielt*, die prozeßhaft „durch Anlagerungen an altbekannte Verfahrensformen (Betroffenen- oder Öffentlichkeitsbeteiligung)" verwirklicht werden sollen[1878]. Insgesamt geht so das Verständnis des Verwaltungsverfahrens „von der abwehrenden Position des individuellen Rechtsschutzes zur mitgestaltenden Position ... (der) Verfahrensteilhabe (über); vom hoheitlichen Rechtsvollzug zu Überzeugungs(strategien)"[1879], was letztlich auch der effizienten Aufgabenerledigung dient. Hierin zeigt sich zugleich das *Selbstverständnis einer modernen Verwaltung*[1880]. Denn „das Verhältnis des Bürgers zur Verwaltung formt sein Bild vom Staat. Dieser tritt ihm in Gestalt der Verwaltung am häufigsten und unmittelbarsten entgegen. Deshalb kommt dem Stil des Verwaltungsverfahrens besondere Bedeutung zu"[1881].
Vor diesem Hintergrund ist es erstaunlich und war unter D I 4 als Problem benannt worden, daß das Anhörungsrecht des Bürgers auf Fälle der Eingriffsverwaltung beschränkt sein soll (vgl. § 28 I VwVfG). Denn zwischen Bürger und Verwaltung findet eine weite nicht nur auf Eingriffsbereiche beschränkte Kommunikation statt.

Tabelle 35: Gründe für einen Verwaltungsbesuch (in %; bei Wedel 2000, Mehrfachnennungen möglich)

Quelle	Antragstellung	Beratung/ VA-Erörterung	Auskunft/ Formular abholen	VA abholen, An-, Um-Abmeldung	Widerspruch/ Beschwerde einlegen
Leipzig 1998	45	22	15	14	
Bocholt 1995	42	22	11	13	2
Wedel 2000	30,89	36,59	28,46	42,55	6,5

1876 Bonk 1998,630; Blümel 1982,78,85
1877 Bolay 2001,43
1878 vgl. Ritter 1992,645
1879 Ritter 1992,646
1880 Kallerhoff 1998 a,577
1881 Hill 1987,49f.

Die Intensivierung des Grundrechtsschutzes greift längst über die klassisch-liberalen Bereiche hinaus[1882]. „Nicht nur Eingriffsgesetze mit ihren klaren Befugnistatbeständen, sondern auch Leistungs- und Planungsgesetze enthalten... vielfach Beurteilungsnormen, die eine administrative Entscheidungskompetenz umgreifen“[1883]. Gerade hier aber muß auch der Grundrechtsschutz im Verfahren wirksam werden, weil er die administrative Entscheidungskompetenz *insgesamt* und nicht nur hinsichtlich der Eingriffsverwaltung inhaltlich ausrichtet[1884]. Wenn das Bundesverwaltungsgericht[1885] das Anhörungsrecht ‚nur‘ bei einem belastenden Verwaltungsakt gewähren will (Umwandlung des status quo in einen status quo minus), dann ist richtig daran, daß der Bürger bei Eingriffsakten „in besonderer Weise des Schutzes vor Überraschungsentscheidungen“ bedarf[1886]. Und hier gilt[1887]: Je erheblicher und bedeutsamer der Eingriff ist, desto früher und weitergehender ist die Anhörungspflicht anzusetzen. Doch ist die Abgrenzung zwischen Eingriff und Leistung fließend (geworden), da staatliches Handeln, welches dem einzelnen Leistungen und Chancen gewährt, „für eine Existenz in Freiheit oft nicht weniger bedeutungsvoll (ist) als das Unterbleiben eines Eingriffs“[1888]. Dies gilt insbesondere für das präventive Verbot, wo dem Bürger der Anspruch auf Erteilung verweigert wird und damit materiell ein Grundrechtseingriff vorliegen kann, und um so mehr, als auch das wirtschaftliche, persönliche, ideelle oder sonstige Interesse des Bürgers in der täglichen Verwaltungspraxis häufig von Rechtsnormen betroffen ist und z.B. über Zweckmäßigkeitsregelungen erfaßt wird[1889]. Entsprechend heißt es zur gesetzgeberischen Gesamtintention des VwVfG: „Der Staatsbürger kommt im modernen Rechts- und Sozialstaat in stets wachsendem Umfange mit den Behörden des Staates in Berührung und zwar sowohl im Rahmen der Eingriffsverwaltung wie vor allem auch im Bereich der leistungsgewährenden Verwaltung“, zumal „jeder Staatsbürger durch die Tätigkeit der Verwaltung berührt wird und die Wechselbeziehungen zwischen dem Gemeinwesen und dem Einzelindividuum im modernen Industrie- und Sozialstaat mit seinem immer komplizierter werdenden Geschehensablauf stets noch intensiviert werden dürften - besonders auch dann, wenn sich der Staat in seiner Gestalt als Vorsorgestaat präsentiert...“[1890]. Der aus dem GG mehrfach abzuleitende Kooperationsgedanke kann bei der Fixierung der Anhörung auf die Eingriffsverwaltung aber nicht fruchtbar gemacht werden, so daß eine entsprechende Einengung „in einer liberal-

---

[1882] vgl. Ehlers 1996,619
[1883] Schmidt-Aßmann 1989,539
[1884] vgl. D II 2
[1885] z.B. BVerwGE 66,184,186 = NJW 1983,2044f.
[1886] Ehlers 1996,620; vgl. Schoch 1992,42
[1887] Bonk 1998,648
[1888] Ehlers 1996,619
[1889] vgl. BVerwG DVBl.1983,999; Bonk 1998,639; Näheres bei E III 3
[1890] BT-DrS VI/1173,25; vgl. Ule 1976,427f.

rechtsstaatlichen Position" verbliebe und „den Wandlungen hin zum sozialen Rechtsstaat... nicht hinreichend Rechnung" trüge[1891]. Diese Wandlungen haben sich seit den 70er Jahren, nicht zuletzt durch die Rechtsprechung des Bundesverfassungsgerichts zum Grundrechtsschutz im Verfahren, noch verstärkt[1892]. Schon 1987[1893] stellte Hill daher fest: „Aus heutiger Sicht fällt auf, daß das VwVfG zu sehr an der Eingriffsverwaltung orientiert ist,... an Möglichkeiten zur Verwirklichung und Entfaltung der Rechte des Bürgers wurde dagegen weniger gedacht". „Die Art und Weise des verfahrensmäßigen Vorgehens entscheidet (aber) wesentlich über die Realisierung der materiellen Rechtspositionen mit. Je nach Ausgestaltung kann das Verwaltungsverfahren die Durchsetzung des materiellen Rechts fördern, erschweren oder sogar verhindern. Ohne verfahrensmäßige Hilfe der Verwaltung wird der Bürger schwerlich zu seinem Recht kommen"[1894]. Daher muß auch im Bereich der *Leistungsverwaltung* die Anhörungspflicht gelten[1895]. „Hat der Beteiligte... ein Recht auf die ihm gesetzlich zuerkannte Vergünstigung, greift die rechtswidrige Ablehnung in seinen Rechtskreis ein...- Auch die Nichteinhaltung eines generellen (gesetzlichen) Leistungsversprechens mindert somit den Rechtskreis der Beteiligten"; daher ist „auch die Leistungsverwaltung zur Anhörung verpflichtet"[1896]. Als Ergebnis ist daher zunächst festzuhalten, daß der Anwendungsbereich des § 28 I über die Eingriffsverwaltung hinaus zu erstrecken ist, um den grundgesetzlichen Vorgaben an ein zeitgemäßes Verwaltungsverfahren zu entsprechen.

Verfassungsrechtliche Zweifel ergeben sich auch an der in den §§ 24-28 VwVfG immer wieder auftauchenden ‚Definitionsmacht' der Verwaltung, einseitig bestimmen zu können, was an Tatsächlichem und Rechtlichem für das Verwaltungsverfahren ‚entscheidungserheblich' sein soll[1897]. Schon 1977 hatte das Bundesverfassungsgericht[1898] echten Dialog zwischen Verwaltung und Bürger gefordert: auch unter Berücksichtigung von Effektivitätsgesichtspunkten sei es im Licht der Grundrechte nicht gerechtfertigt, die Verfahrensgestaltung ausschließlich nach den Bedürfnissen der Verwaltung einzurichten[1899]: „Die Notwendigkeit des Gesprächs zwischen Verwaltung und Bürger

---

[1891] Schoch 1992,43
[1892] vgl. D II 2
[1893] S.12
[1894] Ehlers 1996,618
[1895] vgl. Sachs 1998,1276f.
[1896] Ehlers 1996,619; allerdings können hier die konkreten Mitwirkungspflichten des Bürgers und die Folgen ihrer Nichtbeachtung anders gewichtet sein, vgl. BT-DrS 7/910,49; BVerfG NJW 1992,2473; Kallerhoff 1998,543; Schoch 1992,39
[1897] Schoch 1992,39f.; Wölki 1985 a,318; zur entsprechenden Problematik bei der Begründung des VA vgl.E III 2
[1898] BVerfGE 45,297,335
[1899] Blümel 1982,28; vgl. Hill 1987,12; z.B. daß ein Verwaltungsverfahren „möglichst reibungslos verläuft und der Bürger lediglich die von der Verwaltung geschaffenen

entspricht dem grundgesetzlichen Verständnis der Stellung des Bürgers im Staat"[1900]. Darum ist der Bürger nicht nur ‚zusätzliches Anhängsel' während des Verwaltungsverfahrens, sondern als Subjekt wesentliches unverzichtbares *Ziel behördlichen Wirkens* und somit zentral in das Verwaltungsverfahren mit einzubeziehen. Auch nach sozialwissenschaftlichen Erkenntnissen[1901] sehen die Bürger in der Verfahrenspartizipation einen sehr wichtigen Punkt. Der Wertewandel fördert diese Bereitschaft zum partizipativen Engagement. „Zwischen den Selbstentfaltungswerten und der Bereitschaft zum Engagement besteht ein sehr enger positiver Zusammenhang"[1902]. Zugleich zeigen *die geringen Werte ungeteilter Zufriedenheit* noch erhebliche Defizite in der Verwaltungspraxis, die vor dem verfassungsrechtlichen Hintergrund nicht hingenommen werden können (dazu Tabellen 36 und 37, S.256).

Tabelle 36: Bürger-Partizipation
„Ist Bürger-Partizipation durch die Verwaltung willkommen (Angaben in %; bei 5er-Skala gab es für ‚ja' und ‚nein' je 2 Abstufungen)?"

Quelle	ja	teils-teils	nein	Bemerkungen
Passau 1995 – wichtig	79,6	15,9	4,5	5er-Skala
Münster 1997 II,106 – wichtig	67,9	12,9	5	5er-Skala, Verwaltungsverfahren allgemein
Münster 1997 II,181 – zufrieden	29,2	32,9	19,7	5er-Skala, Verwaltungsverfahren allgemein
Münster 1997 III/4,16 – wichtig	75,2	9,4	5,2	5er-Skala, Genehmigungsverfahren
Münster 1997 III/4,23 – zufrieden	35,1	35,9	17,9	5er-Skala, Genehmigungsverfahren
Passau 1995 a – wichtig	47			Leitbild-Befragung
Passau 1995 a – zufrieden	32			Leitbild-Befragung

Tatsachen zur Kenntnis nehmen kann" (BVerfGE 45,297,335)
1900 BVerfGE 45,297,335; so auch BVerwGE 72,316f.; vgl. BVerfG NJW 2000,276
1901 Münster 1997 II,135
1902 Klages 2001 a,1

Tabelle 37: Einzelaspekte der Partizipation
Dem Bürger *wichtige Einzelaspekte* der Verfahrenspartizipation (Angaben in Prozent nach Passau 1995, 5er-Skala, so daß bei ‚ja' und ‚nein' jeweils 2 Stufungen möglich waren).

Bürgeranliegen	ja	teils-teils	nein
Eingehen auf seine Bedürfnisse	78,8	18,2	3
Offener Dialog	81,1	15,5	3,3
Mitwirkung bei Entscheidungen	79,6	15,9	4,5

Zu Feststellung und Bewertung des wahren Sachverhalts sind gemäß § 24 II VwVfG *alle* Umstände zu berücksichtigen[1903]. Entscheidungserhebliche Umstände werden aber nicht durch 'unmittelbare Offenbarung' bekannt, sondern grundsätzlich in einem Prozeß von Interaktion und Kommunikation zwischen Bürger und Verwaltung gewonnen[1904]. „Da die Behörde vielfach nicht in der Lage ist, den Sachverhalt ohne Hilfe der Beteiligten in vollem Umfang aufzu-klären, sollen die Beteiligten im Interesse einer sachgerechten Entscheidung an der Aufklärung des Sachverhalts mitwirken"[1905]. Ein Mitwirkungsrecht bedingt ihre Einbeziehung *und* ist für Effizienz und Richtigkeit der Amtsermittlung in einer guten Zusammenarbeit erforderlich.
Oft geht es darum, den Amtsermittlungsgrundsatz zu ergänzen[1906]. Bei nicht mehr ermittelbarem Sachverhalt kann z.B. eine sachverhaltsfeststellende Vereinbarung in Form eines Vergleichs getroffen werden[1907]. Ausmaß und Vollzug von Regelungen können der Situation entsprechend gemeinsam gestaltet werden, weil es aufgrund der Komplexität von zu lösenden Problemstellungen in naturwissenschaftlicher, technologischer, ökonomischer, ökologischer und sozialer Hinsicht immer wieder dem Normgeber nicht möglich war bzw. mißlungen ist, präzise vollziehbare Regelungen für den Normvollzug zur Verfügung zu stellen[1908]. Statt dessen finden die Verwaltungen hier häufig nur eine geringe normative Regelungsdichte unter Verwendung einer Vielzahl unbestimmter Rechtsbegriffe und von Generalklauseln vor. Ohne Kooperation mit den Betroffenen kann die Verwaltung u.U. nicht in der Lage sein, den zugrundeliegenden Sachverhalt vollständig zu erfassen, die entscheidungsrelevanten Gesichtspunkte herauszufiltern und zu bewerten. Sie kann sogar auf die Information und den Kenntnisstand der Betroffenen, bisweilen ihre überlegene Sachkunde angewiesen sein[1909]. So dient etwa die Mitwirkungspflicht aus § 26 II VwVfG „dem Interesse der Allgemeinheit an einer effektiven

[1903] BT-DrS 7/910,48; Kallerhoff 1998,566
[1904] Hill 1987,43
[1905] BT-DrS 7/910,50
[1906] vgl. Hill 1987,43
[1907] Kallerhoff 1998,550
[1908] vgl. Ritter 1992,641ff.
[1909] So meine Erfahrungen insbesondere aus der Erfahrung als Industrie-Anwalt

Verwirklichung der Verwaltungsaufgaben"[1910]. Probleme entstehen, wenn sich hier die Verwaltung auf eine vermeintlich einseitige ‚Definitionsmacht' bei Erstellung der ‚relevanten' VA-Grundlagen zurückzieht und damit unvollständige Verfahrensunterlagen entstehen.

Tabelle 38: Unvollständige Verfahrensunterlagen
Aussagen zu Verfahrensverzögerungen durch unvollständige Unterlagen (Angaben in %).

Quelle	Kam es dazu? ja	Kam es dazu? nein	Bürger-verschulden	Verwaltungs-verschulden	Bemerkungen
Bad Kreuznach 1997	31,8	68,2			Sozialamt
Bad Kreuznach 1997	24,6	75,4	18	16	Verwaltung insgesamt; Gründe
Bad Kreuznach 1997	19,2	80,8			Jugendamt
Bad Kreuznach 1997	17,5	82,5			Ordnungsamt
Buxtehude 1998			30,8	48,7	Erneuter Besuch nötig? ja:20,4; nein: 79,6
Münster 1997 III/4,7			31	46	Genehmigungsverfahren

Der Bürger erlangt Kenntnis über die Unvollständigkeit seiner Angaben nach der Studie Bad Kreuznach 1997 (in näherer Betrachtung der problembejahenden 24,6 % für die Verwaltung insgesamt) zu 66 % erst durch die Erörterung mit der Verwaltung, zu 18 % daraus, daß der Bürger etwas vergessen hatte und zu 16 % aus *Falschinformationen* durch die Verwaltung. In *Genehmigungsverfahren* spielt[1911] die Verzögerung durch unvollständige Unterlagen sogar die *Hauptrolle* (daneben resultieren sie zu 18 % aus Rechtsvorschriften). Ein kooperativ erstellter Sachverhalt hingegen vermeidet solche Probleme und schafft der Verwaltung eine unbestrittene Entscheidungsgrundlage, eine Vorabklärung unterschiedlicher Auffassungen und eine erhöhte Erwartungs- und Verhaltenssicherheit für die Dispositionen des Bürgers und dient damit zugleich der Entfaltung der verfassungsrechtlich geschützten Menschenwürde des Bürgers[1912]. Die Interaktion besteht in der Praxis zum

[1910] BVerwG DVBl.1999,869
[1911] so die Studie Münster 1997 III/4,7
[1912] vgl. Schmidt-Aßmann 1997 EL,26

guten Teil im Austausch von Informationen, die fehlen oder falsch sind. Die Verwaltung braucht Informationen vom Bürger, um Entscheidungen zu fällen, umgekehrt der Bürger Informationen, wie er sich verhalten muß, z.B. im Hinblick auf Normen[1913]. Die Verwaltung klärt den Bürger über die Anliegen der geltenden Rechtsordnung auf und zeigt Möglichkeiten und Grenzen rechtlicher Intervention[1914]. Ihre Aufgeschlossenheit gegenüber einer Verwaltungskritik bekunden in diesem Zusammenhang 57 % der Bürger[1915]. So sprechen auch Gründe effektiver Aufgabenerledigung, wie sie der Verwaltung aufgegeben sind (vgl. nur § 10 VwVfG) für eine besondere Betonung eines Dialogs. Eine abschließende gemeinsame Reflexion bei der Anhörung im Verwaltungsverfahren führt zur verbindlichen Verständigung über gegenseitige Erwartens- und Verhaltenserwartungen als wirksamem Miteinander aller Verfahrensbeteiligten, weil nur so Gestaltungsspielräume, Konfliktlagen und unterschiedliche Interessen zum akzeptierten Ausgleich gebracht werden können[1916]. Nach den Werten der Münster-Studie 1997[1917] ergibt sich danach auch eine überdurchschnittliche Zufriedenheit des Bürgers. In der Praxis beobachtbare Fehlentwicklungen werden dadurch verstärkt, daß die Verwaltung der Subjektstellung des Bürgers im Rahmen ihrer Ermittlungspflicht auch in anderen Bereichen nur ungenügend Rechnung trägt. So attestieren der Verwaltung nur ¼ der Befragten uneingeschränkt, daß sie z.B. *von sich aus* ausreichende Informationen zum Stand des Verwaltungsverfahrens gibt (Tabelle 39, S.259).

Noch negativer ist die Beurteilung in dem Bereich, in dem sich die Amtsermittlungspflicht der Verwaltung besonders professionalisiert und verschriftlicht hat: bei der Verwendung von Formularen und Vordrucken (Tabelle 40, S.260). Gerade in diesem Bereich, wo die Verantwortlichkeit der Verwaltung besonders groß und augenfällig ist, werden große Schwächen deutlich, die sich negativ auf ihre Amtsermittlungspflicht gemäß § 24 I VwVfG niederschlagen müssen – und damit die Bürger/Verwaltungs-Beziehung belasten. Nimmt man zu den grundsätzlichen die Probleme in Teilbereichen dazu, ergeben sich Unzufriedenheitswerte eines Spitzenwerts von 78 % (Leipzig 1995) über einen mittleren Bereich von jeweils ca. 60 % (Frankfurt am Main 1996, Stuttgart 1995, Viernheim 1995) bis zu den akzeptablen Werten *weit* unter 25 % (bei Bad Kreuznach 1997 und Emmendingen 1997) – und zeigen

[1913] Mayntz 1978,239; vgl. Schaubild 11 bei D I 4
[1914] vgl. Demmer 1995,173
[1915] teils-teils 10 %, nein 34 %; Leipzig 1998, 6er-Skala
[1916] Bonk 1996 III,223: „Hervorzuheben ist, daß die Durchführung von Ortsbesichtigun gen... (und) Anhörungsterminen... nach der bisherigen praktischen Erfahrung nicht nur zu einer tatsächlich besseren Entscheidungsgrundlage ... führt. Vielfach werden durch weitere Sachverhaltsaufklärungen und eingehende Rechtsgespräche mit den Beteiligten auch einvernehmliche Lösungen erzielt, die zu einem tatsächlichen Ausgleich der unterschiedlichen Belange... führen".
[1917] so II,186,212f.

Tabelle 39: Informationsfluß seitens der Verwaltung
„Gibt die Verwaltung während eines Verwaltungsverfahrens *von sich aus* ausreichende Informationen an den Bürger (Angaben in %, 5er-Skala bedeutet, bei den ‚ja' und ‚nein'-Antworten gab es je 2 Abstufungen)?"

Quelle	ja	teils-teils	nein	Bemerkungen
Münster 1997 II,108 – wichtig	56,6	22,9	7,1	5er-Skala, allgemeines Verwaltungsverfahren
Münster 1997 II,183 – zufrieden	20,9	36,3	26,8	5er-Skala, allgemeines Verwaltungsverfahren
Münster 1997 III/4,17 – wichtig	60,7	23,9	6	5er-Skala, Genehmigungsverfahren
Münster 1997 III/4,25 – zufrieden	23,1	39,3	27,3	5er-Skala, Genehmigungsverfahren
Berlin 1998 – wichtig	58		39,8	

die unterschiedliche Qualität der Verfahrensdurchführung seitens der Verwaltung. „Das größte Unzufriedenheitspotential findet sich bei... der ‚Verständlichkeit der Formulare', rund jeder vierte Befragte äußert sich ‚eher unzufrieden'"[1918]. „Von der Verwaltung herausgegebene Antragsformulare müssen (aber) richtig und vollständig sein"[1919]. Sie müssen für den Bürger als Laien im entsprechenden Fachrecht „ausreichend verständlich, klar und eindeutig abgefaßt sein. Zudem dürfen in bezug auf das Durchlesen keine unzumutbaren Anforderungen... gestellt werden"[1920]. Danach erscheint bessere Hilfestellung durch die Verwaltung aus verfassungsrechtlichen Gründen erforderlich[1921]. Dies halten nach der Studie Viernheim 1995 auch 80,6 % der Bürger für wichtig[1922], zufrieden sind sie damit – im Sinne obigen Befundes – nur zu 25,8 %[1923]. Doch dürfen dem Bürger bei Vordrucken als „Verwendung einer vereinfachten Erklärung keine Nachteile erwachsen"[1924].

1918 Frankfurt am Main 1996; vgl. FG Rheinland-Pfalz NJW 1999,3799: Steuervordruck als ‚Buch mit sieben Siegeln'
1919 Laubinger 1972,458
1920 FG Rheinland-Pfalz NJW 1999,3799
1921 so auch Emmendingen 1997; vgl. Bad Kreuznach 1997
1922 teils-teils = 15,1 %; nein = 4,3 %; 5er-Skala
1923 teils-teils = 25,7 %; unzufrieden = 15,2%
1924 BVerfG NJW 2000,275

Tabelle 40: Formulare und Vordrucke
„Wie beurteilen sie die Verwendung von Formularen und Vordrucken im Verwaltungsverfahren (Angaben in %, 5er-Skala bedeutet, bei den ‚ja' und ‚nein'-Antworten gab es je 2 Abstufungen)?"

Quelle	Wie oft auszufül-len?	Probleme beim aus-füllen? ja	teils-teils	nein	Bemerkungen
Leipzig 1995		45	33	19	5er-Skala
Hamburg 2000				23	Finanzamt
Essen 1998		44		56	
Frankfurt a.M. 1996		28	32	35	
Hamburg 2000				35	Verwaltung insgesamt
Hamburg 2000				38	Meldestelle
Stuttgart 1995		25	36	39	5er-Skala
Viern-heim 1995		25,2	33,1	28,7	5er-Skala
Pforzheim 1996		22,2	23,9	27,5	5er-Skala
Frankfurt a.M. 2000		22		41	5er-Skala
Bad Kreuz-nach 1997	14,9	21		78	Gründe genannt
Emmen-dingen 1997	24,13	12,05		87,95	mit Gründen, Verwaltungshilfe in 50%

Die aufgezeigten Mängel der Verwaltungspraxis verstärken also den grundgesetzlichen Befund und müssen dazu führen, daß die ‚Definitionsmacht' über entscheidungserhebliche Sach- und Rechtsfragen nicht mehr allein der Verwaltung überantwortet werden kann, *wenn* der Bürger hier einen eigenen diesbezüglichen Vortrag macht. Dies ist Grundvoraussetzung partnerschaftlichen, fairen Zusammenwirkens[1925].

[1925] vgl. Ehlers 1996,617

Entsprechendes gilt auch für die ‚Gelegenheit zur Stellungnahme' (vgl. § 28 I VwVfG), die ebenfalls Probleme birgt[1926]. Dazu gehört auch die Möglichkeit zu Rückfragen im laufenden Verwaltungsverfahren, die für sehr wichtig erachtet wird[1927], aber oft nicht gegeben ist.

Tabelle 41: Rückfragen im Verfahren
„Wie beurteilen sie die *Möglichkeit zu Rückfragen* an die Verwaltung während eines Verwaltungsverfahrens (Angaben in %, alles 5er-Skala, d.h. bei den ‚ja' und ‚nein'-Antworten gab es je 2 Abstufungen)?"

Quelle	ja	teils-teils	nein	Bemerkungen
Münster 1997 II,108 – wichtig	76,3	12	0,9	Allgemein Verwaltungsverfahren
Münster 1997 II,183 – zufrieden	53	26	8,4	Allgemein Verwaltungsverfahren
Münster 1997 III/4,18 – wichtig	72,7	18,8	0 (!)	Genehmigungsverfahren
Münster 1997 III/4,26 – zufrieden	52,2	25,6	11,1	Genehmigungsverfahren

¾ der Bürger halten die Rückfragemöglichkeit für wichtig, aber nur ½ sind mit ihr zufrieden. ‚Kompensation' bietet auch nicht die Gelegenheit zur schriftlichen Stellungnahme. Denn die bloße Gelegenheit zur *schriftlichen* Stellungnahme erreicht den Zweck der Anhörung oft deswegen nicht, weil hier die Möglichkeit entfällt, *Verständnis* zu erzielen und einen *Befriedungseffekt* zu erreichen[1928]. Dies bestätigt auch der empirisch erhobene unterschiedliche Grad von Zufriedenheit nach Art des Verwaltungskontaktes, wie z.B. in der Studie Essen 1998 aufgezeigt: bei bloß schriftlichen Verfahrenskontakten ist nur die Hälfte der Bürger zufrieden. Bei telefonischem Kontakt steigert sich dies bereits auf 61 % der Bürger und erreicht bei persönlicher Rücksprache beim Verwaltungsmitarbeiter einen Spitzenwert von 82 % Zufriedenheit[1929].

[1926] vgl. BerlVerfGH NJW 2000,69: unvorhergesehene Sachvortragsberücksichtigung
[1927] Münster 1997 II,111
[1928] vgl. Bonk 1998,643f.
[1929] vgl. Tabelle 24, S.220. Bei solchen persönlichen Kontakten treten allerdings bürobedingte Schwierigkeiten in der Wahrung der Subjektstellung des Bürgers auf, die entsprechende Sicherungsmaßnahmen erfordern, um die Intimsphäre bei Gesprächen zu wahren. Zufrieden sind hier nur 25 % der Bürger, 16 % zum Teil – doch sehen 55 % (!) hier Mängel (Bocholt 1995, 5er-Skala). Im Zeitalter von Großraumbüros und

Persönlicher Kontakt wird mit 85-90 % nicht nur als sehr wichtig eingestuft, die Bürger sind bei seiner Durchführung auch zu 75 % (und mehr) ganz oder teilweise zufrieden, was damit verfassungsrechtliche Qualität gewinnt[1930]. So werden die Kritiken „in der Tendenz positiver, wenn der Kontakt ... in erster Linie über den immer gleichen Sachbearbeiter aufgenommen wurde und somit eine Art ‚persönliches Verhältnis' aufgebaut worden war"[1931].

Tabelle 42: Persönliche Zusammenarbeit

„Würden sie die Zusammenarbeit mit einem ihnen schon länger bekannten Verwaltungsmitarbeiter in Verwaltungsverfahren vorteilhaft beurteilen (Angaben in %, 5er-Skala bedeutet, bei den ‚ja' und ‚nein'-Antworten gab es je 2 Abstufungen)?"

Quelle	ja	teils-teils	nein	Bemerkungen
Münster 1997 II,136 – wichtig	84,9	6,3	2,3	5er-Skala, allgemein Verwaltungsverfahren
Münster 1997 II,214 – zufrieden	50,6	24,4	13,1	5er-Skala, allgemein Verwaltungsverfahren
Münster 1997 III/4,19 – wichtig	90,6	3,4	2,6	5er-Skala, Genehmigungsverfahren
Münster 1997 III/4,27 – zufrieden	47,9	28,2	16,2	5er-Skala, Genehmigungsverfahren

Der Bürger kann hierbei auch besser einschätzen, wie sein Vorbringen berücksichtigt wird[1932].

Daß der persönliche Kontakt zwischen Bürger und Verwaltung offenbar der partnerschaftlichste, effektivste und bürgerfreundlichste Weg auch des Zusammenwirkens im Verwaltungsverfahren ist, ergibt sich aus der direkten Möglichkeit, entscheidungserhebliche Tatsachen und Rechtsfragen zu klären. Gerade bei Wertetypen, die sich schriftlich schlecht ausdrücken können und daher oft benachteiligt sind, kann die Subjektstellung im Verfahren beeinträchtigt sein. Hier muß der *vorgetragene* Sachverhalt in tatsächlicher und rechtlicher Hinsicht gewürdigt werden.

Computerisierung kommen hier neue Gefahren und Verantwortlichkeiten auf die Verwaltungen für das Verwaltungsverfahren zu (vgl. dazu B IV 2 b, Fn.1938ff., 2054)

1930 vgl. E II

1931 Osnabrück 1996

1932 vgl. BerlVerfGH NJW 2000,69

Nach der Intention der Rechtsprechung des Bundesverfassungsgerichts genügt zur Konkretisierung von Einlassungen des Bürgers, daß sie „in groben Zügen erkennen lassen, welche Rechtsgüter als gefährdet angesehen und welche Beeinträchtigungen befürchtet werden. Dabei darf nicht mehr gefordert werden als das durchschnittliche Wissen eines nicht sachverständigen Bürgers..."[1933]. Es kommt „im Ergebnis der Verhinderung eines Vortrags gleich, wenn ... (die Verwaltung) ohne vorherigen Hinweis Anforderungen an den Sachvortrag stellt, mit denen auch ein gewissenhafter und kundiger (Bürger) ... nicht zu rechnen brauchte"[1934].
Freilich stellen sich auch hier Fragen des Umfangs der Erörterungen hinsichtlich der Rechte des Bürgers und der Pflichten der Verwaltung vor dem Hintergrund der Ausnahmemöglichkeiten der §§ 28 II, III VwVfG, die immer wieder Probleme in der Bürger/Verwaltungs-Beziehung aufwerfen. Durch die Ausnahmen bei § 28 II und III sollen im Verhältnis zum Grundsatz des § 28 I Zielkonflikte geregelt werden[1935]. Aufgrund des verfassungsrechtlich ‚starken' Hintergrunds des § 28 I VwVfG versucht das Gesetz diese mit einem Grundsatz-Ausnahme-Schema zu steuern. Danach ist § 28 I weit und sind die Ermächtigungen zum Absehen von der Anhörung in II und III (in ihren unbestimmten Rechtsbegriffen und der Ermessensregelung) eng auszulegen[1936]. Ein *schematischer* Verzicht auf die Anhörung, etwa aus Beschleunigungsgründen oder bloßen fiskalische Interessen, wäre also *nicht rechtmäßig*[1937]. „Insbesondere unter den Bedingungen der Verwaltungsautomation scheint sich das Machtgefälle zwischen Verwaltung und... Bürger (heute)... zu vergrößern - mitverursacht und begünstigt durch die Wissenskonzentration im Bereich der Verwaltung, ... schon dadurch, ‘daß Umfang und Qualität von Verwaltungsleistungen ohne Rücksicht auf Bedürfnisse der Klientel autonom bestimmt werden’. Da sich soziale Interaktion regelmäßig automationshemmend auswirkt und deshalb gemieden wird, werden Kooperations- und Partizipationsstrukturen tendenziell zurückgedrängt"[1938]. Dies aber widerspricht der verfassungsrechtlichen Intention des § 28 I und kann daher durch §§ 28 II, III nicht gerechtfertigt sein. *Weitere* Ausnahmegründe des nicht abschließenden § 28 II müssen im übrigen mit den in II Nr.1-5 genannten gleichrangig sein, z.B. kann ein Absehen der Anhörung im verfassungskräftigen Interesse der Beteiligten selbst liegen (z.B. Offenbarung einer schweren Krankheit und Persönlichkeitsschutz aus Art. 1,2 GG)[1939]. Im Gegensatz zu II Nr.1, welcher der Verwaltung beim Vorliegen eines ‚öffentlichen Interesses' Ermessen zugunsten einer Anhörung beläßt, besteht bei III

[1933] BVerfG NJW 1982,2177
[1934] BVerfG NJW 2000,275
[1935] Hill 1987,38
[1936] Hill 1987,39; vgl. Bonk 1998,644ff.; Schoch 1992,42
[1937] Bonk 1998,644
[1938] Gurlit 1989,36; vgl. B IV 2 b
[1939] Bonk 1998,645

weitergehend sogar ein Anhörungs*verbot*. Daher müssen bei III besonders qualifizierte, schutzwürdige überragende Gemeinschaftsinteressen vorliegen, z.B. das Wohl des Bundes oder eines Landes bei einer Anhörung konkret gefährdet sein (vgl. die Ausnahmen bei § 29 II,30 VwVfG)[1940]. Wegen des Ausnahmecharakters von der grundsätzlichen Anhörungspflicht des § 28 I schon in II Nr.1 ist für III *erst recht* eine restriktive Auslegung geboten – die Verwaltung muß aus verfassungsrechtlichen Gründen beweispflichtig sein[1941]. Daher reichte „der Hinweis auf EDV-Notwendigkeiten oder Rationalisierungseffekte ... für eine sachgerechte Ermessensentscheidung auf Absehen von der Anhörung regelmäßig nicht aus"[1942]. Eine aus der Wahrnehmung von Anhörungsrechten resultierende Zeitverzögerung wäre hinzunehmen, weil der Grundrechtsschutz höher angesehen werden muß. Denn die Anhörungsrechte gehören zu den wichtigsten Verfahrensrechten der Bürger[1943].
Ein verfassungsrechtlich problematisches Absehen von einer ordnungsgemäßen Anhörung liegt auch in den ‚Heilungsfällen' vor. Grundgesetzlicher Ausgangspunkt ist hier, daß „die rechtliche Bedeutung eines Verstoßes gegen Vorschriften über das Verwaltungsverfahren aus dem der Verwaltungsvorschrift zugedachten Zweck, insbesondere aus ihrer Schutzfunktion für den Betroffenen, herzuleiten" ist[1944]. Der im Entwurf 1973 hinzugekommene Anspruch auf die Anhörung zeigt, welche verfassungsrechtliche Bedeutung der Gesetzgeber dem Schutz der Bürger im Verwaltungsverfahren beimißt. Gleichwohl wurde in den Reformgesetzen 1996 der Bürgeranspruch des § 28 I geschwächt, indem der Verwaltung eine Heilungsmöglichkeit für fehlende oder fehlerhafte Anhörungen selbst über mehrere Instanzen eines verwaltungsgerichtlichen Verfahrens hinein ermöglicht wurde[1945].
Besondere Bedenken hinsichtlich Bestandskraft[1946] und neutralem Verfahren bestehen aus Verfassungssicht bereits hinsichtlich der zeitlich erweiterten Fehlerheilungsmöglichkeiten bis hinein ins anhängige Gerichtsverfahren. Akzeptanzprobleme so ‚geheilter' Verwaltungsakte sind vorprogrammiert[1947]. „Der besondere Schutzzweck des Art. 19 Abs. 4 Satz 1 GG ... (gebietet) es, daß Rechtssicherheit... binnen angemessener Frist bewerkstelligt werde: dies ist der Sinn von verfahrensrechtlichen... Fristen"; es ist „ein unabdingbares Anliegen der Rechtsgemeinschaft, klare und feste Regelungen darüber zu haben, ab wann ein hoheitliches Verhalten bestandskräftig ist...- Dies gilt

---

[1940] Bonk 1998,649
[1941] Bonk 1998,650
[1942] Bonk 1998,649
[1943] Ehlers 1996,617; vgl. Bonk 1998,631
[1944] BVerwGE 27,295; BVerwGE 37,307
[1945] vgl. §§ 87 I 2 Nr.7, 94 S.2, 114 S.2 VwGO; die späteren klarstellenden Änderungen in §§ 45 II VwVfG, 87 I 2 VwGO ändern daran nichts, da die materiell verändernden Generalklauseln erhalten blieben, vgl. § 45 I Nr.2,3 VwVfG, 114 S.2 VwGO+Vorwort
[1946] siehe zur Bedeutung auch die Tabellen 12,13 S.118 unter C IV 3
[1947] Lotz 1996 I,92; ähnlich Lotz 1996 A,105 sowie Baumann 1996 A,127

zumal im Verwaltungsrecht. Es ist weithin von der Möglichkeit hoheitlich-verbindlicher Rechtsgestaltung und -feststellung gekennzeichnet...- So besteht auch ein verfassungsrechtliches Interesse daran, ... Bestandskraft herbeizuführen“[1948]. Das bedeutet aber, daß die Rechtssicherheit nicht durch nachträglich angestellte rechtserhebliche Bekundungen der Verwaltung infrage gestellt werden darf. Entsprechend sind für einen VA daher „die tatsächlichen Verhältnisse im Zeitpunkt der Verwaltungsentscheidung... maßgebend“, die den Bürger als VA erreicht[1949].

Erschwerend kommt eine Gefahr für die *Neutralität* des mit der Heilung befaßten Gerichts hinzu: indem es der Verwaltung eine Heilungsmöglichkeit einräumt (vgl. § 94 S.2 VwGO), muß der Eindruck entstehen, daß die nötige Distanz gegenüber der Verwaltung – zu Lasten des Bürgers - nicht mehr gewahrt wird[1950]. „Das Vertrauen des Bürgers in die Unabhängigkeit der Verwaltungsgerichte wird schwer erschüttert durch die vorgesehene Verpflichtung des Gerichts, die Verwaltung auf Verfahrens- und Formfehler hinzuweisen und deren Heilung zu ermöglichen“[1951]. Denn es ist „nicht Aufgabe des Gerichts, ein 'steckengebliebenes' Verwaltungsverfahren wieder in Fahrt zu bringen“[1952]. „Das Bild nach außen ... (ist) verheerend. Danach ergreifen die Richter Partei für die Verwaltung...- Der Bürger, der sonst aufgrund von Verfahrens- und Formfehlern Recht bekommen hätte, würde diesen Prozeß verlieren“[1953]. Das Verwaltungsgerichtsverfahren erscheint als bloße Fortsetzung des vorangegangenen Verwaltungsverfahrens; es ist aber qualitativ etwas völlig anderes[1954]. Eingriffe in den Kernbereich der Exekutive dürfen jedoch nicht vorgenommen werden[1955]. „Verwaltungsgerichte als Reparaturinstitution für fehlerhafte Verwaltungsentscheidungen sind zugleich eine Einladung an die Verwaltung...- Denn sie müssen keine Kassation ihrer Entscheidungen mehr befürchten, selbst wenn die Fehler offensichtlich und entscheidungserheblich sind...- Die generalpräventive Wirkung der Kassation entfällt...- Mühsam beschlossene Standards (werden)... zurückgenommen“[1956]. „Die Gerichte haben ... (Sachverhalts-)Feststellungen und Bewertungen nur auf ihre Rechtmäßigkeit hin zu überprüfen, nicht aber ihre eigenen Bewertungen an deren Stelle zu setzen...- Diese Prüfungsabfolge, die sich im Einklang mit dem Grundsatz der Gewaltenteilung hält, wäre durchbrochen, wenn im Verwaltungsverfahren nicht oder verspätet vorgebrachte ... (Erörterungen der Verwaltung, d.Verf.) erst im gerichtlichen Verfahren zu klären wären, obwohl

---

[1948] BVerfGE 60,253,269ff.
[1949] vgl. Wölki 1987 a,69
[1950] Redeker 1996,521ff.; Stüer 1997,334; Bonk 1998,652
[1951] Verstegen 1996 a,670; vgl. Fn 1945
[1952] Schmidt-Aßmann 1997 EL,111
[1953] Verstegen 1996 A,104
[1954] s.o. D I 4
[1955] Creutzfeldt 1982,89
[1956] Baumann 1996 A,51

sie im Verwaltungsverfahren hätten vorgebracht und geklärt werden können"[1957].
Verfassungsrechtliche Bedenken gelten dieser Heilungsmöglichkeit des weiteren auch inhaltlich. „Die Anhörung *vor* Erlaß eines Verwaltungsaktes ist eine elementare Voraussetzung für ein rechtsstaatliches Verwaltungsverfahren"[1958], da sie „dem Bürger Gelegenheit geben soll, auf eine bevorstehende Entscheidung Einfluß zu nehmen"[1959]. Bei seiner Verweisung auf den abschließenden Verwaltungsakt kommt sein Rechtsschutz häufig nicht mehr rechtzeitig zur Wirkung und kann an vollendeten Tatsachen (‚faktischen Zwangsläufigkeiten') scheitern[1960]. „Hat die Verwaltung sich bereits fest entschlossen, wird diese Gestaltungsmöglichkeit des Bürgers Makulatur. Je weiter aber das Verfahren fortschreitet, desto mehr wird sich die Auffassung der Verwaltung verfestigen"[1961]. Beteiligungen Betroffener müssen daher „frühzeitig erfolgen, bevor wesentliche Vorentscheidungen getroffen sind"[1962]. „In keinem Fall darf die Entscheidungsbildung der Behörde bereits vor der rechtzeitigen Äußerung der Beteiligten abgeschlossen sein"[1963]. Zugleich wird einem der Zwecke des Verfahrens entsprochen, frühzeitig einen Ausgleich der betroffenen Interessen zu ermöglichen[1964]. „In einem Verfahren als sich entwickelndem, nach vielen Seiten offenem System können einzelne Verfahrenshandlungen nicht isoliert betrachtet, herausgetrennt und nachgeholt werden (§ 45 VwVfG), ohne das System, die Gleichzeitigkeit der Einstellung der Belange, die situative Einmaligkeit und Unwiederbringlichkeit der gegenwärtigen Entscheidung, der maßgeblichen Problemsichten und Entscheidungskriterien zu stören"[1965].
Maßgeblich für die verfassungsrechtliche Beurteilung der Heilung ist, daß der *Schutzzweck* der Anhörung, die Überprüfung der Entscheidung anhand der Stellungnahme der Beteiligten zu ermöglichen, in seinem verfassungsrechtlichen Gewicht *mit der Nachholung noch erreicht werden kann*[1966]. Eine Nachholung der Anhörung muß danach in einem Verwaltungsverfahren erfolgen, das noch *ergebnisoffen* auch zu Abänderungen des behördlichen Standpunktes führen kann[1967]. Dies aber „stellt eine außerordentliche Heraus-

[1957] BVerfGE 61,82,114
[1958] Redeker 1996,523; ähnlich Ehlers 1996,622
[1959] Bracher 1997,535; vgl. Blümel 1982,83,89
[1960] BVerfG DVBl.1981,374 unter Berufung auf BVerfGE 53,30; Blümel 1982,84f.
[1961] Eckert 1996 I,72; ähnlich Hufen 1982,2167f.; Grimm 1985,872
[1962] Steinberg 1996,13
[1963] Ehlers 1996,620
[1964] vgl. OVG Hamburg VerwRspr 29 (1978) Nr.153,825f.; BVerfGE 61,82,115
[1965] Hill 1987,44; vgl. Bonk 1998,636
[1966] Bracher 1997,536; Sachs 1998,1286; Sodan 1999,737
[1967] BVerwGE 68,268

forderung an die Fähigkeiten der Behörden zur Distanzierung von ihren bereits einmal getroffenen Entscheidungen dar“[1968].
Die verfassungsrechtliche Problematik liegt auf der Hand: „Ist die Entscheidung einmal gefallen, ist die Behörde in erster Linie daran interessiert, sie gegenüber bisher mangels Anhörung nicht berücksichtigten Umständen zu verteidigen“[1969]. „Massiv präjudiziert“ steht die Verwaltung nicht selten „als Gefangene ihrer ersten Entscheidung unter Rechtfertigungszwang“[1970].
Die Verwaltungspraxis bestätigt die Gefahr, daß eine nachgeholte Anhörung nur der nachträglichen Legitimierung eines vorher bereits rechtswidrig geschaffenen Zustandes dienen soll[1971]. „Da Vorschriften ohne Sanktion die Neigung fördern, sie aus vermeintlichen Gründen der Verwaltungseffizienz... wie der Praktikabilität, Flexibilität, Beschleunigung und Vereinfachung, nicht anzuwenden, ist in der Tat die faktische Geltung des Verwaltungsverfahrensrechts gefährdet“[1972]. „Eine Behörde, die weiß, daß die Verletzung des rechtlichen Gehörs folgenlos ist, wird die oft lästige und zeitaufwendige Pflicht vernachlässigen und aufgeben“[1973]. Das gilt sowohl für Sachverhaltserhebung und -bewertung entscheidungserheblicher Belange bei der Ausgangsbehörde als auch - erst recht - dann, wenn die Widerspruchsbehörde erkennt, daß die Erlaßbehörde einen solchen Belang übersehen hatte. Die Anhörung *vor* Erlaß ist dabei wegen des größeren Verwaltungsspielraums (vgl. §§ 40 VwVfG, 114 VwGO) bei Ermessensentscheidungen noch wichtiger, weil es dort stets mehrere und damit auch ‚andere‘ Entscheidungsmöglichkeiten gibt[1974]. Eine nachgeholte neue Ermessensentscheidung muß daher „auch im Rahmen eines

---

[1968] Sachs 1998,1286; „Schon generell ist die Neigung groß, an einer einmal getroffenen Entscheidung festzuhalten. Das beruht auf der verbreiteten menschlichen Abneigung, eigene Auffassungen zu revidieren, bei mehreren handelnden Personen auf einem gewissen verwaltungsinternen Solidaritätsdenken. Das Bundesverwaltungsgericht hebt z.B. zutreffend hervor, daß dem Erstbescheid im Widerspruchsverfahren eine ‘richtungsweisende Bedeutung’ zukomme“ (Bracher 1997,537; vgl. BVerwGE 37,307, 313). „Behördensolidarität kann dazu führen, daß die Widerspruchsbehörde einen Verfahrensfehler der Ausgangsbehörde heilt... und ihm so trotz des Fehlers eine Art ‚*verwaltungspsychologischer Bestandskraft*‘ verleiht“ (Hill 1987,51; kursiv = d.Verf.). Daher kann die bloße Einlegung eines Widerspruchs eine unterbliebene Anhörung im Ausgangsverfahren nicht heilen (Hill 1987,53); „in rechtsdogmatisch verblüffender Weise“ beseitigten sonst die §§ 68 ff. VwGO „mit dem rechtlichen Gehör ein Verfahrensrecht, dem allgemein eine verfassungsrechtliche Fundierung attestiert wird“ (Schoch 1992,44)

[1969] Redeker 1996,523

[1970] Bracher 1997,537

[1971] vgl. OVG Hamburg VerwRspr 29 (1978) Nr.153,828; Sachs 1998,1295; vgl. Kuhla/Hüttenbrink 1999,903; Sodan 1999,737

[1972] Sachs 1998,1272; vgl. VGH Kassel NVwZ 1982,136

[1973] Redeker 1996,523

[1974] vgl. BT-DrS 7/910,51; BVerwGE 66,186ff.; Sachs 1998 a,1328; Schoch 1992,46; Ramsauer 1997,10

Verwaltungsverfahrens vorgenommen werden, das geeignet ist, aufgrund einer neuen Ermessensbetätigung zu einer Abänderung des ohne Anhörung erlassenen Verwaltungsakts zu führen. Dazu reicht eine Anhörung in einem gerichtlichen Verfahren nicht aus"[1975]. Bei nachgeholter Anhörung muß der Bürger daher grundsätzlich befürchten, daß die Anhörung nur noch Formalität ist und keinerlei Effekt mehr hat[1976].

Die zentrale verfassungsrechtliche Vorschrift der Anhörung würde daher durch § 45 II qualitativ „ganz grundlegend entwertet", die Verfassungsbindung relativiert[1977]. „Die nachträgliche Gewährung rechtlichen Gehörs kann nur noch zu einer Revision der bereits getroffenen Entscheidung führen. Sie kann schon aus diesem Grund die Funktion, dem Bürger durch Artikulation seiner Interessen und Vortrag von rechtserheblichen Tatsachen und Erwägungen Einflußnahme auf die Entscheidung zu ermöglichen, nicht mehr erfüllen"; es steht dem einfachen Gesetz „aber nicht zu, das Prinzip der Gewährung rechtlichen Gehörs vor Erlaß der angefochtenen Entscheidung als solches in Frage zu stellen...- Dem Gesetzgeber steht (zwar) bei der Regelung der Rechtsfolgen eines Verfahrensfehlers ein 'Sanktionierungsspielraum' zu"[1978]; doch „wenn die grundrechtsschützenden Pflichten zur Anhörung und zur Begründung... nicht (mehr) effektiv sanktioniert sind, läuft der betroffene Bürger Gefahr, jedenfalls im VwVf als solchem nicht mehr in seiner Subjektstellung ernst genommen zu werden"[1979]. „Der Bürger ist im Verwaltungsverfahren ... der Gefahr ausgesetzt, zum Objekt staatlichen Handelns zu werden"[1980], da ihm die Einflußnahme auf das Verfahren und sein Ergebnis genommen würde und die nachträgliche Anhörung in der Regel nicht die gleiche Wirkung entfalten kann[1981]. Im Verhältnis zum Bürger erfolgte dadurch eine für das Verfahrensrecht verfassungsrechtlich nicht gewollte Entwertung des Kooperationsgedankens[1982]. Die Anwendung der weitgehenden Heilungsmöglichkeiten führte zur Begründung eines neuen Subordinationsverhältnisses im Verwaltungsverfahren[1983]. Das Bundesverwaltungsgericht[1984] begreift hingegen zurecht die Erörterung von Einwendungen in der Verfahrensanhörung als Konfliktbewältigung in kooperativem Verständnis. Ein solches ist „in besonderem Maße geeignet, den Rechtsfrieden herzustellen und die Zahl der Rechtsmittel einzuschränken. Der Bürger wird eine im Wege der Verhandlung erreichte Lösung des Einzelfalles... , auch soweit diese ihm

[1975] BVerwGE 68, 275
[1976] Sellner 1996 A,125
[1977] Sellner 1996 A,124f.
[1978] Bracher 1997,535
[1979] Sachs 1998,1295
[1980] Bracher 1997,535; vgl. dazu D II 1 a
[1981] Bonk 1998,650f.
[1982] Schoch 1992,43
[1983] Sodan 1999,737; vgl. dazu E III 1
[1984] NVwZ 1997,489,490

Pflichten und Lasten auferlegt, innerlich eher akzeptieren als eine einseitig durch hoheitliches Handeln gesetzte Verwaltungsentscheidung"[1985].
Bei Anhörungsfehlern ist daher eine restriktive Handhabung von Heilungsmöglichkeiten verfassungsrechtlich geboten[1986]. So ist die nachträgliche Heilungsmöglichkeit immer dann verfassungsgemäß einzuschränken, wenn sich angesichts möglicherweise konkret betroffener Grundrechte dieser Verfahrensmangel als *schwerwiegend* erweist[1987], denn es wird „die objektivrechtliche Bedeutung der Grundrechte... nicht hinreichend berücksichtigt, die sich hier mit parallelen Grundsatzgehalten des Rechtsstaatsprinzips trifft"[1988]. Ein solcher Fall liegt *stets* vor, wenn die Anhörung ganz unterblieben ist[1989]. Bei einer fehlerhaften Anhörung oder dem Rückgriff auf ‚nachgeschobene' (zunächst für nicht entscheidungserheblich gehaltene) Erwägungen ist zur Beurteilung der qualitativen Wirksamkeit der Heilung die Funktion der vorherigen Anhörung zu berücksichtigen, die „eine Verständigung zwischen anhörender Stelle und dem Anzuhörenden" voraussetzt; dem „liegt die Erwägung zugrunde, daß die vorherige Anhörung einen wirksameren Schutz gewährleistet als die Prüfung nachträglicher Einwendungen durch die Widerspruchsbehörde und daß daher an die Nachholung der Anhörung erhöhte Anforderungen zu stellen sind"[1990]. Die Verwaltung darf nämlich für ihre Fehler nicht auch noch dadurch belohnt werden, „daß man die sachlichen Anforderungen an die nachzuholende Anhörung niedriger ansetzt als an die vorgeschriebene vorherige Anhörung"[1991]. Ohne *Anhebung der ‚Heilungsschwelle'* könnte die Verwaltung dazu „verleitet werden, unter Umgehung der Beteiligten schnell zu entscheiden, da etwaige Verfahrensmängel notfalls ja noch nachträglich behoben werden können"[1992]. Hinzu kommt, daß mit jeder Begünstigung von Verfahrensfehlern die Neigung wächst, „auf die Beachtung der Verfahrensvorschriften nur geringen Wert zu legen...- Die grundsätzliche

---

1985 BT-DrS 7/910,77

1986 Sander 1996 A,126: Dies gilt um so mehr, als die Gesamtintention der Novellen von 1996 die Wirtschaft begünstigen wollte, *gerade diese* aber auf ein fehlerfreies Verwaltungsverfahren mit *vorheriger* Anhörung drängte; namentlich bei nachträglichen Verwaltungsakten, die praktisch immer bedeutsamer werden. „Wir haben... sehr häufig technische Alternativen aufzeigen können, die dann aber nicht mehr... eingebracht werden konnten..., weil sich dann manchmal die technischen Fachbehörden bereits auf Dinge festgelegt hatten" – so auch die persönliche Erfahrung des Verf.

1987 Bonk 1998,636; v.Mutius 1982,2159

1988 Sachs 1998,1295; vgl. Sachs 1998,1310; Bonk 1998,651

1989 Eckert 1996 I,72; Kuhla/Hüttenbrink 1999,903

1990 OVG Münster DVBl.1981,689; vgl. auch Bonk 1998,642

1991 Ehlers 1996,621; so auch Schoch 1983,253; Sodan 1999,737

1992 Ehlers 1996,622; Die Verwaltung könnte „darauf ‚vertrauen', daß unbewußt, aber sogar auch bewußt begangene Verfahrens- und Formfehler... sogar noch in dritter Instanz... nachgeholt werden" (Sodan 1999,737)

Rechtsbindung der Verwaltung ... wird jedenfalls durch Sanktionen wesentlich gefördert"[1993].
Der Betroffene wird es zudem noch häufiger scheuen, einen VA anzufechten, wenn er damit rechnen muß, daß seine Bemühungen durch innerprozessuale Heilung nur allzu leicht fruchtlos bleiben können und er mangels vorheriger Anhörung den Stellenwert seines Vortrags nicht materiell abschätzen kann[1994].
Ein hinreichender verfassungsrechtlicher Schutz erfordert daher bei Zweifeln über die qualitativ wirksame Gleichwertigkeit nachgeholter Anhörungen, daß eine Nachholung vor Gericht an die Zustimmung des Betroffenen gebunden sein muß – eine nur an ‚Sachdienlichkeitskriterien' des Verwaltungsgerichts gebundene Zustimmung[1995] reicht nicht aus.
Im Ergebnis ist danach also eine nachträgliche Heilung von Anhörungsfehlern entgegen dem weiten Wortlaut der Neuregelung des § 45 II VwVfG nur unter den aufgezeigten eingeschränkten Voraussetzungen möglich; dies bedeutet eine weitgehende Beibehaltung der Rechtslage vor 1996. § 45 II VwVfG muß verfassungsgemäß so ausgelegt werden, daß eine Heilung vor Gericht *im Zweifel nur mit Zustimmung* der betroffenen Bürger zur Gewähr verfassungsrechtlich qualitativ gleichwertiger Anhörung möglich ist.
Die mit § 28 schon angesprochene Problematik erweitert sich, wenn man sie im Gesamtgefüge und Zusammenhang der §§ 24 - 28 VwVfG betrachtet[1996]. Dem Gesetz nach scheint nämlich bei der Rollenverteilung im Verhältnis zwischen Amtsermittlung und Bürgermitwirkung aufgrund der §§ 24 I, 26 I der aktive und damit ‚kompetenzgewährende' Part der ermittelnden Verwaltung zugewiesen[1997]. Nach dem Untersuchungsgrundsatz des § 24 „bestimmt die Behörde selbst über Art und Umfang ihrer Ermittlungen"[1998]. Das soll darauf beruhen, „daß das öffentliche Interesse an der Feststellung des wahren Sachverhalts Vorrang vor dem Privatinteresse der Beteiligten hat"[1999], könnte aber wieder eine Überordnung der Verwaltung begründen[2000]. So setzt die richtige Entscheidung eine vollständige und zutreffende Aufklärung des Sachverhalts durch die Verwaltung voraus[2001]. Hierbei werden vom Bürger allerdings

---

1993 Bracher 1997,537; Die Schwächung dieser Rechtsbindung 1996 „ist ein verheerendes Signal für die öffentliche Verwaltung und deren Rechtstreue. Für die Behörden muß die Versuchung nunmehr groß sein, lästige und zeitaufwendige Verfahrenserfordernisse einfach nicht mehr zu beachten" (Sodan 1999,737; vgl. Bonk 1998,1295)

1994 Sachs 1998,1295

1995 vgl. §§ 87 I 2 Nr.7, 94 S.2, 114 S.2 VwGO; vgl. Fn.1945 und Vorwort

1996 vgl. Hill 1987,44

1997 vgl. Wahl 1994,89

1998 BT-DrS 7/910,48f.

1999 BT-DrS 7/910,48f.

2000 vgl. E III 1

2001 so auch Kallerhoff 1998,543 unter Hinweis auf das Rechtsstaatsprinzip, insbesondere den Grundsatz der Gesetzmäßigkeit der Verwaltung höchst unterschiedliche Mitwirkungshandlungen erwartet, je nachdem, ob *er* etwas von der Verwaltung will oder *sie* gegen ihn repressiv vorgeht. So gibt es *materiellrechtlich* verschiedene Grundkonstellationen im Verhältnis Verwaltung-Bürger, die auch den Umfang der Mitwirkungslasten bestimmen[2002]. „So stehen im Mittelpunkt des Antragsverfahrens die vom Antragsteller vorzulegenden umfangreichen Unterlagen, während das Überwachungsverfahren seine Gestalt von der behördlichen Eigenermittlung her erhält"[2003]. Als Antragsteller kommt dem Bürger im ersten Falle die „gesamte Initiativfunktion mitsamt der Darlegungs- und Beibringungslast" zu, was die Verwaltung unter Zurücktreten ihrer eigenen Ermittlungspflicht überprüft[2004]. So kann sich das Anhörungs*recht* des Bürgers zugunsten der Problembewältigung 'verdichten' - in Form einer sog. Mitwirkungslast aus § 26 Abs.2[2005]. Genügt der Betroffene dieser, so erhält er die begehrte Rechtspositionen bestätigt *und* die Verwaltung ist bei der Amtsermittlung *entlastet*[2006]. § 26 Abs.2 dient damit zugleich dem Interesse der Allgemeinheit an einer effektiven Verwirklichung der Verwaltungsaufgaben[2007].

Aus dem materiellen Recht ergibt sich auch der Beweiswert zur Verfügung stehender Beweismittel[2008]. Ungewißheiten gehen im Bereich der Leistungsverwaltung danach zu Lasten des Bürgers, bei der Eingriffsverwaltung zu Lasten der Verwaltung[2009]. Es gilt der allgemeine Grundsatz, „daß derjenige die Folgen der Ungewißheit einer Tatsache trägt, der aus dieser Tatsache eine ihm günstige Rechtsfolge ableiten will" (sog. Normbegünstigungsprinzip)[2010]. Mit anderen Worten: Wer etwas Günstiges erreichen will, muß alles ihm Bekannte vortragen, was an Tatsachen und Beweismitteln aus seiner Wissens- und Einflußsphäre angesprochen ist[2011]. Jedoch kann „eine schuldhafte Beweisvereitelung seitens der ... (Verwaltung) zu einer Beweislastumkehr zu Gunsten" des Bürgers führen[2012].

Die Analyse der Rollenverteilung im Verwaltungsverfahren aus Sicht der Verwaltungskompetenz erhält einen anderen Akzent, wenn man ihre Dienstfunktion und damit Bürgerverpflichtetheit *verfassungsrechtlich* betrachtet. Bei der Ermittlung entscheidungserheblicher Umstände ist nämlich „das

---

2002 vgl. Laubinger 1972,445; Hill 1987,51; Schoch 1992,40; Wahl 1994,94f.; Kluth 1999,3513

2003 Wahl 1994,91

2004 Wahl 1994,94

2005 Kallerhoff 1998,552

2006 vgl. BVerfGE 61,82,115; Kallerhoff 1998,562: Arbeitsteilung in Verantwortungssphären

2007 BVerwG DVBl.1999,869

2008 Kallerhoff 1998,548f.,552

2009 Kallerhoff 1998,548

2010 vgl. Kallerhoff 1998,562

2011 Kallerhoff 1998,552

2012 BVerwG NJW 2001,841

materiell-rechtliche Grundverhältnis (zu berücksichtigen, ob)... der Antragsteller letztlich... seine Handlungsfreiheit ausnützen will,... die Behörde (nur) eine Kontrolle auf Rechtmäßigkeit des Handelns vornimmt“[2013]. So kann *in jedem Fall* bereits mit der Durchführung eines Verwaltungsverfahrens die Rechtssphäre des einzelnen unmittelbar beeinträchtigt, können Grundrechte betroffen sein (vgl. Art. 2 I GG)[2014]. „Je schwerwiegender die Rechtsfolgen der Entscheidung und je größer die Beweisschwierigkeiten für den Betroffenen sind, um so eingehender muß die Ermittlung sein...- Berührt die Entscheidung Verfassungsrechte des Betroffenen, wird die Pflicht zur Sachaufklärung verschärft“[2015]. Auf diesem Hintergrund ist auch die Bedeutung der Anhörung im Gefüge der §§ 24-28 VwVfG zu beurteilen.

Tabelle 43: Anhörung im Verwaltungsverfahren
„Wie beurteilen sie die *Anhörung im Verwaltungsverfahren* (Angaben in %, 5er-Skala bedeutet, bei den ‚ja‘ und ‚nein‘-Antworten gab es je 2 Abstufungen)?“

Quelle	ja	teils-teils	nein	Bemerkungen
Osnabrück 1996 – wichtig	88		9	
Münster 1997 II,108 – wichtig	57,7	17,7	10,4	5er-Skala, allgemein Verwaltungsverfahren
Münster 1997 II,183 – zufrieden	46,3	27,1	7,6	5er-Skala, allgemein Verwaltungsverfahren
Münster 1997 III/4,18 – wichtig	57,3	23,1	8,5	5er-Skala, Genehmigungsverfahren
Münster 1997 III/4,25 – zufrieden	44,5	32,5	7,7	5er-Skala, Genehmigungsverfahren

Der Bürger bestätigt in den Befragungen, daß die Anhörung im Verwaltungsverfahren für ihn wichtig ist und auch wahrgenommen wird. Nimmt man die ja- und teils-Antworten zusammen, ergeben sich in obiger Zusammenstellung stets verfassungsrechtlich bedeutsame Zustimmungswerte um 75 % (75,4 %; 73,4 %; 80,4%; 77%). „Weit überdurchschnittlich wichtig ist den Unterneh-

[2013] Wahl 1994,94 Fn.35
[2014] vgl. Bonk 1998,630; Blümel 1982,37
[2015] Kallerhoff 1998,555f.; Beispiele dafür in BVerfG NJW 1980,514f.; BVerfG NVwZ 1983,674,677

men die ‚Möglichkeit, Anliegen persönlich vertreten zu können'" – dies gilt überdurchschnittlich auch für Private wie Vereine[2016].
Hinzu kommt wertemäßig die Selbstentfaltungsebene, seine Freiheitsverantwortlichkeit auszuüben. Die Verwaltung muß in Verwaltungsverfahren hierbei ihr Augenmerk auf den konkret Betroffenen richten und bei hilfsbedürftigen, z.B. kranken oder alten Menschen, den Untersuchungsgrundsatz durch Auskunft, Beratung oder Betreuung (§ 25) so ergänzen, daß die Rollenverteilung verfassungsentsprechend ausgefüllt werden kann[2017].
Wie die Ausführungen[2018] bereits zeigten, kann die Verwaltung verfassungsrechtlich verpflichtet sein, den Bürger bei der Realisierung seiner Freiheit zu unterstützen und zur Verwirklichung der Grundrechte, des Rechts- oder des Sozialstaats beizutragen. „Die Freiheit ist wertlos, wenn die tatsächlichen Voraussetzungen fehlen, sie zu gebrauchen"[2019]. „Denn das materielle Recht wird weitgehend entwertet, wenn den Berechtigten nicht... (die) tatsächliche Möglichkeit gegeben wird, es auszuschöpfen", um „dem sozialen Rechtsstaat auch zur Wirklichkeit zu verhelfen"[2020].
§ 25 normiert in diesem Zusammenhang „erstmals für das allgemeine Verwaltungsverfahren die 'Betreuungspflicht' der Behörde gegenüber den am Verfahren Beteiligten"[2021]. „Als das gesamte VwVf als Entscheidungsprozeß... begleitendes Institut wirkt die Betreuungspflicht auf alle Verfahrensrechte ein"[2022]. Verfassungsrechtliche Grundlagen sind neben Art. 1 GG das Rechts- und Sozialstaatsprinzip. Durch die Einfügung des § 25 ins Verwaltungsverfahrensgesetz wollte „die Bundesregierung vor allem auch einen Beitrag zur weiteren rechtsstaatlichen Ausgestaltung des Verwaltungsverfahrens, zum verstärkten Schutz der Beteiligten und ihrer Interessen am Verfahren sowie zu einer noch größeren Voraussehbarkeit behördlicher Entscheidungen leisten"[2023]. Denn „im Rechtsstaat soll niemand aus Unkenntnis seiner Rechte verlustig gehen" – auch nicht „bei der Durchführung eines Verwaltungsverfahrens"[2024].

[2016] Münster 1997 II,135
[2017] vgl. Maurer 1976,489; Ule 1976,428; Kunig/Rublack 1990,5; v.Mutius 1982,2152f.
[2018] zu D II 1 b
[2019] v.Arnim 1977,24
[2020] Laubinger 1972,449,454; dazu auch D II 1 b
[2021] Kallerhoff 1998 a,576; vgl. BT-DrS 7/910,30; Der Gesetzgeber wollte eine allgemeine Erweiterung der „*zunächst* zum *Sozialrecht* ergangene(n) Rechtsprechung zur Betreuungspflicht der Behörden..., der jedoch *darüber hinaus allgemeine Bedeutung* zukommt" (BT-DrS 7/910,49; kursiv = d.Verf.).
[2022] Kallerhoff 1998 a,578
[2023] BT-DrS 7/910,30
[2024] BT-DrS 7/910,49; Auskunft ist die unverbindliche Rechtsmitteilung, Beratung auch ein Rat, welche Maßnahmen der Bürger zweckmäßigerweise im konkreten Fall ergreifen könnte (Laubinger 1972,445). Die Beratung erstreckt sich „über die Gewährung von Rechtsauskünften hinaus... auch auf die Hilfe bei der Anfertigung von Schriftsätzen

Insbesondere der Bundesgerichtshof hat aus diesen Erwägungen eine Amtspflicht entwickelt[2025]. „Da der Informationsstand des Publikums seine Handlungsmöglichkeiten beeinflußt, bedeutet der besonders geringe Informationsstand von Behördenklienten niedrigen sozialen Status' oft eine faktische Benachteiligung“[2026], aber auch der bei Bürgern im vorgerückten Alter[2027], z.B. bei der Rückforderung überzahlter Steuern. Die Wichtigkeit von Verwaltungsauskünften wird vom Bürger fast einhellig bejaht (so wird sie in der Studie Viernheim 1995 in der Wichtigkeit von 98,2 % der Befragten *uneingeschränkt* bejaht). Die Zufriedenheit ergibt ein sehr uneinheitliches Bild – doch ist es schon eklatant, wenn gerade in Viernheim nur gut 50 % mit den Auskünften voll zufrieden sind.

Tabelle 44: Auskünfte durch die Verwaltung
„Sind sie mit den Auskünften der Verwaltung zufrieden (Angaben in %, 5er-Skala bedeutet, bei den ‚ja' und ‚nein'-Antworten gab es je 2 Abstufungen)?“

Quelle	ja	teils-teils	nein	Bemerkungen
Viernheim 1995	51,5	27,9	10,6	5er-Skala
Ahrweiler 1996	54,6		40,9	
Bocholt 1995	81	11	3	5er-Skala
Emmendingen 1997	93,02		2,91	aufgeschlüsselt mit Gründen

Unzufriedenheit rührt nach der Studie Emmendingen 1997 zu 60 % aus *zu wenigen oder ungenauen* Auskünften – und damit genau aus möglichen Verletzungen rechts- und sozialstaatlicher Verfahrensweisen. Dies gilt insbesondere bei vorangegangenen irreführenden Auskünften einer Verwaltungsbehörde[2028]. „Die Zufriedenheit mit den erhaltenen Auskünften ist ... (aber) in einem hohen Maß wichtig für eine bessere Verständigung und Definition des Anliegens. Je besser und umfangreicher der Kunde informiert ist, desto reibungsloser erfolgt meist die später folgende Sachbearbeitung“[2029].
Beratung und Betreuung sind aus Gründen sozialstaatlicher Grundrechtsinterpretation geboten, um ‘Unerfahrenheit und Unkenntnis' bei Bürgern auszugleichen und die Übersichtlichkeit des Verfahrensverlaufs für die Beteiligten zu erhöhen[2030]. Die Verwaltung muß daher vor allem rechts- und behör-

(und) Anträgen“ (Laubinger 1972,446)
[2025] BGH NJW 1985,1335; BGH NJW 1991,1168,1170
[2026] Mayntz 1978,240
[2027] Laubinger 1972,455
[2028] vgl. Hösch 1997,605
[2029] Emmendingen 1997
[2030] vgl. Kunig/Rublack 1990,5

denunkundigen Bürgern gegenüber Anträge erörtern, auf sachgemäße Anträge hinwirken sowie gezielte Auskunft und Beratung über Rechte und Pflichten im Verfahren geben[2031]. Als konkrete Ausprägung des Sozialstaatsprinzips dient der Grundsatz des § 25 VwVfG hier dem Abbau sozialer Ungleichheit und dem Schutz sozial Schwacher[2032]. ‚Verwaltungskompetente' Werte-Typen wie Realist oder Idealist sind im Verfahrensverhalten sicherer als ‚hilfsbedürftige' Werte-Typen wie Resignierte[2033]. Der Umfang behördlicher ‚Hilfe zur Selbsthilfe' richtet sich entsprechend nach Schwierigkeit des *Verfahrensgegenstand*es, dem zu vermutenden Kenntnisstand der Beteiligten, *Unerfahrenheit* im Behördenumgang und der *Fürsorgebedürftigkeit*, z.B. bei Ausländern und Behinderten[2034]. „Je geringer Kenntnis und Fähigkeiten des Beteiligten und je größer die Bedeutung des Rechtsgutes, desto höher wird die Pflicht der Behörde anzusetzen sein"[2035]. Die Beratung in Tatsachen- und Rechtsfragen ist um so erforderlicher, je schwieriger die Materie ist[2036]. Der unverschuldete Rechtsirrtum eines nicht fachkundig beratenen Bürgers über das Verfahrensrecht kann die Wiedereinsetzung in den vorigen Stand rechtfertigen[2037].

Dagegen geführte Einwände zu hohen Verwaltungsaufwandes widerlegt die Verwaltungspraxis, da selbst bei höherem Aufwand der vermehrte Nutzen in die Gesamtabwägung mit einzubeziehen ist[2038]. So wird durch eine entsprechende Beratung durchaus kein zusätzlicher Personalbedarf ausgelöst, solange Umstrukturierungen innerhalb der Verwaltung möglich sind[2039]. Nach Schlichter[2040], der als Wegbereiter der Beschleunigungsgesetzgebung für die Bundesregierung gilt und daher ein besonders ‚unverdächtiger Zeuge' in dieser Frage ist, sind die personalwirtschaftlichen und finanziellen Auswirkungen von *Beratungs- und Auskunftspflichten* nicht zu ermitteln: „Ich gehe allerdings davon aus, daß sich diese Belastung in Grenzen halten wird: Denn - erstens - sind die Behörden auch heute schon zu Gesprächen und Beratungen verpflichtet, - zweitens - fördern derartige Verhandlungen auch das Verfahren selbst, erleichtern also die endgültige Entscheidung über den Genehmigungsantrag. Drittens schließlich bewirkt eine frühzeitige Kooperation ein hohes Maß an Rechtssicherheit in dem Sinn, daß Widersprüche und Anfechtungsklagen bei einvernehmlich erarbeiteten Lösungen deutlich geringer sein werden".

2031 BT-DrS 7/910,49; Kothe 1998,583
2032 Hill 1987,13; Engel 1993,123; Gurlit 1989,116; Hufen 1991,150
2033 vgl. Pippig 1988,198f.; B IV 4 d
2034 Kallerhoff 1998 a,581
2035 Kallerhoff 1998 a,582
2036 Laubinger 1972,448
2037 vgl. BFH NJW 2001,3000
2038 vgl. Kallerhoff 1998,556; C IV 2 b (2)
2039 Kothe 1998,586
2040 1996 I,110

Eine restriktive Anwendung des § 25 würde angesichts dessen noch das tradierte Amtsverständnis des Beamten nur als Diener des Staates widerspiegeln. „Der Beamte ist (aber) nicht länger Diener der Obrigkeit, sondern hat als 'Helfer des Staatsbürgers' ... darauf hinzuwirken, daß... niemand aus Unkenntnis, Unerfahrenheit oder Unbeholfenheit seiner Rechte verlustig geht"[2041]. Die Pflichten des § 25 „gründen sich auf den insbesondere von der Rechtsprechung des Bundesgerichtshofs geprägten Begriff, daß der Beamte 'Helfer des Staatsbürgers' zu sein habe"[2042]. Ging diese frühere restriktive Auslegung davon aus, daß Auskunft, Beratung und Betreuung nur bei *ausdrücklicher Anforderung* durch den Bürger geboten waren bzw. wenn der Bürger „sehenden Auges in die falsche Richtung" ging[2043], spiegelt die Anwendung heute die gewandelte Auffassung vom Verhältnis der Verwaltung zum Bürger in einem sozialen Rechtsstaat wider[2044]: Beratung, Information und Hilfestellung stehen in der Priorität der Bürger ganz vorn[2045], weil Beratung zusichert, daß die letzte Entscheidung bei den betroffenen Menschen selbst liegt[2046].

Wie bedeutsam für den Bürger Beratung ist, zeigen auf dem Hintergrund der Werteentwicklung die Wichtigkeitswerte in Befragungen. Sie erreichen[2047] 72,6 %, 74,4 % und 99,8 % (Tabelle 45, S.277), was zeigt: als Qualitätsmerkmale sind Beratung und Betreuung „besonders wichtig und haben einen großen Einfluß auf die allgemeine Zufriedenheit"[2048].

Die Beratung ist – nach der Antragstellung – der zweithäufigste Grund eines Verwaltungsbesuches[2049]. Gerade für Private wie Vereine ist sie ‚sehr überdurchschnittlich' wichtig und kann zu weit überdurchschnittlicher Zufriedenheit mit der Verwaltung führen[2050].

In Zeiten pluralisierender Globalisierung gewinnt „eine umfassende Beratung bzw. Betreuung... immer mehr an Stellenwert"[2051]. Unübersichtlichkeiten im Recht und die Abhängigkeit weiter Kreise der Bevölkerung von Verwaltungsleistungen führen dazu, daß der Bürger auf die sachkundige Verwaltungshilfe angewiesen ist, „um in den Genuß von Vergünstigungen zu kommen, vor allem dann, wenn er es sich nicht leisten kann, sich fachkundiger Beratung... zu bedienen"[2052]. „Angesichts der Komplexität der Regelwerke... ist es nicht

---

2041 Maurer 1976,488
2042 Kallerhoff 1998 a,577; ständige Rechtsprechung; so z.B. BVerwGE 17,178,179
2043 vgl. Maurer 1976,489
2044 Kallerhoff 1998 a,577
2045 Klages/Gensicke/Masser 1997,662
2046 Zulehner 1983,22; vgl. D II 1 a
2047 unter Hinzuziehung der teils-Antworten
2048 Münster 1997 I,9
2049 siehe Tabelle 35, S.252
2050 Münster 1997 II,135,212
2051 Emmendingen 1997; Herne 1995: ‚Gradmesser der Zufriedenheit'; vgl. B III, B IV 1
2052 Laubinger 1972,440

Tabelle 45: (Obj.) Beratung durch die Verwaltung
„Wie beurteilen sie die (objektive) Beratung durch die Verwaltung (Angaben von *Zufriedenheiten*, soweit nicht anders angegeben, und in %, 5er-Skala; bei den mit * gekennzeichneten Quellen wurde gleichzeitig nach der Qualität von Beratung und Betreuung gefragt)?“

Quelle	ja	teils-teils	nein	Bemerkungen
Viernheim 1995 – wichtig	96,5	3,3	0,2	5er-Skala
Münster 1997 III/4,17* - wichtig	52,1	20,5	15,4	5er-Skala, Genehmigungsverfahren
Münster 1997 II,107* - wichtig	55,3	19,1	12,4	5er-Skala, allg.Verwaltungsverfahren
Viernheim 1995	29,7	30,7	17,1	5er-Skala
Pforzheim 1996	32,6	27,8	10	5er-Skala
Münster 1997 III/4,25*	35	29,1	22,2	5er-Skala, Genehmigungsverfahren
Münster 1997 II,182*	35,9	30,7	16,8	5er-Skala, allg.Verwaltungsverfahren
Leipzig 1995	37	37	20	5er-Skala
Frankfurt a.M. 2000	50		22	5er-Skala
Hamburg 2000	52			
Stuttgart 1995	54	35	12	5er-Skala
Herne 1995	58	21,3	20,6	5er-Skala
Bergisch-Gladbach 1997	67,4	17,9	11	
Essen 1998	77		23	aufgeschlüsselt nach Art des Kontaktes
Ahrweiler 1996	80,8		8	aufgeschlüsselt nach Gründen
Bergisch-Gladbach 1999	94		6	5er-Skala

verwunderlich, daß sich der Informationsstand des Bürgers in allen einschlägigen empirischen Untersuchungen als relativ gering erwiesen hat. Mit höherem Bildungsstand und mit wachsender Erfahrung im Kontakt mit bestimmten Behörden nimmt der Informationsstand des Publikums in der Regel zu..., (ist) die Verwaltungsnähe des eigenen Berufs für den Informationsstand von Bedeutung“[2053]. Man kann sogar von einem Trend sprechen, „dass die Gesellschaft... immer weiter auseinanderfällt: in eine kleine Informationselite, welche die vielfältigen Quellen nutzt, und ein riesiges Unter-

[2053] Mayntz 1978,239; vgl. B IV 4 d (1) 3

haltungsproletariat, das sich auf zufällige Informationen verlässt..."[2054]. Insbesondere bei Irrtum in Verfahrenshandlungen ist die Verwaltung verpflichtet, den Bürger darauf hinzuweisen, um die ihm drohenden Nachteile abzuwenden, daß der Bürger z.B. einen „für ihn offensichtlich ungünstig (sich) auswirkenden Antrag stellt,... einen ihm günstigen 'gewissermaßen in der Luft liegenden' Antrag nicht stellt,... wenn er offensichtlich der (irrigen) Annahme ist, alles getan zu haben"[2055]. Gründe können auch allgemeine irrige Vorstellungen und Erwartungen des Bürgers hinsichtlich der Möglichkeiten des Verwaltungsverfahrens und seiner Gegenstände, Änderungen der Rechtslage nach Antragstellung, Änderungen der tatsächlichen Verhältnisse (die zu einer Schädigung des Bürgers führen können) oder Unübersichtlichkeiten der Sach- und Rechtslage sein. Die Verwaltung darf nicht zulassen, daß vermeidbarer Schaden entsteht, der einfach abzuwehren wäre, „insbesondere dann, wenn der Bürger durch behördliches Verhalten veranlaßt worden ist"[2056]. Dabei können Beratungsgespräche sehr intensiv sein und einen erheblichen Anteil der Arbeitszeit ausmachen[2057]. Darin liegen aber Chancen in der Bürger/Verwaltungs-Beziehung: denn das positive Ansehen der Verwaltung „ist in erster Linie durch... die fachliche Beratung sowie den Umgang mit dem Bürger geprägt"[2058]. „Überdurchschnittlich zufrieden äußern sich (daher) auch die Kunden, die sehr häufig Beratungs- und Betreuungsleistungen... in Anspruch nehmen"[2059].

Der Bürger bleibt im Rahmen seiner Mitwirkungslast allerdings für sein Handeln eigenverantwortlich[2060]. Die Verwaltung muß hier einem Bürger, der im Rahmen seiner Möglichkeiten die eigenen Angelegenheiten nachlässig betreibt, nicht aufgrund 'auflebendem § 24' „um jeden Preis zum Erfolg... verhelfen"[2061]. Versagt sich der Bürger sogar diesbezüglicher behördlicher Anregung gemäß § 25, *muß* die Verwaltung nach vorliegendem Sachstand entscheiden[2062]. „Der Betroffene trägt (dann) die Folgen, wenn die Behörde ... zu einem unvollständigen Ergebnis kommt"[2063].

§ 25 VwVfG wird also im Rahmen des § 24 VwVfG wirksam[2064]. Der Bürger muß wissen können, ob, wann und wie seine Interessen vom Verwaltungsverfahren berührt sein können, dann befähigt werden, diese Interessen zu artikulieren, gegebenenfalls zu organisieren. Eine *sozialstaatliche Beratungspflicht*

[2054] Leif 2001,9
[2055] Laubinger 1972,455
[2056] Laubinger 1972,455
[2057] Ahrweiler 1996
[2058] Herne 1995
[2059] Münster 1997 I,68; vgl. Tabelle 42, S.262
[2060] Kallerhoff 1998 a,578
[2061] Kallerhoff 1998 a,584; vgl. v.Mutius 1982,2153
[2062] Kallerhoff 1998 a,585
[2063] Kallerhoff 1998,552
[2064] vgl. Kallerhoff 1998 a,577f.

gemäß § 25 VwVfG besteht, wenn der Bürger - für die Verwaltung erkennbar - über wesentliche tatsächliche oder rechtliche Umstände nicht informiert ist oder es um sozial schwache, erkennbar rechtsunkundige oder benachteiligte Bürger geht sowie um schwierige, unübersichtliche tatsächliche oder rechtliche Verhältnisse[2065]. Das ganze Verwaltungsverfahren muß entsprechend verfassungsgemäß ausgestaltet werden[2066], die Verwaltung darf sich nicht auf rein formale Standpunkte zurückziehen[2067], wenn sich der Bürger erkennbar in Unkenntnis der notwendigen Verfahrensanforderungen befindet.
Es liegt aber auch im Interesse der Verwaltung, zur problemangemessenen Sachverhaltsfeststellung vom Bürger entscheidungserhebliche Informationen zu erlangen bzw. ihm die Relevanz von Äußerungen zu bestimmten Tatsachen darzulegen. Von der Aufgabenebene her ist eine Erweiterung der Mitwirkung im Rahmen der §§ 24 – 28 VwVfG vorteilhaft: es entspricht der besseren Amtsermittlung und damit der Verwaltungseffizienz[2068]. Hierbei ist zu berücksichtigen, daß die aufgrund des Untersuchungsgrundsatzes durchgeführte Sachverhaltsermittlung die Anhörung nicht ersetzen *kann*[2069]. Vielmehr ergänzt die Anhörung Amtsermittlungs- und Betreuungspflichten aus §§ 24,25 VwVfG[2070]. Dadurch kann die Verfahrensunterlage vervollständigt und „die Verwaltung von der Vollständigkeitsprüfung“ entlastet werden[2071]. Weiterführende Beratungsleistungen können die Entscheidungsakzeptanz vergrößern und den Grad der Befolgung behördlicher Anordnungen wesentlich erhöhen[2072]. Blockaden einzelner Verfahrensabschnitte können u.a. durch Beratung abgemildert werden[2073]. Gleichgerichtete Zielverknüpfungen zwischen Verwaltung und Bürger führen auch zur nachhaltigeren Vollzugseffektivierung. So können im Umweltrecht z.B. „unter dem Strich die Emissionen weiter gesenkt werden... als dies bei strikt hoheitlichem Vorgehen möglich gewesen wäre“[2074]. Die Verwaltung sollte daher „ein verstärktes Interesse an einer effektiven sachbezogenen Arbeit bei reduzierter konfliktdemokratischer Belastung“ haben[2075]. Der Bürger trägt dann sachbezogene Arbeit partnerschaftlich mit.
1996 wurden diesbezügliche Verwaltungspflichten und Bürgerrechte daher ausgeweitet. Im Zusammenhang mit der Debatte zur Zukunftssicherung des Standortes Deutschland verabschiedete der Gesetzgeber einen neuen Teil des

---

2065 vgl. Laubinger 1972,455
2066 vgl. BVerwG NVwZ 1997,502 und bereits Laubinger 1972,451
2067 vgl. Hösch 1997,605
2068 Ehlers 1996,619; vgl. Schaubild 9, S.155
2069 Kallerhoff 1998,544
2070 vgl. Bonk 1998,634
2071 Wulfhorst 1997,172
2072 Kothe 1998,586
2073 Schlichter 1996 I,106
2074 Beck 1995,334; so auch meine Industrie-Erfahrungen
2075 Klages 1993,162

Verwaltungsverfahrensrechts (§§ 71 a ff. VwVfG) mit stärkerer gesetzlicher Betonung der - auch bislang in § 25 VwVfG normierten - *Pflicht zu Auskunft, Beratung und Betreuung* durch die Verwaltung[2076]. *Zusätzliche* Beratung soll hierbei eine *qualitativ* sachgemäßere Anhörung des Bürgers ermöglichen und *dadurch* zur besseren Problembewältigung durch den VA beitragen. Unter D I 4 war als Problem benannt worden, daß der Gesetzgeber dies nur einem *selektiven* Bereich des Verwaltungsverfahrens eröffnen wollte. Der dargelegte verfassungsrechtliche Befund führt nun zu einer allgemeinen Erweiterung des Anwendungsbereiches dieser Bestimmungen, da der Komplex als ‚Hilfe zur Selbsthilfe' der Freiheitsentfaltung der Bürger dient[2077]. Anknüpfungspunkt hierfür ist, daß der von §§ 71 a ff. VwVfG erfaßte Bereich ‚wirtschaftlicher Unternehmungen' interpretationsoffen bleibt, so daß die Anwendbarkeit dieses bürgerfreundlichen Instrumentariums durch Einbeziehung der sozialstaatlichen Komponente in der Verwaltungspraxis so weit gehandhabt werden kann, daß - da die Verfahrensgestaltung im Ermessen der Behörde steht (§ 10 VwVfG) - die gesetzgeberische Intention auf andere Verfahrensbereiche ausgedehnt werden kann[2078]. „Bei den Behörden der Länder und Kommunen ist es überdies ohnehin bereits üblich, bei der Verfahrensgestaltung nach § 10 in geeigneten Fällen (z.B. Baugenehmigungsverfahren) eine über den Rahmen des § 25 hinausgehende Beratung zu geben"[2079]. So beraten z.B. die Gemeinden über ihre Pflichten gemäß § 25 VwVfG hinaus bereits *allgemein* ortsansässige Bürger[2080]. „Positiv gewendet lassen sich die §§ 71 a ff. VwVfG (nun) auch als rechtssystematische Fortentwicklung des bisherigen Verfahrensrechts verstehen, durch die informelle, dialogische und kooperative Verfahrensformen normiert werden, die zukünftig ... weiter ausgebaut werden können"[2081]. „Kooperation zwischen Bürger und Verwaltung führt ... zur Vereinfachung, zu schneller Klarheit über das Gewollte und das Zulässige und damit auch zur Beschleunigung. Eine bessere Möglichkeit, als eine derartige kooperative Zusammenarbeit zwischen Bürger und Administration, ist nur schwer vorstellbar"[2082]. Abstrakt geschuldeter Rechtsgehorsam kann sich so durch Beteiligungsmöglichkeiten zu konkreter partnerschaftlicher Akzeptanz verdichten[2083].

Auch die *Art und Weise der Beratung* ist für die Effektivität des Beratungsergebnisses und die Grundrechtsentfaltung des Bürgers ausschlaggebend. Hier gibt es immer wieder Gründe der Unzufriedenheit, die insoweit die Bürger/

[2076] Stelkens 1998 EL,65

[2077] vgl. Zulehner 1983,22; Ziekow 1998 a,95; vgl. D II 1 a

[2078] wie in Ausländer- und Asylrecht, Berufs-, Demonstrations- und Versammlungsrecht, vgl. BT-DrS 7/910,42; BVerwGE 75,231; Stelkens 1998 EL,65

[2079] Stelkens 1998 EL,65

[2080] Kothe 1998,584

[2081] Schmitz 2000,1238

[2082] Schlichter 1996 I,100; vgl. Gusy 2000,979

[2083] Ritter 1992,647

Verwaltungs-Beziehung belasten, wie die Studie Osnabrück 1996 aufzeigt: „Betont wurde, daß bei einigen Bediensteten nicht von Beratung gesprochen werden könne, sondern daß es sich eher um Anordnungen handele, die auszuführen seien". Doch kann man nicht *allgemein* davon sprechen, dass Beratung qualitativ schlecht sei oder kaum adressatenorientiert erfolgt, wie Tabelle 46 zeigt.
„Die allgemeine Zufriedenheit ist... stark verbunden mit... der Hilfsbereitschaft der Mitarbeiter"[2084], wobei auch die Freundlichkeit der Mitarbeiter besonders geschätzt wird[2085].

Tabelle 46: (Subj.) Beratung durch die Verwaltung
„Subjektive Beratung" – war der Verwaltungsmitarbeiter hilfsbereit (Angaben nach Zufriedenheit, soweit nicht anders angegeben, und in %, 5er-Skala bedeutet, bei den ‚ja' und ‚nein'-Antworten gab es je 2 Abstufungen)?

Quelle	ja	teils-teils	nein	Bemerkungen
Münster 1997 III/4,20 – wichtig	79,5	12,8	4,3	5er-Skala, Genehmigungsverfahren
Münster 1997 III/4,28	60,7	25,6	6	5er-Skala, Genehmigungsverfahren
Münster 1997 II,137 – wichtig	83,2	10,2	1,7	5er-Skala, allg. Verwaltungsverfahren
Münster 1997 II,215	64,8	21,9	5	5er-Skala, allg. Verwaltungsverfahren
Passau 1995	41,4	45,4	13,3	5er-Skala
Viernheim 1995	44,7	41,1	14,1	5er-Skala
Kiel 2000	67,8		12,8	5er-Skala
Essen 1998	75		25	aufgeschlüsselt nach Art des Kontaktes
Ahrweiler 1996	83,2		8	88%: Beratung half weiter
Köln 1995	96,04	2,62	1,35	5er-Skala

Hier variiert die Un-/Zufriedenheitskorrelation nach Art des Verwaltungskontaktes[2086]. Ist die positive Mehrheit der Zufriedenheit in schriftlichen Verfahren mit 52 : 48 % hauchdünn, steigert sie sich bei telefonischem auf 68 : 32 und persönlichem Kontakt gar auf 78 : 22 %.
Im Zusammenhang mit der partizipativen Entfaltung der Grundrechte unter Berücksichtigung des Wertewandels[2087] ist darüber hinaus verfassungsrecht-

[2084] Münster 1997 I,86
[2085] Münster 1997 II,215
[2086] beispielhaft Essen 1998; s.o. Tabellen 23 ff., S.220 ff., Tabellen 42ff., S.262ff.
[2087] s.o. D II 1

lich bedeutsam, daß durch gezielte Anwendung der Verfahrensbestimmungen in Beratung, Anhörung und sonstiger Mitwirkung des Bürgers gemäß §§ 24 – 28 VwVfG bedeutsame Gemeinwohl-Effekte erzielt werden können, weil ergänzend zum Bemühen der Verwaltung konstruktives Engagement der Bürger als unmittelbar wirksamen Faktor aktiviert wird[2088]. „Ein verfassungsrechtliches Verbindungsglied zwischen der Bürgerkommune" und dem Gesamtstaat und seiner Verwaltung „sind die Grundrechte"[2089]. Durch ihre verstärkte Berücksichtigung kann ein positives Einstellungs- und Verhaltenspotential aktiviert und genutzt werden.

Um diesen verfahrens- und zugleich demokratiefördernden Effekt hervorbringen zu können, müssen den Bürgern allerdings „diejenigen Verantwortungsrollen angeboten werden, die ihre Potentiale in gerichteter Weise zu aktivieren vermögen"[2090]. Hierbei ist das grundgesetzlich vorgegebene Selbstbestimmungsrecht zu beachten, „sich als autonome Person zu verwirklichen"[2091], was sich wertetypenspezifisch, also aus Sicht der Verwaltung adressatenbezogen, unterschiedlich darstellt[2092]. Kann die Verwaltung in *einem* Aufgabenbereich mehr an Freiheit und Selbstverantwortung gewähren, muß sie anderswo mehr an Hilfestellung leisten. „Die öffentlichen Aufgaben im Sozial- und Kulturbereich sowie die Genehmigungsfunktionen der öffentlichen Verwaltung gegenüber dem einzelnen Bürger bieten (hier) eine Vielzahl von Ansatzpunkten"[2093]. Gerade in den Kommunen bestehen hier viele Möglichkeiten der Aktivierung von Bürgerengagement, weil dieses sich in zahlreichen Aufgabenbereichen der Verwaltung abspielt[2094] (Tabelle 47 auf S.283 gibt dazu einen Überblick über die infrage kommenden Bereiche und damit die Perspektiven einer Bürgeraktivierung).

Damit können „gerade die Kommunen in unserer Zeit des schnellen und tiefgreifenden Wandels den Menschen bürgerschaftliche Heimat und ein stabiles soziales Umfeld sowie unmittelbar erlebbare demokratische Gestaltungsmöglichkeiten garantieren"[2095], indem sie „Bürgerrechte lokal in sozialer, politischer und ziviler Hinsicht ausgestalten und erweitern", z.B. durch entsprechende Formen der Verfahrensbeteiligung[2096]. Dies befähigt die Bürger auch, den zeitgemäßen Notwendigkeiten besser zu entsprechen.

[2088] vgl. v.Arnim 1977,36ff.,48f.; v.Arnim 2000,291ff.; Kothe 1998,577; Stiglitz 2002,284; vgl. zum Nachfolgenden auch E III 1 am Ende

[2089] Bürsch 2001,15

[2090] Klages 1996,251; vertiefend Klages 2002,149ff.

[2091] Klages 1993,49

[2092] s.o. B IV 4 d; E III 1 am Ende

[2093] Franz/Herbert 1987 a,172

[2094] vgl. Klages 1999,125; v.Arnim 2000,174; Gensicke 2001,25; Hepp 2001,38

[2095] vgl. IX 11 der Koalitionsvereinbarung vom 20.10.1998 in ZRP 1998,499

[2096] Bürsch 2001,15; s.o. B IV 4 d (1)

Tabelle 47: Individuelle Perspektiven für eigenes freiwilliges Engagement (Auszug einer Tabelle bei Klages 2000 b,247; Angaben in %)

Bereich	ausweiten	beibehalten	einschränken aufgeben
Justiz/Kriminalitätsvorsorge und -bekämpfung	16	52	32
Schule/Kindergarten	15	68	16
Politik und politische Interessenvertretung	15	75	10
Berufliche Interessenvertretung außerhalb des Berufs	13	68	20
Bürgerschaftliche Aktivität am Wohnort	11	64	26
Unfall/Rettungsdienst freiwillige Feuerwehr	20	63	17
Freizeit und Geselligkeit	14	69	17
Kirchlicher/religiöser Bereich	16	66	18
Sport und Bewegung	14	66	20
Kultur und Musik	15	70	15
Außerschulische Jugendarbeit, Bildungsarbeit für Erwachsene	12	68	20
Gesundheitsbereich	23	66	11
Sozialer Bereich	18	69	13
Umwelt, Naturschutz, Tierschutz	23	68	10

„Steuerungsleistungen – zunächst das eigene Leben betreffend – müssen noch mehr von den Individuen und ihren Kleingruppen vollbracht werden“[2097]. Die Chancen da für stehen gut, weil der Wertewandel eine solche Tendenz stärkt[2098]. Der vom Wertewandel geprägte Bürger hat „erstens ein starkes Bedürfnis nach einem Handlungsspielraum..., der ihm ein eigenverantwortliches (Mit-) Entscheiden unter Einbringung eigener Bewertungsgesichtspunkte und Fähigkeiten ermöglicht und der ihm gleichzeitig auch ‚Funktionslust‘ vermittelt. Dieser Bürger will zweitens aber nicht auf Dauer zur Übernahme formalisierter Mitgliedschaftsrollen gezwungen werden, sondern sich die Chance des spontanen Engagements auf Zeit offenhalten. Dieser Bürger hat ... in solchen Fällen einstarkes Bedürfnis danach, auf dialogischem Wege

[2097] Gensicke 1998,20; vgl. B I, B IV 1,3
[2098] Klages 1993,71; Klages 2000 b,246

überzeugt zu werden"[2099]. Solche zeitgemäßen Verantwortungsrollen können durch zwölf Motivationsfaktoren gekennzeichnet werden, die empirisch feststellbar mehr oder weniger vorliegen werden: „1. Spielraum für selbständiges und eigenverantwortliches Handeln und Entscheiden; 2. Chance zur Einbringung eigener Neigungen und Fähigkeiten; 3. Chance, auch und gerade subjektiv etwas ‚Sinnvolles' zu tun; 4. Chance zum ergebnisorientierten Handeln, d.h. zur Einbringung eines Interesses am Resultat der Tätigkeit...; 5. Zuerkennung von Verantwortlichkeit im Sinne der Möglichkeit, sich die Folgen eigenen Handelns - auch im Sinne rechtlicher Verbindlichkeiten - selbst zurechnen zu können; 6. Chance zum selbstorganisierten Teamwork; 7. Chance zur Selbstkontrolle; 8. Gewährleistung eines ausreichenden Könnens und Wissens; Einräumung von Chancen zu ... (persönlicher) Weiterentwicklung (Qualifizierungskriterium); 9. ...Chance zur Ausübung von ‚Zeitsouveränität'; 10. Chance zur Beteiligung an der Festlegung von Tätigkeitszielen; 11. Gewährleistung einer ‚aktivierenden' Führung; 12. Chance zum Wechsel..."[2100]. Zu den Erwartungen interessierter, aber (noch) nicht engagierter Bürger gehört auch[2101], berechtigte eigene Interessen zu vertreten, eigene Probleme selbst in die Hand zu nehmen, etwas für das Gemeinwohl zu tun, eigene Erfahrungen und Kenntnisse zu erweitern oder anderen Menschen in einer Tätigkeit, die ‚Spaß' macht, zu helfen.

Motivationsfaktoren dieser Art kann ein kooperatives, im obigen Sinn verfassungsgemäß ausgestaltetes Miteinander im Verwaltungsverfahren nach Gesagtem aufgreifen. Das Verfahrensermessen gemäß § 10 VwVfG ermöglicht sinnvolle, ergebnisorientierte Eigenverantwortung in abgestimmter Vorgehensweise mit der Verwaltung (nächste Schritte, Zeitrahmen), die Einbringung gegenseitiger Fachkompetenz und Kontrolle in Anhörung und Erörterung, schließlich eine ‚aktive Führung' durch Auskunft und Beratung – und die Chance zum Rollenwechsel, wenn die Verwaltung sozialstaatliche Hilfestellung in einer Betreuung übernimmt[2102]. Eine moderne bürgernahe Verwaltung, „die den gewandelten Werteprofilen gerecht werden will... muß deshalb künftig für entsprechende bürgerschaftliche Verantwortungsspielräume... (die) Voraussetzungen schaffen"[2103].

In *neuen Verantwortungsrollen des Verwaltungsverfahrens*, etwa zur Ausfüllung der §§ 24,26 VwVfG, wird den Bürgern ermöglicht, in verschiedenen Welten zu arbeiten, ihr Fähigkeitsspektrum zu erweitern und differenzierte Perspektiven zu entwickeln, die sie jeweils für die verschiedenen Bereiche

---

[2099] Klages 1993,163; vgl. Klages 1996,246; Klages 2001 a,1

[2100] Klages 2000 a,209; vgl. Hepp 2001,38

[2101] vgl. Zierau 2000/3,47

[2102] vgl. E II 1-3; Gerade „in den neuen Ländern" sieht der Bürger „sich stärker dazu herausgefordert..., mit Behörden gut umgehen zu können" (Gensicke 2001,28)

[2103] vgl. Hepp 1996,12; „Es gilt, ... mehr Spielräumen für Initiative, Beteiligung, Verantwortung und für Erfolgserlebnisse zu schaffen. Spielräume, in denen sich der einzelne in der Auseinandersetzung mit anderen entfalten kann" (Franz/Herbert 1987 a,173)

fruchtbar machen können. Sie lernen, vernetzt zu denken, und erlangen 'Grenzgänger-Kompetenzen'[2104]. Sphärentrennungen können überwunden werden, weil nicht mehr „von einem Standpunkt größerer Distanz zum alltäglichen öffentlich-rechtlichen Prozess" geurteilt wird, sondern aufgrund eigener praktischer Erfahrungen[2105]. Primärerfahrungen in Verwaltungsverfahren können überdies eine oft negativ gefärbte, (medien-) vermittelte Makroerfahrung (‚Angstlücke') relativieren[2106]. Partizipative Mitwirkungsmöglichkeiten stärken die Bürgerzufriedenheit[2107]. „In der gemeinsamen Verarbeitung von gesellschaftlicher Realität... steckt ein bisher noch nicht ausgeschöpftes Integrationspotential. In solchen Prozessen kann ein Bewußtsein für die eigene Leistungskraft wie für Schwierigkeiten und Widerstände im sozialen Zusammenleben entstehen"[2108].
Für die Verwaltung mit ihren sozialen, ökologischen und kulturellen Einrichtungen ist dies von Vorteil, weil ihr zeitweise fachkompetente Mitarbeiter (aus einer 'anderen Welt') zur Verfügung stehen[2109]. Erwünschte ‚Nebenwirkung' für Bürger *und* Verwaltung: „Beide erkennen, daß jeder Partner zur Interessenberücksichtigung des anderen in der Lage ist"[2110]. Denn „eine kooperative Beziehung setzt zum einen die Auseinandersetzung mit den eigenen Zielen und denen des anderen voraus... zum gemeinsame(n) Nutzen einer Kooperation als übergreifendes Ziel"[2111]. Es erhöht sich die soziale Flexibilität als „Fähigkeit, sich tatsächlich in einer anderen Welt kompetent bewegen zu können", und hieraus „die Sicherheit, sich in fremden Welten zurecht zufinden und soziale Kompetenzen entfalten zu können"[2112]. In einem kommunikativen Handeln können die Beteiligten hier ihre Handlungspläne auf der Grundlage gemeinsamer Situationsdefinitionen aufeinander abstimmen und so ihre Verständigungsmöglichkeiten erweitern[2113]. Die Bewertung betroffener öffentlicher und privater Belange während eines Verwaltungsverfahrens kann dann als allseitiger Lernprozeß und mit dem Ziel eines 'integrativen Verwaltungshandelns' vorgenommen werden[2114].
Anhörung, Beratung und Erörterung mit dem Bürger begünstigen auch faktische Konsensfindung und materielle Interessenausgleiche schon im Verwaltungsverfahren[2115]. Dies dient neben der Selbstentfaltung „als Bereitschaft zur

[2104] vgl. Mutz 1999,10; Mutz 2001,20,22
[2105] Gensicke 2001,32; vgl. B IV 2 a
[2106] Franz/Herbert 1987 a,172; vgl. Leif 2001,6,9; B IV 2
[2107] v.Arnim 2000,298
[2108] Franz/Herbert 1987 a,173
[2109] Mutz 1999,10; Mutz 2001,22
[2110] Beck 1995,334
[2111] Beck 1995,338
[2112] Mutz 2001,22
[2113] vgl. Höhn 1985,59
[2114] Steinberg 1996,13; vgl. Demmer 1995,183
[2115] vgl. Gurlit 1989,40; Ritter 1992,647

Selbst- und Eigenverantwortung, als Handlungs- und Einsatzbereitschaft auch ... überindividuelle(n) Interessen, ... (fördert) Sinn für soziale Verpflichtungen"[2116]. Neben den Erwartungen an „Lebensfreude und Lebensqualität der Engagierten ... gibt es vitale *karitative und gemeinwohlorientierte* Engagementmotive" im Sinne eines „über den Privatismus hinausgehenden *öffentlichen Bewusstseins*"[2117]. Das führt zu einer nachfolgenden Aktivierung von Pflicht- und Akzeptanzpotentialen[2118]. Dies liegt „auf der Entwicklungslinie des aufgezeigten wertedynamischen Trends" zur Werte-Synthese, „sucht aber den Selbstbezug und gewachsene Entfaltungs- und Selbständigkeitsorientierungen stärker mit dem übergreifenden Anliegen des Gemeinwesens zu verknüpfen"[2119]. ‚Verantwortungsrollen' in überschaubaren Bereichen wie dem Verwaltungsverfahren disponieren daher „in einem erheblichen Maße für die Wertesynthese", was als förderungswürdig herausgestellt wurde[2120]. Die Bürger sind „unmittelbar angesprochen und mobilisiert", was zur „Stärkung und Aktivierung des (dem Allgemeinen zugewandten) Citoyen" dient[2121] und so dem grundgesetzlichen und sozialwissenschaftlich erfaßbaren Menschenbild des nicht nur primär eigennützig Handelnden entspricht[2122]. „Die Distanz zwischen dem vereinzelten Individuum und dem anonymen Großgebilde Staat" wird verringert, „hochproduktive Verbindungen von Alltagspragmatik und Demokratie-Entwicklung" werden möglich[2123], „die eine progressive Antwort auf die politischen Mangel- und Entfremdungserscheinungen liberaler Demokratien (Parteien- und Politikverdrossenheit) anbieten" können[2124]. So zeigt sich, „daß zwischen den Selbstentfaltungswerten und den Idealen der Demokratie eine grundsätzliche Affinität besteht"[2125].
Empirisch nachweisbar ist diese für die zeitgerechte grundgesetzbezogene Auslegung der §§ 24-28 VwVfG maßgebliche Erkenntnis durch die Einbeziehung von Studien zum bürgerschaftlichen Engagement, welches – wie das Verwaltungsverfahren – die Übernahme zeitlich befristeter, dialogisch orientierter, eigenverantworteter Mitarbeit an zeitgenössischen Problemlagen beinhaltet und der Selbstentfaltung dient[2126]. Danach gibt es „eine relativ gut

---

2116 Hepp 1996,8
2117 Gensicke 2001,28; kursiv = d.Verf.
2118 Klages 1988 a,138
2119 Hepp 1996,8; vgl. Hepp 2001,38 und B IV 3
2120 B IV 3; vgl. Klages 1988 a,137
2121 v.Arnim 2000,196
2122 v.Arnim 2000,291f.,296
2123 Klages 1993,161f.; Gensicke 2001,32: ‚demokratisches Erfahrungsfeld'
2124 Roth 2001,5
2125 Klages 1996,245
2126 v.Arnim 2000,292; Mutz 2001,18; Näheres bei Klages 2000 a,198ff.; Klages 2000 b,114 ff.,183 hinsichtlich besonderer Bevölkerungsgruppen; Gensicke 2000,22ff., 41 nach Geschlecht und Haushaltsgröße, 91 nach Geburtsjahrgängen

abgrenzbare und beschreibbare ‚stille Engagementreserve', die mehrere Millionen Menschen umfaßt und die ein ‚Sozialkapital' von enormen Ausmaßen darstellt, das aktuellen Perspektiven der Entwicklung einer ‚Bürgergesellschaft' eine höchst aussichtsreiche Ausgangsgrundlage vermittelt"[2127]. Das Engagementpotential umfaßt so „über 20 Mio. Menschen. Das Potenzial ist damit sogar größer als die Gesamtgruppe der zur Zeit Engagierten"[2128]. In Deutschland engagieren sich 34 % der Bevölkerung ab 14 Jahren freiwillig, bei den Jugendlichen (14-24 Jahre) mit 37 % sogar noch mehr[2129].

Tabelle 48: Vorhandenes Engagement in Ost und West
Werte-Typen und *vorhandenes* Engagement in den alten und neuen Bundesländern (Auszug einer Tabelle bei Gensicke 2000,55, ‚Freiwilligen-Survey 1999', Angaben in %)

Werte-Typ	Alte Bundesländer	Neue Bundesländer
Konventionalisten	29	20
Resignierte	33	27
Realisten	39	32
Hedomats	32	28
Idealisten	43	39

Eine Aktivierung dieses Potentials erscheint auch deshalb besonders erfolgversprechend, weil durch ein Verwaltungsverfahren ‚neuen Stils' institutionell verdrängte, eigentlich dem Arbeits- oder partizipativ-demokratischen Bereich zuzuordnende Selbstentfaltungswerte ‚verursachernah' aus dem Freizeitbereich zurückgeholt werden können[2130]. Hier zeigt der Wertewandel, daß die Einbeziehung des ‚neuen Engagementpotentials' sogar die Einbußen überträfe, die beim traditionellen Engagement zu verzeichnen sind[2131] und zu neuen Vorteilen (Motivationsfaktoren) umgemünzt werden könnten: „Soziale und persönliche Kompetenzen, im Engagement erworben und weiterentwickelt, gewinnen neben der fachlichen Qualifikation immer mehr an Bedeutung auch in der Arbeitswelt, ... (können) Sprungbrett beim beruflichen Fortkommen sein"[2132], sobald die „Chance einer beruflichen Verwertungsmöglichkeit" entsteht[2133]. Dies zeigt sich auch darin, daß sich bei *allen* Werte-Typen nicht nur bereits vorhandene Potentiale aktivieren lassen, sondern

---

[2127] Klages 2000 b,169
[2128] Klages 2000 b,189
[2129] Klages 2001 b,8; Hepp 2001,35
[2130] vgl. B IV 1 b,c; C I
[2131] Hepp 2001,35
[2132] Kumpf 2001,12
[2133] Klages 2001 a,1

allgemeine negative Selbsteinschätzungen zur eigenen Verfahrenskompetenz[2134] überwunden werden können (Tabelle 49).

Tabelle 49: Engagement nach Werte-Typen
(Auszug aus Gensicke 1998,29: Bürgerschaftliches Engagement bei den 18-30 jährigen nach Werte-Typen, 1997, in %)

Einstellung/ Gesamtzahl:	Konventionalisten	Resignierte	Realisten	Hedomats	Idealisten
Engagement vorhanden: **38**	21	40	37	32	52
Es besteht Interesse: **41**	47	31	46	41	38
Kein Interesse: **21**	32	29	17	27	10

Obwohl z.B. beim Werte-Typ der Resignierten sonst ein schwach ausgeprägtes Interessensniveau mit tiefgreifender Passivität und Kontaktscheu sowie daraus folgender Schicksalsergebenheit zu beobachten ist, weil sie das Verhältnis zu Normen verlieren oder gar nicht erst entwickelt haben[2135], engagieren sich gerade junge Resignierte überdurchschnittlich zu 40 % bürgerschaftlich, sind weitere Potentiale zur Übernahme von Verantwortungsrollen vorhanden[2136]. Sonst nicht integrierbare Hedomats können gerade in Verwaltungsverfahren, bei denen ja auch ihre konkreten Interessen betroffen sind, aus dem stark vorhandenen Engagementpotential heraus aktiviert werden[2137]. „Auch wenn dieses jugendliche Potenzial sicher nicht so einfach abrufbar sein dürfte, besteht doch eine erhebliche Chance zur Vergrößerung"[2138] – denn „mehr als die Hälfte der jungen Menschen (haben) ein grundsätzliches Interesse an gesellschaftlichen und politischen Belangen"[2139], wie sie auch in Verwaltungsverfahren behandelt werden können.
Noch höher ist dieses Potential bei den Konventionalisten, weil es im Verwaltungsverfahren nicht um ein (von ihnen abgelehntes) Protestengagement geht, sondern tatsächlich oder vermeintlich auch um die eigene materielle Sicher-

[2134] s.o. B IV 4
[2135] Franz/Herbert 1987,42f.; Klages/Gensicke 1999,64
[2136] Gensicke 1998,30 Fn.26
[2137] zumal sie auch in anderen Lebensfeldern von der Verantwortungsübernahme überzeugt werden können (s.o. B IV 4 b)
[2138] Gensicke 2001,32
[2139] Klages 2001,1

heit oder ihr persönliches Wohlergehen[2140]. Idealisten und Realisten wären aufgrund ihrer Wertestruktur sowieso zur Übernahme von Funktionen bereit[2141], wobei dies gerade die Verwaltungsverdrossenheit bei den Idealisten verminderte; sehen sie doch „einen Mangel an Partizipationsmöglichkeiten, an politischem Bewußtsein und Solidarität“[2142]. Idealisten und Realisten „haben politische und soziale *Engagementwerte* besonders verinnerlicht und sie interpretieren ‚Engagement‘ mehr als Chance der Selbstentfaltung denn als Pflicht...- Wertorientierung und Verhalten stehen bezüglich des Engagements in einem plausiblen Wechselverhältnis“[2143].
Die Übernahme neuer Verantwortungsrollen durch den Bürger im Verwaltungsverfahren kann sogar so weit gehen, daß sich die Verwaltung weitgehend aus eigener (Ermittlungs-) Tätigkeit zurückzieht und dem ‚mündigen Bürger‘ entsprechenden Handlungsfreiraum zugesteht, also unter Freiheitsgesichtspunkten die Rollenverteilung im Verwaltungsverfahren bei §§ 24 – 28 VwVfG neu gewichtet[2144]. Empirisch nachweisbar hat sich dies bereits bewährt, und zwar in Regelungen von Landesbauordnungen der Bundesländer, die seit 1995 ergangen sind[2145].
Auslöser dieser Neugewichtung der Verantwortungsrollen war neben dem partizipatorischen Gesichtspunkt[2146] die Kritik am Mißverhältnis in den Arbeitsanteilen von Bürger und Verwaltung im Verwaltungsverfahren, also eine mißlungene Aufteilung der Verantwortungsrollen[2147].

2140 vgl. Herbert 1991,122,125

2141 Herbert 1991,59

2142 Franz/Herbert 1987,46

2143 Gensicke 2000,57

2144 Bohne 1994 a,196ff.,202; Koch 1996,220 Fn.53; vgl. Jäde 1995,81ff.; z.B. durch Anreize zur sorgfältigen Eigenplanung eines Vorhabens und zur kontinuierlichen Eigenüberwachung (Bohne 1994 a,203)

2145 dazu Jäde 1995,81; Jäde 1996,241ff.; entsprechend der gewählten Fragestellung geht es *hier* nur um die *Gewichtung der Verantwortungsrollen*, nicht um weitere Rechtsfragen dieser Rechtskonstruktion; die Freistellung zielt nicht auf den Erlaß eines VA, jedoch bleiben Eingriffsmöglichkeiten der Verwaltung (Schmitz 2000,1239). Daher greifen – wie auch Bohne dargelegt hat - grundrechtliche Bedenken hinsichtlich des Drittschutzes nicht durch. So kann „die Genehmigungsbehörde... die Durchführung eines Genehmigungsverfahrens erzwingen, wenn sie von Tatsachen Kenntnis erlangt, daß Nachbarrechte nicht ausreichend geschützt werden“ (Bohne 1994 a,199). Die behördliche ‚Eingriffsquote‘ liegt dabei empirisch bei lediglich 4 % aller erfaßten Fälle (Jäde 1996,244 Fn.24) – ein überzeugender Beweis für ein Vertrauen in die Eigenverantwortung des Bürgers. Ein Grundrechtsschutz ist auch zivilrechtlich über §§ 906, 1004 BGB möglich, was „zum Schutz der Grundrechte der Nachbarn aus(reicht)“ (Bohne 1994 a,199; vgl. Schmitz 2000,1239; so auch die Rechtsprechung, vgl. VGH Mannheim NVwZ-RR 1995,490; VGH München NVwZ 1997,923; OVG Münster NVwZ-RR 1999,427)

2146 dazu v.Arnim 1997 a,437ff.

2147 vgl. Osnabrück 1996; Ahrweiler 1996; Bergisch-Gladbach 1997 und 1999

Das sog. Freistellungsverfahren, wonach die Prüfung der Baugenehmigungsfähigkeit durch den Bürger bzw. den von ihm beauftragten Architeken eigenverantwortlich übernommen und das Ergebnis der Verwaltung lediglich eingereicht wird, eröffnet solche Verantwortungsrollen[2148]. Dieses Freistellungsverfahren ist in der Praxis gut angenommen worden.

Tabelle 50: Engagement im Freistellungsverfahren
Wahrnehmung der Verfahrensbeteiligung nach der Freistellungsgesetzgebung im Baurecht ab 1995 (Angaben in %)

Quelle	Bürger selbst	Architekt	Sonstige	Bemerkungen
Bergisch-Gladbach 1997	47,9	30,9	5,5 (Nachbarn)	aufgeschlüsselt nach Geschlecht
Münster 1997 III/4,5	ca. 50	ca. 33	ca.7 (Einwender)	
Ahrweiler 1996	64,1	32,8	2,3 (Anwalt)	
Osnabrück 1996	ca. 70	ca. 30		
Essen 1998	81			
Berlin 1998		47	49 (Verwaltung)	

So ging[2149] nach Einführung z.B. die Zahl der Normalverfahren von 26,62 % auf 23,56 % zurück, wurden sofort 9,55 % der Bauvorhaben im Freistellungsverfahren durchgeführt[2150]. Bei den ‚vereinfachten' Genehmigungsverfahren betrug die Quote ca. 55 % aller Bauvorhaben – bei einer Verfahrensverkürzung um ein Drittel der vormaligen Verfahrensdauer[2151]. Dies verschafft der

[2148] „Eine gewisse Vorreiterrolle spielen hier verschiedene Novellen zur Bayerischen Bauordnung; dort wird derzeit ein Rückzug der Behörden aus dem technisch-sicherheitsrechtlichen Bauordnungsrecht praktiziert, der dazu führen wird, in Zukunft 95 % der Bauvorhaben genehmigungsfrei oder im vereinfachten Verfahren zu erledigen" (Sachverständigenrat 1997/1,208). Die Baugenehmigung eignet sich insoweit besonders gut als ‚Musterverfahren', als sie schon für sich (mit der Bauvoranfrage) 34,68 % des Verwaltungskontakts ausmacht, zusammen mit anderen bauaufsichtlichen Angelegenheiten sind es gar 54,33% (Ahrweiler 1996; vgl. Tabelle 35, S.252)

[2149] laut Ahrweiler 1996 – Zeitraum 1+2/1995

[2150] „In Bayern sind in den drei Jahren seit dem Inkrafttreten der Bauordnungsnovelle am 1.6.1994 etwa 30.000 Wohnbauvorhaben (ein rundes Drittel aller Wohnbauvorhaben) genehmigungsfrei geplant worden" (Jäde 1997,172 Fn.17)

[2151] Jäde 1996,248 Fn.85

Verwaltung größere Handlungsspielräume und beschleunigt den Verfahrensgang. Als positiv für die Bürgerzufriedenheit war gerade hier eine sachkundige Beratung zu ermitteln, die der Verwaltung im Freistellungsverfahren sowohl vom Bürger zu 84,8 %[2152] als auch von beauftragten Architekten (hier sogar zu 91,1 %)[2153] bescheinigt wird – und auch beteiligte Nachbarn sind hier zu 83,3 %[2154] zufrieden. Nach Wiesbaden 2000 sind 58,9 % über die nun neu gewichtete Beratung der Verwaltung – auch gerade hinsichtlich der ‚Standortfaktoren' – zufrieden. Eine solche Zufriedenheit wirkt sich dann sogar weitgehend unabhängig vom Sacherfolg des Verfahrens aus; so äußerten sich 88,4 % der Bürger bei Verfahrenserfolg in ihrem Sinne zufrieden, aber *auch* 76,5 % bei versagtem Erfolg bzw. 77,2 % bei noch schwebendem Verfahren[2155]. „Das Prinzip, die Genehmigungsverfahren im Sinne einer Dienstleistung der Verwaltung flexibler zu gestalten und auf ... (den Bürger) abzustimmen, sollte ... (demnach) ausgeweitet werden"[2156].

Rechtlicher Anknüpfungspunkt für eine „dynamische Nutzung verfügbarer Engagementpotenziale auf einem höchstmöglichen Niveau"[2157] ist die in allen bisherigen Einzelausführungen als zentral erkannte Bedeutung der Menschenwürde, die es insbesondere über Grundrechte in den Bestimmungen der §§ 24 – 28 VwVfG zu entfalten gilt: indem über einengende Wortlaute von Einzelbestimmungen hinaus im Wege zeitgemäßer Verfassungsauslegung über das der Verwaltung eingeräumte ‚Verfahrensermessen' (vgl. § 10 VwVfG) der grundrechtlichen Stellung des Bürgers optimaler Rechnung getragen wird, was z.Zt. nur im § 28 I VwVfG als Partizipationsanspruch ausgestaltet ist. Die Verwaltung soll „damit Voraussetzungen und Hilfen für die individuelle Grundrechtsverwirklichung und das Zusammenleben in der Gemeinschaft schaffen"[2158]. Erst wenn die Kompetenz der Verwaltung als Dienstleistungspflicht zugunsten des Bürgers erkannt und verinnerlicht wird, kann der Bürger die ihm angemessene Eigenverantwortung im Verwaltungsverfahren wahrnehmen.

Für den Zusammenhang der §§ 24 – 28 VwVfG ist dabei hervorzuheben, daß nur eine gegenseitige Zuordnung im konkreten Verfahren und angesichts der Fähigkeiten des konkreten Adressaten (unter Einbeziehung der aus der Wertewandelsforschung erzielbaren Erkenntnisse) die gebotene Rollenverteilung verfassungsgemäß bestimmen kann (siehe E II).

Erweiterte Mitwirkungsmöglichkeiten der Betroffenen im Rahmen der §§ 24 bis 28 VwVfG sind dabei sowohl im Sinne der Verwaltung (effiziente Aufgabenerledigung) wie des Bürgers (Grundrechte) zur effektiveren Sachverhalts-

---

[2152] Bergisch-Gladbach 1997; teils-teils: 6,5 %, nein: 2,8 % bei einer 5er-Skala
[2153] teils-teils: 4,5 %, nein: 1,5 %
[2154] teils-teils: 8,3 %, nein: 8,3 %
[2155] Bergisch-Gladbach 1997; vgl. B IV 4 d (1) 5
[2156] Sachverständigenrat 1997/1,211
[2157] Klages 2000 b,177
[2158] Hill 1989 a,324; vgl. auch E III 1

ermittlung und -bewertung gefordert. Eine *diesbezügliche* gute Beratung führte zu qualitativ besserer Anhörung, damit wirklichkeitsnäherer Sachverhaltsfeststellung und -bewertung und entsprechend gerechterem Verwaltungshandeln durch VA, zu einer besseren Wahrnehmung des Verwaltungsauftrags im Rechtsstaat *und* einer angemesseneren Realisierung der heutigen Bürger/Verwaltungs-Beziehung.

IV. Ausblick auf die Entwicklung des Verwaltungsverfahrensrechts

Schon heute sind Entwicklungslinien für das ‚Verwaltungsverfahren der Zukunft' ablesbar. „In der entwickelten Welt ist eine Bewegung in Gang gekommen, die in Richtung einer neuen Verantwortungsteilung zwischen Staat, Gesellschaft und Wirtschaft zielt"[2159]. Das „beobachtbare Vordringen von Selbstentfaltungswerten, das den Wertewandel zentral charakterisiert, (hat) die Engagementbereitschaft der Bevölkerung ... gestärkt"[2160]. „Ausgeprägt ist die Neigung, Pflichten nur dann zu akzeptieren, wenn sie einen persönlich motivieren oder wenn man von ihrer Unvermeidlichkeit überzeugt ist"[2161]. Eine Handhabung des Verwaltungsverfahrensrechts, welche dies nicht beachtet, führt „auf der individuellen Ebene zu Frustrationen" und zur Verschlechterung der Bürger/Verwaltungs-Beziehung, so daß „die aus dem Wertewandel erwachsende Dynamik dem öffentlichen Leben entzogen und in privatistische Kanäle umgelenkt" wird[2162]. Angesichts dieses Befundes kann die Gesetzesreform von 1996 nur als Fehlentwicklung im Wertewandel verstanden werden, weil sie zu einer wachsenden „Diskrepanz zwischen veränderten Wertverwirklichungsbedürfnissen auf der einen Seite und weitgehend unveränderten Wertverwirklichungsmöglichkeiten auf der anderen Seite"[2163] führt. Es besteht die Gefahr, daß „der Gesellschaft wertvolle Ressourcen verlorengehen, ... (sich ein) ursprünglich sozial konstruktives Potential in sozial destruktives Potential"[2164] verwandelt. Eine erfolgversprechende Entwicklung müßte demgegenüber darauf ausgerichtet sein, daß sich „abstrakt geschuldeter Rechtsgehorsam ... zu konkreter Akzeptanz ... durch Beteiligungsmöglichkeiten" verdichtet[2165].

Es geht daher bei der künftigen Entwicklung des Verwaltungsverfahrens um „die Anpassung von überkommenen Wertverwirklichungsmöglichkeiten" an die zeitgemäße Situation, um „über die Schaffung neuer Verantwortungsrollen ... (die) konstruktiven Potentiale zu realisieren"[2166]. Dies optimierte insgesamt auch die Werteordnung des Grundgesetzes. Denn[2167] in seiner anthropozentrischen Ausrichtung zeigen sich Grundgesetz und Wertewandel in weitem Maße auf grundrechtseffektivierende Entwicklungen bezogen – etwa auf verstärkte Einräumung von Partizipation und Selbstverantwortung der Bürger[2168]. Dies muß man „in den Gesamtzusammenhang der demokrati-

---

[2159] Klages 2001 b,7
[2160] Klages 2001 b,8
[2161] Klages 1996,244
[2162] Winkel 1999,4
[2163] Winkel 1999,4
[2164] Winkel 1999,4
[2165] Ritter 1992,647
[2166] Winkel 1999,4; vgl. Klages 2001 b,13; Klages 2002,149ff.
[2167] vgl. v.Arnim 1995 a,32
[2168] Winkel 1999,4

schen Institutionen hineindenken"[2169] – und damit auch in die mehrfunktionale Aufgabenstellung des Verwaltungsverfahrens. Hierfür gibt es „ein großes Potenzial ungenutzter Bereitschaften, die durch den Einsatz geeigneter aktivierender Instrumente zur Wirkung gebracht werden können"[2170]. Der Wertewandel stärkt dabei – sozusagen von selbst – „die Zukunftsfähigkeit der Menschen unter den Bedingungen der gesellschaftlichen Modernisierung" durch seinen Trend zur Werte-Synthese[2171]. „Es wird eine zukunftsweisende gesellschaftspolitische Aufgabe sein, Entwicklungen, die zum Typus des Realisten führen, bewußt zu fördern"[2172]. Denn „in der Sozialforschung geht man davon aus, daß *moderne* Gesellschaften ihren Mitgliedern Persönlichkeitsmerkmale abfordern, die einen kompetenten und belastungsresistenten Umgang mit komplexen und flexiblen Situationen ermöglichen" (Persönlichkeitsstärke)[2173]. Es geht um „die Aktivierung der mündig gewordenen Bürger selbst und die Schaffung der dazu erforderlichen Institutionen"[2174], denn „Demokratie hat ohne Verantwortung keine Zukunft"[2175]. Die dafür erforderlichen Voraussetzungen ließen sich in dieser Arbeit für das Verwaltungsverfahren bei der Entstehung von Verwaltungsakten aufzeigen.
Für den Gesetzgeber kann die bessere Erfassung der gesellschaftlichen Wirklichkeit schon im Vorfeld der Normgebung, aber auch bei Überprüfung bestehender Normen, hilfreiche Erkenntnisse über Steuerungsmittel und –wirkungen hinsichtlich des anvisierten oder betroffenen Adressatenkreises geben – und wertetypenspezifische Reaktionen veranlassen. Damit kann „die Zielgenauigkeit und die Zweckerreichung von gesetzgeberischen Maßnahmen" verbessert werden[2176]. Zudem dient es der Steigerung von Qualität und Akzeptanz, wenn „auf das Erfahrungswissen der Rechtspraxis zurückgegriffen" wird[2177]. Es besteht aufgrund sich wandelnder global-gesellschaftlicher Situation eine Herausforderung zum Wandel, die dem einzelnen mehr Verantwortungsspielräume überläßt und den Struktur- und Aufgabenwandel der Verwaltung mitvollzieht[2178]. „Soll sich der Staat tatsächlich auf seine originären Aufgaben zurückziehen, so muß das dadurch entstehende Vakuum ausgefüllt werden durch Eigeninitiative, Selbstverantwortung und Solidarität innerhalb der Gesellschaft"[2179]. Die in den letzten Jahren und Jahrzehnten stattfindende Expansion staatlicher Tätigkeitsfelder wird so leichter umkehr-

---

[2169] Klages 1999 a,19
[2170] Klages 2001 b,8
[2171] Klages 2001 b,12; vgl. B IV 4 b am Ende
[2172] Franz/Herbert 1987,53
[2173] Gensicke 1999,29
[2174] v.Arnim 2000,13; ähnlich Klages 2001 b,7
[2175] v.Arnim 2000,13
[2176] Wagner 1999,482; vgl. B I
[2177] Schmid 2001,187
[2178] vgl. Klages 1999,124
[2179] Sachverständigenrat 1997/1,200

bar „zu einer ausgewogenen Aufgabenverteilung zwischen staatlicher Gewährleistung und staatsbürgerlicher Eigenverantwortung“[2180]. Dies trägt dazu bei, die Verwaltung so zu modernisieren, daß sie die gewandelten Wertverwirklichungsbedürfnisse der Menschen besser annimmt, „um sie anschließend als zukunftswichtige Potentiale produktiv weiterzuentwickeln“[2181].

Für Rechtsprechung und Rechtslehre können sich aus der Werteforschung Impulse zur Weiterentwicklung der Grundrechtsdogmatik ergeben, indem bei den vom Bundesverfassungsgericht aufgezeigten verschiedenen Auslegungsmethoden das Bild eines Gegeneinanders von Bürger und Verwaltung wie im historischen Liberalismus überwunden und weiterentwickelt wird zu einem für die Zukunftsentwicklung der Gesellschaft angemesseneren partizipativ-kooperativen Grundrechtsverständnis. Durch solche den Erkenntnissen der Werteentwicklung folgenden ‚Schwerpunktverlagerungen‘ in der Grundrechtsauslegung kann das partnerschaftliche, gleichgerichtete Miteinander von Verwaltung und Bürger betont und so die differenzierte Entwicklung zum ‚Aktivbürger‘ und Verwaltungskunden unterstützt werden, der *seine* Verantwortungsrolle wahrnimmt. Es entspricht dem grundgesetzlichen Menschenbild, diese Entwicklung „der Freiheit des – allerdings sozial gebundenen – Individuums und der Zurückdrängung des Staates auf das unerläßlich Notwendige anzuvertrauen“[2182]. Dazu muß die Rechtslehre „sich mehr interdisziplinärem Denken öffnen“ und zu einer Wissenschaft werden, die „wirklich auf andere hört und auch bereit ist, sich belehren zu lassen“[2183].

In der Arbeit der Verwaltung kann die Dimension der Grundrechts*effektivität* durch wertetypenspezifische Analyse differenzierter und damit förderlicher verfolgt werden. Kooperation mit Sozialwissenschaftlern ist daher „gezielt zu suchen, etwa bei Wertforschung und –vermittlung“[2184]. Damit kann sie zu einer Grundrechtsoptimierung im Verwaltungsverfahren beitragen und entspricht damit dem vom Gesetzgeber gewollten Eigengewicht des Verfassungsrechts im VwVfG[2185]. Im Verfahrensrecht kann die Ausübung der Verfahrensrechte bürgerentsprechender gestaltet bzw. der Verwaltung geholfen werden, ihrem Dienstauftrag wertetypenspezifisch besser nachzukommen. Zugleich kann die Verwaltung ihre Verantwortungsrolle ‚läutern‘ und z.B. wertetypengesteigerte Verantwortungen für Benachteiligte und allgemeine, langfristig-zukunftsorientierte und nachhaltige Interessen übernehmen. Durch Einräumung von Selbstgestaltungsmöglichkeiten für ‚starke‘ Werte-Typen wie Realisten und Idealisten bei gleichzeitig verstärkter Verfahrenssorge der der Verwaltung für ‚schwache‘ Werte-Typen wie Resignierte und Konventionalisten wird gleichzeitig ein grundrechtsförder-

---

[2180] Hofmann 1997,122
[2181] Klages 1999 a,14; vgl. Wölki 1998,3
[2182] Hufen 1999,1510
[2183] Wölki 1998,3
[2184] Wölki 1998,3
[2185] vgl. diesbezüglich zur EU-Verfassung 2004: Parlament vom 3.11.2003,10

licher Umbau des Sozialstaates Deutschland ermöglicht[2186]. „Die Konzentration auf wichtige Fragen kann eigentlich nur zur Stärkung des Demokratieprinzips beitragen"[2187]. Dies steigert *nachhaltig* auch die Qualität der Verwaltungsentscheidung im mehrfunktionalen Verwaltungsverfahren (siehe das Controlling-Modell in E II).

Gerade das Verwaltungsverfahren bietet aufgrund seines eher kurzzeitigen, überschaubaren und projektbezogenen Engagements dem Bürger Möglichkeiten zur Übernahme von kooperativen Verantwortungsrollen und entwickelt so das Verwaltungsverfahren im Sinne grundrechtseffektivierender Werteentwicklung weiter. Auch bieten sich durch punktuelle Beteiligungsmöglichkeiten im Verwaltungsverfahren Chancen, institutionell infolge des Wertewandels abgewanderte gemeinwohlorientierte Interessen der Bürger ebenso wie die vom Wertekonsens der Gesamtgesellschaft abwandernden Hedomats wieder in ein gesellschaftsbezogenes Engagement zurückzuholen. „Weil individuelle Werte nicht lebenslang stabil bleiben müssen,... bestehen durchaus erfolgversprechende Möglichkeiten, ein solches Ziel politisch anzusteuern"[2188]. So können Werte indirekt über Aufgaben vermittelt werden, die bei geringer Fremdsteuerung zur persönlichen Selbstentwicklung führen und so die Institutionenfeindschaft abbauen helfen. „Aus leerlaufendem Hedonismus wird Erfolgsstreben und zielorientierte Selbstaktualisierung"[2189]. Es kann Erfahrung vermittelt werden, durch honorierungsfähige Beiträge etwas Sinnvolles zu tun, was für die Gemeinschaft wertvoll und wichtig ist und das Selbstwertgefühl steigern kann[2190].

„Voraussetzung dafür wäre... (der) Blick... auf die Potentiale ‚von unten'"[2191]. Die Werte-Synthese kann so von der Basis der Gesellschaft her wachsen, so daß sich die individuellen Erfahrungen über die lokale und ämterspezifische Ebene zu einer sich ausbreitenden flächendeckenden neuen Wertekultur entwickeln. „Partizipation und Engagement... fördert kooperatives Verhalten, Gemeinschaftssinn, Solidarität und zwischenmenschliches Vertrauen – Aspekte gesellschaftlichen Zusammenhalts, die nicht zuletzt für das Funktionieren demokratischer Institutionen wichtig sind"[2192]. Im Verwaltungsverfahren wird der Bürger nicht mehr in „der abwehrenden Position des individuellen Rechtsschutzes" erfahrbar, sondern gelangt „zur mitgestaltenden Position ... (der) Verfahrensteilhabe" und so über bloße Rechtsbindung hinaus auch

[2186] vgl. Klages/Gensicke 1999,64f.; Afheldt 1995,4ff.; Stiglitz 2002,144; Juncker 2001,228ff.

[2187] Bolay 2001,45; Die Solidarität mit den Hilfebedürftigen als Gleichheits- und Gerechtigkeitsaspekt verwirklicht sahen in Westdeutschland 1998 49 %, in Ostdeutschland nur 37 % (Bulmahn 2000,608)

[2188] Franz/Herbert 1987,54

[2189] Gensicke 1994,44

[2190] Klages/Gensicke 1999,15

[2191] Gensicke 1994,44

[2192] Schöb 2000,530

„zur nichtrechtlichen, sozialnormativen Bindung (gegenseitiges Vertrauen, Loyalität, Gruppenkodex; Ethik)“[2193], was den Rechtsstaat stärkt und die Bürger/Verwaltungs-Beziehung verbessert. An die Stelle einer Verwaltungsverdrossenheit tritt in Behebung demokratischer Mängel die Berücksichtigung des Wertewandels[2194]. Damit kann man auch der politischen Kultur neue Impulse geben, Vitalität verleihen[2195], oder – mit den Worten v.Arnims – an einen Schatz herankommen, „der bisher nicht annähernd gehoben ist“[2196]. Dies kann sowohl die rechtliche Wirksamkeit der Verfassungsordnung als auch ihre Akzeptanz steigern, indem die Normbetroffenen überwiegend bereiter sind, Normen auch ohne Zwang zu befolgen, weil sie sich als annehmbare Ordnung darstellen[2197]. Verwaltung braucht dann nicht mehr a priorisch auf „einseitige Rechtsetzung und hoheitliche Weisung“ zu bestehen[2198].
Gestärkt wird ein neues Dienstleistungsethos, „das ein dialogisches Verhältnis zum Bürger in den Mittelpunkt rückt“ und „der Demokratie eine Chance fortwährender produktiver Weiterentwicklung sichert“[2199]. Durch mehr Kooperation im Verwaltungsverfahren wird auf partnerschaftliche Übereinkunft abgezielt, was auch – wie im Einzelnen aufgezeigt - in den ‚klassischen Formen‘ des Verfahrensablaufes möglich ist. Kooperatives Miteinander, wo es (wertetypenmäßig) möglich ist, bedeutet auch eine Entlastung der Verwaltung zugunsten erweiterter bürgerlicher Freiheit und Eigenverantwortung. Es geht um eine Freisetzung von Aktivitätspotentialen im Verwaltungsverfahren, die den Bürger vom Objekt zum Subjekt seines eigenen Handelns machen[2200] und damit auch um die Entfaltung der Freiheit eigener Lebensgestaltung[2201].
„Der ‚arbeitende‘, ‚kooperative‘ und ‚dialogfähige Staat‘ – das wäre eine Formel, mit der sich operieren ließe“[2202] – sofern man auch das Verwaltungsverfahren bei Entstehung von Verwaltungsakten vom Bürger her denkt. Es gilt, das Wertebewußtsein eines ‚Miteinander‘ zu verstärken und so ein Klima zu schaffen, in dem solidarische Gemeinwohlverantwortung in subsidiärer Freiheit wachsen kann[2203]. Wo solche Eigenverantwortung aber wächst, da werden Verfahrensfragen und individuelle Verfahrenskompetenzen immer wichtiger.

2193 Ritter 1992,646
2194 v.Arnim 1995 a,33
2195 Winkel 1996,22
2196 v.Arnim 1995 a,36
2197 Maunz/Zippelius 1994,52
2198 vgl. Ritter 1992,645
2199 Klages 1993,180f.
2200 vgl. v.Arnim 1995 a,36; Klages 1999 a,15
2201 Bulmahn 2000,603: Die 1998 in Westdeutschland 72 %, in Ostdeutschland aber erst 52 % der Bürger für realisiert hielten
2202 Klages 1988,25
2203 vgl. Afheldt 1995,11; Klages 2001 b,14; Stiglitz 2002,262f.,288; Juncker 2001,228ff.; Spitzer 2001,144; Bolay 2001,44 und beispielhaft E III 1 am Ende

F. ZUSAMMENFASSUNG

Teil A

1. Im Verwaltungsverfahren stehen sich Bürger und Verwaltung häufig und unmittelbar gegenüber. Hier werden gegenseitige Wertschätzung oder Ablehnung herausgebildet. Daher ist ein zeitgemäßes bürgerorientiertes Verwaltungsverfahren wichtig.
2. Zur Optimierung des Verwaltungsverfahrens stehen verschiedene Zugangswege zur Verfügung. Letzter Maßstab ist das Grundgesetz.
3. Um Verbesserungen optimal zu gestalten, bedarf es der Darstellung einzelner problemlösender Zugangswege mit ihren jeweiligen Lösungsansätzen. Es gilt, die verschiedenen Zugangswege methodisch und inhaltlich zu verknüpfen. Diese Arbeit nimmt dabei besonders die sozialwissenschaftliche Werteforschung der Speyerer Schule, die historisch-politische Genese des Verwaltungsverfahrensrechts und interdisziplinäre Verfassungsüberlegungen in den Blick. Dabei geht es um die Darstellung eines neuen Ansatzes, die Realität in den Blick zu nehmen ohne das Normative preiszugeben, nicht jedoch um die Auseinandersetzung mit vorhandenen Theorien.
4. Das Verwaltungsverfahren vollzieht sich im Rahmen eines mehrfunktionalen Verwaltungshandelns, bei dem viele Faktoren zu berücksichtigen sind (‚magisches Vieleck'). Diese zu gewichten ist eine ständige, dynamische und komplexe Aufgabe. Entstehung und Erlaß von Verwaltungsakten kommt hierbei eine zentrale Bedeutung zu. Die Rechtmäßigkeit ist dabei ein wichtiges Kriterium.
5. Globalisierung, Ökonomisierung und ‚leere Kassen' zwingen dazu, neue Prioritäten des Verwaltungshandelns zu setzen und Nachrangiges einzuschränken.
6. Ein als ‚interdisziplinär' gekennzeichneter Ansatz erfordert von vornherein, die bloß einfachgesetzliche traditionell-juristische Hermeneutik zu überschreiten. Es besteht jedoch ein methodischer Vorrang, interdisziplinäre Erkenntnisse über einen juristisch-methodisch gangbaren Weg (hier: Verfassungseinwirkung) zu integrieren.

Teil B – I.

1. Das Verwaltungsverfahren ist der Ort, wo normative Vorgaben und individuelle Wertverwirklichungsabsichten aufeinander abgestimmt und verbindlich umgesetzt werden.
2. Dazu bedarf es konkreter Fixpunkte für Wirkungssicherheit und Legitimität.
3. Das mehrfunktionale Verwaltungsverfahren stößt hierbei zunehmend an Grenzen, weil Komplexität und Flexibilität in der Gesellschaft zunehmen.

4. Steuerungsleistungen müssen vermehrt von den Individuen (Bürgern) selbst erbracht werden.

B – II.

1. Die soziologische Werteforschung will menschliches Handeln erklärbarer und prognostizierbarer machen. Politische Steuerungsinstrumente, die hieran anknüpfen, könnten wirksamer das Spannungsverhältnis von Individuum und Verwaltung zum Nutzen beider umgestalten.
2. Notwendige Änderungsprozesse müssen so gestaltet werden, daß Innovationsoffenheit vermehrt genutzt und Widerstandspotential verringert wird.
3. In der Werteentwicklung zeigt sich der Zerfall alter Werte, die Aufnahme neuer Werte und die Rangverschiebung von Werten.
4. Der Wertewandel schafft Chancen und Risiken. Er verläuft zwar nicht linear und sicher prognostizierbar. Doch ist er zu einer zentralen Erklärungsinstanz für fast alle Zusammenhänge sozialer Einstellungs- und Verhaltensänderungen geworden. Der Speyerer Forschungsansatz von Helmut Klages ist dabei führend und wird hier zu Grunde gelegt.

B – III – 1.

1. Der Wertebegriff der Soziologie deckt sich nicht mit Denkbemühungen über unwandelbare ewige Werte wie in Theologie oder Philosophie. Er rekurriert auf empirisch vorfindbare verhaltensrelevante Grundeinstellungen in breiten Bevölkerungsschichten. Sie werden als Gegebenheiten hingenommen und gedeutet (Max Weber).
2. Die Freisetzung vielfältiger Eigengesetzlichkeiten und damit die Pluralisierung war und ist zur Entwicklung der modernen Gesellschaft unerläßlich. Grundlagen sind Leitwerte wie Menschenwürde, Freiheit, Gleichheit, Gerechtigkeit, Solidarität und Sicherheit.
3. Die Individualisierung der Gegenwart geht mit dem Verlust früherer Lebenssicherheiten einher. Dies führt zur Notwendigkeit, selbst individuell flexibler zu werden. In vergrößerter Autonomie muß der Einzelne selbst sein Leben zwischen verschiedenen, nicht koordinierten Anforderungsfeldern bewältigen, d.h. ein ‚mehrfunktionales' Verhaltensmuster einnehmen. So bringt der Modernisierungsprozeß einen höheren Bedarf an individualistischen Werten mit sich.
4. Dem Zuwachs an Entscheidungsmöglichkeiten und Eigenverantwortung entspricht ein zunehmendes Bedürfnis nach Sicherheit und Streß-Entlastung. Die hierbei zutage tretende Wertedynamik ermöglicht individuelle und strukturelle Anpassungsprozesse.

B – III – 2.

1. Der soziologische Wertbegriff analysiert und erfaßt Orientierungsleitlinien zentralen Charakters (Werte), welche – jenseits biologischer Zwänge - Realitätssicht, Einstellungen, Bedürfnisse und Handlungen einer Person beeinflussen. Da diese Werte jedoch je nach Situation flexibel gehandhabt werden, haben sie eine Mittlerfunktion zwischen Mensch und Umwelt inne. Je komplexer die Situation, desto zahlreicher die Entscheidungsmöglichkeiten.
2. Was eine Gesellschaft für ‚sozial wünschbar' hält, wird durch Sozialisation, Gewohnheit und Ideale vermittelt. In Freiheit und spontan werden die Werte in Situationen aktualisiert, die Chancen und Anpassungszwänge aufzeigen. Soziologische Erkenntnisse bieten hier durch Beobachtung erhärtete typische Chancen eines Handlungsablaufs unter Einbeziehung der dahinterliegenden Werte. Diese motivieren insbesondere zweck- und wertrational zu einem auf andere bezogenen Handeln (sog. soziales Handeln).
3. Die Verwaltung beruht traditionell auf einem Grundmodell, welches ein Handeln nach rein zweckrationaler Motivation idealisiert. In einem Leitbild der Arbeitsmaschine wird das Subjekt zwangsläufig ausgeblendet.

B - IV – 1 - a.

1. Die Entstehung des Verwaltungsverfahrensgesetzes fällt in unterschiedliche Wertephasen der Gesellschaft, die entstehungsrelevant für die Entstehung und prägend für die Auslegung sind. Dies sind die Phasen von 1945-1963, 1963-1975 und von 1975 bis heute.
2. Die Aufwertung von Pflicht- und Ordnungswerten nach 1945 führte zunächst zu einer Fixierung auf materielle Werte und einem geringen partizipativen Selbstentfaltungsinteresse der Bürger.
3. Nach 1963 entstanden gesellschaftliche Spannweiten der Wertdivergenz und eine zunehmende individuelle Inpflichtnahme auch hinsichtlich der Wertausstattung (Subjektivierung). Motivation erfolgte zusehends aus persönlicher Einsicht und nach persönlichem Nutzenkalkül.
4. Es bildete sich eine bis heute wirksame gesteigerte Abwehrhaltung gegen lediglich autoritativ geltend gemachte Anforderungen seitens der Verwaltung. Sie äußerte sich in Widerstand, aber auch in resignativem Rückzug in den privaten Raum.
5. Im Wertewandlungsschub von 1963-1975 gewannen Selbstentfaltungswerte wie Mitbestimmung, Emanzipation und Selbstbestimmung an Bedeutung und wurden gesamtgesellschaftlich nach und nach rezipiert. In diese Zeit fallen Vorarbeiten und Verabschiedung des Verwaltungsverfahrensgesetzes.

B – IV – 1 – b.

1. Konsequenz der Subjektivierung war ein Funktionsverlust der die gesellschaftlichen Spannungen abmildernden Institutionen – und damit auch der Verwaltung.
2. Die Verwaltung wurde nun als freiheitsbehindernd erfahren, zumal ihre zweckrationale Binnenstruktur auf die Selbstentfaltungswerte des Subjekts – sowohl innerhalb wie außerhalb der Verwaltung – nur unzureichend reagieren konnte.
3. Die Bereitschaft, sich kritiklos Verhaltensregeln lediglich anzupassen, nahm mit dem Wertewandel ab. Institutionell behinderte Selbstentfaltungswerte wanderten zunächst in den Freizeitbereich ab.
4. Die Bereitschaft zu verstärkter Eigenverantwortung und Mitwirkung *in* der Verwaltung ist in der Folgezeit gestiegen, wird jedoch institutionell behindert und führt oft zur ‚inneren Kündigung'. Erweiterte Spielräume in der Verfahrensgestaltung werden zumeist nicht gewährt.
5. Die Krise der Institution führte auch zu einer Krise der Demokratie, weil die neuen Partizipationswerte im Verwaltungsverfahren nicht genügend realisiert werden konnten. Die bürokratischen Strukturen bewahrten oft noch die Wertestruktur der Phase bis 1963.

B – IV – 1 – c.

1. Der Wertewandel wird auch von den politischen, sozialen, ökonomischen und technologischen Wandlungen beeinflußt.
2. Infolge erreichten Besitz- und Wohlstandes treten bei vielen Bürgern zur Realisierung ihrer Selbstentfaltungswerte Gesichtspunkte der Lebensqualität in den Vordergrund. Lebenskompetenz erscheint wichtiger als ein ‚Leben, um zu arbeiten'.
3. Die Pluralisierung als Folge der Subjektivierung hat auch ein neues Sozialklima geschaffen und Toleranzen erhöht. Chancen von intellektueller Entfaltung und von Partizipation sind infolge verbesserter Bildungssituation potentiell gestiegen. Das Interesse an Politik nahm im Wertewandlungsschub erheblich zu.

B – IV – 1 – d.

1. Der Wertewandel 1963-1975 wird allgemein als Gewichtsverlagerung von den Pflicht- und Akzeptanz- zu den Selbstentfaltungswerten gedeutet. Sie drückt sich besonders in den Erziehungszielen der Eltern aus, wonach der Wert ‚Gehorsam und Unterordnung' gegenüber dem Wert ‚Selbständigkeit und freier Wille' deutlich abgenommen hat.

2. Pflicht- und Akzeptanzwerte sowie Selbstentfaltungswerte können sich unabhängig voneinander entwickeln. Werte-Substitution, Werteverlust und Wertegewinn sind jeweils zugleich denkbar.
3. Innerhalb der Selbstentfaltungswerte können drei zusammenhängende Werte-Gruppen unterschieden werden: individualistische, hedonistische und idealistische. Der Wertewandlungsschub verstärkte bei der individualistischen Gruppe Werte wie Eigenständigkeit, Spontanietät, Selbstverwirklichung, bei der hedonistischen Gruppe Werte wie Genuß, Abwechslung, Emotionalität und bei der idealistischen Gruppe Werte wie Emanzipation, Gleichbehandlung, Partizipation und Autonomie.
4. Individuell vorherrschende Pflicht- und Akzeptanzwerte fördern eher eine positive Einstellung zur Verwaltung, individuell vorherrschende Selbstentfaltungswerte eher eine negative Einstellung zu ihr.

B – IV – 1 – e.

Das Ende des Wertewandlungsschubs 1975 beruht auf der Abflachung bzw. dem Wegfall der den Wertewandel tragenden Ursachen wie Fortschrittsglaube, Vollbeschäftigung und Bildungsexpansion.

B - IV – 2 – a.

1. Der Wertewandlungsschub hat unumkehrbare Auswirkungen auch für die Zukunft.
2. Es herrschen Wertmischungen vor, die aber in Richtung der Selbstentfaltungswerte tendieren, gerade bei Jüngeren. Daraus ergibt sich gesamtgesellschaftlich eine labile Dauersituation. Die Werte verlieren das Entschiedene, sind dadurch aber leichter miteinander vereinbar. Es bilden sich temporär wechselnde, schwankende Wertorientierungen heraus. Die Bürger reagieren immer weniger prinzipienkonform, dafür immer häufiger situativ und damit unvorhersehbarer.
3. Wertkonflikte werden zunehmend persönlichkeitsintern ausgetragen, Wertverwirklichung hat seinen Schwerpunkt im überschaubaren Nahbereich. Hier entfalten sich seit Mitte der 90er Jahre im (kommunal-)politischen wie im gesellschaftsbezogen partizipativ-idealistischen Bereich (Bürgerengagement) die Selbstentfaltungswerte, auch als Entlastungsstrategie gegen institutionell sonst behinderte Wertverwirklichung.
4. Entlastungsstrategien bei Wertkonflikten bilden ferner strikte Sphärentrennungen, die ein individuelles Leben ‚sowohl-als-auch' ermöglichen, indem verschiedenartige Werteregister gezogen werden können. Sie führen zu einem zweigeteilten Realitätsbild insbesondere zwischen dem Bereich der persönlichen Alltagserfahrung und einem medienvermittelten Weltbild. Dies wirkt sich auch auf die Beurteilung der Verwaltung aus.

B – IV – 2 – b.

1. Der Wertewandel führt zum Verlust von Lebensleitbildern (wie der Normalbiographie), die sich aber nach wie vor in der Gesetzesausführung wiederfinden und zu ‚moralischen Bewertungen' der Bürger führen (z.B. volle Rente erst nach 45 Jahren an einem Arbeitsplatz).
2. Der Rückzug des Staates insbesondere seit Mitte der 90er Jahre zwingt zu Selbständigkeit und sozialer Eigenverantwortung. Dem sind nicht alle Bürger gewachsen.
3. Zunehmender Leistungsdruck führt zu instrumentellen Verhaltensweisen, Rückzug oder Resignation. Die gesellschaftliche Differenzierung schreitet hier voran.
4. Positiv fördert der Wertewandel den Übergang von der Versorgungs- zur Verantwortungsgesellschafft mit Interesse am Grundgesetz als einheitsstiftender Norm. Hier gibt es Ansätze für ein neues Miteinander zwischen Bürger und Verwaltung, jedoch auch sozialgruppenspezifische Abwehrreaktionen.

B – IV – 3.

1. Wenn sich die Werte-Gruppen der Pflicht- und Akzeptanzwerte einerseits und der Selbstentfaltungswerte andrerseits in einer sog. Werte-Synthese ergänzen, können in einem produktiven situativen Mit- oder Gegeneinander entlastende Gleichgewichtslagen bei Werte-Schwankungen entstehen (sowohl - als auch – Befähigungen).
2. Die Werte-Synthese fördert die individuelle Entlastung vom Streß gesamtgesellschaftlicher Werteschwankungen. Durch befristete Selbstkontrolle (= Pflicht- und Akzeptanzwert) kann z.B. die Selbstentfaltung verbessert werden. In einer wirkungsvollen Werte-Strategie können so der Wirklichkeit die guten Seiten abgewonnen werden.
3. Da die Werte-Synthese Kompromiß, Systemvertrauen, Konstruktivität, Toleranz und verantwortungsvollen Dialog befördert, erscheint sie gesellschaftlich förderungswürdig. Ihre Ausbreitung trifft auf gute Voraussetzungen, weil die Zahl der Bürger mit allseits verstärkten Werten erkennbar zugenommen hat. Doch fehlen in der Arbeits- und Institutionenwelt, auch im Verwaltungsverfahren, oft fördernde Rahmenbedingungen.

B – IV – 4 – a.

1. Aus den vorhandenen unterschiedlich gewichteten Wertspektren lassen sich Werte-Typen in ihrer Verhältnisbestimmung von Individuum und Gesellschaft anhand verschiedener soziologischer Kriterien herauskristallisieren. Sie gewichten in lebensbereichsübergreifenden Werten die Art und Weise individueller Lebensziele. Insgesamt bilden sie die Gegenwartsgesellschaft

repräsentativ in ihrer Pluralität ab und ermöglichen in unserem Zusammenhang qualitative Aussagen zu verfahrenssteuernden Prozessen.
2. Es handelt sich um die Werte-Typen der Konventionalisten mit vorherrschenden Pflicht- und Akzeptanzwerten, der (nonkonformen) Idealisten mit vorherrschenden Selbstentfaltungswerten, der hedonistischen Materialisten (Hedomats) mit vorherrschenden hedonistisch-materialistischen Selbstentfaltungswerten, der (perspektivenlos) Resignierten mit vorherrschenden Wertverlusten in allen Werte-Gruppen und der (aktiven) Realisten als Vertreter der Werte-Synthese.

B – IV – 4 – b.

1. In der zahlenmäßigen Gewichtung zueinander gab es immer wieder Verschiebungen, gerade auch im Ablauf der Wertewandelsphasen. Doch hat sich das Gefüge in den 1990er Jahren stabilisiert. 1999 gehörten 33 % der Bürger zu den Realisten, 19 % zu den Idealisten, 17 % zu den Konventionalisten, 16 % zu den Resignierten und 15 % zu den Hedomats.
2. Bei Betrachtung der langfristigen und nachhaltigen Entwicklung läßt sich vom Ergebnis her feststellen, daß sich die im Realisten verkörperte Werte-Synthese als Leitlinie des Wertewandels herauskristallisiert hat.

B – IV – 4 – c.

1. Die Wertetypen-Lehre ermöglicht eine *qualitative* Analyse quantitativer sozialwissenschaftlicher Erhebungen, insbesondere zu den im VwVfG behandelten allgemeinen (Verfahrens-)Interessen.
2. Bei den Analysen dieser Arbeit werden zusätzlich *quantitative* Erhebungen aus dem kommunalen Bereich hinzugezogen. Denn hier vollzieht sich hauptsächlich die unmittelbare Interaktion von Bürger und Verwaltung. Um eine Vergleichbarkeit der Erhebungen herzustellen, wurden die Ergebnisse auf Dreier-Skalen komprimiert. Soweit Differenzbetrachtungen zwischen Wichtigkeit und Zufriedenheit angestellt wurden, geht die Analyse von der Schwelle einer erheblichen Abweichung bei einer Differenz von etwa 33 % aus.
3. Allen Werte-Typen gemeinsam ist es, daß sie als Subjekte von der Verwaltung behandelt und nicht ‚abgefertigt' werden wollen. Bürokratie und Unfreundlichkeit wird abgelehnt, eine Verwaltungsmodernisierung für erforderlich gehalten.

B – IV – 4 – d – (1).

Vom Verwaltungsverfahren erwarten die Bürger allgemein eine stärkere Berücksichtigung ihrer Selbstentfaltungswerte. Hierzu gehören das Aufzeigen von Handlungs- und Mitwirkungsmöglichkeiten oder zweckmäßigen

Problemlösungen durch Verwaltungsakt. Als allgemeine, wertetypenübergreifende sozialwissenschaftlich ermittelte Tendenzen sind festzuhalten, daß 1. Jüngere generell kritischer sind als Ältere, 2. Beurteilungsunterschiede zwischen Männern und Frauen minimal und 3. Höhergebildete kritischer sind, 4. sich die Beurteilung konkreter Verwaltungskontakte zunehmend differenziert und von anderen Erfahrungsquellen ergänzt wird, 5. Sacherfolg die Zufriedenheit mit dem Verwaltungsverfahren steigert (was Ämterspezifika verdeutlichen), 6. die Einschätzung der Verwaltung von persönlichen Ängsten und persönlichem Nutzen beeinflußt wird und sich 7. das Verhalten der Verwaltungsmitarbeiter wertetypen-spezifisch realisiert.

B – IV – 4 – d – (2).

In der Selbsteinschätzung von Verfahrenskompetenz differieren die Werte-Typen entsprechend ihrer Wertausstattung. Mehr von der Verwaltung erwarten Konventionalisten, Hedomats und Resignierte, mehr auf sich selbst vertrauen Idealisten und Realisten.

Teil C – I.

1. In den mehrfunktionalen Verwaltungsverfahren können sich Zielkonflikte unterschiedlicher Politikkonzepte widerspiegeln. Denn es geht auch um die politische Verhältnisbestimmung staatlicher Entscheidungshoheit und individueller Freiheit. Dies kann für die Gesetzesauslegung bedeutsam sein.
2. Die Geschichte der Entstehung eines allgemeinen Verwaltungsverfahrensgesetzes verdeutlicht diese unterschiedlichen Politikkonzepte. Bis zur Verabschiedung des Verwaltungsverfahrensgesetzes konnte die Fixierung auf materielle Rechtsregeln unter Vernachlässigung des Verfahrensrechts kaum überwunden werden.

C – II.

Erst in der Zeit des Wertewandelsschubes 1963-1975 erfolgte eine Aufwertung des Bürgers als Verfahrenssubjekt gegenüber den Verwaltungsinteressen. Insbesondere der letzte Entwurf von 1973, der 1976 weitgehend Gesetz wurde, brachte als Konkretisierung von Verfassungsrecht hier einen Reformsprung und räumte dem Bürger einige Ansprüche gegenüber der Verwaltung ein.

C – III.

1. Das VwVfG wurde als ‚Grundgesetz der zweiten Gewalt' in den 1980er Jahren national allgemein akzeptiert, rezipiert und international zum Export-

schlager. Das Verfassungsrecht eröffnete neue Freiräume für Selbstentfaltungswerte, namentlich kooperative Verfahrenselemente.
2. Gemäß seiner Intention blieb das VwVfG flexibel für die zeitgemäßen Anforderungen an das Verwaltungsverfahren und damit dynamische Daueraufgabe der Rechtsanwender.
3. Einer schleichenden Entwertung der Verfahrensrechte durch zu enge Gesetzesauslegungen setzte die Verfassungsrechtsprechung einen Riegel vor.

C – IV – 1.

1. Neue Herausforderungen an das Verfahrensrecht schufen Anfang der 1990er Jahre die deutsche Wiedervereinigung, die Europäisierung und Globalisierung. Zum schnellen Wiederaufbau in den neuen Bundesländern wurde eine umfangreiche, räumlich beschränkte spezialgesetzliche Verfahrensgesetzgebung unter Zurückdrängung der Verfahrensrechte der Bürger geschaffen, ‚Beschleunigung an sich' zentrales Handlungsmotiv der Politik.
2. Die schon in den vorherigen Jahrzehnten an politischen Ressortegoismen und partiellen Gruppeninteressen gescheiterte Vereinheitlichung des Verfahrensrechts wurde dadurch weiter geschwächt.

C- IV – 2 – a.

1. Der Konjunktureinbruch 1993 führte unter liberalpolitischen Vorzeichen zu Überlegungen einer Übertragung von spezialgesetzlichen Regelungen ins allgemeine Verwaltungsverfahrensrecht. Seit 1994 verhandelten die politischen Akteure über eine wirtschaftsfreundliche Umgestaltung des Verfahrensrechts unter dem Schlagwort ‚Sicherung des Wirtschaftsstandortes Deutschland'.
2. Zeitgleich erlebte der kommunale Politikbereich eine Welle partizipatorischen Aufbruchs in der Bürgermitwirkung, die sich auch in ausgewählten Verfahrensbereichen des Rechts bemerkbar machte (Landesbauordnungen).
3. Die vorgelegten Gutachten und Gesetzesentwürfe zur Beschleunigung von Verfahren wurden außerhalb des liberalen politischen Bereichs und von interessierter Wirtschaftsseite einhellig und weitgehend als ‚Rückschritt in ein autoritäres Verwaltungsdenken' abgelehnt. Politisierte Großprojekte und eine Werte-Kritik am VwVfG (‚Einfallstor für querulatorische Bürger') wurden zur Begründung der Gesetzesvorhaben mit herangezogen.

C – IV – 2 – b – (1).

Tiefgreifende Änderungen sahen insbesondere erweiterte Heilungsvorschriften zugunsten der Verwaltung mit Beschränkung der Folgen von Verfahrensrechtsverstößen vor. Die Eile des Gesetzgebers war hierbei so groß, daß 1996 das VwVfG bereits 6 Tage vor einer eigens zur Beschleunigungsgesetzgebung angesetzten Bundestags-Expertenanhörung geändert wurde.

C – IV – 2 – b – (2).

Die Bundestags-Expertenanhörung vom 8.5.1996 erschütterte alle Grundannahmen eines allgemeinen Reformbedarfs im Verfahrensrecht. Dies galt für die Erheblichkeit des Beschleunigungs-Kriteriums, die Lageanalyse der deutschen Verfahrenspraxis, die internationale Konkurrenzfähigkeit deutschen Verfahrensrechts, die Standortgefährdung durch Bürgerpartizipation in Verwaltungsverfahren und die Notwendigkeit alleiniger Wirtschaftsbevorzugung. Aufgezeigte Alternativvorschläge der Experten wurden nicht beachtet.

C – IV – 3.

1. Trotz Übernahme der geäußerten Bedenken durch den Rechtsausschuß des Bundestages wurden die Beschleunigungsgesetze unverändert verabschiedet. Sie führten zu einer Schwächung der allgemeinen Bürgerrechte im Verwaltungsverfahrensrecht.
2. Nicht Beschleunigung, sondern die Erlangung von Bestands- bzw. Rechtskraft durch den Verwaltungsakt stehen an vorderer Stelle der Bürgerwünsche an ein Verwaltungsverfahren.
3. Infolge des gesamtgesellschaftlich entgegenstehenden Wertetrends kam es 1998 zum Regierungswechsel insbesondere unter dem Vorzeichen einer Erweiterung partizipatorischer Rechte. Eine Rücknahme der Gesetzesänderungen von 1996 stand hierbei aber nicht auf dem politischen Programm. Die Verfassungskraft der Verfahrensrechte wird aber künftig dadurch verstärkt werden, daß die Europäische Verfassung 2004 solche Rechte ausdrücklich normiert.

Teil D – I – 1.

1. § 35 VwVfG erscheint noch zu sehr an Pflicht- und Akzeptanzwerten orientiert, weil er der Verwaltung eine einseitige Befehlsbefugnis und Vollstreckungsmöglichkeit gegenüber dem Bürger gibt und damit ein Überordnungsverhältnis konstituiert. Die Tradition des Verwaltungsaktes, die bürokratische Verwaltungsstruktur, aber auch die heute noch angewandte Subordinationstheorie zur Rechtswegebestimmung stützen dies.
2. Dann aber erscheint Freiheit des Bürgers nur im Lichte staatlicher Überwachung (Eingriffsverwaltung) oder staatlicher Gewährung (Leistungsverwaltung), was ein kooperatives Verhältnis von vornherein behindert (bloßes ‚Recht der Verwaltung‘).

D – I – 2.

1. Da die Begründung nicht selbst als VA angesehen wird, obwohl sie regelnde Wirkung entfaltet, besteht die Gefahr ihrer Vernachlässigung. Problematisch aus Sicht des Bürgers sind insbesondere Unverständlichkeit in Form und Inhalt, die Auswahlmöglichkeit der vorgetragenen Begründungsaspekte (insbesondere bei unbestimmten Rechtsbegriffen und Ermessensentscheidungen), die eingeschränkte Berücksichtigungspflicht bürgerlichen Vorbringens und die fehlende Begründung des Verfahrensweges hin zum VA.
2. Die Ausnahmen des § 39 II VwVfG ermöglichen Mißbräuche, weil begünstigende und belastende Teile eines Verwaltungsaktes verwoben sein können, eine Bekanntheit der Gründe ohne eigene Festlegung auf eine Begründung unterstellt werden kann oder Gründe zu Lasten des Bürgers nachgeschoben werden können.

D – I – 3.

In Umgehung von § 40 VwVfG vermittelt die Verwaltung oft den Eindruck, es gäbe das Dogma ‚von der nur einen richtigen Entscheidung'. Zweckmäßigkeitserwägungen werden als nichtjuristischer ‚Exklusivraum der Verwaltung' behandelt und sollen überhaupt nicht justitiabel sein, Ermessensentscheidungen nur eingeschränkt. Unbestimmte Rechtsbegriffe mit interdisziplinärem Bezug werden über die Verneinung subjektiver Bürgerrechte ebenfalls in einen Binnenraum verwaltungsmäßiger Beurteilung verlegt. Das intendierte Ermessen schließt die Berücksichtigung von Einzelfallerwägungen weitgehend aus.

D – I – 4.

1. §§ 24-28 VwVfG gehen einseitig von den Befugnissen der Verwaltung aus; nur in § 28 ist ein im Gesetzentwurf 1973 hinzugekommenes Anhörungsrecht des Bürgers im Verwaltungsverfahren konkretisiert. Die Verantwortungsrollen in der Verfahrensermittlung hin zum VA sind nach dem Grundsatz der ‚Verwaltungsnützlichkeit' gestaltet.
2. Doch selbst der Anhörungsanspruch ist auf die Eingriffsverwaltung beschränkt und auf Tatsachenvortrag, der aus Sicht der Verwaltung erheblich sein muß; ein Rechtsvortrag des Bürgers erscheint a priori irrelevant. Die Gelegenheit zur Stellungnahme kann bis zur faktischen Ausschließung erschwert werden.
3. Die weiten Ausnahmemöglichkeiten des § 28 II können den Anhörungsanspruch entwerten. Sachverhaltsermittlungs- und Beweiserhebungspflicht können durch weitgehende Fehlerheilungsmöglichkeiten über mehrere Gerichtsinstanzen ausgehöhlt werden. Nach alledem erscheint eine echte Mitwirkung des Bürgers weitgehend entbehrlich.

4. Die Rechtswahrungsfunktion des Verwaltungsverfahrens angesichts nur eingeschränkter gerichtlicher Kontrolle und seine gestalterischen Möglichkeiten werden zu wenig berücksichtigt, kooperative Elemente im Verhältnis zum Bürger damit vielfach ausgeschlossen, erscheinen als ‚Gefährdung der Objektivität'. Chancen frühzeitiger Interessenausgleiche oder gesteigerter Akzeptanz werden nicht gesehen: die §§ 24-28 werden jeweils zu isoliert und nicht im angemessenen rechtlichen Zusammenhang angewendet.

D – II – 1 – a.

1. Das Verwaltungsverfahrensrecht ist vom Grundgesetz als höherrangigem Recht überlagert. Wenn das Grundgesetz mehr in den Verwaltungsalltag wirkt, ergeben sich daraus Problemlösungsmöglichkeiten für das Verwaltungsverfahren. Bisherige Umsetzungsschwierigkeiten in der Verwaltungspraxis sind überwindbar.
2. Auch bei verstärkter Anwendung des Verfassungsrechts geht es nicht um abstrakte Vorrangpositionen, sondern einzelfallbezogene Ausgleiche unterschiedlicher Positionen. Verfassungsbestimmungen sind dabei keine subsumtionsfähigen Wenn-Dann-Sätze, sondern interpretationsbedürftig (finale Programmierung).
3. Zur allgemeinen Auslegungsmethodik gehören die grammatische, historische, teleologische, kontextuelle, konkordante und folgenbetrachtende Methode. Die Methode der verfassungskonformen Auslegung soll die Verfassungswidrigkeit eines Gesetzes vermeiden und führt dazu, daß bei mehreren Auslegungsmöglichkeiten die noch verfassungsgemäße gewählt werden muß. Die Auslegungsmethoden können sich ergänzen, um das angestrebte Ziel zu erreichen, also auch gleichzeitig und nebeneinander angewendet werden. Ziel ist die sozialverträgliche Koordinierung individueller Freiheiten unter Einbeziehung des Gerechtigkeitsaspekts. Allgemeine inhaltliche Postulate ergeben sich ferner insbesondere aus der Wesensgehaltsgarantie der Grundrechte und dem Verhältnismäßigkeitsprinzip.
4. Den letzten Maßstab setzt das Grundgesetz bekenntnisartig durch den Bezug auf die Menschenwürde in Artikel 1 GG. Dieser Maßstab wird in den Grundrechten entfaltet und prägt das gesamte Recht. Das gibt Richtlinien und Impulse für gerechte und optimale Interessenausgleiche im Verwaltungsverfahren. Die Einwirkung des Grundgesetzes vollzieht sich insbesondere über unbestimmte Rechtsbegriffe und Ermessensermächtigungen.

D – II – 1 – b.

1. Die spezifischen Methoden der Grundrechtsinterpretation werden einzelfallbezogen kombiniert und ergänzen sich gegenseitig, so daß man von schöpferischer Rechtsfindung sprechen kann. Diese ist jedoch an die der Verfassung immanenten Wertvorstellungen gebunden.

2. Diese spezifischen Auslegungsmethoden werden aus den Grundrechten selbst abgeleitet und sind ergänzungsoffen. Es sind die liberale, institutionelle, gleichheitsorientierte, wertbezogene, sozialstaatliche, demokratisch-partizipatorische und verfahrensrechtliche Methode.
3. Die liberale Methode betont die Freiheitsbetätigung des Einzelnen mit Selbstentfaltung und Selbstbestimmung als Urgegebenheit und darlegungs- und beweispflichtiger staatlicher Kompetenz. Doch bringt rechtlich gleiche Freiheit soziale Ungleichheit hervor, weil die Stärkeren sie besser gebrauchen können.
4. Da tatsächliche Freiheit oft erst durch Leistungen der Allgemeinheit geschaffen werden muß, kennzeichnen heute Freiheit und Teilhabe die Bürger/Verwaltungs-Beziehung. Sie führen zu einer auch die Verfassungsinterpretation berührenden Gewichtsverlagerung: zur liberalen Auslegung treten freiheitssichernde Methoden in Form von Institutsgarantien und Gleichheitsrechten (die sachliche Differenzierungen im Sinne einer Kundenorientierung der Verwaltung ermöglichen), insbesondere aber der Gesichtspunkt der grundgesetzlichen Werteordnung hinzu.
5. Aus der grundgesetzlichen Werteordnung ergeben sich Schutzpflichten, die sich in der sozialstaatlichen Auslegung fortsetzen und z.B. hinsichtlich der Sicherung des Existenzminimums zu Bürgeransprüchen gegen den Staat führen. Die demokratisch-partizipatorische Auslegung erscheint – unter Beibehaltung der bürgerlichen Autonomie auch zum Freiheitsnichtgebrauch – als förderungswürdig. Denn aktive demokratische Teilnahme ist erwünscht und für die lebendige Demokratie ‚schlechthin konstituierend', auch um Gegengewichte zu Gefahren bürokratischer Verwaltung zu setzen.

D – II – 2.

1. Die Auswirkungen des Verfassungsrechts haben das Verfahrensrecht zunehmend aus seiner untergeordneten, dienenden Funktion gegenüber dem materiellen Recht ‚befreit'. Sie gewähren ein Mindestmaß gesicherter effektiver Rechtsposition im Verwaltungsverfahren.
2. Die Verfassungsrelevanz wurde aus Sicht der Rechtsentwicklung zunächst über Art. 19 IV GG (effektiver Rechtsschutz) und Art. 20 GG (sozialer Rechtsstaat) entwickelt, im VwVfG 1976 positivrechtlich normiert und seit Ende 1979 (Mülheim-Kärlich-Entscheidung des Bundesverfassungsgerichts) direkt aus den Grundrechten abgeleitet. Diese Rechtsentwicklung hat sich allgemein durchgesetzt.
3. Für jede Verfahrensvorschrift ist die Grundrechtsrelevanz konkret zu ermitteln. Kriterien sind insbesondere Funktion, Zielrichtung, Schutzzweck sowie Art und Intensität (auch faktischer) Gefährdungen berechtigter Freiheitsentfaltung. Mit der Vergrößerung von Handlungsspielräumen kommt der Verwaltung zunehmend die Aufgabe der Dynamisierung dieses Schutzniveaus zu.

4. Die Schutzfunktion des Verwaltungsverfahrens ist um so bedeutender, als nur ca. 1 % der Verwaltungsverfahren gerichtlich überprüft werden.

D – II – 3.

1. Das Recht kann keine in sich ruhende stehende Ordnung sein, weil es um Gerechtigkeit im Einzelfalle geht. Diese ist nur unter Einbeziehung aller erforderlichen Erkenntnisquellen hinsichtlich tragender und sich wandelnder Kontexte zu erreichen.
2. Bloße Rechtsmethodik stößt hier an Grenzen, weil sie grundsätzlich auf einem reduktionistisch-mechanistischem Weltbild beruht. Die Verfassungsauslegung ermöglicht jedoch eine Erweiterung und ermöglicht rechtsschöpferische, gestalterische Gesamtentscheidungen nach einem interdisziplinären Ansatz.
3. Erst sozialwissenschaftliche Erkenntnisse ermöglichen ein zeitangemessenes Verständnis von Inhalt, Funktion und Wirkung der Grundrechte und garantieren so einen wirksamen dynamischen Schutz.
4. Notwendige Voraussetzung einer gerechten Güterabwägung ist die Einbeziehung der sozialwissenschaftlichen Werteforschung. Als repräsentative Erfassung der Gesamtbevölkerung ist sie zur Anwendung auf das Gesamtspektrum möglicher Problemlagen generell geeignet, zumal auch sie dem anthropozentrischen Ansatz des Grundgesetzes folgt.

Teil E – I.

Aus sozialwissenschaftlicher Sicht ist das Recht wesentliches Gestaltungs- und Orientierungsmedium sozialer Abläufe. Die Verfassung mit ihren funktionalen und ethischen Implikationen wird soziologisch erfaßt (z.B. zweck- und wertrational) und dient als normativer Orientierungspunkt zur adäquaten Verarbeitung der Sozialforschung. Auf diese Weise werden soziale Integration und Entwicklung der Gesellschaft im modernen Verfassungsstaat dynamisch gewährleistet.

E – II.

1. Zur Problemlösung bedarf es in den Bearbeitungsschritten ‚sehen, beurteilen, handeln' eines interdisziplinären Ansatzes.
2. Das Methodenparadigma der ‚konvergierenden Grundoptionen' bietet dafür einen Lösungsansatz. Die Bemühungen verschiedener interdisziplinärer Lösungswege sind dabei auf einen Konvergenzzielpunkt ausgerichtet. Dieser ist von der einschlägigen Verfassungsnorm nach Wortlaut (Formalobjekt) und Ziel (Ratio, Materialobjekt) in konkreter Problemlage jeweils vorgegeben.
3. Die Ausrichtung auf die Grundoption kann vorhandene Lösungsbemühungen aufnehmen, verändern oder neue veranlassen. Die gemeinsame interdiszi-

plinäre Problemsuche kann aber auch bisher nicht gewählte Suchbewegungen auslösen (‚unentdecktes Land').
4. Der Verfassung als Strukturelement immanent ist die Optimierung als ständige Aufgabe, verschiedene Faktoren bestmöglich miteinander zu kombinieren. Es handelt sich dann um die gerechte(ste) Lösung im Sinne von Art. 20 III GG.
5. Sozialwissenschaftliche Erkenntnisse müssen für die Optimierung rechtserheblich sein. Daraus ergeben sich formale Anforderungen an die Datenerhebung und –bewertung (Repräsentanz) und materielle Anforderungen an Beständigkeit und Zustimmungsgrad von Erkenntnissen (Relevanz). Aus rechtlichen und sozialwissenschaftlichen Gründen ist dabei (neben anderen Qualitätsmerkmalen) eine Zustimmungsbandbreite (‚Wichtigkeitswerte') von mindestens 67 % bis 80 %, also quantitativ um 75 %, erforderlich (Evidenz). Qualitativ führt die Anwendung der Wertetypen-Lehre zu einer subjektzentrierten, bürger- und ämterorientierten Problemlösungsperspektive (Qualität).
6. Gehen gesetzgeberische Ziele und sozialwissenschaftliche Analysen intentional in die gleiche Richtung, kommt es zu ‚anreichernden Übernahmen'. Diese erfolgen um so eher, je einfacher und dringender die Realisierung, je bedeutsamer die Sachproblematik und je verfassungsoptimierender die Auswirkung davon ist.
7. Welche interdisziplinären Ansätze bei gemeinsamen Problemlösungen heranzuziehen sind, ergibt sich aus den konkret einschlägigen Verfassungsbestimmungen selbst. Querschnittswissenschaften wie Rechts- und Sozialwissenschaften sind stets heranzuziehen.
8. Um Dynamisierung und Nachhaltigkeit interdisziplinärer Problemlösungen zu gewährleisten, sind regelmäßige Überprüfungen der Verwaltungsnormen in der Verwaltungspraxis unter dem Gesichtspunkt der Verfassungsoptimierung verfassungsrechtlich geboten und verwaltungspraktisch machbar (‚Controlling').

E – III – 1.

1. Dem Verwaltungsaktbegriff können drei generelle Grundeinstellungen der Bürger/Verwaltungs-Beziehung entnommen werden: Überordnung der Verwaltung, Gleichordnung, Überordnung des Bürgers.
2. Das Grundgesetz hat mit der ersten Grundeinstellung gebrochen. Doch spiegelt sich diese aus funktionellen Gründen im empirischen Befund noch wieder.
3. Für die zweite These ist die Zeit vor und nach VA-Bestandskraft zu unterscheiden: nur wenn der VA bestandskräftig ist, muß der Bürger ihn befolgen, weil auch in der Demokratie Rechtsgehorsam verlangt wird. Die Phase davor ist jedoch zunehmend von funktional-kooperativer Arbeits- und Verantwortungsteilung gekennzeichnet.

4. Da die Freiheit unter dem Grundgesetz Grundgegebenheit, Verwaltungskompetenz aber argumentationspflichtig und in den Dienst der Bürger gestellt ist, ergibt sich verfassungsrechtlich insoweit eine Überordnung des Bürgers. Den Bürger als Verwaltungskunden zu behandeln, ist keine bloße Marketing-Strategie, sondern Verfassungsgebot. Diese hat sich empirisch noch nicht ausreichend durchgesetzt. In der Verwaltungspraxis besteht noch ein Defizit in der Vermittlung der grundgesetzlichen Werteordnung.
5. Je nach Aufgabe und Gegenstand des Verwaltungsverfahrens können die Verantwortungsrollen von Bürger und Verwaltung unterschiedlich gewichtet sein. Defizite an Bürgermitwirkung, Begründung und Transparenz fördern hier eine Verwaltungsverdrossenheit. Wird der Bürger als Subjekt behandelt, verbessert sich dies nachweislich.
6. Hierbei verstärkt der Wertewandel den Demokratieansatz, weil es mit Verstärkung der Selbstentfaltungswerte zu einer Übertragung grundlegender demokratischer Systemnormen in die Privatsphäre der Bevölkerung gekommen ist. Dem folgt eine steigende Bereitschaft zur Subjektentfaltung durch mehr Mitwirkung und Mitverantwortung. Um dies grundrechtseffektivierend umzusetzen, ist – wertetypenspezifisch – eine Kombination von regulativen Programmen, finanziellen Anreizen und Überzeugungsstrategien erforderlich. Kann eine bestimmte Zielgruppe des Verwaltungshandelns nicht ermittelt werden, ist eine Ausrichtung im Sinne der Werte-Synthese vorzunehmen.

E – III – 2.

1. Der das Subjekt betonende Wertewandel unterstreicht die verfassungsrechtliche Bedeutung der Begründungspflicht, daß hoheitliches Handeln argumentationspflichtig ist. Beschleunigung und Verwaltungseffizienz rechtfertigen hier grundsätzlich keine Einschränkungen. § 44 a VwGO (Ausschluß selbständiger Geltendmachung von Verfahrensfehlern) muß aus verfassungsrechtlichen Gründen einschränkend interpretiert werden.
2. Bürgerwichtige Erörterungen müssen in die Begründung des Verwaltungsaktes aufgenommen werden, auch wenn sie für die Verwaltung letztlich nicht entscheidungserheblich sind. Dies gilt insbesondere bei entscheidungsalternativen Entscheidungsmöglichkeiten (Einschränkung des § 39 I 3 VwVfG).
3. Bei der Verständlichkeit der VA-Begründung ist der verfassungsrechtlich vorgegebene Dienst am Bürger – wertetypenspezifisch – zu berücksichtigen. Aufgrund der verschiedenen Funktionen der Begründung, die jeweils in Grundrechtsbezug stehen können, überlagert die materielle Komponente eine bloß formell verstandene Begründungspflicht nach Art und Umfang der Begründung. Dies kann zu Erweiterungen über den Wortlaut des § 39 VwVfG hinaus führen, aber auch Mitwirkungslasten des Bürgers begründen.
4. Inhaltliche Verständlichkeit ist ein Gebot der Anerkennung des mündigen Bürgers. Hier besteht empirisch ermittelter verfassungsrechtlicher Reform-

bedarf bei bestimmten Werte-Typen mit dem Gebot entsprechender Hilfestellung.
5. Die Möglichkeiten von Begründungsverzichten gemäß § 39 II müssen einschränkend interpretiert werden. Die erweiterten Heilungsmöglichkeiten der Reformgesetzgebung von 1996 dürfen nur für im Verwaltungsverfahren behandelte, aber zunächst nicht als entscheidungserheblich herangezogene Erwägungen genutzt werden.

E – III – 3.

1. Das Dogma von nur einer richtigen Entscheidung der Verwaltung ist – schon aufgrund unbestimmter Rechtsbegriffe, von Zweck- und Ermessensermächtigungen – aus verfassungsrechtlichen Gründen zurückzuweisen. Im mehrfunktionalen Verwaltungsverfahren fordern die Bürger zurecht rechtmäßiges und pragmatisch-problemlösungsorientiertes Handeln.
2. Zweckmäßigkeitsgesichtspunkte sind Rechtsfragen und unterliegen den üblichen Auslegungskriterien, insbesondere einem dynamischen Grundrechtsschutz und dem verfassungsrechtlichen Verhältnismäßigkeitsgrundsatz. Sie können meist nur durch Einbeziehung interdisziplinärer Erkenntnisse hinreichend erfaßt und beurteilt werden, die ebenfalls dynamisch-optimierend anzuwenden sind und den Charakter des entwicklungsoffenen Verwaltungsverfahrens unterstreichen. Daher kann man davon sprechen, daß das Verwaltungsverfahren selbst ‚normschöpferisch' wird.
3. Fehlende Gestaltungsfreiräume der Verwaltung können hier den dynamischen Grundrechtsschutz beeinträchtigen und verfassungsrechtliche Normüberschreitungen gebieten. Dies gilt auch für grundrechtseffektivierende Zweckmäßigkeitserwägungen. Soweit die Rechtsfigur des intendierten Ermessens der Verwaltung solche einzelfallbezogenen Gestaltungsmöglichkeiten nimmt, ist es als verfassungswidrig zurückzuweisen, weil es zu mechanischen Gesetzesanwendungen führt.

E – III – 4.

1. Im Zusammenwirken von Bürger und Verwaltung bei der Entstehung des Verwaltungsaktes gemäß §§ 24 - 28 VwVfG kam es 1976 nur hinsichtlich der Anhörung gemäß § 28 I VwVfG zu einem (eingeschränkten) Anspruch des Bürgers. Das Verfassungsrecht behält jedoch neben der einfachgesetzlichen Ausgestaltung sein Eigengewicht. Hiernach werden den Bürgern aufgrund ihrer Subjektstellung reale Einflußmöglichkeiten auf Verfahren und Ergebnis des Verwaltungsverfahrens eingeräumt. So dient schon das rechtliche Gehör nicht nur der Abklärung der Grundlagen eines Verwaltungsaktes, sondern auch der Achtung der Menschenwürde.
2. Diese verfassungsrechtlich durch den Wertewandel gestützte Grundlage fördert kooperative Strukturen im Verwaltungsverfahren, insbesondere

hinsichtlich Information, Kommunikation und verantwortungsteiliger Kooperation mittels entsprechender Ausgestaltung der geregelten Verfahrensbestimmungen in Ausübung des Verfahrensermessens der Verwaltung.
3. Da der Grundrechtsschutz im Verfahren nicht auf die Eingriffsverwaltung beschränkt ist, gebietet sich eine Ausweitung von § 28 I VwVfG auf alle Tätigkeitsbereiche der Verwaltung, wie es auch aus der gesetzgeberischen Gesamtintention des VwVfG deutlich wird. Doch können je nach materieller (Grund-) Rechtslage die Verantwortungsrollen im Verfahren unterschiedlich gewichtet sein. Im Lichte der Grundrechte darf die Verfahrensgestaltung nicht ausschließlich nach den Bedürfnissen der Verwaltung ausgerichtet sein.
4. Entscheidungserhebliche Umstände können nur durch kommunikative Prozesse mit dem Bürger als Subjekt erhoben werden, die den Amtsermittlungsgrundsatz zwingend ergänzen. Hierzu gehört auch eine Berücksichtigung von Rechtsansichten des Bürgers. Der Umfang ist gemäß dem Regel/Ausnahme-Prinzip in § 28 VwVfG weit zu ziehen, Ausnahmen sind eng auszulegen. Die sozialwissenschaftliche Forschung belegt hierbei zahlreiche Mängel der Verwaltungspraxis, die ein Umdenken zwingend erforderlich machen, um verfassungsrechtliche Defizite zu beseitigen.
5. Fehler bei der Anhörung wiegen verfassungsrechtlich schwer, weil die reale Einflußmöglichkeit auf Verfahren und Ergebnis explizit beeinträchtigt und der Bürger als Subjekt mißachtet wurde. Eine ergebnisoffene Anhörung kann durch nachgeholte Anhörung nur bei erhöhten qualitativen Anforderungen verfassungskonform sein. Sie kommt nur bei fehlerhafter, nicht aber völlig fehlender Anhörung in Betracht und ist im Zweifel an die Zustimmung des Bürgers gebunden. Aus Verfassungsgründen ist die zeitliche Erweiterung ins Gerichtsverfahren hinein (Reform 1996) als verfassungswidrig abzulehnen.
6. Die verfassungsgerechte Zuordnung von Verantwortungsrollen im Verwaltungsverfahren ist nur möglich, wenn man die §§ 24 - 28 VwVfG nicht isoliert betrachtet, sondern als Teile eines einheitlichen Gesamtprozesses versteht. Hierzu gehört die Ermöglichung eigenständiger Freiheitsverantwortung unter Berücksichtigung der Wertetypen-Lehre. Dies kann dem Bürger im Sinne liberaler bzw. sozialstaatlicher Grundrechtsinterpretation weitere Freiräume eröffnen oder vermehrte Hilfestellung der Verwaltung im Wege von Beratung und Betreuung als ‚Hilfe zur Selbsthilfe‘ veranlassen.
7. Je höher die Bedeutung des Rechtsgutes und je geringer Kenntnis und Fähigkeiten des Bürgers, desto größer sind die Pflichten der Verwaltung zu Beratung und Betreuung. Sie sichern dem freien Subjekt zu, eigenverantwortlich(er) handeln zu können. Dies gilt insbesondere hinsichtlich notwendiger Verfahrenshandlungen. Die §§ 71 a ff. VwVfG sind als Ausdruck eines allgemeinen Rechtsgedankens zur zeitgemäßen Verfassungsanwendung als Verpflichtung der ‚Hilfe zur Selbsthilfe‘ auf die generelle Verwaltungspraxis zu übertragen. Dies ermöglicht das verfassungsrechtlich nun gebundene ‚Verfahrensermessen‘ gemäß § 10 VwVfG.

8. Durch die Entfaltung der partizipatorischen Grundrechtsdimension können im Verwaltungsverfahren demokratieeffektivierende Gemeinwohleffekte bei der Entfaltung der Selbstentfaltungswerte hinzutreten. Der Wertewandel fördert ein solches Miteinander im Verwaltungsverfahren und ermöglicht eine Überwindung negativer Vorurteile (z.B. infolge von Sphärentrennungen) durch Perspektivwechsel von Bürger und Verwaltung.
9. Daß sich so definierte Verantwortungsrollen im überschaubaren Bereich des Verwaltungsverfahrens mit seinem unmittelbaren Bürgerbezug für die verfassungsrechtlich bedeutsame Förderung der Werte-Synthese günstig auswirken, belegen die Aktivitäten des bürgerschaftlichen Engagements, in die sich oft institutionell abgedrängte Aktivitäten aus Arbeits- und Gesellschaftsbereich verlagert haben. Als gelungenes Beispiel vermehrter Übernahme von Eigenverantwortung des Bürgers im Verwaltungsverfahren kann auch das Bauordnungsrecht der Bundesländer seit 1994 herangezogen werden.

E – IV.

1. Die Ergebnisse des Wertewandels lassen für die Zukunft des Verwaltungsverfahrens erwarten, daß durch weitere Effektivierung der Verfassungswerte konstruktive Potentiale realisiert werden können, welche die anthropozentrische Ausrichtung des Grundgesetzes unterstreichen. Die Werte-Synthese läßt sich so in den Gesamtzusammenhang der demokratischen Institutionen hineindenken.
2. Durch die bessere Erfassung der Rechtswirklichkeit kann der Gesetzgeber qualitativ bessere Steuerungseffekte erreichen und durch wertetypenspezifische Gestaltungen neue Wertekonsense und Akzeptanzmöglichkeiten schaffen. Dies erleichtert es ihm, die Verwaltung im Zeitalter der Globalisierung den geänderten Anforderungen dynamisch anzupassen und zu einer ausgewogeneren Aufgabenverteilung zwischen staatlicher Gewährleistung und staatsbürgerlicher Eigenverantwortung zu gelangen.
3. Für Rechtsprechung und Rechtslehre ergeben sich aus der Einbeziehung der Werteforschung Chancen zur Weiterentwicklung der Grundrechtsdogmatik (nicht nur hinsichtlich des Verfahrensrechts) und der vertieften Sicht einer zeitgemäßen Interpretation von Grundrechten und Menschenwürde.
4. Die Arbeit der Verwaltung kann durch Beachtung wertetypen-spezifischer Analysen nicht nur wirkungsvoller und effektiver, sondern zugleich qualitativ besser und grundrechtsdynamischer erfolgen. Damit kann sie ihrem Dienstauftrag für den Bürger besser entsprechen und Verwaltungsverdrossenheit abbauen.
5. Gesteigerte Hilfestellung bei den einen, vermehrte Möglichkeiten der Eigenverantwortung bei den anderen trägt nicht nur zur Umsetzung einer Kundenorientierung bei, sondern kann re-integrierend wirken: hinsichtlich bestimmter Werte-Typen, aber auch bestimmter allgemeiner, nachhaltiger und zukunftsorientierter Interessen, die bislang institutionell blockiert waren.

Über die lokale und ämterspezifische Ebene kann so ‚von unten' eine neue Kultur des Miteinander gefördert werden, in der solidarische Gemeinwohlverantwortung in subsidiärer Freiheit wachsen kann. Wo solche Eigenverantwortung aber wächst, werden Verfahrensfragen und individuelle Verfahrenskompetenz immer wichtiger (EU-Verfassung 2004).

Tabellenverzeichnis

Schaubildverzeichnis

LITERATURVERZEICHNIS

Bernd Adamaschek: Wege aus der Krise? Wettbewerb und Selbststeuerung als Grundlage einer leistungsfähigen Kommunalverwaltung, Der Bayerische Bürgermeister 1/1994, S.15-17, **zitiert: Adamaschek 1994**

Horst Afheldt: Ausstieg aus dem Sozialstaat? Gefährdungen der Gesellschaft durch weltweite Umbrüche, Aus Politik und Zeitgeschichte B 25-26/1995 vom 16.Juni 1995, S.3-12, **zitiert: Afheldt 1995**

Ahrweiler 1996: Bürgerbefragung, KOMMDEMOS Nr. 98/059z

Anhalt-Zerbst 1997: Bürgerbefragung im Landkreis, KOMMDEMOS Nr.98/048 z

Franz-Josef Antwerpes: Sachverständigen-Stellungnahme (Regierungspräsidium der Bezirksregierung Köln) zum Thema ‚Umwelt- und Genehmigungsrecht' für die BT-Anhörung vom 8.Mai 1996, Teil II, Deutscher Bundestag, 13. Wahlperiode, Ausschuß für Umwelt, Naturschutz und Reaktorsicherheit (Ausschussdrucksache 13/271) S.3-42, **zitiert: Antwerpes 1996 II**

Franz-Josef Antwerpes: Anhörungsbeitrag (Regierungspräsidium der Bezirksregierung Köln) in der gemeinsamen Sitzung der Bundestagsausschüsse für Innen-, Rechts-, Wirtschafts- und Umweltpolitik zu Änderungen im Verfahrensrecht vom 8.Mai 1996, Innen-, Deutscher Bundestag, 13. Wahlperiode, Ausschuß für Umwelt, Naturschutz und Reaktorsicherheit, Ausschuß-Protokoll Nr.31, S.19-21, **zitiert: Antwerpes 1996 A**

Hans Herbert v. Arnim: Gemeinwohl und Gruppeninteressen. Die Durchsetzungsschwäche allgemeiner Interessen in der pluralistischen Demokratie. Ein Beitrag zu verfassungsrechtlichen Grundfragen der Wirtschaftsordnung, Frankfurt am Main 1977, **zitiert: v.Arnim 1977**

Hans Herbert v. Arnim: Grundfragen der Kontrolle von Gesetzgebung und Verwaltung, Die Öffentliche Verwaltung (DÖV) 1982, S.917-925, **zitiert: v.Arnim 1982**

Hans Herbert v. Arnim: Staatslehre der Bundesrepublik Deutschland, Vahlen Studienreihe Jura, München 1984, **zitiert: v.Arnim 1984**

Hans Herbert v. Arnim: Leistungsstaat contra Sozialstaat. Sozialstaatliche Errungenschaften zwischen Freiheitsverwirklichung und Freiheitsgefährdung, Albrecht Randelzhofer/Werner Süß (Hg.), Konsens und Konflikt, 35 Jahre Grundgesetz, New York / Berlin 1985, S.117-126, **zitiert: v.Arnim 1985**

Hans Herbert v. Arnim: Zur normativen Politikwissenschaft – Versuch einer Rehabilitierung (Speyrer Arbeitshefte, Band 74, Speyer 1986, **zitiert: v.Arnim 1986 a**

Hans Herbert v. Arnim: Steuerung durch Recht, Hans Herbert v.Arnim/Helmut Klages (Hg.), Probleme der staatlichen Steuerung und Fehlsteuerung in der Bundesrepublik Deutschland, Schriftenreihe der Hochschule Speyer, Band 101, Berlin 1986, S.51-70, **zitiert: v.Arnim 1986 b**

Hans Herbert v. Arnim: Wirtschaftlichkeit als Rechtsprinzip, Schriften zum Öffentlichen Recht, Band 536, Berlin 1988, **zitiert: v.Arnim 1988**

Hans Herbert v. Arnim: Demokratie ohne Volk. Plädoyer gegen Staatsversagen, Machtmißbrauch und Politikverdrossenheit, München 1993, **zitiert: v.Arnim 1993**
Hans Herbert v. Arnim: Ist ‚der rationale Staat' möglich?, Hans Herbert v.Arnim/Klaus Lüder (Hg.), Wirtschaftlichkeit in Staat und Verwaltung, Schriftenreihe der Hochschule Speyer, Band 111, Berlin 1993, S.67-80, **zitiert: v.Arnim 1993 a**
Hans Herbert v. Arnim: Demokratie vor neuen Herausforderungen, Zeitschrift für Rechtspolitik (ZRP) 1995, S.340-352, **zitiert: v.Arnim 1995**
Hans Herbert v. Arnim: Politikerverdrossenheit, Wertewandel und politische Institutionen, Volker J. Kreyher/Carl Böhret (Hg.), Gesellschaft im Übergang: Problemaufrisse und Antizipationen, Festschrift für Helmut Klages zum 65.Geburtstag, Baden-Baden 1995, S.31-37, **zitiert: v.Arnim 1995 a**
Hans Herbert v. Arnim: Staat ohne Diener. Was schert die Politiker das Wohl des Volkes?, München ²1995, **zitiert: v.Arnim 1995 b**
Hans Herbert v. Arnim: Auf dem Weg zur optimalen Gemeindeverfassung?, Deutsches Verwaltungsblatt (DVBl.) 1997, S.749-761, **zitiert: v.Arnim 1997**
Hans Herbert v. Arnim: Demokratie vor neuen Herausforderungen, Carsten Schlüter-Knauer (Hg.), Die Demokratie überdenken, Festschrift für Wilfried Röhrich, Berlin 1997, S.397-441, **zitiert: v.Arnim 1997 a**
Hans Herbert v. Arnim: Fetter Bauch regiert nicht gern. Die politische Klasse: selbstbezogen und abgehoben, München 1997, **zitiert: v.Arnim 1997 b**
Hans Herbert v. Arnim: Die Verfassung hinter der Verfassung, Zeitschrift für Rechtspolitik (ZRP) 1999, S.326-334, **zitiert: v.Arnim 1999**
Hans Herbert v. Arnim: Vom schönen Schein der Demokratie. Politik ohne Verantwortung – am Volk vorbei, München 2000, **zitiert: v.Arnim 2000**
Hans Herbert v. Arnim: Einführung in die Tagung, Hans Herbert v.Arnim (Hg.), Direkte Demokratie. Beiträge auf dem 3.Speyerer Demokratieforum vom 27.bis 29.Oktober 1999 an der Deutschen Hochschule für Verwaltungswissenschaften Speyer, Schriftenreihe der Hochschule Speyer, Band 140, Berlin 2000, S.9-12, **zitiert: v.Arnim 2000 a**
Hans Herbert v. Arnim: Politik Macht Geld. Das Schwarzgeld der Politiker – Weißgewaschen, München 2001, **zitiert: v.Arnim 2001**
Hans Herbert v. Arnim: Die politische Durchsetzung der Kommunalverfassungsreform der neunziger Jahre, Die Öffentliche Verwaltung (DÖV) 2002, S.585-592, **zitiert: v.Arnim 2002**
Hans Herbert v. Arnim (unter Mitarbeit von Hermann Knödler): Volkswirtschaftspolitik: eine Einführung, Alfred Metzner Studienliteratur, Juristische Lernbücher 2, Neuwied / Kriftel ⁶1998, **zitiert: v.Arnim 1998**
Hans Herbert v. Arnim / Stefan Brink: Methodik der Rechtsbildung unter dem Grundgesetz. Grundlagen einer verfassungsorientierten Rechtsmethodik, Speyrer Forschungsberichte, Band 218, Speyer 2001, **zitiert: v.Arnim/Brink 2001**
Bad Kreuznach 1997: Bürgerbefragung, KOMMDEMOS Nr. 97/074z

Hans Paul Bahrdt: Die Krise der Hierarchie im Wandel der Kooperationsformen, Renate Mayntz (Hg.), Bürokratische Organisation, Neue Wissenschaftliche Bibliothek 27 – Soziologie, Köln / Berlin [2]1971, S.127-134, **zitiert: Bahrdt 1971**
Arno Baruzzi: Europäisches ‚Menschenbild' und das Grundgesetz für die Bundesrepublik Deutschland, Fermenta philosophica, Freiburg/München 1979, **zitiert: Baruzzi 1979**
Wolfgang Baumann: Anhörungsbeitrag (BUND e.V.) in der gemeinsamen Sitzung der Bundestagsausschüsse für Innen-, Rechts-, Wirtschafts-und Umweltpolitik zu Änderungen im Verfahrensrecht vom 8.Mai 1996, Deutscher Bundestag, 13. Wahlperiode, Ausschuß für Umwelt, Naturschutz und Reaktorsicherheit, Protokoll Nr.31, S.50-52,73-75,127f., **zitiert: Baumann 1996 A**
Dieter Beck: Kooperatives Verwaltungshandeln aus Sicht der Sozialpsychologie, Nicolai Dose/Rüdiger Voigt (Hg.), Kooperatives Recht, Jahresschrift für Rechtspolitologie Band 8, Baden-Baden [1]1995, S.329-345, **zitiert: Beck 1995**
Ulrich Beck: Das Zeitalter des ‚eigenen Lebens'. Individualisierung als ‚paradoxe Sozialstruktur' und andere offene Fragen, Aus Politik und Zeitgeschichte B 29/2001 vom 13.Juli 2001, S.3-6, **zitiert: Beck 2001**
Bernd Becker: Öffentliche Verwaltung. Lehrbuch für Wissenschaft und Praxis, Dillingen 1989, **zitiert: Becker 1989**
Ulrich Becker: Das ‚Menschenbild des Grundgesetzes' in der Rechtsprechung des Bundesverfassungsgerichts, Schriften zum öffentlichen Recht, Band 708, Berlin 1996, **zitiert: Becker 1996**
Ethel Leonore Behrendt: Gott im Grundgesetz. Der vergessene Grundwert: ‚Verantwortung vor Gott', München [1]1980, **zitiert: Behrendt 1980**
Ernst Benda: Erprobung der Menschenwürde am Beispiel der Humangenetik, Aus Politik und Zeitgeschichte B 3/85 vom 19.Januar 1985, S.18-36, **zitiert: Benda 1985**
Bergisch Gladbach 1997: Bürgerbefragung, KOMMDEMOS Nr. 98/020a+b
Bergisch Gladbach 1999: Bürgerbefragung, KOMMDEMOS Nr. 00/008z
Berlin 1998: Bürgerbefragung Anlagenbetreiber (Senator für Stadtentwicklung u.a.), KOMMDEMOS Nr. 98/057z
Berlin-Schöneberg 1996: Mitarbeiterbefragung im Bezirksamt, KOMMDEMOS Nr. 97/016z
Herbert Bethge: Grundrechtsverwirklichung und Grundrechtssicherung durch Organisation und Verfahren, Neue Juristische Wochenschrift (NJW) 1982, S.1-7, **zitiert: Bethge 1982**
Herbert Bethge: Grundpflichten als verfassungsrechtliche Dimension, Neue Juristische Wochenschrift (NJW) 1982, S.2145-2150, **zitiert: Bethge 1982 a**
Bocholt 1995: Bürgerbefragung, KOMMDEMOS Nr. 96/059z
Willi Blümel: Grundrechtsschutz durch Verfahrensgestaltung, Willi Blümel (Hg.), Frühzeitige Bürgerbeteiligung bei Planungen, Schriftenreihe der Hochschule Speyer, Band 87, Berlin 1982, S.23-91, **zitiert: Blümel 1982**

Willi Blümel: Anhörungsbeitrag (Hochschule für Verwaltungswissenschaften Speyer) in der gemeinsamen Sitzung der Bundestagsausschüsse für Innen-, Rechts-, Wirtschafts- und Umweltpolitik zu Änderungen im Verfahrensrecht vom 8.Mai 1996, Deutscher Bundestag, 13. Wahlperiode, Ausschuß für Umwelt, Naturschutz und Reaktorsicherheit, Protokoll Nr.31, S.23-25,60,112-114,121-123, **zitiert: Blümel 1996 A**

Willi Blümel/Rainer Pitschas: Vorwort, Willi Blümel/Rainer Pitschas (Hg.), Reform des Verwaltungsverfahrensrechts, Schriftenreihe der Hochschule Speyer, Band 114, Berlin 1994, S.15-17, **zitiert: Blümel/Pitschas 1994**

Ernst-Wolfgang Böckenförde: Die Methoden der Verfassungsinterpretation – Bestandsaufnahme und Kritik, Neue Juristische Wochenschrift (NJW) 1976, S.2089-2099, **zitiert: Böckenförde 1976**

Ernst-Wolfgang Böckenförde: Zur Lage der Grundrechtsdogmatik nach 40 Jahren Grundgesetz, Carl Friedrich von Siemens-Stiftung, Themen XLVII, München 1989, **zitiert: Böckenförde 1989**

Ernst-Wolfgang Böckenförde: Verfassungsgerichtsbarkeit: Strukturfragen, Organisation, Legitimation, Neue Juristische Wochenschrift (NJW) 1999, S.9-17, **zitiert: Böckenförde 1999**

Petra Böhnke: Wertorientierungen und Zukunftserwartungen, Statistisches Bundesamt (Hg., in Zusammenarbeit mit dem Wissenschaftszentrum Berlin für Sozialforschung und dem Zentrum für Umfragen, Methoden und Analysen Mannheim), Datenreport 1999 – Zahlen und Fakten über die Bundesrepublik Deutschland, Schriftenreihe der Bundeszentrale für politische Bildung, Band 365, Bonn 2000, S.443-452, **zitiert: Böhnke 2000**

Carl Böhret: Dynamische Interdependenz und funktionaler Staat. Anmerkungen zur politisch-administrativen Theorie der Übergangsgesellschaft, Klaus Lüder (Hg.), Staat und Verwaltung. Fünfzig Jahre Hochschule für Verwaltungswissenschaften Speyer, Schriftenreihe der Hochschule Speyer, Band 122, Berlin 1997, S.119-144, **zitiert: Böhret 1997**

Eberhard Bohne: Aktuelle Ansätze zur Reform umweltrechtlicher Zulassungsverfahren, Willi Blümel/Rainer Pitschas (Hg.), Reform des Verwaltungsverfahrensrechts, Schriftenreihe der Hochschule Speyer, Band 114, Berlin 1994, S.41-81, **zitiert: Bohne 1994**

Eberhard Bohne: Versicherungsmodelle zur Investitionsbeschleunigung und zum Abbau von Vollzugsdefiziten im Anlagenzulassungsrecht, Deutsches Verwaltungsblatt (DVBl.) 1994, S.195-203, **zitiert: Bohne 1994 a**

Friedrich W. Bolay: Betriebswirtschaft und öffentliche Verwaltung: Anmerkungen zu einigen populären Missverständnissen, Angelika Benz/Natascha Füchtner (Hg.), Einheit und Vielfalt – Verwaltung im Wandel, Speyrer Forschungsberichte, Band 222, Speyer 2001, S.37-46, **zitiert: Bolay 2001**

Heinz Joachim Bonk: Vereinheitlichung und Fortentwicklung des Verwaltungsverfahrensrechts in Bund und Ländern, Deutsches Verwaltungsblatt (DVBl.) 1986, S.485-496, **zitiert: Bonk 1986**

Heinz Joachim Bonk: Sachverständigen-Stellungnahme (Richter am Bundesverwaltungsgericht) zum Thema ‚Umwelt- und Genehmigungsrecht' für die BT-Anhörung vom 8.Mai 1996, Teil III, Deutscher Bundestag, 13. Wahlperiode, Ausschuß für Umwelt, Naturschutz und Reaktorsicherheit (Ausschußdrucksache 13/271) S.201-223, **zitiert: Bonk 1996 III**
Heinz Joachim Bonk: Anhörung Beteiligter (§ 28), Paul Stelkens u.a. (Hg.), Verwaltungsverfahrensgesetz – Kommentar, München [5]1998, S.627-655, **zitiert: Bonk 1998**
Christian-Dietrich Bracher: Nachholung der Anhörung bis zum Abschluß des verwaltungsgerichtlichen Verfahrens? Zur Verfassungsmäßigkeit von § 45 Abs.2 VwVfG, Deutsches Verwaltungsblatt (DVBl.) 1997, S.534-538, **zitiert: Bracher 1997**
Michael Bretschneider: Die Difu-Datenbank DEMOS (heute: KOMMDEMOS): Ein Informationsangebot zur kommunalen Umfrageforschung, Stadtforschung und Statistik 2/1994, S.33-37, **zitiert: Bretschneider 1994**
Winfried Brohm: Die Funktion des BVerfG – Oligarchie in der Demokratie?, Neue Juristische Wochenschrift (NJW) 2001, S.1-10, **zitiert: Brohm 2001**
Brühl 1995: Bürgerbefragung, KOMMDEMOS Nr. 97/098z
Petra Bülow: Fortentwicklung des Verwaltungsverfahrensrechts unter besonderer Berücksichtigung des Planfeststellungsrechts, Rothenburg ob der Tauber [1]1996, **zitiert: Bülow 1996**
Michael Bürsch: Für Pluralität und gegen Uniformität – Vision einer europäischen Zivilgesellschaft. Entfaltung auf föderativen Ebenen, Das Parlament vom 3./10.August 2001, S.15, **zitiert: Bürsch 2001**
Martin Bullinger: Beschleunigung von Investitionen durch Parallelprüfung und Verfahrensmanagement, Juristen-Zeitung (JZ) 1993, S.492-500, **zitiert: Bullinger 1993**
Thomas Bulmahn: Freiheit, Sicherheit und Gerechtigkeit im Urteil der Bürger, Statistisches Bundesamt (Hg., in Zusammenarbeit mit dem Wissenschaftszentrum Berlin für Sozialforschung und dem Zentrum für Umfragen, Methoden und Analysen Mannheim), Datenreport 1999 – Zahlen und Fakten über die Bundesrepublik Deutschland, Schriftenreihe der Bundeszentrale für politische Bildung, Band 365, Bonn 2000, S.602-612, **zitiert: Bulmahn 2000**
Bundesministerium für Familie, Senioren, Frauen und Jugend (Hg.): Ergebnisse der Repräsentativerhebung 1999 zu Ehrenamt, Freiwilligenarbeit und bürgerschaftlichem Engagement, Bd.1 Freiwilliges Engagement in Deutschland: Gesamtbericht (Bernhart von Rosenbladt); Bd.2 Zugangswege zum freiwilligen Engagement und Engagementpotenzial in den neuen und alten Bundesländern (Joachim Braun; Helmut Klages); Bd.3 Freiwilliges Engagement in Deutschland: Frauen und Männer, Jugend, Senioren, Sport (Sybille Picot), Schriftenreihe des Bundesministeriums für Familie, Senioren, Frauen und Jugend, Bd. 194.1-3, Stuttgart / Berlin / Köln 2000, **zitiert: Repräsentativerhebung 1999/1,30** (für: Repräsentativerhebung Bd. 1 S.30)
Buxtehude 1998: Bürgerbefragung, KOMMDEMOS Nr. 98/056z

Jost-Dietrich Busch: Einleitung, Hans Joachim Knack (Hg.), Verwaltungsverfahrensgesetz (VwVfG) Kommentar, Nachtrag zur 5.Auflage, Köln / Berlin / Bonn / München 1997, S.1-5, **zitiert: Busch 1997**
Malte Creutzfeldt: Anhörung von Asylbewerbern vor Verwaltungsbehörden und Verwaltungsgerichten, Neue Zeitschrift für Verwaltungsrecht (NVwZ) 1982, S.88-90, **zitiert: Creutzfeldt 1982**
Wolfgang Däubler: Recht für den Bürger?, Neue Juristische Wochenschrift (NJW) 2000, S.2250-2251, **zitiert: Däubler 2000**
Herta Däubler-Gmelin: Schwerpunkte der Rechtspolitik in der neuen Legislaturperiode, Zeitschrift für Rechtspolitik (ZRP) 1999, S.81-85, **zitiert: Däubler-Gmelin 1999**
Karl-Fritz Daiber: Grundriß der Praktischen Theologie als Handlungswissenschaft. Kritik und Erneuerung der Kirche als Aufgabe, Gesellschaft und Theologie, Abt. Praxis der Kirche Nr.23, München / Mainz 1977, **zitiert: Daiber 1977**
Rainer Dechsling: Rechtsschutz und Begründungspflicht – Eine verfassungsrechtliche Analyse der §§ 39 Abs.2 Nr.1 VwVfG und 35 Abs.2 Nr.1 SGB-VwVf, Die Öffentliche Verwaltung (DÖV) 1985, S.714-720, **zitiert: Dechsling 1985**
Klaus Demmer: Christliche Existenz unter dem Anspruch des Rechts. Ethische Bausteine der Rechtstheologie, Studien zur theologischen Ethik, Band 67, Freiburg / Schweiz 1995, **zitiert: Demmer 1995**
Heinrich Denzinger / Peter Hünermann: Kompendium der Glaubensbekenntnisse und kirchlichen Lehrentscheidungen, Freiburg / Basel / Rom / Wien ^{37}1991, **zitiert: Denzinger/Hünermann 1991**
Horst Dreier: Dimensionen der Grundrechte. Von der Wertordnungsjudikatur zu den objektiv-rechtlichen Grundrechtsgehalten, Schriftenreihe der Juristischen Studiengesellschaft Hannover, Heft 23, Hannover 1993, **zitiert: Dreier 1993**
Horst Dreier (unter Mitarbeit von Hartmut Bauer): Vorbemerkung, Horst Dreier (Hg.) Grundgesetz – Kommentar Band 1 (Art.1-19), Tübingen 1996, S.34-98, **zitiert: Dreier 1996**
Lucia Eckert: Sachverständigen-Stellungnahme (Forschungsinstitut für öffentliche Verwaltung bei der Hochschule für Verwaltungswissenschaften Speyer) zum Thema ‚Umwelt- und Genehmigungsrecht' für die BT-Anhörung vom 8.Mai 1996, Teil I, Deutscher Bundestag, 13. Wahlperiode, Ausschuß für Umwelt, Naturschutz und Reaktorsicherheit, Ausschußdrucksache 13/271, S.49-78, **zitiert: Eckert 1996 I**
Dirk Ehlers: Anhörung im Verwaltungsverfahren, Juristische Ausbildung (Jura) 1996, S.617-624, **zitiert: Ehlers 1996**
Emmendingen 1997: Bürgerbefragung, KOMMDEMOS Nr. 99/034z
Rüdiger Engel: Akteneinsicht und Recht auf Information über umweltbezogene Daten. Die Informationsrichtlinie der EG im Vergleich zur bundesdeut-

schen Rechtslage, Reihe Rechtswissenschaft Band 147, Pfaffenweiler 1993, **zitiert: Engel 1993**
Essen 1998: Bürgerbefragung, KOMMDEMOS Nr. 99/002z
Ernst Forsthoff: Deutsche Verfassungsgeschichte der Neuzeit, Stuttgart ²1961, **zitiert: Forsthoff 1961**
Frankfurt am Main 1995: Bürgerbefragung, KOMMDEMOS Nr. 96/005z
Frankfurt am Main 1996: Bürgerbefragung, KOMMDEMOS Nr. 97/004z
Frankfurt am Main 2000: Bürgerbefragung, KOMMDEMOS Nr. 00/051z
Gerhard Franz/Willi Herbert: Werte, Bedürfnisse, Handeln: Ansatzpunkte politischer Verhaltenssteuerung, Campus-Forschung, Band 488, Frankfurt am Main / New York 1986, **zitiert: Franz/Herbert 1986**
Gerhard Franz/Willi Herbert: Werttypen in der Bundesrepublik: Konventionalisten, Resignierte, Idealisten und Realisten, Helmut Klages/Gerhard Franz/Willi Herbert (Hg.), Sozialpsychologie der Wohlfahrtsgesellschaft: zur Dynamik von Wertorientierungen, Einstellungen und Ansprüchen, Frankfurt am Main / New York 1987, S.40-54, **zitiert: Franz/Herbert 1987**
Gerhard Franz/Willi Herbert: Persönliche Realität, Medienrealität und Forderungen an die Politik, Helmut Klages/Gerhard Franz/Willi Herbert (Hg.), Sozialpsychologie der Wohlfahrtsgesellschaft: zur Dynamik von Wertorientierungen, Einstellungen und Ansprüchen, Frankfurt am Main / New York 1987, S.156-177, **zitiert: Franz/Herbert 1987 a**
Betty Gebers: Anhörungsbeitrag (Öko-Institut Darmstadt) in der gemeinsamen Sitzung der Bundestagsausschüsse für Innen-, Rechts-, Wirtschafts- und Umweltpolitik zu Änderungen im Verfahrensrecht vom 8.Mai 1996, Deutscher Bundestag, 13. Wahlperiode, Ausschuß für Umwelt, Naturschutz und Reaktorsicherheit, Protokoll Nr.31, S.26-28,84-86,123f., **zitiert: Gebers 1996 A**
Thomas Gensicke: Wertewandel und Familie. Auf dem Weg zu ‚egoistischem' oder ‚kooperativem' Individualismus?, Aus Politik und Zeitgeschichte B 29-30/1994 vom 22.Juli 1994, S.36-47, **zitiert: Gensicke 1994**
Thomas Gensicke: Sozialer Wandel durch Modernisierung, Individualisierung und Wertewandel, Aus Politik und Zeitgeschichte B 42/1996 vom 11.Oktober 1996, S.3-17, **zitiert: Gensicke 1996**
Thomas Gensicke: Ostdeutschland im Wandel zwischen 1989 und 1995. Objektive und subjektive Umbrüche, Edzard Janssen/Ulrich Möhwald/Hans Dieter Ölschleger (Hg.), Gesellschaften im Umbruch? Aspekte des Wertewandels in Deutschland, Japan und Osteuropa, Monographien 15, München 1996, S.89-119, **zitiert: Gensicke 1996 a**
Thomas Gensicke: Leben als Aufgabe oder Genuß? Die Werte der Deutschen im Jahre 1996, Eichholz Brief, Zeitschrift zur politischen Bildung 4/1996, S.77-85, **zitiert: Gensicke 1996 b**
Thomas Gensicke: Sind die Deutschen reformscheu? Potentiale der Eigenverantwortung in Deutschland, Aus Politik und Zeitgeschichte B 18/98 vom 24.April 1998, S.19-30, **zitiert: Gensicke 1998**

Thomas Gensicke: Deutschland am Ausgang der neunziger Jahre. Lebensgefühl und Werte, Deutschland Archiv, Zeitschrift für das vereinigte Deutschland 1/1998, S.19-36, **zitiert: Gensicke 1998 a**
Thomas Gensicke: Deutschland am Ausgang der neunziger Jahre: Lebensgefühl und Werte, Helmut Klages/Thomas Gensicke (Hg.), Wertewandel und bürgerschaftliches Engagement an der Schwelle zum 21. Jahrhundert, Speyrer Forschungsberichte, Band 193, Speyer 1999, S.21-52, **zitiert: Gensicke 1999**
Thomas Gensicke: Das bürgerschaftliche Engagement der Deutschen: Image, Intensität und Bereiche, Helmut Klages/Thomas Gensicke (Hg.), Wertewandel und bürgerschaftliches Engagement an der Schwelle zum 21. Jahrhundert, Speyrer Forschungsberichte, Band 193, Speyer 1999, S.73-98, **zitiert: Gensicke 1999 a**
Thomas Gensicke: Freiwilliges Engagement in den neuen und alten Ländern, Repräsentativerhebung 1999/2, S.22-113, **zitiert: Gensicke 2000**
Thomas Gensicke: Deutschland im Übergang. Lebensgefühl, Wertorientierungen, Bürgerengagement, Speyrer Forschungsberichte, Band 204, Speyer 2000, **zitiert: Gensicke 2000 a**
Thomas Gensicke: Wertewandel an der Schwelle zum 3.Jahrtausend – Trends und Perspektiven, Norbert Seibert/Helmut J.Serve/Roswitha Terlinden (Hg.), Problemfelder der Schulpädagogik, Bad Heilbrunn 2000, S.21-56, **zitiert: Gensicke 2000 b**
Thomas Gensicke: Freiwilliges Engagement in den neuen und alten Bundesländern. Ergebnisse des Freiwilligensurveys 1999, Aus Politik und Zeitgeschichte B 25-26/2001 vom 15.Juni 2001, S.24-32, **zitiert: Gensicke 2001**
Michael Gerhardt: Nachprüfung von Ermessensentscheidungen (§ 114), Friedrich Schoch/Eberhard Schmidt-Aßmann/Rainer Pietzner (Hg.), Verwaltungsgerichtsordnung – Kommentar, München, Mai 1997, S.1-61, **zitiert: Gerhardt 1997**
Michael Gerhardt: Urteilstenor – Vorbemerkung zu § 113, Friedrich Schoch/Eberhard Schmidt-Aßmann/Rainer Pietzner (Hg.), Verwaltungsgerichtsordnung – Kommentar, München, Mai 1997, S.1-28, **zitiert: Gerhardt 1997 a**
Christoph Grimm: Gesetzesfolgenabschätzung – Möglichkeiten und Grenzen aus der Sicht des Parlaments, Zeitschrift für Rechtspolitik (ZRP) 2000, S.87-91, **zitiert: Grimm 2000**
Dieter Grimm: Verfahrensfehler als Grundrechtsverstöße, Neue Zeitschrift für Verwaltungsrecht (NVwZ) 1985, S.865-872, **zitiert: Grimm 1985**
Erko Grömig/Hartmut Thielen: Städte auf dem Reformweg. Zum Stand der Verwaltungsmodernisierung, der städtetag 9/1996, S.596-600, **zitiert: Grömig/Thielen 1996**
Elke Gurlit: Die Verwaltungsöffentlichkeit im Umweltrecht. Ein Rechtsvergleich Bundesrepublik Deutschland – USA, Ulrich Battis/Eckhard Rehbinder/Gerd Winter (Hg.), Umweltrechtliche Studien, Band 4, Düsseldorf 1989, **zitiert: Gurlit 1989**

Christoph Gusy: Verwaltung durch Information – Empfehlungen und Warnungen als Mittel des Verwaltungshandelns, Neue Juristische Wochenschrift (NJW) 2000, S.977-986, **zitiert: Gusy 2000**

Jürgen Habermas: Die Neue Unübersichtlichkeit, Jürgen Habermas (Hg.), Die Krise des Wohlfahrtsstaates und die Erschöpfung utopischer Energien, Kleine politische Schriften V, Edition Suhrkamp 1321, Neue Folge Band 321, Frankfurt am Main 1985, S.141-163, **zitiert: Habermas 1985**

Roland Habich/Heinz Herbert Noll: Einstellungen zur Arbeit und Arbeitszufriedenheit, Statistisches Bundesamt (Hg., in Zusammenarbeit mit dem Wissenschaftszentrum Berlin für Sozialforschung und dem Zentrum für Umfragen, Methoden und Analysen Mannheim), Datenreport 1999 – Zahlen und Fakten über die Bundesrepublik Deutschland, Schriftenreihe der Bundeszentrale für politische Bildung, Band 365, Bonn 2000, S.490-499, **zitiert: Habich/Noll 2000**

Hagen 1995: Bürgerbefragung, KOMMDEMOS Nr. 96/002z

Hagen 2000: Bürgerbefragung, KOMMDEMOS Nr. 01/001z

Hamburg 2000: Bürgerbefragung, KOMMDEMOS Nr. 01/039z

Hannover 1997: Bürgerbefragung, KOMMDEMOS Nr. 98/036z

Armin Hatje: Die Heilung formell rechtswidriger Verwaltungsakte im Prozeß als Mittel der Verfahrensbeschleunigung, Die Öffentliche Verwaltung (DÖV) 1997, S.477-485, **zitiert: Hatje 1997**

Hattingen 1996: Mitarbeiterbefragung, KOMMDEMOS Nr. 96/072z

Ingo Heberlein: Auswirkungen der Verwaltungsverfahrensgesetze auf die Dogmatik des Verwaltungsrechts, Speyrer Forschungsberichte, Band 24 I,II, Speyer 1981, **zitiert: Heberlein 1981**

Hans-Günter Henneke: 30 Jahre LVwG, 20 Jahre VwVfG – Stabilität und Flexibilität des Verwaltungshandelns, Die Öffentliche Verwaltung (DÖV) 1997, S.768-781, **zitiert: Henneke 1997**

Hans-Günter Henneke: Modernisierung des Verwaltungsverfahrensrechts, Der Landkreis 7/2003, S.504-506, **zitiert: Henneke 2003**

Gerd Hepp: Wertewandel und Bürgergesellschaft, Aus Politik und Zeitgeschichte B 52-53/96 vom 20.Dezember 1996, S.3-12, **zitiert: Hepp 1996**

Gerd Hepp: Wertewandel und bürgerschaftliches Engagement – Perspektiven für die politische Bildung, Aus Politik und Zeitgeschichte B 29/2001 vom 13.Juli 2001, S.31-38, **zitiert: Hepp 2001**

Willi Herbert: Wandel und Konstanz von Wertstrukturen, Speyrer Forschungsberichte, Band 101, Speyer 1991, **zitiert: Herbert 1991**

Herne 1995: Bürgerbefragung, KOMMDEMOS Nr. 96/015z

Konrad Hesse: Verfassungsrechtsprechung im geschichtlichen Wandel, Juristen Zeitung (JZ) 1995, S.265-273, **zitiert: Hesse 1995 a**

Konrad Hesse: Grundzüge des Verfassungsrechts der Bundesrepublik Deutschland, Heidelberg ^{20}1995, **zitiert: Hesse 1995 b**

Joachim Jens Hesse/ Thomas Ellwein: Das Regierungssystem der Bundesrepublik Deutschland – Band 1: Text, Opladen/Wiesbaden [8]1997, **zitiert: Hesse/Ellwein 1997**
Rudolf Hickel: Die neue Allmacht der Ökonomie, in: Rudolf Hickel/Frank Strickstrock (Hg.), Brauchen wir eine andere Wirtschaft?, rororo-aktuell, Reinbek bei Hamburg 2001, S. 9 – 37, **zitiert: Hickel 2001**
Hermann Hill: Zehn Jahre Verwaltungsverfahrensgesetz, Speyrer Arbeitshefte, Band 78, Speyer 1987, **zitiert: Hill 1987**
Hermann Hill: Normkonkretisierende Verwaltungsvorschriften, Neue Zeitschrift für Verwaltungsrecht (NVwZ) 1989, S.401-410, **zitiert: Hill 1989**
Hermann Hill: Das hoheitliche Moment im Verwaltungsrecht der Gegenwart, Deutsches Verwaltungsblatt (DVBl.) 1989, S.321-327, **zitiert: Hill 1989 a**
Hermann Hill: Strategische Erfolgsfaktoren in der öffentlichen Verwaltung, Hermann Hill/Helmut Klages (Hg.), Qualitäts- und erfolgsorientiertes Verwaltungsmanagement. Aktuelle Tendenzen und Entwürfe, Schriftenreihe der Hochschule Speyer, Band 112, Berlin 1993, S.19-35, **zitiert: Hill 1993**
Hermann Hill: Neues Recht für eine neue Verwaltung, Hermann Hill/Helmut Klages (Hg.), Jenseits der Experimentierklausel. Tagung der Hochschule für Verwaltungswissenschaften Speyer vom 6. bis 8.Dezember 1995, Stuttgart/ Berlin/Bonn/Budapest/Düsseldorf/Heidelberg/ Prag/Wien 1996, S.191-203, **zitiert: Hill 1996**
Wolfram Hilz: Bedeutung und Instrumentalisierung des Subsidiaritätsprinzips für den europäischen Integrationsprozeß, Aus Politik und Zeitgeschichte B 21-22/99 vom 21.Mai 1999, S.28-38, **zitiert: Hilz 1999**
Hans-Joachim Höhn: Kirche und kommunikatives Handeln. Studien zur Theologie und Praxis der Kirche in der Auseinandersetzung mit den Sozialtheorien Niklas Luhmanns und Jürgen Habermas', Frankfurter Theologische Studien Band 32, Frankfurt/Main [1]1985, **zitiert: Höhn 1985**
Hans-Joachim Höhn: Die Moderne, der Markt und die Moral, Aus Politik Zeitgeschichte B 51/95 vom 15.Dezember 1995, S.3-14, **zitiert: Höhn 1995**
Ulrich Hösch: Form und Art der Begründung der Bewertung mündlicher Prüfungsleistungen – BVerwG, NJW 1996, 2670, Juristische Schulung (JuS) 1997, S.602-605, **zitiert: Hösch 1997**
Gert Hoffmann: Investitionsförderung durch flexible Genehmigungsverfahren: zum Bericht einer Expertenkommission der Bundesregierung, Die Öffentliche Verwaltung (DÖV) 1995, S.237-241, **zitiert: Hoffmann 1995**
Hans Hofmann: Privatisierung, Sachverständigenrat ‚Schlanker Staat' 1997/3, Bonn 1997, S.121-136, **zitiert: Hofmann 1997**
Stefan Hradil: Schicht, Schichtung und Mobilität, Hermann Korte/Bernhard Schäfers (Hg.), Einführung in Hauptbegriffe der Soziologie, Opladen 1992, S.145-164, **zitiert: Hradil 1992**
Friedhelm Hufen: Fehler im Verwaltungsverfahren, Baden-Baden [2]1991, **zitiert: Hufen 1991**

Friedhelm Hufen: Heilung und Unbeachtlichkeit grundrechtsrelevanter Verfahrensfehler? Zur verfassungskonformen Auslegung der §§ 45,46 VwVfG, Neue Juristische Wochenschrift (NJW) 1982, S.2160-2169, **zitiert: Hufen 1982**

Friedhelm Hufen: Entstehung und Entwicklung der Grundrechte, Neue Juristische Wochenschrift (NJW) 1999, S.1504-1510, **zitiert: Hufen 1999**

Jörn Ipsen: Die Bewältigung der wissenschaftlichen und technischen Entwicklungen durch das Verwaltungsrecht, Veröffentlichungen der Vereinigung der Deutschen Staatsrechtslehrer (VVStrL) Heft 48, Berlin/New York 1990, S.177-206, **zitiert: Ipsen 1990**

Josef Isensee: Das Grundrecht als Abwehrrecht und als staatliche Schutzpflicht (§ 111), Josef Isensee/ Paul Kirchhof (Hg.), Handbuch des Staatsrechts der Bundesrepublik Deutschland, Band 5: Allgemeine Grundrechtslehren, Heidelberg 1992, S.143-242, **zitiert: Isensee 1992**

Henning Jäde: Verfahrensfragen der neuen Landesbauordnungen, Umwelt- und Planungsrecht (UPR) 1995, S.81-85, **zitiert: Jäde 1995**

Henning Jäde: Neuere Entwicklungen im Bauordnungsrecht, Zeitschrift für deutsches und internationales Baurecht (ZfBR) 1996, S.241-254, **zitiert: Jäde 1996**

Henning Jäde: Aktuelle ‚Nahtstellenprobleme' des Bauordnungsrechts, Zeitschrift für deutsches und internationales Baurecht (ZfBR) 1997, S.171-180, **zitiert: Jäde 1997**

Hans D. Jarass/Bodo Pieroth: Grundgesetz für die Bundesrepublik Deutschland – Kommentar, München [3]1995, **zitiert: Jarass/Pieroth 1995**

Jean-Claude Juncker : Europa braucht soziale Regeln. Die EU ist mehr als nur eine Spielwiese für Unternehmen, in: Brauchen wir eine andere Wirtschaft?, Rudolf Hickel/Frank Strickstrock (Hg.), Reinbek bei Hamburg, 2001, S. 228 – 231, **zitiert: Juncker 2001**

Otmar Jung: Aktuelle Probleme der direkten Demokratie in Deutschland, Zeitschrift für Rechtspolitik (ZRP) 2000, S.440-447, **zitiert: Jung 2000**

Dieter Kallerhoff: Untersuchungsgrundsatz (§ 24), Paul Stelkens u.a. (Hg.), Verwaltungsverfahrensgesetz – Kommentar, München [5]1998, S.541-575, **zitiert: Kallerhoff 1998**

Dieter Kallerhoff: Beratung, Auskunft (§25), Paul Stelkens u.a. (Hg.), Verwaltungsverfahrensgesetz – Kommentar, München [5]1998, S.576-588, **zitiert: Kallerhoff 1998 a**

Karlsruhe 1996: Bürgerbefragung, KOMMDEMOS Nr. 97/034z

Kassel 1997: Bürgerbefragung, KOMMDEMOS Nr. 98/005z

Kiel 2000: Bürgerbefragung, KOMMDEMOS Nr. 00/106z

Günter Kitzinger: Anhörungsbeitrag (Bayer AG) in der gemeinsamen Sitzung der Bundestagsausschüsse für Innen-, Rechts-, Wirtschafts- und Umweltpolitik zu Änderungen im Verfahrensrecht vom 8.Mai 1996, Deutscher Bundestag, 13. Wahlperiode, Ausschuß für Umwelt, Naturschutz und Reaktorsicherheit, Protokoll Nr.31, S.31f.,82f., **zitiert: Kitzinger 1996 A**

Helmut Klages: Handlungsrelevante Probleme und Perspektiven der soziologischen Wertforschung, Hans Lenk (Hg.), Handlungstheorien interdisziplinär IV, München 1977, S.291-306, **zitiert: Klages 1977**
Helmut Klages: Wertorientierungen im Wandel: Rückblick, Gegenwartsanalyse, Prognosen, Frankfurt/Main – New York 1984, **zitiert: Klages 1984**
Helmut Klages: Vorwort, Gerhard Franz/Willi Herbert (Hg.),Werte, Bedürfnisse, Handeln: Ansatzpunkte politischer Verhaltenssteuerung, Campus-Forschung, Band 488, Frankfurt/Main – New York 1986, S.7-8, **zitiert: Klages 1986 a**
Helmut Klages: Sozialpsychologie der Wohlfahrtsgesellschaft: Konturen eines Wissenschaftsprogramms, Helmut Klages/Gerhard Franz/Willi Herbert (Hg.), Sozialpsychologie der Wohlfahrtsgesellschaft: zur Dynamik von Wertorientierungen, Einstellungen und Ansprüchen, Frankfurt am Main/New York 1987, S.9-39, **zitiert: Klages 1987**
Helmut Klages: Wandlungen im Verhältnis der Bürger zum Staat – Thesen auf empirischer Grundlage, Speyrer Vorträge, Heft 20, Speyer 1988, **zitiert: Klages 1988**
Helmut Klages: Wertedynamik. Über die Wandelbarkeit des Selbstverständlichen, Edition Interfrom, Texte + Thesen, Band 212, Osnabrück 1988, **zitiert: Klages 1988 a**
Helmut Klages: Häutungen der Demokratie, Edition Interfrom, Texte + Thesen, Band 246, Osnabrück 1993, **zitiert: Klages 1993**
Helmut Klages: Möglichkeiten der Qualitätsmessung und –bewertung in der öffentlichen Verwaltung, Hermann Hill/Helmut Klages (Hg.), Qualitäts- und erfolgsorientiertes Verwaltungsmanagement. Aktuelle Tendenzen und Entwürfe, Schriftenreihe der Hochschule Speyer, Band 112, Berlin 1993,S.37-56, **zitiert: Klages 1993 a**
Helmut Klages: Der ‚schwierige Bürger' – Bedrohung oder Zukunftspersonal?, Werner Weidenfeld (Hg.), Demokratie am Wendepunkt. Die demokratische Frage als Projekt des 21.Jahrhunderts, Berlin 1996, S.233-253, **zitiert: Klages 1996**
Helmut Klages: Der Umgang mit Widerständen im Wertewandel, Michael Kastner (Hg.), Auf dem Weg zum ‚Schlanken Staat'. Der konstruktive Umgang mit Widerständen, Herdecke 1996, S.55-72, **zitiert Klages 1996 a**
Helmut Klages: Die Situation des öffentlichen Dienstes, Klaus König/Heinrich Siedentopf (Hg.), Öffentliche Verwaltung in Deutschland, Baden-Baden [1]1996/97, S.517-538, **zitiert: Klages 1996 b**
Helmut Klages: Der Wertewandel in der Bundesrepublik Deutschland. Eine problemorientierte Hinführung zu Fakten und Deutungen, Edzard Janssen/ Ulrich Möhwald/Hans Dieter Ölschleger (Hg.), Gesellschaften im Umbruch? Aspekte des Wertewandels in Deutschland, Japan und Osteuropa, Monographien 15, München 1996, S.65-87, **zitiert: Klages 1996 c**
Helmut Klages: Jenseits der Experimentierklausel – oder zurück ins Diesseits?, Hermann Hill/Helmut Klages (Hg.), Jenseits der Experimentierklausel.

Tagung der Hochschule für Verwaltungswissenschaften Speyer vom 6. bis 8. Dezember 1995,Stuttgart/Berlin/Bonn/Budapest/Düsseldorf/Heidelberg/Prag/ Wien 1996, S.7-24, **zitiert: Klages 1996 d**

Helmut Klages: ‚Individualismus' – Gefahr oder Zukunftserfordernis?, Arbeitskreis Evangelischer Unternehmer in Deutschland e.V. (Hg.), Die Soziale Marktwirtschaft als Wirtschafts- und Werteordnung, Kölner Texte & Thesen, Band 36, Köln 1997, S.100-119, **zitiert: Klages 1997**

Helmut Klages: Motivierung von Mitarbeitern durch Anreize? Ein Beitrag zum Thema ‚Human Ressource Management in der öffentlichen Verwaltung', Klaus Lüder (Hg.), Staat und Verwaltung. Fünfzig Jahre Hochschule für Verwaltungswissenschaften Speyer, Schriftenreihe der Hochschule Speyer, Band 122, Berlin 1997, S.455-476, **zitiert: 1997 a**

Helmut Klages: ... was die Welt im Innersten zusammenhält. Wertedynamik in den USA, in Europa und speziell in Deutschland – was ist das verbindende Fundament?, Das Parlament vom 18.April 1997, S.11, **zitiert: 1997 b**

Helmut Klages: Verwaltungsmodernisierung – Zwischenbilanz 1998, Hermann Hill/Helmut Klages (Hg.), Zwischenbilanz der Verwaltungsmodermodernisierung: Eine Dokumentation zur 66. Staatswissenschaftlichen Fortbildungstagung (18.-20.März 1998), Stuttgart/Berlin/Bonn/Budapest/Düsseldorf/ Heidelberg/Prag/Sofia/Warschau/Wien/Zürich 1998, S.25-39, **zitiert: Klages 1998**

Helmut Klages: Standorte und Strukturen des Engagementpotentials in Deutschland, Helmut Klages/Thomas Gensicke (Hg.), Wertewandel und bürgerschaftliches Engagement an der Schwelle zum 21. Jahrhundert, Speyrer Forschungsberichte, Band 193, Speyer 1999, S.99-135, **zitiert: Klages 1999**

Helmut Klages: Zerfällt das Volk? Von den Schwierigkeiten der modernen Gesellschaft mit Gemeinschaft und Demokratie, Helmut Klages/Thomas Gensicke (Hg.),Wertewandel und bürgerschaftliches Engagement an der Schwelle zum 21. Jahrhundert, Speyrer Forschungsberichte, Band 193, Speyer 1999, S.1-20, **zitiert: Klages 1999 a**

Helmut Klages: Engagementpotenziale in Deutschland, Repräsentativerhebung 1999/1, S.198-209, **zitiert: Klages 2000 a**

Helmut Klages: Engagementpotenzial in Deutschland, Repräsentativerhebung 1999/2, S.114-301, **zitiert: Klages 2000 b**

Helmut Klages: Vorwort, Thomas Gensicke, Deutschland im Übergang – Lebensgefühl, Wertorientierungen, Bürgerengagement, Speyrer Forschungsberichte, Band 204, Speyer 2000, S. V-VII, **zitiert: Klages 2000 c**

Helmut Klages: Mehr Selbstentfaltung bedeutet auch ein verstärktes Engagement. Wertewandel und bürgerschaftliches Engagement am Anfang des 21. Jahrhunderts, Das Parlament vom 3./10.August 2001, S.1, **zitiert: Klages 2001 a**

Helmut Klages: Brauchen wir eine Rückkehr zu traditionellen Werten?, Aus Politik und Zeitgeschichte B 29/2001 vom 13.Juli 2001, S.7-14, **zitiert: Klages 2001 b**

Helmut Klages: Der blockierte Mensch – Zukunftsaufgaben gesellschaftlicher und organisatorischer Gestaltung, Frankfurt am Main/New York 2002, **zitiert: Klages 2002**
Helmut Klages: Nachhaltige Verwaltungsmodernisierung, Verwaltung & Management 1/2003, S.4-12, **zitiert: Klages 2003**
Helmut Klages/Thomas Gensicke/Kai Masser: ‚Bürgerorientierung' auf dem empirischen Prüfstand. Die kritische Rolle des Faktors ‚Zeit', der städtetag 10/1997, S. 662-665, **zitiert: Klages/Gensicke/Masser 1997**
Helmut Klages/Thomas Gensicke: Bürgerschaftliches Engagement im Ost-West-Vergleich, Wertewandel und bürgerschaftliches Engagement an der Schwelle zum 21. Jahrhundert, Speyrer Forschungsberichte, Band 193, Speyer 1999, S.53-72, **zitiert: Klages/Gensicke 1999**
Eckart Klein: Grundrechtliche Schutzpflicht des Staates, Neue Juristische Wochenschrift (NJW) 1989, S.1633-1640, **zitiert: Klein 1989**
Winfried Kluth: Beweiserhebung und Beweiswürdigung durch das Bundesverfassungsgericht, Neue Juristische Wochenschrift (NJW) 1999, S.3513-3519, **zitiert: Kluth 1999**
Stefan Knobloch: Was ist Praktische Theologie?, Praktische Theologie im Dialog Band 11, Freiburg i.d. Schweiz 1995, **zitiert: Knobloch 1995**
Stefan Knobloch: Praktische Theologie. Ein Lehrbuch für Studium und Pastoral, Freiburg – Basel – Wien 1996, **zitiert: Knobloch 1996**
Hans-Joachim Koch: Vereinfachung des materiellen Umweltrechts, Neue Zeitschrift für Verwaltungsrecht (NVwZ) 1996, S.215-222, **zitiert: Koch 1996**
Köln 1995: Bürgerbefragung, KOMMDEMOS Nr. 96/038z
Klaus König: Erkenntnisinteressen der Verwaltungswissenschaft, Schriftenreihe der Hochschule Speyer, Band 46, Berlin 1970, **zitiert: König 1970**
Konstanz 1999: Mitarbeiterbefragung, KOMMDEMOS Nr. 00/109z
Ferdinand Kopp: Verfassungsrecht und Verwaltungsverfahrensrecht. Eine Untersuchung über die verfassungsrechtlichen Voraussetzungen des Verwaltungsverfahrens in der Bundesrepublik und die Bedeutung der Grundentscheidungen der Verfassung für die Feststellung, Auslegung und Anwendung des geltenden Verwaltungsverfahrensrechts, Münchener Universitätsschriften, Reihe der Juristischen Fakultät – Band 15, München 1971, **zitiert: Kopp 1971**
Ferdinand Kopp: Allgemeine Vorbemerkungen zum Verwaltungsverfahrensgesetz, Ferdinand Kopp (Hg.), Verwaltungsverfahrensgesetz, München 1976, **zitiert: Kopp 1976 AV**
Ferdinand Kopp: Das Menschenbild im Recht und in der Rechtswissenschaft, Richard Bartlsperger/Dirk Ehlers/Werner Hofmann/Dietrich Pirson (Hg.), Rechtsstaat – Kirche – Sinnverantwortung, Festschrift für Klaus Obermayer zum 70. Geburtstag, München 1986, S.53-64, **zitiert: Kopp 1986**

Karin Kortmann: Mit mehr Verantwortung zu einer aktiveren Gesellschaft in Deutschland. Mitmachen statt zuschauen, Das Parlament vom 3./10.August 2001, S.4, **zitiert: Kortmann 2001**
Peter Kothe: Beratungspflichten und Informationsbedarf im Umweltschutz – Beratungspflichten von Gebietskörperschaften und Ver- und Entsorgungsbetrieben in öffentlich-rechtlicher Trägerschaft und Beratungsbedarf der Bürger, Die Öffentliche Verwaltung (DÖV) 1998, S.577-586, **zitiert: Kothe 1998**
Wolfgang Kraushaar: Denkmodelle der 68er-Bewegung, Aus Politik und Zeitgeschichte B 22-23/2001 vom 25.Mai 2001, S.14-27, **zitiert: Kraushaar 2001**
Gerold Küffmann: Beschleunigungsgesetzgebung des Bundes, der städtetag 8/1997, S.542-548, **zitiert: Küffmann 1997**
Wolfgang Kuhla/Jost Hüttenbrink: Endstation Einzelrichter – Kritische Betrachtung der Entwürfe von Bundesrat und Bundesregierung zur 6. VwGO-Novelle, Deutsches Verwaltungsblatt (DVBl.) 1996, S.717-722, **zitiert: Kuhla/Hüttenbrink 1996**
Wolfgang Kuhla/Jost Hüttenbrink: Entwicklung des Verwaltungsprozeßrechts in den Jahren 1997 und 1998, Deutsches Verwaltungsblatt (DVBl.) 1999, S.898-906, **zitiert: Kuhla/Hüttenbrink 1999**
Ute Kumpf: Es werden immer wieder Brückenbauer gesucht. Arbeitswelt und bürgerschaftliches Engagement stärker füreinander öffnen, Das Parlament vom 3./10.August 2001, S.12, **zitiert: Kumpf 2001**
Philip Kunig/Susanne Rublack: Aushandeln statt Entscheiden? – Das Verwaltungsverfahrensrecht vor neuen Herausforderungen, Juristische Ausbildung (Jura) 1990, S.1-11, **zitiert: Kunig/Rublack 1990**
Krefeld 1997: Bürgerbefragung, KOMMDEMOS Nr. 97/099z
Rolf Lamprecht: Bewusstseinswandel durch Rechtsprechung – Karlsruher Urteile als Lektionen in Staatsbürgerkunde, Neue Juristische Wochenschrift (NJW) 2001, S.2942-2947, **zitiert: Lamprecht 2001**
Hans-Werner Laubinger: Die Verwaltung als Helfer des Bürgers – Gedanken zur behördlichen Betreuungspflicht, Roman Herzog (Hg.), Demokratie und Verwaltung – 25 Jahre Hochschule für Verwaltungswissenschaften Speyer, Schriftenreihe der Hochschule Speyer, Band 50, Berlin 1972, S.439-461, **zitiert: Laubinger 1972**
Thomas Leif: Macht ohne Verantwortung. Der wuchernde Einfluss der Medien und das Desinteresse der Gesellschaft, Aus Politik und Zeitgeschichte B 41-42/2001 vom 5.Oktober 2001, S.6-9, **zitiert: Leif 2001**
Leipzig 1995: Bürgerbefragung, KOMMDEMOS Nr. 96/004z
Leipzig 1997: Bürgerbefragung, KOMMDEMOS Nr. 97/101z
Leipzig 1998: Bürgerbefragung, KOMMDEMOS Nr. 00/035z
Klaus-Werner Lotz: Anhörungsbeitrag (Präsident des Bayerischen Verwaltungsgerichtshofs a.D.) in der gemeinsamen Sitzung der Bundestagsausschüsse für Innen-, Rechts-, Wirtschafts- und Umweltpolitik zu Änderungen im Verfahrensrecht vom 8.Mai 1996, Deutscher Bundestag, 13. Wahlperiode,

Ausschuß für Umwelt, Naturschutz und Reaktorsicherheit, Protokoll Nr.31, S.32-33,100f.,104f., **zitiert: Lotz 1996 A**

Klaus-Werner Lotz: Sachverständigen-Stellungnahme (Präsident des Bayerischen Verwaltungsgerichtshofs a.D.) zum Thema ‚Umwelt- und Genehmigungsrecht' für die BT-Anhörung vom 8.Mai 1996, Teil I, Deutscher Bundestag, 13. Wahlperiode, Ausschuß für Umwelt, Naturschutz und Reaktorsicherheit, Ausschußdrucksache 13/271, S.81-93, **zitiert: Lotz 1996 I**

Gertrude Lübbe-Wolff: Sachverständigen-Stellungnahme (Universität Bielefeld) zum Thema ‚Umwelt- und Genehmigungsrecht' für die BT-Anhörung vom 8.Mai 1996, Teil II, Deutscher Bundestag, 13. Wahlperiode, Ausschuß für Umwelt, Naturschutz und Reaktorsicherheit, Ausschußdrucksache 13/271, S.55-86, **zitiert: Lübbe-Wolf 1996 II**

Gertrude Lübbe-Wolff: Anhörungsbeitrag (Universität Bielefeld) in der gemeinsamen Sitzung der Bundestagsausschüsse für Innen-, Rechts-, Wirtschafts- und Umweltpolitik zu Änderungen im Verfahrensrecht vom 8.Mai 1996, Deutscher Bundestag, 13. Wahlperiode, Ausschuß für Umwelt, Naturschutz und Reaktorsicherheit, Protokoll Nr.31, S.69-70, **zitiert: Lübbe-Wolff 1996 A**

Lünen 1996: Mitarbeiterbefragung, KOMMDEMOS Nr. 96/068z

Karin Luttermann: Gesetzesverständlichkeit als interdisziplinäre Aufgabe, Zeitschrift für Rechtspolitik (ZRP) 1999, S.334-339, **zitiert: Luttermann 1999**

Wolfgang Mainz: Anhörungsbeitrag (Bundesverband Junger Unternehmer der ASU e.V.) in der gemeinsamen Sitzung der Bundestagsausschüsse für Innen-, Rechts-, Wirtschafts- und Umweltpolitik zu Änderungen im Verfahrensrecht vom 8.Mai 1996, Deutscher Bundestag, 13. Wahlperiode, Ausschuß für Umwelt, Naturschutz und Reaktorsicherheit, Protokoll Nr.31, S.48-50, **zitiert: Mainz 1996 A**

Joachim Martens: Der Bürger als Verwaltungsuntertan?, Kritische Vierteljahresschrift für Gesetzgebung und Rechtswissenschaft (KritV) Band 1/1986, S.104-130, **zitiert: Martens 1986**

Klaudia Martini: Reform des Verwaltungsverfahrensrechts. Statement, Willi Blümel/Rainer Pitschas (Hg.), Reform des Verwaltungsverfahrensrechts, Schriftenreihe der Hochschule Speyer, Band 114, Berlin 1994, S.289-293, **zitiert: Martini 1994**

Theodor Maunz/Reinhold Zippelius: Deutsches Staatsrecht: ein Studienbuch, Juristische Kurzlehrbücher, München ^{29}1994, **zitiert: Maunz/Zippelius 1994**

Hartmut Maurer: Das Verwaltungsverfahrensgesetz des Bundes, Juristische Schulung (JuS) 1976, S.485-496, **zitiert: Maurer 1976**

Renate Mayntz: Soziologie der öffentlichen Verwaltung, UTB Band 765, Heidelberg/Karlsruhe 1978, **zitiert: Mayntz 1978**

Norbert Mette/Hermann Steinkamp: Sozialwissenschaften und Praktische Theologie, Leitfaden Theologie Band 11, Düsseldorf 1983, **zitiert: Mette/Steinkamp 1983**

Hans Meyer/Hermann Borgs-Maciejewski: Kommentar. Entstehungsgeschichte des Gesetzes, Hans Meyer / Hermann Borgs-Maciejewski (Hg.), Verwaltungsverfahrensgesetz, Frankfurt am Main 1976, S.33, **zitiert: Meyer/Borgs 1976 Komm.**

Hans Meyer/Hermann Borgs-Maciejewski: Vorwort, Hans Meyer/Hermann Borgs-Maciejewski (Hg.), Verwaltungsverfahrensgesetz, Frankfurt am Main 1976, S.V-VI, **zitiert: Meyer/Borgs 1976 Vorwort**

Lothar Michael/Markus Kotzur: Die Welt des Verfassungsstaates: Wissenschaftliches Kolloquium zum 65. Geburtstag von Peter Häberle, Neue Juristische Wochenschrift (NJW) 1999, S.2871-2872, **zitiert: Michael/Kotzur 1999**

Franz-Josef Moormann: Die Änderung des Bundes-Immissionsschutzgesetzes durch das Gesetz zur Beschleunigung und Vereinfachung immissionsschutzrechtlicher Genehmigungsverfahren, Umwelt- und Planungsrecht (UPR) 1996, S.408-419, **zitiert: Moormann 1996**

Münster 1997: Kundenbefragung Bezirksregierung Münster, Helmut Klages (Hg.), Arbeitsstelle für Verwaltungsbefragungen an der Hochschule für Verwaltungswissenschaften Speyer, unter Mitarbeit von Kai Masser, Band I –III, Speyer 1997, **zitiert** (mit Band, Verfahrenstyp und Seitenzahl): **Münster 1997 (I – III)**

Dietrich Murswieck: Grundrechte als Teilhaberechte, soziale Grundrechte, Josef Isensee/ Paul Kirchhof (Hg.), Handbuch des Staatsrechts der Bundesrepublik Deutschland, Band 5: Allgemeine Grundrechtslehren, Heidelberg 1992, S.243-290, **zitiert: Murswieck 1992**

Albert v. Mutius: Grundrechtschutz contra Verwaltungseffizienz im Verwaltungsverfahren?, Neue Juristische Wochenschrift (NJW) 1982, S.2150-2160, **zitiert: v.Mutius 1982**

Gerd Mutz: Strukturen einer neuen Arbeitsgesellschaft. Der Zwang zur Gestaltung der Zeit, Aus Politik und Zeitgeschichte B 9/99 vom 26. Februar 1999, S.3-11, **zitiert: Mutz 1999**

Gerd Mutz: Der souveräne Arbeitsgestalter in der zivilen Arbeitsgesellschaft, Aus Politik und Zeitgeschichte B 21/2001 vom 18.Mai 2001, S.14-23, **zitiert: Mutz 2001**

Elisabeth Noelle-Neumann/Thomas Petersen: Zeitenwende. Der Wertewandel 30 Jahre später, Aus Politik und Zeitgeschichte B 29/2001 vom 13.Juli 2001, S.15-22, **zitiert: Noelle-Neumann/Petersen 2001**

Horst W. Opaschowski: Deutschland 2010. Wie wir morgen leben – Voraussagen der Wissenschaft zur Zukunft unserer Gesellschaft, Hamburg 1997, **zitiert: Opaschowski 1997**

Osnabrück 1996: Bürgerbefragung (Bauherren- und Entwurfsverfasser am Bauordnungsamt), KOMMDEMOS Nr. 97/073a+b

Fritz Ossenbühl: Ministerialerlasse als Gegenstand der verwaltungsgerichtlichen Normenkontrolle, Deutsches Verwaltungsblatt (DVBl.) 1969, S.526-530, **zitiert: Ossenbühl 1969**

Fritz Ossenbühl: Die Interpretation der Grundrechte in der Rechtsprechung des Bundesverfassungsgerichts, Neue Juristische Wochenschrift (NJW) 1976, S.2100-2107, **zitiert: Ossenbühl 1976**
Olaf Otting: Chancengleichheit, Transparenz und Neutralitätsgebot im Vergaberecht, Neue Juristische Wochenschrift (NJW) 2000, S.484-486, **zitiert: Otting 2000**
Volker Otto: Das Staatsverständnis des Parlamentarischen Rates, Kommission für Geschichte des Parlamentarismus und der politischen Parteien, Bonn/ Bad Godesberg 1971, **zitiert: Otto 1971**
Eckart Pankoke: Zivile Gesellschaft und freies Engagement – Schärfung von Bürgerkompetenz. Geschichtliche Voraussetzungen – gesellschaftliche Perspektiven, Das Parlament vom 3./10.August 2001, S.2, **zitiert: Pankoke 2001**
Wolfhart Pannenberg: Wissenschaftstheorie und Theologie, Frankfurt am Main [1]1973, **zitiert: Pannenberg 1973**
Passau 1995: Bürgerbefragung, Helmut Klages (Hg.), Arbeitsstelle für Verwaltungsbefragungen an der Hochschule für Verwaltungswissenschaften Speyer, unter Mitarbeit von Thomas Gensicke, Band 1, Speyer 1995
Passau 1995 a: Mitarbeiterbefragung (1 Jahr Leitbild), KOMMDEMOS Nr. 97/019z
Pforzheim 1996: Bürgerbefragung, KOMMDEMOS Nr. 97/035z
Gerhard Pippig: Die Verwaltung und ihr Publikum: psycho-strukturelle Bedingungen und Klientenorientierung der öffentlichen Verwaltung, Beiträge zur sozialwissenschaftlichen Forschung Band 107, Opladen 1988, **zitiert: Pippig 1988**
Harald Plamper: Herausforderungen an die öffentliche Verwaltung: Vortrag zur Auftaktveranstaltung zum 4.Speyerer Qualitätswettbewerb vom 18. März 1998, Hermann Hill/Helmut Klages (Hg.), Zwischenbilanz der Verwaltungsmodernisierung: Eine Dokumentation zur 66. Staatswissenschaftlichen Fortbildungstagung (18.-20.März 1998), Stuttgart/Berlin/Bonn/Budapest/Düsseldorf/Heidelberg/Prag/Sofia/Warschau/WienZürich 1998, S.15-24, **zitiert: Plamper 1998**
Max Preglau: Postmoderne Soziologie, Julius Morel u.a. (Hg.), Soziologische Theorie. Abriß der Ansätze ihrer Hauptvertreter, München – Wien [4]1995, S.237-260, **zitiert: Preglau 1995**
Günter Püttner: Verwaltungslehre, Beck'sche Kurzlehrbücher, München [3]2000, **zitiert: Püttner 2000**
Karl Rahner/Herbert Vorgrimler: Kleines Konzilskompendium. Sämtliche Texte des Zweiten Vatikanums, Herderbücherei Band 270, Freiburg/Basel/ Wien [22]1990, **zitiert: Rahner/Vorgrimler 1990**
Ulrich Ramsauer: Nachtrag zu Kopp, VwVfG Verwaltungsverfahrensgesetz 6.Auflage (Stand: November 1996), München 1997, **zitiert: Ramsauer 1997**
Konrad Redeker: Neue Experimente mit der Verwaltungsgerichtsordnung (VwGO)?, Neue Zeitschrift für Verwaltungsrecht (NVwZ) 1996, S.521-526, **zitiert: Redeker 1996**

Konrad Redeker: Rechtsethologie – Wirkungsforschung zum Recht, Neue Juristische Wochenschrift (NJW) 1999, S.1686-1688, **zitiert: Redeker 1999**
Konrad Redeker: Zeitgeist und Wertordnung, Neue Juristische Wochenschrift (NJW) 1999, S.3687-3688, **zitiert: Redeker 1999 a**
Konrad Redeker/Ulrich Karpenstein: Über Nutzen und Notwendigkeiten, Gesetze zu begründen, Neue Juristische Wochenschrift (NJW) 2001, S.2825-2831, **zitiert: Redeker/Karpenstein 2001**
Kerstin Reisdorf: Konsum auf Pump, na und? – Jeder fünfte Jugendliche im Westen ist verschuldet, Das Parlament vom 18. Mai 2001, S.6, **zitiert: Reisdorf 2001**
Ernst-Hasso Ritter: Von den Schwierigkeiten des Rechts mit der Ökologie, Die Öffentliche Verwaltung (DÖV) 1992, S.641-649, **zitiert: Ritter 1992**
Rainer Robra: Zweierlei Recht – Partikularrecht des Bundes als Mittel zur Steuerung komplexer Prozesse am Beispiel der Wiedervereinigung Deutschlands, Neue Juristische Wochenschrift (NJW) 2001, S.633-639, **zitiert: Robra 2001**
Gerd Roellecke: Roma locuta – Zum 50-jährigen Bestehen des BVerfG, Neue Juristische Wochenschrift (NJW) 2001, S.2924-2931, **zitiert: Roellecke 2001**
Rainer Römer: Anhörungsbeitrag (BASF AG) in der gemeinsamen Sitzung der Bundestagsausschüsse für Innen-, Rechts-, Wirtschafts- und Umweltpolitik zu Änderungen im Verfahrensrecht vom 8.Mai 1996, Deutscher Bundestag, 13. Wahlperiode, Ausschuß für Umwelt, Naturschutz und Reaktorsicherheit, Protokoll Nr.31, S.37-38, **zitiert: Römer 1996 A**
Michael Ronellenfitsch: Bericht: Aussprache zu den Referaten von Dieter Haack und Willi Blümel, Willi Blümel (Hg.), Frühzeitige Bürgerbeteiligung bei Planungen, Schriftenreihe der Hochschule Speyer, Band 87, Berlin 1982, S.92-95, **zitiert: Ronellenfitsch 1982**
Michael Ronellenfitsch: Neues Verkehrswegeplanungsrecht, Willi Blümel (Hg.), Verkehrswegerecht im Wandel, Schriftenreihe der Hochschule Speyer, Band 115, Berlin 1994, S.179-211, **zitiert: Ronellenfitsch 1994**
Roland Roth: Interesse an aktiven Gemeindebürgern. Die Kommune als Ort der Beteiligung, Das Parlament vom 3./10.August 2001, S.5, **zitiert: Roth 2001**
Hans Heinrich Rupp: Zum Sinn der Rechtstatsachenforschung, Die Öffentliche Verwaltung (DÖV) 1974, S.308, **zitiert: Rupp 1974**
Hans Ryffel: Bemerkungen zum Status der Verwaltungswissenschaft, Speyrer Arbeitshefte, Band 9, Speyer 1976, **zitiert: Ryffel 1976**
Saarland 1996: Bürgerbefragung (Betriebsumfrage der Handwerkskammer), KOMMDEMOS Nr. 97/025z
Michael Sachs: Heilung von Verfahrens- und Formfehlern (§ 45), Paul Stelkens u.a. (Hg.), Verwaltungsverfahrensgesetz – Kommentar, München ^{5}1998, S.1268-1314, **zitiert: Sachs 1998**

Michael Sachs: Folgen von Verfahrens- und Formfehlern (§ 46), Paul Stelkens u.a. (Hg.), Verwaltungsverfahrensgesetz – Kommentar, München [5]1998, S.1314-1336, **zitiert: Sachs 1998 a**
Sachverständigenrat ,Schlanker Staat' (Hg.): Abschlußbericht Band 1; Abschlußbericht Band 2: Materialband; Abschlußbericht Band 3: Leitfaden zur Modernisierung von Behörden, Bonn 1997, **zitiert** (z.B. für: Abschlußbericht Band 1 S.20): **Sachverständigenrat 1997/1,20**
Ute Sacksofsky: Verfolgung ökologischer und anderer öffentlicher Zwecke durch Instrumente des Abgabenrechts, Neue Juristische Wochenschrift (NJW) 2000, S.2619-2626, **zitiert: Sacksofsky 2000**
Horst P. Sander: Anhörungsbeitrag (Bundesverband der deutschen Industrie, BDI) in der gemeinsamen Sitzung der Bundestagsausschüsse für Innen-, Rechts-, Wirtschafts- und Umweltpolitik zu Änderungen im Verfahrensrecht vom 8.Mai 1996, Deutscher Bundestag, 13. Wahlperiode, Ausschuß für Umwelt, Naturschutz und Reaktorsicherheit, Protokoll Nr.31, S.47-48,126, **zitiert: Sander 1996 A**
Johannes Schasching: Subsidiarität – „Der höchstgewichtige sozialphilosophische Grundsatz" (Quadragesimo anno Nr.79), Johannes Hengstschläger/Heribert Franz Köck/Karl Korinek/Klaus Stern/Antonio Truyol y Serra (Hg.), Für Staat und Recht, Festschrift für Herbert Schambeck, Berlin 1994, S. 107 – 115, **zitiert: Schasching 1994**
Wolf-Rüdiger Schenke: ,Reform' ohne Ende – Das Sechste Gesetz zur Änderung der Verwaltungsgerichtsordnung und anderer Gesetze (6.VwGO ÄndG), Neue Juristische Wochenschrift (NJW) 1997, S.81-93, **zitiert: Schenke 1997**
Axel Schildt: Vor der Revolte: Die sechziger Jahre, Aus Politik und Zeitgeschichte B 22-23/2001 vom 25. Mai 2001, S.7-13, **zitiert: Schildt 2001**
Otto Schlichter: Investitionsförderung durch flexible Genehmigungsverfahren - Eine Darstellung der Untersuchungsergebnisse der Unabhängigen Expertenkommission zur Vereinfachung und Beschleunigung von Planungs- und Genehmigungsverfahren, Deutsches Verwaltungsblatt (DVBl.) 1995, S.173-179, **zitiert: Schlichter 1995**
Otto Schlichter: Sachverständigen-Stellungnahme (Präsident des Bundesverwaltungsgerichts a.D.) zum Thema ,Umwelt- und Genehmigungsrecht' für die BT-Anhörung vom 8.Mai 1996, Teil I, Deutscher Bundestag, 13. Wahlperiode, Ausschuß für Umwelt, Naturschutz und Reaktorsicherheit, Ausschußdrucksache 13/271, S.95-112, **zitiert: Schlichter 1996 I**
Matthias Schmid: Gesetzesfolgenabschätzung – Möglichkeiten und Grenzen – aus Sicht des Parlaments, Zeitschrift für Rechtspolitik (ZRP) 2001, S.187, **zitiert: Schmid 2001**
Eberhard Schmidt-Aßmann: Die Lehre von den Rechtsformen des Verwaltungshandelns – Ihre Bedeutung im System des Verwaltungsrechts und für das verwaltungsrechtliche Denken der Gegenwart, Deutsches Verwaltungsblatt (DVBl.) 1989, S.533-541, **zitiert: Schmidt-Aßmann 1989**

Eberhard Schmidt-Aßmann: Die Kontrolldichte der Verwaltungsgerichte: Verfassungsrechtliche Vorgaben und Perspektiven, Deutsches Verwaltungsblatt (DVBl.) 1997, S.281-289, **zitiert: Schmidt-Aßmann 1997**
Eberhard Schmidt-Aßmann: Einleitung, Friedrich Schoch/Eberhard Schmidt-Aßmann/Rainer Pietzner (Hg.), Verwaltungsgerichtsordnung – Kommentar, München, Mai 1997, S.1-129, **zitiert: Schmidt-Aßmann 1997 EL**
Bruno Schmidt-Bleibtreu/Franz Klein (unter Mitarbeit von Hans Bernhard Brockmeyer): Kommentar zum Grundgesetz, Neuwied 1995, **zitiert: Schmidt-Bleibtreu/Klein 1995**
Gerd Schmidt-Eichstaedt: Wirkungsforschung im Recht – Unter welchen Voraussetzungen erfüllen Gesetze ihren Zweck?, Deutsches Verwaltungsblatt (DVBl.) 1998, S.322-326, **zitiert: Schmidt-Eichstaedt 1998**
Hans-Peter Schmieszek: Sechstes Gesetz zur Änderung der Verwaltungsgerichtsordnung und anderer Gesetze (6. VwGOÄndG), Neue Zeitschrift für Verwaltungsrecht (NVwZ) 1996, S.1151-1155, **zitiert: Schmieszek 1996**
Cornelia Schmitz: Wirkungsvolles Pendant für das staatliche System. Selbsthilfegruppen kämpfen um Anerkennung, Das Parlament vom 3./10.August 2001, S.6, **zitiert: Schmitz 2001**
Heribert Schmitz: Nichtförmlichkeit des Verwaltungsverfahrens (§ 10), Paul Stelkens u.a. (Hg.), Verwaltungsverfahrensgesetz – Kommentar, München ^{5}1998, S.377-386, **zitiert: Schmitz 1998**
Heribert Schmitz: Moderner Staat – Modernes Verwaltungsverfahrensrecht, Neue Zeitschrift für Verwaltungsrecht (NVwZ) 2000, S.1238-1244, **zitiert: Schmitz 2000**
Heribert Schmitz/Franz Wessendorf: Das Genehmigungsverfahrensbeschleunigungsgesetz – Neue Regelungen im Verwaltungsverfahrensgesetz und der Wirtschaftsstandort Deutschland, Neue Zeitschrift für Verwaltungsrecht (NVwZ) 1996, S.955-962, **zitiert: Schmitz/Wessendorf 1996**
Stefan Schnorr/Volker Wissing: Vorfeld der Gesetzgebung, Zeitschrift für Rechtspolitik (ZRP) 2001, S.278-286, **zitiert: Schnorr/Wissing 2001**
Friedrich Schoch: Heilung unterbliebener Anhörung im Verwaltungsverfahren durch Widerspruchsverfahren?, Neue Zeitschrift für Verwaltungsrecht (NVwZ) 1983, S.249-257, **zitiert: Schoch 1983**
Friedrich Schoch: Nachholen der Begründung und Nachschieben von Gründen, Die Öffentliche Verwaltung (DÖV) 1984, S.401-411, **zitiert: Schoch 1984**
Friedrich Schoch: Der Verfahrensgedanke im allgemeinen Verwaltungsrecht. Anspruch und Wirklichkeit nach 15 Jahren VwVfG, Die Verwaltung (Zeitschrift für Verwaltungswissenschaft) 1992, S.21-53, **zitiert: Schoch 1992**
Anke Schöb: Gesellschaftliche Beteiligung und Freizeit, Statistisches Bundesamt (Hg., in Zusammenarbeit mit dem Wissenschaftszentrum Berlin für Sozialforschung und dem Zentrum für Umfragen, Methoden und Analysen Mannheim), Datenreport 1999 – Zahlen und Fakten über die Bundesrepublik

Deutschland, Schriftenreihe der Bundeszentrale für politische Bildung, Band 365, Bonn 2000, S.530-540, **zitiert: Schöb 2000**
Rupert Scholz: ‚Schlanker Staat' – Gemeinschaftsaufgabe von Bund und Ländern, Sachverständigenrat ‚Schlanker Staat' 1997/2, Bonn 1997, S.13-19, **zitiert: Scholz 1997**
Werner Schwebbach: Probleme und Ziele, Grundlagen der öffentlichen Verwaltung – Allgemeine Verwaltungslehre, Karl-Heinz Mattern (Hg.), Berlin/Bonn/Regensburg [4]1994, S. 40 – 49, **zitiert: Schwebbach 1994**
Dieter Sellner: Anhörungsbeitrag (Bundesrechtsanwaltskammer) in der gemeinsamen Sitzung der Bundestagsausschüsse für Innen-, Rechts-, Wirtschafts- und Umweltpolitik zu Änderungen im Verfahrensrecht vom 8.Mai 1996, Deutscher Bundestag, 13. Wahlperiode, Ausschuß für Umwelt, Naturschutz und Reaktorsicherheit, Protokoll Nr.31, S.38f.,73,124f., **zitiert: Sellner 1996 A**
Horst Sendler: Funktionsverschiebungen im Verhältnis von Verwaltungsverfahren und Verwaltungsprozeß, Willi Blümel/Rainer Pitschas (Hg.), Verwaltungsverfahren und Verwaltungsprozeß im Wandel der Staatsfunktionen, Schriftenreihe der Hochschule Speyer, Band 121, Berlin 1997, S.73-96, **zitiert: Sendler 1997**
Horst Sendler: Die Methoden der Verfassungsinterpretation – Rationalisierung der Entscheidungsfindung oder Camouflage der Dezision?, Burkhardt Ziemske/Theo Langheid/Heinrich Wilms/Görg Hauerkate (Hg.), Staatsphilosophie und Rechtspolitik, Festschrift für Martin Kriele zum 65.Geburtstag, München 1997, S.457-484, **zitiert: Sendler 1997 a**
Helge Sodan: Unbeachtlichkeit und Heilung von Verfahrens- und Formfehlern, Deutsches Verwaltungsblatt (DVBl.) 1999, S.729-738, **zitiert: Sodan 1999**
Malte Spitzer: Bürgeraktivierung und Verwaltungsmodernisierung, Bernhard Blanke u.a. (Hg.), Handbuch zur Verwaltungsreform, Opladen [2]2001, **zitiert: Spitzer 2001**
Katja Stamm: Das Bundesverfassungsgericht und die Meinungsfreiheit, Aus Politik und Zeitgeschichte B 37-38/2001 vom 7.September 2001, S.16-25, **zitiert: Stamm 2001**
Statistisches Bundesamt (Hg.) in Zusammenarbeit mit WZB und ZUMA: Datenreport 1999. Zahlen und Fakten über die Bundesrepublik Deutschland, Schriftenreihe der Bundeszentrale für politische Bildung, Band 365, Bonn 2000, **zitiert: Statistisches Bundesamt 2000**
Rudolf Steinberg: Zeit, Umwelt und Beschleunigung bei der Planung von Verkehrswegeprojekten, Natur und Recht (NuR) 1996, S.6-14, **zitiert: Steinberg 1996**
Rudolf Steinberg: Anhörungsbeitrag (Universität Frankfurt am Main) in der gemeinsamen Sitzung der Bundestagsausschüsse für Innen-, Rechts-, Wirtschafts- und Umweltpolitik zu Änderungen im Verfahrensrecht vom 8.Mai 1996, Deutscher Bundestag, 13. Wahlperiode, Ausschuß für Umwelt, Natur-

schutz und Reaktorsicherheit, Protokoll Nr.31, S.40f.,67-69,125f., **zitiert: Steinberg 1996 A**

Udo Steiner: Der Richter als Ersatzgesetzgeber. Richterliche Normenkontrolle – Erfahrungen und Erkenntnisse, Neue Juristische Wochenschrift (NJW) 2001, S.2919-2924, **zitiert: Steiner 2001**

Paul Stelkens: Bereinigung des Verwaltungsverfahrensrechts?, Neue Zeitschrift für Verwaltungsrecht (NVwZ) 1986, S.541-545, **zitiert: Stelkens 1986**

Paul Stelkens: Einleitung, Paul Stelkens u.a. (Hg.), Verwaltungsverfahrensgesetz – Kommentar, München [5]1998, S.36-101, **zitiert: Stelkens 1998 EL**

Paul Stelkens: Begründung des Verwaltungsaktes (§39), Paul Stelkens u.a. (Hg.), Verwaltungsverfahrensgesetz – Kommentar, München [5]1998, S.992-1023, **zitiert: Stelkens 1998 a**

Klaus Stern: Idee und Elemente eines Systems der Grundrechte (§ 109), Josef Isensee/ Paul Kirchhof (Hg.), Handbuch des Staatsrechts der Bundesrepublik Deutschland, Band 5: Allgemeine Grundrechtslehren, Heidelberg 1992, S.45-100, **zitiert: Stern 1992**

Joseph Stiglitz: Die Schatten der Globalisierung, Berlin [2]2002, **zitiert: Stiglitz 2002**

Michael Stolleis: Gemeinwohl und Minimalkonsens. Öffentliche und private Interessen in der Demokratie, Aus Politik und Zeitgeschichte B 3/78 vom 21. Januar 1978, S.37-45, **zitiert: Stolleis 1978**

Bernhard Stüer: Die Beschleunigungsnovellen 1996, Deutsches Verwaltungsblatt (DVBl.) 1997, S.326-341, **zitiert: Stüer 1997**

Stuttgart 1995: Bürgerbefragung, KOMMDEMOS Nr. 95/049z

Peter J. Tettinger: Rechtsänderungen zur ‚Sicherung des Wirtschaftsstandorts Deutschland' – Umweltschutz im Gegenwind?, Natur und Recht (NuR) 1997, S.1-8, **zitiert: Tettinger 1997**

Werner Thieme: Verwaltungslehre, Köln/Berlin/Bonn/München [4]1984, **zitiert: Thieme 1984**

Hans Joachim Türk: Postmoderne, Mainz 1990, **zitiert: Türk 1990**

Carl Hermann Ule: Das Verwaltungsverfahrensgesetz, Deutsches Verwaltungsblatt (DVBl.) 1976, S.421-429, **zitiert: Ule 1976**

Gabriele Verstegen: Anhörungsbeitrag (Bund Deutscher Verwaltungsrichter und Verwaltungsrichterinnen) in der gemeinsamen Sitzung der Bundestagsausschüsse für Innen-, Rechts-, Wirtschafts- und Umweltpolitik zu Änderungen im Verfahrensrecht vom 8.Mai 1996, Deutscher Bundestag, 13. Wahlperiode, Ausschuß für Umwelt, Naturschutz und Reaktorsicherheit, Protokoll Nr.31, S.45-47,101-104, **zitiert: Verstegen 1996 A**

Gabriele Verstegen: Sachverständigen-Stellungnahme (Bund Deutscher Verwaltungsrichter und Verwaltungsrichterinnen) zum Thema ‚Umwelt- und Genehmigungsrecht' für die BT-Anhörung vom 8.Mai 1996, Teil I, Deutscher Bundestag, 13. Wahlperiode, Ausschuß für Umwelt, Naturschutz und Reaktorsicherheit, Ausschußdrucksache 13/271, S.115-124, **zitiert: Verstegen 1996 I**

Gabriele Verstegen: Bund Deutscher Verwaltungsrichter und Verwaltungsrichterinnen (BDVR): Thesenpapier zum Entwurf eines 6.VwGO-Änderungsgesetzes, Neue Zeitschrift für Verwaltungsrecht (NVwZ) 1996, S.669-670, **zitiert: Verstegen 1996 a**

Viernheim 1995: Bürgerbefragung, Helmut Klages (Hg.), Arbeitsstelle für Verwaltungsbefragungen an der Hochschule für Verwaltungswissenschaften Speyer, unter Mitarbeit von Thomas Gensicke, Band 1, Speyer 1996

Jürgen Voelkner: Organisationsentwicklung und Verwaltungsreform, Karl-Heinz Mattern/Hubert Reinfried (Hg.), Grundlagen der öffentlichen Verwaltung – Allgemeine Verwaltungslehre, Regensburg ^{3}1989, S.173-191, **zitiert: Voelkner 1989**

Uwe Volkmann: Das ‚intendierte' Verwaltungsermessen, Die Öffentliche Verwaltung (DÖV) 1996, S.282-288, **zitiert: Volkmann 1996**

Hellmut Wagner: Gesetzesfolgenabschätzung – Modeerscheinung oder Notwendigkeit?, Zeitschrift für Rechtspolitik (ZRP) 1999, S.480-486, **zitiert: Wagner 1999**

Rainer Wahl: Neues Verfahrensrecht für Planfeststellung und Anlagengenehmigung – Vereinheitlichung des Verwaltungsverfahrens oder bereichsspezifische Sonderordnung?, Willi Blümel/Rainer Pitschas (Hg.), Reform des Verwaltungsverfahrensrechts, Schriftenreihe der Hochschule Speyer, Band 114, Berlin 1994, S.83-120, **zitiert: Wahl 1994**

Rainer Wahl: Das Bundesverfassungsgericht im europäischen und internationalen Umfeld, Aus Politik und Zeitgeschichte B 37-38/2001 vom 7.September 2001, S.45-54, **zitiert: Wahl 2001**

Max Weber: Wirtschaft und Gesellschaft, Tübingen ^{5}1980, **zitiert: Max Weber 1980**

Wedel 2000: Bürgerbefragung, KOMMDEMOS Nr. 01/042z

Thilo Weichert: Die Ökonomisierung des Rechts auf informationelle Selbstbestimmung, Neue Juristische Wochenschrift (NJW) 2001, S.1463-1469, **zitiert: Weichert 2001**

Stephan v. Welck: Rechtstatsachenuntersuchungen zum Verwaltungsermessen, Die Öffentliche Verwaltung (DÖV) 1973, S.732-736, **zitiert: v. Welck 1973**

Weser-Ems 1995: Mitarbeiterbefragung (Bezirksregierung), KOMMDEMOS Nr. 96/062z

Wiesbaden 2000: Betriebsbefragung zu Standortfaktoren, KOMMDEMOS Nr. 00/123z

Olaf Winkel: Wertewandel und Politikwandel. Wertewandel als Ursache von Politikverdrossenheit und als Chance ihrer Überwindung, Aus Politik und Zeitgeschichte B 52-53/96 vom 20.Dezember 1996, S.13-25, **zitiert: Winkel 1996**

Olaf Winkel: Das Problem scheint eher hausgemacht. Wertewandel als Ursache von Politikverdrossenheit?, Das Parlament vom 8.Januar 1999, S.4, **zitiert: Winkel 1999**

Christoph Wölki: Die Entwicklung des Erbschaftssteuerrechts in der DDR, Recht in Ost und West (ROW) 1984, S.113-124, **zitiert: Wölki 1984**
Christoph Wölki: Das Haager Zustellungsabkommen und die USA, Recht der Internationalen Wirtschaft (RIW) 1985, S.530-535, **zitiert: Wölki 1985**
Christoph Wölki: Genehmigungsverfahren zur Waldumwandlung nach § 39 Abs.2 des Forstgesetzes für das Land Nordrhein-Westfalen, Agrarrecht (AgrarR) 1985, S.318-319, **zitiert: Wölki 1985 a**
Christoph Wölki: Strahlenpaß bei gelegentlichem Tätigwerden in Atomanlagen, Gewerbearchiv (GewArch) 1987, S.122-124, **zitiert: Wölki 1987**
Christoph Wölki: Zur Erhaltung von Denkmälern im Nordrhein-Westfälischen Denkmalschutzrecht, Agrarrecht (AgrarR) 1987, S.69-70, **zitiert: Wölki 1987 a**
Christoph Wölki: Theologie als Brücke nach Europa, Wort und Antwort (WuA) 1998, S.3-4, **zitiert: Wölki 1998**
Christoph Wölki: Verfassungsoptimierung durch Verwaltungscontrolling, Verwaltung & Management 1/2003, S.31-36, **zitiert: Wölki 2003**
Edgar Wolfrum: ‚1968' in der gegenwärtigen deutschen Geschichtspolitik, Aus Politik und Zeitgeschichte B 22-23/ 2001 vom 25.Mai 2001, S.28-36, **zitiert: Wolfrum 2001**
Reinhard Wulfhorst: Erfahrungen mit den Beschleunigungsgesetzen – aus der Sicht der Exekutive, Verwaltungsarchiv (VerwArch) 1997, S.163-173, **zitiert: Wulfhorst 1997**
Wuppertal 1996: Bürgerbefragung, KOMMDEMOS Nr. 97/029z
Wuppertal1996 a: Zweite Mitarbeiterbefragung, KOMMDEMOS Nr. 97/024z
Wuppertal 1996 b: Erste Mitarbeiterbefragung, KOMMDEMOS Nr. 96/035z
Jan Ziekow: Begrüßung und Einführung in das Thema, Jan Ziekow (Hg.), Beschleunigung von Planungs- und Genehmigungsverfahren, Schriftenreihe der Hochschule Speyer, Band 128, Berlin 1998, S.9-16, **zitiert: Ziekow 1998**
Jan Ziekow: Zügige Verwaltungsverfahren, Jan Ziekow (Hg.), Beschleunigung von Planungs- und Genehmigungsverfahren, Schriftenreihe der Hochschule Speyer, Band 128, Berlin 1998, S.51-96, **zitiert: Ziekow 1998 a**
Johanna Zierau: Genderperspektive – Freiwilligenarbeit, ehrenamtliche Tätigkeit und bürgerschaftliches Engagement bei Männern und Frauen, Repräsentativerhebung 1999/3, S.15-110, Stuttgart/Berlin/Köln 2000, **zitiert: Zierau 2000**
Michaele Zschiesche: Anhörungsbeitrag (Unabhängiges Institut für Umweltfragen) in der gemeinsamen Sitzung der Bundestagsausschüsse für Innen-, Rechts-, Wirtschafts- und Umweltpolitik zu Änderungen im Verfahrensrecht vom 8.Mai 1996, Deutscher Bundestag, 13. Wahlperiode, Ausschuß für Umwelt, Naturschutz und Reaktorsicherheit, Protokoll Nr.31, S.76, **zitiert: Zschiesche 1996 A**
Paul Michael Zulehner (unter Mitarbeit von Josef Brandner und Josef Fischer): Leibhaftig glauben. Lebenskultur nach dem Evangelium, Freiburg/ Basel/Wien 1983, **zitiert: Zulehner 1983**

FSC
www.fsc.org
MIX
Papier | Fördert
gute Waldnutzung
FSC® C083411

Kolibri 360 GmbH
Ferdinand-Jühlke-Straße 7
99095 Erfurt, Deutschland
produktsicherheit@kolibri360.de

Druck:
CPI Druckdienstleistungen GmbH
im Auftrag der
Kolibri 360 GmbH
Ferdinand-Jühlke-Str. 7
99095 Erfurt